Martin Leubner, Anja Saupe, Matthias Richter

Literaturdidaktik

De Gruyter Studium

Martin Leubner, Anja Saupe,
Matthias Richter

Literaturdidaktik

3., überarbeitete und ergänzte Auflage

DE GRUYTER

Die ersten beiden Auflagen dieses Buches erschienen in der Reihe „Akademie Studienbücher – Literaturwissenschaft“.

ISBN 978-3-11-044094-2
e-ISBN (PDF) 978-3-11-045761-2
e-ISBN (EPUB) 978-3-11-045762-9

Library of Congress Cataloging-in-Publication Data
A CIP catalog record for this book has been applied for at the Library of Congress.

Bibliografische Information der Deutschen Nationalbibliothek
Die Deutsche Nationalbibliothek verzeichnet diese Publikation in der Deutschen Nationalbibliografie; detaillierte bibliografische Daten sind im Internet über http://dnb.dnb.de abrufbar.

Einbandabbildung: „Lesendes Mädchen“ (Girl with Book) © Steve Joester
Satz: Beltz Bad Langensalza GmbH, Bad Langensalza
Druck: Hubert & Co. GmbH & Co. KG, Göttingen
♾ Gedruckt auf säurefreiem Papier
Printed in Germany

MIX
Papier aus verantwortungsvollen Quellen
FSC® C016439
www.fsc.org

www.degruyter.com

Literaturdidaktik

1	**Was ist Literaturdidaktik?**	9
1.1	Aus dem Leben eines Deutschlehrers	11
1.2	Literaturdidaktik als wissenschaftliche Disziplin	13
1.3	Geschichte und Gegenwart der Literaturdidaktik	17
1.4	Die gute Lehrerin, der gute Lehrer	24
	I. ZIELE	
2	**Ziele des Literaturunterrichts**	27
2.1	Funktionen von Literatur	29
2.2	Textverstehen als zentrales Ziel	35
2.3	Lesemotivation und Wissen über Literatur	38
2.4	Bildungsziele und Ziele des Literaturunterrichts	40
3	**Literarische Textverstehenskompetenz erwerben**	47
3.1	Literarisches Textverstehen als Kompetenz	49
3.2	Textelemente und ihre Beziehungen erkennen	53
3.3	Texte deuten	56
3.4	Texte auf Wirklichkeit beziehen	60
4	**Literarische Sozialisation**	67
4.1	Literarische Sozialisationsforschung	69
4.2	Verlaufsformen literarischer Sozialisation	70
4.3	Faktoren literarischer Sozialisation	75
4.4	Verlaufsformen von Kompetenzerwerb	78
	II. GEGENSTÄNDE	
5	**Epische Texte**	85
5.1	Ziele	87
5.2	Textauswahl	90
5.3	Kategorien für die Textanalyse	93
5.4	Die methodische Gestaltung von Unterricht	97
6	**Lyrische Texte**	101
6.1	Ziele	103
6.2	Textauswahl	107
6.3	Kategorien für die Textanalyse	109
6.4	Die methodische Gestaltung von Unterricht	113

7 Dramatische Texte 117
7.1 Ziele 119
7.2 Textauswahl 122
7.3 Kategorien für die Textanalyse 125
7.4 Die methodische Gestaltung von Unterricht 127

8 Mediale Texte 131
8.1 Mediendidaktik Deutsch 133
8.2 Filmdidaktik 140
8.3 Kategorien für die Filmanalyse 140
8.4 Die methodische Gestaltung von Unterricht 144

9 Literaturgeschichte und Kanon 147
9.1 Warum ältere Texte? Bestandsaufnahme und Ziele 149
9.2 Kanon und Textauswahl 152
9.3 Text und Kontext 153
9.4 Literaturgeschichtliches Überblickswissen 157

III. VERFAHREN: LERNPROZESSE GESTALTEN

10 Methoden: Das Wie des Unterrichts 163
10.1 Methoden, Sozialformen und Arbeitstechniken 165
10.2 Das Unterrichtsgespräch 166
10.3 Die Textanalyse und verwandte Verfahren 171
10.4 Handlungs- und produktionsorientierter Unterricht 177

11 Phasierung des Unterrichts 185
11.1 Der Einstieg als Hinführung 187
11.2 Die Erarbeitung mit Fokus Texterschließung 193
11.3 Die Anwendung mit Fokus Wirklichkeitsbezug 197
11.4 Die Vertiefung mit Fokus Kontextualisierung 198

12 Aufgaben 201
12.1 Aufgaben konstruieren 203
12.2 Textverstehen lenken 205
12.3 Aufgabenformate nutzen 210
12.4 Zum Schwierigkeitsgrad von Aufgaben 215

13 Schreiben 219
13.1 Schreiben im Literaturunterricht 221
13.2 Nacherzählung und Inhaltsangabe 223

13.3 Interpretationsaufsatz und literarische Erörterung 229
13.4 Gestaltendes Erschließen und kreatives Schreiben 235

14 Unterrichtseinheiten 241
14.1 Grundlagen 243
14.2 Ganzschriften in Unterrichtseinheiten 249
14.3 Unterrichtseinheiten zu Gattungen und Genres 254
14.4 Unterrichtseinheiten zur Literaturgeschichte 257

IV. HERAUSFORDERUNGEN

15 Herausforderungen 263
15.1 Sach- und Gebrauchstexte im Literaturunterricht 265
15.3 Interkultureller Literaturunterricht 269
15.4 Inklusion und Individualisierung als Herausforderungen 272
15.5 Heterogenität und selbstorganisiertes Lernen 275

V. SERVICETEIL UND ANHANG

16 Serviceteil 279
16.1 Allgemeine bibliografische Hilfsmittel 279
16.2 Institutionen und Verbände 281
16.3 Unterrichtsentwürfe für Unterrichtseinheiten 282
16.4 Unterrichtsentwürfe für Einzelstunden 284

17 Anhang 299
17.1 Zitierte Literatur 299
17.2 Abbildungsverzeichnis 312
17.3 Sachregister 314
17.4 Glossar 318

1 Was ist Literaturdidaktik?

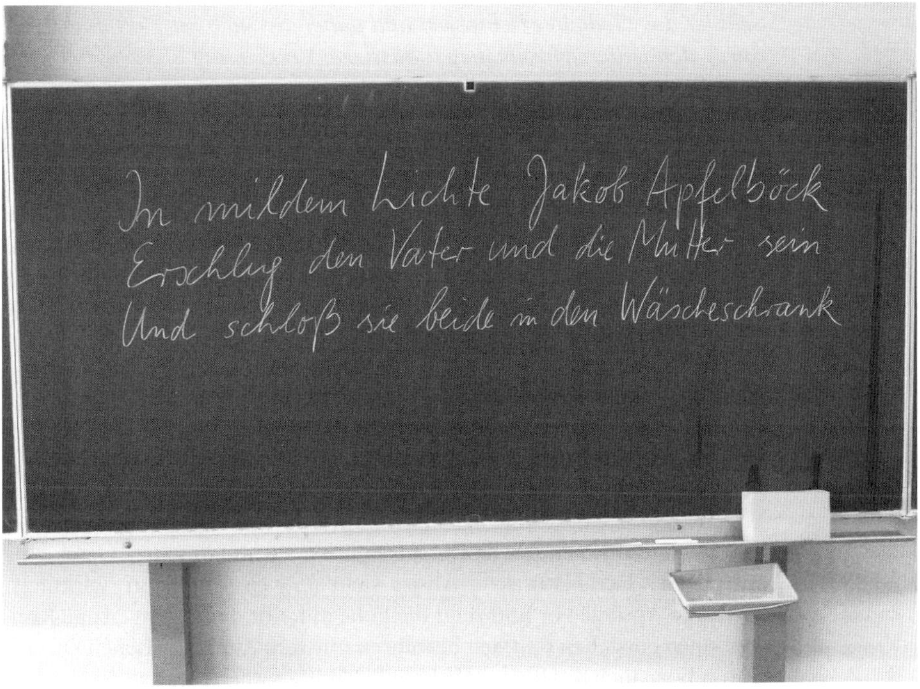

Abbildung 1: Bertolt Brecht: *Apfelböck oder Die Lilie auf dem Felde* (1919), Fotografie (Tafelanschrieb) (2010)

Der Deutschlehrer Gerhard Hiecke schrieb in seiner Klasse in Reichenbach / Vogtland diese Zeilen an die Tafel und fragte seine Schüler: „Ist das ein Gedicht?“. Dieser Unterrichtseinstieg fand um 1970 statt. Unter den Schülern war der spätere Schriftsteller Jürgen Fuchs, der sich fast zwanzig Jahre danach noch deutlich an diesen Unterrichtseinstieg erinnert: „Wir waren schockiert!“ (Fuchs 1992, S. 11) Dem Lehrer war ein Coup gelungen: Literatur – hier der Beginn von Bertolt Brechts Ballade „Apfelböck oder Die Lilie auf dem Felde“ (1919) – ermöglichte den Schülern eine offenbar atemverschlagende Erfahrung. Der Fortgang der Unterrichtsstunde ist leider nicht überliefert. Vermutlich aber haben die Schüler das Gedicht erschlossen und dabei die auch im Text angelegte, durch den Unterrichtseinstieg fokussierte Verneinung literarischer (und moralischer) Konventionen durch die Darstellung eines motiv- und reuelosen Elternmordes erarbeitet. Natürlich sollen Deutschlehrer nicht in jeder Literaturstunde einen derart provokanten Text auf provokante Weise vermitteln. Doch sollen sie den Unterricht so gestalten, dass die Schüler die von der Literatur gebotenen Möglichkeiten zu überraschenden und mitunter schockierenden Erfahrungen nutzen können. Damit Unterricht dieser Art nicht nur den seltenen ‚geborenen‘ Lehrern (zu denen Hiecke zählen dürfte) gelingen kann, ist eine literaturdidaktische Grundlegung des Unterrichts notwendig.

Die Literaturdidaktik befasst sich mit Lehr- und Lernprozessen, die Lernende in einem ergiebigen Umgang mit Literatur fördern sollen. Im Folgenden wird sie in systematischer und historischer Perspektive vorgestellt: Was macht ihren Charakter als wissenschaftliche Disziplin aus? Welche Aspekte des Umgangs mit Literatur untersucht sie? Welche Konzeptionen und welches Selbstverständnis hat sie im Lauf ihrer Geschichte entwickelt? Der historische Abriss stellt teilweise bis heute wirkungsmächtige Ansätze vor und zeigt die Folie auf, vor der gegenwärtige Konzeptionen entstehen und sich bewähren müssen. Zur historischen Dimension gehört auch der Blick auf aktuelle Herausforderungen.

Vorangestellt ist den entsprechenden Ausführungen ein Einblick in die täglichen Aufgaben eines Deutschlehrers: Sie vermitteln einen Eindruck von der Vielfalt dieser Aufgaben. Die abschließenden Ausführungen im Kapitel sind ebenfalls dem Lehrer gewidmet: Was macht einen guten Lehrer für Literatur aus?

1.1 Aus dem Leben eines Deutschlehrers
1.2 Literaturdidaktik als wissenschaftliche Disziplin
1.3 Zur Geschichte und Gegenwart der Literaturdidaktik
1.4 Die gute Lehrerin, der gute Lehrer

1.1 Aus dem Leben eines Deutschlehrers

Matthias Richter, Gymnasiumlehrer und Fachseminarleiter in Celle:
8.00 Uhr. Besprechung mit der Koordinatorin für die Klassenstufen 5 bis 10: Entwicklung eines individualisierten, internetgestützten Förderkonzepts zur Verbesserung der oft leider arg unzureichenden Rechtschreibkompetenz in der Klassenstufe 5.

Besprechung: Förderkonzept Rechtschreibung

8.45 Uhr. Klasse 6: „Eine spannende Geschichte erzählen". Ich benutze ein sorgfältig konzipiertes Verlagsmaterial, das die komplexe Aufgabe gut kleinarbeitet. Die Situation: Kinder dringen voller gruseliger Neugier in ein verlassenes Abrisshaus ein. Wie erzeugt man nun Spannung? Man sei gespannt wie ein Flitzebogen, sagt man. Was braucht man, um den Bogen zu spannen? Eine bedrohliche Lage mit ungewissem Ausgang, Verengung des Blickwinkels auf die subjektive Figurenperspektive mit Zeitdehnung und zunehmender Irritation durch beängstigend wirkende Details. So gut ich es zu erklären versuche, so gut die Übungen sind: Vielen Kindern fällt es schwer, den einen Satz, der ihnen einfällt – „Ich fühlte mich immer mulmiger." – auf einer halben Seite auszuphantasieren …

6. Klasse: Wie erzähle ich eine spannende Geschichte?

9.50 Uhr. Doppelstunde Oberstufe, 11. Klasse, Rahmenthema „Aufklärung und Romantik im Vergleich". Ziel ist, die romantische Überhöhung des Trennungsschmerzes, an dem der verlassene Liebhaber in Eichendorffs *Das zerbrochene Ringlein* leidet, zu benennen, zu erläutern und zu beurteilen. Es geht zugleich um die Förderung der Fähigkeit, selbständig ein Gedicht nach den Regeln der Kunst zu erschließen, und der, die Erschließung in einem Interpretationsaufsatz darzustellen. Obwohl die Zeit schrecklich knapp ist und die Klausur nicht mehr fern, probiere ich als Erschließungswerkzeug die Transformation des stark visuell geprägten Gedichts in ein Filmscript aus, weil die hierfür notwendige Reorganisation der Textdetails zu genauer Textwahrnehmung führt. Tatsächlich führt das Gespräch auf der Grundlage der Schülerproduktionen zu einer ergiebigen Texterschließung und ermöglicht einen zwanglosen Übergang zu einer persönlichen Antwort auf die Auslöschungsphantasie aus Liebesschmerz, indem die Schüler einen fiktiven Brief an den Sprecher schreiben. Die für ein vertieftes Textverstehen ergiebige und im Abitur auch geforderte Erschließung der formalen Gestaltung mithilfe des analytischen Vokabulars samt Jambus, Hyperbel und Triade kommt dann in der nächsten Stunde …

11. Klasse: ein Eichendorff-Gedicht erschließen

11.40 Uhr. Unterricht einer mir zugeordneten Referendarin, die im Rahmen einer Einführung in die Literatur der Aufklärung eine

Unterrichtsbesuch zu Lessings *Nathan der Weise*

Szene aus *Nathan der Weise* gewählt hat: 1. Aufzug, 2. Auftritt: Wie gelingt es Nathan, Recha von ihrem Glauben abzubringen, der Tempelherr, der sie aus dem brennenden Haus gerettet hat, sei ein leibhaftiger Engel? Die junge Kollegin hat sich gründlich vorbereitet und ihrem Entwurf einen stichhaltigen Erwartungshorizont beigefügt. Die Ziele sind klar formuliert: Die Schüler benennen und erläutern wesentliche Argumentationsschritte und Sprachhandlungen dieses Dialoges, kommentieren deren kommunikative Funktion und erörtern, inwiefern Nathans kommunikatives Handeln aufklärerisch genannt werden kann. – Wie meist, gelingt die methodische Umsetzung noch nicht recht. Die – übrigens konzentriert mitarbeitende und redegewandete – Lerngruppe soll nämlich selbst gefundene passende Textstellen in eine Tabelle einordnen, aber die Tabellenform zerstört die zeitliche und argumentative Ordnung des Dialogs zugunsten einer wenig sinnvollen Ordnung von kontextfreien Bruchstücken. Die Referendarin erkennt das Problem in der Auswertung der Partnerarbeit, bricht sie ab und klärt dann im Gespräch Kernstellen, die von den Lernenden erfreulich gewandt erklärt und gedeutet werden. Im Beratungsgespräch lobe ich die Kollegin für ihre mutige Entscheidung und empfehle ihr, die Problematik der allerorts so beliebten Tabellenform in ihr eigenes ‚Verfahrens-Repertoire' aufzunehmen (zu Deutsch: Tabellen vorsichtig einzusetzen).

Besprechung zum Schul-Lehrplan: Wie schreibe ich eine Gedichtinterpretation?

14.00 Uhr. Kleine Dienstbesprechung zur Vorbereitung der Fachkonferenz. Durch den Arbeitsalltag zieht sich ein dichtes Netz von Besprechungen. Das ist Folge der Idee der ‚selbständigen Schule': Im Zuge der Umstellung von stärker inhaltsorientierten Lehrplänen auf möglichst inhaltsarme kompetenzorientierte curriculare Vorgaben soll es Aufgabe der Fachkollegien an den Schulen sein, verbindliche Unterrichtsinhalte und Anforderungen in Leistungssituationen festzulegen. Absprachen und Festlegungen sind mühsam, aber hilfreich und notwendig. Heute geht es um die Frage, was wir in einem Interpretationsaufsatz über einen lyrischen Text erwarten. Bezugsnorm sind die BiSta-AHR, KMK 2012: die Abitur-Prüfungsbestimmungen, die 2012 von der Kultusministerkonferenz im Rahmen der Bildungsstandards für die Allgemeine Hochschulreife im Fach Deutsch beschlossen wurden.

Hausaufgaben durchsehen: Können die Schüler, was ich ihnen beizubringen versuche?

16.00 Uhr. Ein Stapel Hausarbeiten mit Gedichtinterpretationen meiner 11. Klasse zeigt mir, wie groß die Differenz ist zwischen dem, was an vernünftigen Ergebnissen im Unterricht von der Lerngruppe als ganzer erarbeitet wurde, und dem, was jeder Einzelne wirklich kann, was er an einem Gedicht im Zuge einer textanalytischen

Arbeit entdeckt und deutet und in angemessener Sprache formuliert. Ich beschließe, das neue Thema eine Stunde zu verschieben und stattdessen an exemplarischen Schülerarbeiten Gelungenes und Verbesserungsbedürftiges klären zu lassen und noch einmal das vertrackte Brecht-Gedicht Zeile für Zeile, Wort für Wort zu untersuchen – ganz im Sinne Brechts: „In der Anwendung von Kriterien liegt ein Hauptteil des Genusses [der Gedichtbetrachtung]. Zerpflücke eine Rose und jedes Blatt ist schön."

1.2 Literaturdidaktik als wissenschaftliche Disziplin

Literaturdidaktik ist die Wissenschaft vom Lehren und Lernen der Literatur. Diese Definition folgt dem gängigen weiten Begriff von Didaktik als Wissenschaft vom Lehren und Lernen (vgl. Kron 2008, S. 36) und benennt die Literatur als spezifischen Gegenstand der Lehr- und Lernprozesse (vgl. Zabka 2007a, S. 446). Die entsprechenden Prozesse finden – zumindest soweit es sich um solche des bewussten Lehrens und Lernens handelt – vor allem im Literaturunterricht im Rahmen des Deutsch- oder Fremdsprachenunterrichts statt.

Entwicklung von Konzeptionen

Die Literaturdidaktik hat zum ersten die Aufgabe, theoriegestützte Konzeptionen für die Gestaltung von erfolgreichen Lehr- und Lernprozessen im Literaturunterricht zu entwickeln. Die entsprechenden Konzeptionen dienen der kritischen Analyse der aktuellen Unterrichtspraxis und der Entwicklung von Modellen und Prinzipien, die für die Gestaltung des Unterrichts genutzt werden können. Diese Aufgabe verpflichtet die Literaturdidaktik auf Praxisnähe und auf einen Beitrag zur Verbesserung von Unterricht.

Die Entwicklung von didaktischen Theorien wird zum zweiten ergänzt durch empirische Forschung.

Empirische Untersuchungen

Die Literaturdidaktik erforscht aktuellen Unterricht: insbesondere die Praxistauglichkeit der theoretisch entwickelten Unterrichtsmodelle und -prinzipien sowie die Verstehensleistungen und Lernstände von Schülern; außerdem werden Unterrichtsmaterialien wie beispielsweise Lehrbücher untersucht. Die Ergebnisse dieser Untersuchungen werden vor allem dafür genutzt, neue Theorien zu entwickeln, die die Unterrichtspraxis verbessern sollen.

Selbstreflexion

Ein dritter Aufgabenkomplex umfasst die Auseinandersetzung mit der eigenen Disziplin. Diese Auseinandersetzung ist zum einen wissenschaftstheoretisch angelegt. Dabei ist sie teils theoretisch orientiert, indem sie Selbstverständnis, Methodologie und Terminologie der Literaturdidaktik reflektiert, teils historisch, indem sie die Geschichte der Literaturdidaktik und des Literaturunterrichts untersucht. Zum anderen richtet sich die Auseinandersetzung auf eine unmittelbar gesellschaftliche Frage: Die Literaturdidaktik beteiligt sich an der Diskussion über den Stellenwert von Literaturunterricht in unserer Gesellschaft.

Literaturdidaktik als Wissenschaft

Die Literaturdidaktik ist eine junge Wissenschaft; erst in den 1960er-/1970er-Jahren konnte sie sich als eigene Disziplin an Universitäten etablieren. Bei ihrer Entwicklung von theoretischen Konzeptionen und ihren empirischen Untersuchungen kann sie das Instrumentarium anderer Wissenschaften nutzen; aber dieses Instrumentarium kann eigene Forschungsverfahren nicht ersetzen.

Literaturdidaktik als Teil der Literaturwissenschaft

Es ist strittig, wo die Literaturdidaktik im Ensemble der Wissenschaften zu verorten ist. Besonders plausibel ist ihre Zuordnung zur Literaturwissenschaft: Die Literaturwissenschaft wird definiert als Wissenschaft, deren Gegenstand die Literatur ist; die Literaturdidaktik ist eine der Teildisziplinen der Literaturwissenschaft, indem sie – als angewandte Literaturwissenschaft – diesen Gegenstand unter der Perspektive von Lehr- und Lernprozessen untersucht. Die Eigenständigkeit der Literaturdidaktik mit eigenen Forschungsinteressen und -methoden wird durch diese Zuordnung aber nicht infrage gestellt.

Interdisziplinarität

Zugleich ist die Literaturdidaktik eng auf Forschungen bezogen, die sich mit Lehr- und Lernprozessen vorzugsweise im Unterricht befassen. Weil es eine ‚Lehr- und Lernwissenschaft' oder ‚Unterrichtswissenschaft' jedoch nicht als eigenständige Disziplin an deutschen Hochschulen gibt, sind andere Disziplinen als engere Bezugswissenschaften zu nennen: Die Pädagogik/Erziehungswissenschaft mit der Teildisziplin der Allgemeinen Didaktik und die Psychologie mit den Teildisziplinen der Entwicklungspsychologie, der pädagogischen Psychologie, der Lernpsychologie und der Kognitionspsychologie, die das Verstehen von Texten untersucht. Als weitere Bezugswissenschaft kommt die Medienwissenschaft hinzu; sie spielt durch die zunehmende Integration von Medien in den Literaturunterricht eine wichtige Rolle für die Literaturdidaktik. Zudem nutzt die Literaturdidaktik weitere Wissenschaften, etwa die Soziologie und die Theaterwissenschaft. Von besonderer Bedeutung ist die Kooperation mit der Sprachdidaktik in grundlegenden Fragen des Deutschunterrichts (vgl. Budde/Riegler/Wieprächtiger 2012).

Zu den Arbeitsbereichen der Literaturdidaktik: Es gibt unterschiedliche Faktoren, die Lehr- und Lernprozesse beeinflussen. Die Didaktik untersucht diese Faktoren; dementsprechend ergeben sich die Arbeitsbereiche der Literaturdidaktik, indem die für den Literaturunterricht entscheidenden Faktoren systematisiert werden. Dabei kann die Literaturdidaktik auf Modelle der Allgemeinen Didaktik zurückgreifen (vgl. etwa Heimann 1970). Die folgenden Faktoren sind für Lehr- und Lernprozesse im Literaturunterricht wesentlich (vgl. Zabka 2007a, S. 446f):

Arbeitsbereiche der Literaturdidaktik

- Ziele
- Inhalte/Gegenstände
- Methoden und Medien
- Schüler und ihre Lernvoraussetzungen
- institutionelle und normative Rahmenbedingungen.

Die Faktoren eins bis drei sind für das sogenannte Entscheidungsfeld maßgeblich: In diesem Feld müssen didaktische Entscheidungen für die Planung von Unterricht getroffen werden. Die Faktoren vier und fünf bestimmen das Bedingungsfeld, das für die Unterrichtsplanung zu berücksichtigen ist: die individuellen Bedingungen (die Schüler als Subjekte in Lernprozessen) und die überindividuellen Bedingungen (die Gesellschaft, die einen organisatorischen und normativen Rahmen für den Unterricht festlegt).

Ziele

1. Die Ziele des Literaturunterrichts werden traditionell auf der Grundlage von Funktionen der Literatur und von bildungstheoretischen Konzeptionen diskutiert. Der Literaturunterricht zielt, so der literaturdidaktische Konsens, auf eine ergiebige Beteiligung an der literarischen Kommunikation ab, die unterschiedliche Arten der Produktion und Rezeption literarischer Texte umfasst. Insbesondere wird auf das Verstehen der Texte Wert gelegt (→ KAPITEL 2). Aktuell diskutiert wird vor allem der Stellenwert der Entwicklung von Kompetenzen als Ziele des Literaturunterrichts (→ KAPITEL 3).

Wir wissen nicht, inwiefern der Lehrer Hiecke für die Planung seiner oben erwähnten Unterrichtstunde zu Bertolt Brechts Ballade *Apfelböck oder Die Lilie auf dem Felde* auf Zielbestimmungen der zeitgenössischen Literaturdidaktik zurückgegriffen hat. Doch dürften für die Unterrichtsstunde neben dem Ziel der Texterschließung auch übergeordnete Bildungsziele maßgeblich gewesen sein, und zwar die Entwicklung von Haltungen, wie sie Jürgen Fuchs später erläutert hat. Eine „Suchhaltung, die nicht aufgibt", und eine „humane Orientierung", die nichts anderes heiße „als klar zu wissen, dass der eine auch der andere sein könnte. Und dass wir alle immer partiell im Irrtum leben, dass keiner – und zu keiner Zeit – die Wahrheit für sich gepachtet hat." (Fuchs 1992, S. 7)

Gegenstände

2. Die Literaturdidaktik fragt nach dem bildenden Potenzial von literarischen Texten und nach dem Beitrag, den sie zum Erreichen von Zielen (für bestimmte Jahrgangsstufen) leisten können. Dazu werden die Texte mithilfe literaturwissenschaftlicher Verfahren erschlossen und auf dieser Grundlage dann didaktisch reflektiert. Diese Reflexion soll auch die Frage beantworten, welche Texte überhaupt Eingang in den Unterricht finden und welche für den Unterricht kanonisch sein sollen (→ KAPITEL 5–7, 9). Dabei ist die Frage nach der Integration von Medienproduktionen wie Spielfilmen in den Unterricht zu berücksichtigen (→ KAPITEL 8). – Gerhard Hiecke dürfte für seine Unterrichtsstunde Brechts Ballade selbst erschlossen haben. Vermutlich hat er dabei vor allem die in ihr angelegte Kontrastierung eines motiv- und reuelosen Verbrechens mit Versatzstücken traditioneller Naturlyrik und konventioneller Ansichten über die Familie als didaktisch relevant eingeschätzt.

Methoden

3. Die Literaturdidaktik erforscht die Verfahren, mit deren Hilfe Lernprozesse – für den Umgang unterschiedlicher Lerngruppen mit unterschiedlichen Texten – gestaltet werden sollen, damit Lernziele erreicht werden können. Dabei werden außer Methoden und Sozialformen (→ KAPITEL 10) auch unterschiedliche Möglichkeiten berücksichtigt, wie sich Lernprozesse strukturieren lassen (→ KAPITEL 11). In einem weiteren Sinn gehören auch Aufgabenstellungen zu den Verfahren, die für Lernprozesse maßgeblich sind (→ KAPITEL 12). – Für den überraschenden Einstieg der Unterrichtsstunde zu *Apfelböck oder Die Lilie auf dem Felde* hat sich der Lehrer Hiecke – sicherlich mit Bedacht und vielleicht unter Rückgriff auf methodische Konzeptionen – für ein Unterrichtsgespräch im Rahmen des sogenannten Frontalunterrichts entschieden.

Lernvoraussetzungen der Schüler

4. Die Literaturdidaktik beschäftigt sich mit den Lernvoraussetzungen, die Schüler in den Unterricht mitbringen, insbesondere mit den folgenden Fragen: Welche Verstehensleistungen können sie in welchem Alter erzielen? Welche Interessen, welche Motivation und welche Fähigkeiten zum Umgang mit Literatur bringen sie in den Literaturunterricht mit? (→ KAPITEL 4). – Gerhard Hiecke hat seinen Schülern (und nicht nur dem wohl literarisch besonders interessierten Schüler Fuchs) offenbar aufgrund ihres Alters und ihrer literarischen Vorbildung zugetraut, die doppelte Provokation durch die Ballade Brechts und das besondere Unterrichtsarrangement produktiv zu nutzen.

5. Die Literaturdidaktik reflektiert die institutionellen und normativen Bedingungen, die den Rahmen für Entscheidungen über Ziele,

Gegenstände und Methoden des Literaturunterrichts vorgeben. Die institutionellen Rahmenbedingungen richten sich auf die äußere Organisation von Unterricht: die Struktur des Schulsystems (Dauer der Schulzeit, Gliederung in Schultypen) und die Struktur der Unterrichtsorganisation (Orientierung an der etablierten Unterscheidung von Schulfächern, Abkehr von ihnen z. B. durch Hinwendung zur Projektarbeit unter Integration des Literaturunterrichts).

Institutionelle und …

Die normativen Rahmenbedingungen bestimmen die Ziele des Unterrichts und die Verfahren, nach denen Evaluationen und Prüfungen vorgenommen werden sollen. Solche Rahmenbedingungen (vor allem Bildungsstandards und Lehrpläne) entstehen auf der Grundlage der gesellschaftlichen Anforderungen an die Schule und werden von den Bildungsministerien verantwortet. – Der Literaturunterricht Gerhard Hieckes in der DDR der 1970er-Jahre wurde von Lehrplänen mit engen Vorgaben bestimmt; er bot aber auch Freiräume, beispielsweise für die Beschäftigung mit dem kaum im sozialistischen Sinne deutbaren Text von Brecht.

… normative Rahmenbedingungen

1.3 Zur Geschichte und Gegenwart der Literaturdidaktik

Einen institutionalisierten Literaturunterricht gibt es an deutschen Schulen erst seit dem 19. Jahrhundert. Dennoch hat auch schon zuvor literarisches Leben und Lernen in den Schulen stattgefunden. So etablierte sich im 17. Jahrhundert in der Folge der Reformation in den protestantischen Ländern das Schulspiel. Einzelne pädagogisch auf der Höhe der Zeit stehende Lehrer wie Gottfried Hoffmann, der in Lauban und Zittau wirkte, schrieben Dramen, die von ihren Schülern aufgeführt wurden. Hoffmann hat sich auch programmatisch zum Schulspiel geäußert und damit (ähnlich wie auch die im Folgenden genannten Autoren) Literatur didaktisch reflektiert, lange bevor sich die Literaturdidaktik als Wissenschaft etablierte. Zwar hat er dabei vor allem die Eignung seiner Werke für die Vermittlung religiöser Lehren dargelegt, zugleich jedoch bereits in grundsätzlicher Weise den Nutzen einer Beschäftigung mit Literatur in der Schule aufgezeigt.

Schulspiel im 17. Jahrhundert

Als in der Aufklärung eine spezifische Kinder- und Jugendliteratur entwickelt wurde, haben einzelne Aufklärer bzw. Philanthropen (Menschenfreunde) wie Christian Gotthilf Salzmann in Schnepfenthal (Thüringen) und Eberhard von Rochow in Reckan (Preußen/Bran-

Epoche der Aufklärung

denburg) Lesebücher mit moralischen Erzählungen geschrieben – zunächst für die von ihnen selbst gegründeten und für ihre Zeit mustergültigen Schulen. Vor allem von Rochows Textsammlung

Der Kinderfreund

Der Kinderfreund (1776) hat Epoche gemacht. Die kurzen Lesestücke in diesem Werk bieten Beispielerzählungen, in denen die Tugendhaften belohnt und die Lasterhaften bestraft werden.

19. Jahrhundert

Die preußischen Reformen zu Beginn des 19. Jahrhunderts wurden im Bildungswesen von dem neuen Bildungsideal geleitet, dass die Schule ihre Schüler zu selbstständigen Menschen mit vielfältigen Interessen erziehen sollte. Zugleich konnte sich die Überzeugung von der bildenden Kraft von Sprache und Literatur durchsetzen – mit dem Ergebnis, dass sich (zunächst) am Gymnasium ein muttersprachlicher Literaturunterricht herausbildete. Für den neu etablierten Unterrichtsgegenstand wurden in der Folge didaktische Konzeptionen entwickelt.

Robert Heinrich Hiecke, Konrektor des Merseburger Gymnasiums, legte 1842 eine Epoche machende programmatische Schrift, *Der deutsche Unterricht auf deutschen Gymnasien*, vor. Hiecke plädiert darin für eine systematische Beschäftigung mit deutschsprachigen literarischen Texten auch der jüngeren Vergangenheit am Gymnasium. In den von ihm empfohlenen „Interpretationsstunden" sollen die Schüler sich durch Textanalyse und -interpretation ebenso mit dem „Warum der erzählten Handlungen und Begebenheiten, der Thatsachen, Situationen und Behauptungen" wie mit dem „Warum der Darstellung" beschäftigen (Hiecke 1842, S. 101f.). Der Interpretationsunterricht zielte nicht nur auf ein Verständnis der untersuchten Werke, sondern auch auf das Lernen grundlegender Merkmale literarischer Texte und – etwa durch Textvergleiche – auf ein kritisches Urteilsvermögen in Bezug auf die Qualität von Texten.

„Interpretationsstunden"

Fast zeitgleich, 1843, erschien von dem Gymnasiallehrer Philipp Wackernagel ein dreibändiges Lesebuch, dem unter dem Titel *Der Unterricht in der Muttersprache* grundlegende didaktische Erläuterungen beigefügt waren. Wackernagel plädiert darin für einen Literaturunterricht, der ein Gegengewicht zur rationalen Erschließung von Phänomenen unterschiedlicher Art in verschiedenen Fächern bildet: mit „ganzer Hingebung und Theilnahme" sollten Werke deklamiert und memoriert werden, um eine „innerliche Vereinigung" des Herzens des Schülers mit der Dichtung zu fördern. Der Lehrer solle die Werke nicht „zerklären" (Wackernagel 1843, S. 92, 97f., 99). Diese Ablehnung von Textuntersuchung und kritischer Reflexion hatte Folgen: „Das Präfix ‚zer-' in ‚zerreden', ‚zerklären' und ‚zerpflücken'

„Hingebung und Theilnahme"

wird zum Signum einer Haltung", so der Flensburger Germanist und Literaturdidaktiker Horst-Joachim Frank in seiner grundlegenden *Geschichte des Deutschunterrichts* (1973), „die dem Fühlen den höchsten Wert zuspricht, dem ‚zersetzenden' Verstand aber zutiefst misstraut. Es ist die Haltung eines traditionellen deutschen Irrationalismus, der den Geist als Widersacher der Seele begreift und bekämpft." (Frank 1973, S. 301) Einer angemessenen Verbindung der Textuntersuchung und der Berücksichtigung von Empfindungen im schulischen Umgang mit Literatur ist eine solche einseitige Haltung nicht förderlich gewesen.

1871–1918 Kaiserreich

Im deutschen Kaiserreich wurde Hieckes Anliegen, literarische Texte in der Schule zu untersuchen und kritisch zu reflektieren, zudem durch nationalkonservativ geprägte didaktische Entwürfe beschädigt. Für den Deutschunterricht wurden „deutschkundlich" orientierte Konzeptionen entwickelt, die die Vermittlung von „deutschem Volkstum" als zentrale Aufgabe des Unterrichts bezeichneten. Nach 1900 wurden jedoch von der Reformpädagogik zukunftsweisende Konzeptionen erarbeitet. Aus diesen Konzeptionen ging die kurz nach dem ersten Weltkrieg veröffentlichte Schrift *Vom Deutschunterricht in der Arbeitsschule* (1922) von Lotte Müller hervor. Müller betont, dass der Lehrer „nicht Übermittler des Stoffs" sei. Der Lehrer stellt den Stoff „nur bewußt und planmäßig bereit", „er ist nicht Leiter des Arbeitsvorgangs, der durch Fragen und Befehle den Verlauf der Unterrichtsstunde bestimmt; aber er schult die Klasse derart, daß sie selbst die Führung zu übernehmen vermag." (Müller 1922, S. 1) Die Schüler sollen also selbstständig mit Texten arbeiten – und das können sie nach Müller auch:

> „Eine Erzählung z. B. gibt durch sich selbst Veranlassung zum Wiedererzählen, zum Herausfinden des Problems, zum Ausschmücken von Situationen, zum Forschen nach Ursachen und Gründen, zur Vertiefung in das Seelenleben u. dergl. m." (Müller 1922, S. 4)

Weimarer Republik 1918–33

In der Weimarer Republik, der ersten deutschen Demokratie, konnten sich keine grundlegend neuen Konzeptionen für den Literaturunterricht durchsetzen. Nur vereinzelt wurde für einen lebensweltlich ausgerichteten Unterricht plädiert, der Schüler durch die Behandlung moderner Literatur mit der literarischen und gesellschaftlichen Moderne vertraut machen sollte. Entsprechende didaktische Entwürfe, etwa von Walter Schönbrunn, blieben allerdings ohne große Resonanz und konnten so keinen Beitrag zu einer Hinwendung der Jugend zur demokratischen Republik leisten.

Nationalsozialismus

Die Herrschaft der Nationalsozialisten führte zu einer entschiedenen, reaktionären Politisierung des Deutschunterrichts, der jetzt als Propagandainstrument für völkische Ideologien dienen sollte. Angestrebt wurde nun, so Johann Georg Sprengel in seinen *Vorschlägen für die Neugestaltung des Unterrichts an höheren Schulen im nationalen Staat* (1933), das „Eintauchen der jugendlichen Seelen in die Wertewelt der deutschen Nation" (Sprengel 1933, S. 578). Die kritische Reflexion war dabei so wenig gefragt wie die Literatur der Aufklärung. Staatlich vorgegebene Literaturlisten sorgten für die Auswahl von Werken, die im Sinne der Nationalsozialisten gelesen werden konnten.

Epoche nach 1945

In der Zeit von 1945 bis zum Beginn des neuen Jahrtausends lassen sich fünf bedeutsame literaturdidaktische Strömungen unterscheiden:

I. In der Nachkriegszeit begründeten literaturdidaktische Konzeptionen den schulischen Umgang mit Literatur durch ihre sinnstiftende Funktion: Sie erlaube die Auseinandersetzung mit „über Zeiten und Räume hinweg [...] immer gleichen, immer von neuem aufbrechenden Grundfragen", für deren Darstellung jede Zeit „ihre eigenen Symbole" nutzt (Essen 2002, S. 314). Literatur könne, so auch Robert Ulshöfer, der neben Essen bedeutendste Didaktiker der Zeit, humane Werte vermitteln und dem Individuum eine Art Lebenshilfe bieten. Die bedeutenden Werke von Robert Ulshöfer und Erika Essen empfehlen die werkimmanente Interpretation und betonen zugleich die Bedeutung des subjektiven Erlebens von Literatur (vgl. Ulshöfer 1952; Essen 1956). Sie konzentrieren sich allerdings auf der Grundlage dieser Überzeugungen auf die Vermittlung von Unterrichtsverfahren, das heißt, sie sind im Wesentlichen Methodiken. – In der DDR gab es neben einer Konzentration auf methodische Fragen ebenfalls eine Hinwendung zur Lebenshilfe-Didaktik; diese Orientierung ging im Laufe der 1950er-Jahre allerdings mit einer zunehmenden Politisierung einher, mit der Forderung, den Unterricht an sozialistischen Idealen auszurichten (vgl. Göbel 1992).

Lebenshilfe-Didaktik

II. Anfang der 1960er-Jahre erfolgte in der Beschäftigung mit Lehr- und Lernprozessen, wesentlich durch den Erziehungswissenschaftler Wolfgang Klafki initiiert, die fällige Wende von der Methodik zur Didaktik: Das Primat der Didaktik, für das Klafki eintritt, zielt darauf ab, vor den Methoden die Ziele und Inhalte zu bestimmen (vgl. Klafki 1963). In der Deutschdidaktik hat Hermann Helmers mit seiner *Didaktik der deutschen Sprache* aus dem Jahr 1966 ein systematisches Modell des Deutschunterrichts unter Berücksichti-

Sachstruktur-orientierte Didaktik

gung von Inhalten, Zielen und Methoden vorgelegt. Nach diesem Modell spielen Gattungen neben Epochen eine zentrale Rolle für didaktische Überlegungen: der Lehrplan sei, so Helmers, „primär aufzubauen nach dem System der Genres oder Epochen" (Helmers 1971, S. 304); die Schüler sollen ein Begriffsinstrumentarium erwerben, um Texte gattungs- und epochenorientiert angemessen zu erschließen.

Die genannten Entwicklungen erlaubten die Herausbildung der wissenschaftlichen Literaturdidaktik als Universitätsdisziplin – flankiert durch die Öffnung der Literaturwissenschaft für Fragen der Rezeption. – In der DDR gelang der Literaturdidaktik ebenfalls die Etablierung als eigenständige Disziplin: In den 1970er-Jahren wurden Professuren für „Literaturmethodik" eingerichtet und einzelne Hochschulen forschten gezielt zu Lernprozessen in bestimmten, von der Bildungsadministration vorgegebenen Bereichen, etwa zum Verstehen von Lyrik im Unterricht.

(Ideologie-) kritische Didaktik

III. Im Kontext der 1968er-Bewegung entstanden Konzeptionen, in denen die Erziehung der Schüler zur Kritikfähigkeit und vor allem zur Kritik an gesellschaftlichen Missständen im Mittelpunkt stand; der ideologiekritische Umgang mit Literatur sollte den angenommenen ideologischen Gehalt von Literatur entlarven. Das bekannteste Beispiel für diese Konzeptionen ist der *Grundriß einer Didaktik und Methodik des Deutschunterrichts* des Bremer Kollektivs, einer Gruppe von Didaktikern um Heinz Ide und Bodo Lecke, aus dem Jahr 1974 (Bremer Kollektiv 1974). Für die Gegenwart folgenreich wurde die kritische Literaturdidaktik vor allem durch eine Erweiterung der Unterrichtsgegenstände: In Übereinstimmung mit dem Prinzip der ebenfalls um 1968 einsetzenden kommunikativen Wende, nach dem Schülern die Fähigkeit zur Kommunikation in unterschiedlichen Kontexten vermitteln werden soll, fanden nun beispielsweise Comics und Trivialliteratur ihren Weg in den Unterricht. Die Kehrseite: Die kanonische Literatur verlor in Lehrplänen und im Unterricht zunächst erheblich an Bedeutung.

Identitätsorientierte Didaktik

IV. Der Literaturdidaktiker Jürgen Kreft hat 1977 in *Grundprobleme der Literaturdidaktik* den Versuch unternommen, den Literaturunterricht umfassend und wissenschaftstheoretisch reflektiert zu fundieren. Der Ausgangspunkt seiner Überlegungen ist eine Theorie der Persönlichkeitsentwicklung, wie sie in den 1970er-Jahren von dem Philosophen und Soziologen Jürgen Habermas vorgelegt worden ist. Individuen wie auch Gesellschaften durchlaufen nach Habermas Entwicklungsphasen mit dem Ziel der Entwicklung von Ich-Identität und sozialer Interaktionsfähigkeit. Dabei spielt die Nutzung von Sprache zur Kommunikation und Reflexion eine besondere Rolle. Kreft betont die Rolle der Literatur für diese Nutzung: Literatur sei „ein für die Gewinnung und Bewahrung von Identität, für Ich-Entwicklung unentbehrliches Medium […], weil in ihr Bedürfnisse entdeckt und im Horizont gesellschaftlicher Normativität interpretiert werden" können (Kreft 1982, S. 314). Aus dieser Funktion von Literatur ergeben sich für Kreft Konsequenzen für den Unterricht: Schüler müssen zu einer persönlich bedeutsamen, aber auch sachgerechten Erschließung von Literatur befähigt werden und dazu eine „fachliche Literaturkompetenz (fachlich = über Fachwissenschaft vermittelt)" (Kreft 1982, S. 289) erwerben. Krefts Auffassung der Identitätsbildung als zentraler Aufgabe des Literaturunterrichts ist bis in die Gegenwart wirkungsmächtig, weil sie eine ergiebige Ergänzung der sachstrukturierten Didaktik ermöglicht. – Die wissenschaftliche Literaturdidaktik in der DDR der 1970er-Jahre entwickelte ebenfalls umfassende Entwürfe für den Literaturunterricht und erforschte systematisch Lernprozesse insbesondere mit Blick auf das Zusammenspiel von Wissen und Können. Zwar blieb der Literaturunterricht politisch – er war nach wie vor einem sozialistischen Bildungsideal verpflichtet (vgl. Meier 1992) –, aber die literaturdidaktische Forschung ist von dieser Orientierung nicht wesentlich geprägt.

Erforschung von Lernprozessen

V. Seit Anfang der 1980er-Jahre wurden in der Literaturdidaktik Konzeptionen entwickelt, die eine Methode in das Zentrum der didaktischen Überlegungen stellen: Schüler sollen Texte um- und weiterschreiben sowie etwa durch Inszenierungen und Standbilder handelnd mit ihnen umgehen (→ KAPITEL 10). Als literaturtheoretische Begründung dieser Konzeptionen wird vor allem die rezeptionsästhetische Theorie Wolfgang Isers herangezogen, nach der Rezipienten „Leerstellen" in literarischen Werken interpretierend füllen (Iser 1994, S. 302). Zugleich folgt der Ansatz den Prinzipien der Deutschdidaktik nach der kognitiven Wende, indem er die individuellen Lernwege der Schüler in den Mittelpunkt stellt. Als führend für diesen literaturdidaktischen Ansatz kann der Literaturdidaktiker Günter Waldmann mit seinen Modellen des handlungs- und produktionsorientierten Umgangs mit epischen, lyrischen und dramatischen Texten gelten.

Rezeptionsorientierte Didaktik

In Verbindung mit den genannten Strömungen findet seit der Nachkriegszeit eine Auseinandersetzung mit der Frage nach den Medien im Deutschunterricht statt. Bereits in den Konzeptionen der 1950er-Jahre werden Medien berücksichtigt; von Fall zu Fall sollen Hörspiele und

Mediendidaktik

Literaturverfilmungen im Unterricht einbezogen werden. In den 1970er- und dann in den 1990er-Jahren erfolgte mit Konzeptionen für den medienintegrativen Literaturunterricht eine entschiedene Hinwendung zu den audiovisuellen und schließlich zu den neuen Medien (→ KAPITEL 8).

PISA-Studie

Die PISA-Studie, in deren Rahmen 2001 die Lesekompetenz von Schülern aus über 30 Ländern überprüft wurde, hat zu einer grundlegenden Diskussion über eine Neuorientierung der Deutsch- und damit auch der Literaturdidaktik geführt. Die Aufmerksamkeit richtet sich nun verstärkt darauf, das Verstehen von Texten zu fördern. Im Zentrum stehen dabei die Begriffe Kompetenz bzw. Lesekompetenz, die für die heutige literaturdidaktische Diskussion leitend sind. Dem PISA-Lesekompetenztest liegt ein eigenes Lesekompetenzmodell zugrunde, das unterschiedliche Teilleistungen und Niveaustufen unterscheidet. Die deutschen Schüler haben in der PISA-Studie im internationalen Vergleich schlecht abgeschnitten. Auch wenn fraglich ist, ob die Aufgaben der Studie, insbesondere die Aufgaben zu literarischen Texten, überhaupt fundierte Rückschlüsse auf die Leistungsfähigkeit der Schüler zulassen: Die PISA-Ergebnisse zogen seit 2003 die Einführung von nationalen Bildungsstandards nach sich. In den Bildungsstandards, die in ihrer vorliegenden Fassung vielfältig und mit guten Argumenten kritisiert worden sind, werden die Kompetenzen verbindlich vorgegeben, die Schüler in Deutschland zu erwerben haben. Die Diskussion in einer ersten Phase der kompetenzorientierten Literaturdidaktik hat sich entsprechend den genannten Veränderungen im Bildungssystem vor allem auf die Chancen und die Problematik einer Einführung von Standards gerichtet. Ebenso wurde gefragt, inwiefern Schülerleistungen im Umgang mit Literatur überprüfbar sind.

Bildungsstandards

Standards und Tests

In den letzten Jahren ist dieses Interesse zwar nicht verschwunden, wird aber zunehmend durch eine Auseinandersetzung mit dem Kompetenzbegriff und der Hinwendung zu Lesekompetenzmodellen ergänzt: Die Literaturdidaktik hat nun die Aufgabe, Kompetenzmodelle für den Literaturunterricht zu konstruieren, die alle für den Umgang mit Literatur relevanten Kompetenzen berücksichtigen. Darüber hinaus werden die Beziehung von Kompetenzen und (Bildungs-)Zielen sowie Konzeptionen für eine Förderung der entsprechenden Kompetenzen entworfen und diskutiert.

Lesekompetenzmodelle

1.4 Die gute Lehrerin, der gute Lehrer

Gegenwärtig gewinnt die Person des Lehrers in der didaktischen Diskussion an Bedeutung, nachdem sie hier zuvor kaum Beachtung gefunden hatte. Von besonderem Interesse dafür ist die sogenannte Hattie-Studie, deren Ergebnisse (auch) in Deutschland intensiv rezipiert worden sind: Hattie belegt durch die Auswertung einer Fülle von empirischen Studien die entscheidende Bedeutung des Lehrers für das Gelingen von Unterricht (vgl. Hattie 2013). Aus deutsch- und teilweise auch aus literaturdidaktischer Perspektive sind in den letzten Jahren zudem mehrere Studien erschienen, die sich mit dem Selbstverständnis von Lehrern befassen (vgl. Wieser 2008 und Dawidowski 2015).

Welche Eigenschaften zeichnen nun den guten Lehrer im Literaturunterricht aus? Zwei Aspekte spielen neben der fachdidaktischen Kompetenz eine zentrale Rolle: Seine Motivation zur Beschäftigung mit der Sache, also der Literatur, und seine fachwissenschaftliche Kompetenz.

Begeisterung für Literatur

Von entscheidender Bedeutung für den Literaturlehrer ist seine eigene Begeisterung für Literatur und zumal für literarisch bedeutende Texte. Die ‚richtige' Haltung des Lehrers zu ‚seinen' Gegenständen ist Voraussetzung für einen erfolgreichen, die Schüler erreichenden Unterricht – heute sogar noch mehr als früher, weil die Buchkultur vielen Schülern zunehmend fremder und das Vorbild des Lehrers dadurch wichtiger wird.

Interesse an der Welt

Lehrer müssen so auch dadurch überzeugen, dass sie die Angebote der literarischen Texte ernstnehmen und sich mit deren oft ungewohnten Sichtweisen auf die Wirklichkeit auseinandersetzen. Nachdenklichkeit und die Fähigkeit sowie der Wille, eine individuelle, vielleicht sogar eigenwillige Haltung zu entwickeln, gehören zum Literaturlehrer – nicht weil er seine Ansichten den Schülern vermitteln sollte, sondern weil er in der Auseinandersetzung mit Literatur als Persönlichkeit gefragt ist. Ein Lehrer ohne Interesse an den Lebensfragen, die in der Literatur verhandelt werden, kann kaum ein Gespräch auf den Weg bringen, in dem eine ernsthafte Auseinandersetzung mit den von der Literatur nahegelegten Weltbildern stattfindet.

Wille zum Austausch

Hinzu kommt die Bereitschaft des Lehrers, mit seinen Schülern über Literatur ins Gespräch zu kommen. Die eigene Begeisterung für Literatur hilft wenig, wenn nicht der Wunsch und die Fähigkeit vorhanden sind, mit anderen, mit jungen Menschen über Literatur zu sprechen.

Fachwissenschaftliche Kompetenzen

Eng mit der Motivation verbunden sind die fachwissenschaftlichen Fähigkeiten. Die empirische Unterrichtsforschung hat überzeugend nachgewiesen, dass die fachwissenschaftliche Kompetenz eines Lehrers von überragender Bedeutung für Unterrichtserfolg ist. Nur ein fachlich versierter Lehrer ist in der Lage, die Lerngegenstände angemessen didaktisch zu reflektieren und dazu auch ‚mit den Augen der Schüler zu sehen', wie eine zentrale Forderung das Unterrichtsforschers John Hattie lautet (vgl. Hattie 2013). Dementsprechend muss der gute Lehrer für den Literaturunterricht ein breites Wissen über Literatur und gute Fähigkeiten in der Texterschließung besitzen.

Fachdidaktische Kompetenzen

Auf dieser fachwissenschaftlichen Grundlage können Lehrer die Potenziale und Schwierigkeiten einschätzen, die literarische Texte den Schülern bieten. Das wiederum ist die Bedingung für die Planung von Lernwegen, die zugleich methodisch vielfältig und konsequent auf Ziele hin ausgerichtet sind.

Die Planung, Durchführung und Reflexion eines solchen Unterrichts soll stets theoriebasiert sein: Die fachwissenschaftliche und -didaktische Theorie und die Schulpraxis sollen nicht als Gegensätze, sondern als gegenseitige Ergänzungen verstanden werden.

Ergänzt werden die genannten fachdidaktischen durch fachunabhängige didaktische Kompetenzen, etwa die zur stringenten und schülerorientierten Durchführung von Unterricht.

Objektive und subjektive Texterschließung

Eine besondere Herausforderung für Lehrer ergibt sich aus der aktuellen Hinwendung von Fachdidaktik und Schulpraxis zur kompetenzorientierten Texterschließung: Lehrer dürfen die ‚objektiven' Anteile der Texterschließungskompetenz und die individuelle Freiheit im Umgang mit Texten nicht gegeneinander ausspielen. Vielmehr sollen sie sich mit ihren Schülern um das richtige Maß und die richtige Verbindung von Objektivität (vor allem der Textuntersuchung) und Subjektivität (vor allem der Deutung und des Wirklichkeitsbezuges) bemühen. Wenn diese Herausforderung gemeistert wird, dann können Schüler Literatur als bedeutsamen Gewinn für ihr Leben erfahren.

Lektüreempfehlungen

- **Christoph Bräuer/Iris Winkler: Aktuelle Forschung zu Deutschlehrkräften. Ein Überblick.** In: Didaktik Deutsch 18 (2012), H. 33, S. 74–91. *Übersicht über Forschungen zum Lehrer.*
- **Jürgen Kreft: Grundprobleme der Literaturdidaktik,** Heidelberg 1977. *Klassiker mit bis heute wirkungsmächtiger Konzeption.*
- **Michael Kämper-van den Boogaart, Michael: Geschichte des Lese- und Literaturunterrichts.** In: ders./ Kaspar H. Spinner (Hg): Lese- und Literaturunterricht. (= Deutschunterricht in Theorie und Praxis; Bd. 11/1). Baltmannsweiler 2010, S. 3–85. *Prägnante Übersicht über die Geschichte des Literaturunterrichts.*

2 Ziele des Literaturunterrichts

Abbildung 2: Johann Heinrich Wilhelm Tischbein: *Goethe lesend auf zurückgelehntem Stuhl*, Zeichnung (1786/86)

Die Bleistiftzeichnung eines Lesers entstand 1786 in Rom: Johann Heinrich Wilhelm Tischbein zeichnete seinen Freund Goethe beim Lesen in der gemeinsamen Wohnung. Diese Zeichnung hat bis heute nichts von ihrem Reiz verloren; wohl auch deshalb, weil sie ein immer noch gültiges Ideal darstellt: den Menschen, der sich lesend vertieft – und der zum Lesen nicht mehr braucht als ein Buch und einen Stuhl. Lesen ist, so demonstriert der dargestellte Leser Goethe, eine besonders lohnende Tätigkeit. Eine entsprechende gesellschaftliche Wertschätzung des Lesens ist die Grundlage für die Existenz von schulischem Literaturunterricht – der übrigens zu Goethes Zeit für die muttersprachliche Literatur noch nicht institutionalisiert war.

Die Wertschätzung des Lesens in unserer Gesellschaft allein reicht jedoch nicht aus, um Literaturunterricht in der heutigen Zeit zu legitimieren und anzuleiten. Dafür sind Ziele erforderlich, die seiner gesellschaftlichen Relevanz entsprechen und eine Orientierung für die Unterrichtsgestaltung vorgeben. Die Bestimmung von Zielen des Literaturunterrichts gehört deshalb zu den zentralen Aufgaben der Literaturdidaktik. Diese Aufgabe stellt sich immer wieder neu, weil die Ziele vor allem in Folge gesellschaftlicher Veränderungen stets neu auszuhandeln sind. Zugleich sind diese Ziele aber nicht beliebig: Für sie grundlegend sind zum einen die Funktionen, die Literatur für ihre Leser erfüllen kann, und zum anderen relativ stabile Bildungsziele unserer Gesellschaft. Die Literaturdidaktik hat also für die Bestimmung von Unterrichtszielen Antworten auf zwei Fragen zu finden: Welchen Gewinn kann der Umgang mit Literatur den Lesern bieten? Und: Welche Folgerungen ergeben sich daraus für einen Literaturunterricht, der veränderlichen gesellschaftlichen Anforderungen und grundlegenden Bildungszielen der Gesellschaft verpflichtet ist?

2.1 Funktionen von Literatur
2.2 Textverstehen als zentrales Ziel
2.3 Lesemotivation und Wissen über Literatur
2.4 Bildungsziele und Ziele des Literaturunterrichts

2.1 Funktionen von Literatur

Die Beschäftigung mit Literatur nimmt für alle Schüler einen großen Teil ihrer Unterrichtszeit in Anspruch und entscheidet nicht unerheblich mit über den Schulerfolg. Das mag auf den ersten Blick erstaunlich sein; denn es handelt sich schließlich ‚nur' um die Auseinandersetzung mit einem Bereich der Kunst, nicht etwa um den Erwerb einer Kulturtechnik wie Lesen, Schreiben und Rechnen oder von praktisch verwertbarem Wissen. Doch wird dieser Bereich gesellschaftlich hoch und offenbar noch höher geschätzt als etwa die Musik oder die bildende Kunst. Dieser gesamtgesellschaftliche Stellenwert der Literatur entspricht ihrer Bedeutung für unterschiedliche Menschen(-gruppen). Nicht für alle, aber für viele Einzelne ist das Lesen literarischer Texte ein wichtiger Bestandteil ihres (privaten) Lebens; und für manche Gemeinschaften, vom Freundinnenpaar bis zum Literaturzirkel, ist der Austausch über Erfahrungen mit Literatur – die Anschlusskommunikation (→ KAPITEL 2.4) – gemeinschaftsfördernd oder sogar gemeinschaftsstiftend.

Gesellschaftliche Wertschätzung

Was aber macht Literatur für Menschen so wichtig? Die Lektüre literarischer Texte kann ganz unterschiedliche Funktionen erfüllen. So hat die Lesesozialisationsforschung sieben Lesemodi des (erwachsenen) Lesers zusammengestellt, die die Art und Funktion des Lesens von literarischen sowie von Sach- und Gebrauchstexten bestimmen (vgl. Graf 2004). Die Lesemodi beruhen auf Dispositionen des Lesers. Doch kann derselbe Leser je nach Situation und Besonderheiten des Textes auch unterschiedliche Modi aktivieren, so das partizipatorische Lesen (zum Transfer des Gelesenen in die Praxis oder zur Teilhabe an Kommunikation über Texte), das ästhetische Lesen (bei dem die Freude an der Form vorrangig ist) und das intime Lesen (zur subjektiven Bedürfnisbefriedigung, z. B. durch Wunscherfüllung in der Fantasie). Die Art und Funktion des Lesens bei Kindern wird als kindliche Lustlektüre bestimmt (→ KAPITEL 4.2), die dem intimen Lesen der Erwachsenen ähnlich ist: Die Kinder erfahren literarische Texte als spannend und können sich völlig in sie versenken, weil sie sich mit den Figuren oder Handlungen identifizieren und auf diese Weise im Bereich des Imaginären psychische Konflikte bearbeiten und Wunscherfüllungen erleben.

Unterschiedliche Lesemodi

Die an und für sich sinnvolle Auflistung von Lesemodi ist jedoch im didaktischen Interesse nicht befriedigend, weil sie keine hinreichende Begründung dafür bietet, weshalb Literatur im Unterricht behandelt werden soll. Dazu ist es vielmehr notwendig, eine zentrale Funktion literarischer Texte zu bestimmen, die verschiedene (bei je-

Auf der Suche nach einer zentralen Funktion

der Lektüre in unterschiedlichem Maße realisierte) Modi mit abdeckt. Es gibt zwar keinen Konsens literaturtheoretischer Modelle oder empirischer Untersuchungen über eine solche Funktion von Literatur. Doch viele unterschiedliche Konzeptionen lassen zumindest eine gemeinsame Grundannahme erkennen: Literarische Texte ermöglichen ihrem Leser Erfahrungen, die für seine persönliche Entwicklung und seine Interaktion mit der Gesellschaft von hoher Bedeutung sein können.

Angebot an (neuen) Sichtweisen der Wirklichkeit

Diese Erfahrungen können genauer beschrieben werden, um eine zentrale Funktion von Literatur zu rekonstruieren: die Aneignung und Nutzung von persönlich und gesellschaftlich bedeutsamen Sichtweisen der Wirklichkeit (im Sinne von Menschen- und Weltbildern), die für den Leser – oder sogar für seine Kultur – neu sein können und ihm auf literaturspezifische Weise angeboten werden.

Eine von der Antike bis heute wirkungsmächtige Beschreibung literarischer Erfahrungen ist die erstmals von dem römischen Dichter Horaz vorgenommene Zuordnung der Funktionen „nützen" (*prodesse*) und „erfreuen" (*delectare*) zur Literatur (Horaz 1986, Vers 333). Diese Bestimmung kann – wie in der Aufklärung – so verstanden werden, dass Literatur „nützen und erfreuen", also dem Leser (moralische) Lehren oder Wissen in einer unterhaltsamen oder ästhetisch ansprechenden ‚Verpackung' nahebringen soll. Auf eine große Gruppe von Texten, so auf religiöse Erbauungsliteratur, viele Erzählungen der Aufklärung sowie (vormoderne) kinder- und jugendliterarische Texte, aber auch auf manche essayistisch geprägte Romane trifft das zu. Diese Texte können ihren Leser an Sichtweisen der Wirklichkeit einschließlich von Werten und Normen heranführen, die in seiner Kultur etabliert, das heißt allgemein verbreitetet oder zumindest konsensfähig, für ihn persönlich aber neu sind. Das Lesen hat damit eine pädagogische Funktion. Sie ist an und für sich keine Besonderheit der literarischen Kommunikation, sondern kann auch durch Alltagserzählungen sowie Sach- und Gebrauchstexte erfüllt werden. Doch können literarische Texte kulturell etablierte Sichtweisen in besonders wirkungsvoller Weise anbieten. Denn diese Texte weisen ein allgemeineres Bedeutungspotenzial auf und können es besonders anschaulich darstellen sowie in spielerischer Weise als nicht verpflichtendes Angebot vermitteln.

Kulturell etablierte Sichtweisen

Natürlich werden einem Leser die kulturell etablierten Sichtweisen, die ihm die genannten Textsorten nahe legen, in vielen Fällen auch schon bekannt sein – wahrscheinlich umso häufiger, je älter er ist. Das Lesen hat dann für ihn eine bestätigende Funktion. Eine ähnliche Funktion erfüllen auch weitere Gruppen literarischer Texte, die Trivial- und Unterhaltungsliteratur sowie die populäre Kinder- und Jugendliteratur. Diese Texte bieten dem Leser vor allem Klischees der Alltagswahrnehmung an und ermöglichen ihm Entspannung und Entlastung, indem sie ihm bestätigen, dass sie diese Klischees bestätigen.

Für eine Kultur neue Sichtweisen

Die Funktionsbestimmung des Horaz kann aber auch in einem weiteren Sinne als „nützen oder erfreuen“ verstanden werden und umfasst dann das von einem bestimmten Nutzen unabhängige ästhetische Vergnügen: Das von dem Philosophen Immanuel Kant 1790 so genannte „interesselose Wohlgefallen“, das Kunstwerke wie beispielsweise hochliterarische Texte ihrem Rezipienten ermöglichen (Kant 1956, S. 288). Auch mit dieser Erweiterung werden allerdings wichtige literarische Erfahrungen noch nicht erfasst, die gerade ‚typische‘, als besonders hochwertig geltende literarische Texte (einschließlich vieler Texte der modernen Kinder- und Jugendliteratur) ermöglichen. Solche Texte haben nicht (nur) die Funktion, Sichtweisen zu vermitteln, die kulturell etabliert sind und ähnlich aus anderen Textsorten zu gewinnen wären. Aber die Texte erschöpfen sich auch nicht in der Gewährung ästhetischen Vergnügens. Vielmehr können sie ihrem Leser in literaturspezifischer Weise Sichtweisen der Wirklichkeit nahelegen, die nicht nur für den Leser, sondern auch für seine Kultur neu sind; seien es Sichtweisen der Natur oder der Gesellschaft, der Beziehungen zwischen Menschen oder ihrer Innenwelt. Die ‚neuen Sichtweisen‘ sind allerdings nicht als absolut neu, sondern als ungewohnt oder nicht konsensfähig zu verstehen. Sie weisen zumeist fließende Grenzen zu den etablierten Sichtweisen auf, bieten häufig eher Differenzierungen des Gewohnten als gänzlich Neues und können in anderen Kulturen oder auch in bestimmten literarischen Genres durchaus verbreitet sein. Auch diese Sichtweisen werden dem Leser mitunter schon bekannt sein – wahrscheinlich umso häufiger, je belesener er ist.

Die von der Literatur angebotenen neuen Sichtweisen sind keine wissenschaftlichen Erkenntnisse, wie in manchen Sachtexten, werden also nicht auf der Grundlage definierter Begriffe systematisch entwickelt.

Varianten der neuen Sichtweisen

Vielmehr stellen literarische Texte Inhalte (Figuren, Schauplätze, Geschehnisse) tendenziell in anschaulicher und emotional ansprechender Weise dar. In manchen Fällen werden auf diese Weise Formen des sozialen Lebens, der Sprache, des Denkens und der Wahrnehmung zugänglich, die für andere Kulturen oder frühere Zeitalter als maßgeblich gelten können – etwa die für heutige Jugendliche häufig unglaubliche Überzeugung, dass die Ehre einen höheren Wert darstellen kann als das eigene Leben. Die Literatur kann auf diese Weise das sogenannte kulturelle Gedächtnis entscheidend mitgestalten (→ KAPITEL 9) und zum interkulturellen Lernen (→ KAPITEL 15.2) beitragen. In anderen Fällen haben literarische Texte utopischen Charakter, das heißt, sie bringen Lebensmöglichkeiten zum Ausdruck, die in der Geschichte überhaupt noch nicht verwirklicht worden sind. Doch legt Literatur dem Leser nicht nur dann neue Sichtweisen von Wirklichkeit nahe, wenn sie äußerlich fremde Orte und Zeiten darstellt, sondern auch dann, wenn sie das scheinbar Vertraute fremd erscheinen lässt. Deutlich wird das beispielsweise an *Die Ballade vom Nachahmungstrieb* (1950) von Erich Kästner:

Kulturelles Gedächtnis

Textbeispiel Erich Kästner

Die Ballade vom Nachahmungstrieb
Es ist schon wahr: Nichts wirkt so rasch wie Gift!
Der Mensch, und sei er noch so minderjährig,
ist, was die Laster dieser Welt betrifft,
früh bei der Hand und unerhört gelehrig.

Im Februar, ich weiß nicht am wievielten,
geschah's, auf irgendeines Jungen Drängen,
dass Kinder, die im Hinterhofe spielten,
beschlossen, Naumanns Fritzchen aufzuhängen.

Sie kannten aus der Zeitung die Geschichten,
in denen Mord vorkommt und Polizei.
Und sie beschlossen, Naumann hinzurichten,
weil er, so sagten sie, ein Räuber sei.

Sie steckten seinen Kopf in eine Schlinge.
Karl war der Pastor, lamentierte viel
und sagte ihm, wenn er zu schrein anfinge,
verdürbe er den anderen das Spiel.

Fritz Naumann äußerte, ihm sei nicht bange.
Die andern waren ernst und führten ihn.
Man warf den Strick über die Teppichstange.
Und dann begann man, Fritzchen hochzuziehn.

Er sträubte sich. Es war zu spät. Er schwebte.
Dann klemmten sie den Strick am Haken ein.
Fritz zuckte, weil er noch ein bisschen lebte.
Ein kleines Mädchen zwickte ihn ins Bein.

Er zappelte ganz stumm, und etwas später
verkehrte sich das Kinderspiel in Mord.
Als das die sieben kleinen Übeltäter
erkannten, liefen sie erschrocken fort.

Noch wusste niemand von dem armen Kinde.
Der Hof lag still. Der Himmel war blutrot.
Der kleine Naumann schaukelte im Winde.
Er merkte nichts davon. Denn er war tot.

Frau Witwe Zickler, die vorüberschlurfte,
lief auf die Straße und erhob Geschrei,
obwohl sie doch dort gar nicht schreien durfte.
Und gegen Sechs erschien die Polizei.

Die Mutter fiel in Ohnmacht vor dem Knaben.
Und beide wurden rasch ins Haus gebracht.
Karl, den man festnahm, sagte kalt: „Wir haben
es nur wie die Erwachsenen gemacht."
(Kästner 1999, S. 70–72)

Differenzierte Sicht

Interessant ist dieser Text nicht so sehr deshalb, weil er offenbar ein Geschehen Anfang der 1930er-Jahre darstellt (das auf eine Zeitungsmeldung zurückgeht), sondern vor allem deshalb, weil er dem Leser eine neue oder differenziertere Sicht auf das Böse in der Welt nahelegt. Zum Teil ist diese Sicht relativ eindeutig und wird sogar explizit vermittelt: Das „Laster" (V. 4) kann sich durch einen Nachahmungstrieb, der nicht genau zwischen Spiel und Wirklichkeit unterscheidet, in der Welt behaupten. Doch bietet der Text dem Leser darüber hinaus noch weitere Anregungen, das Böse neu zu betrachten: Da das Böse als „Laster" bezeichnet wird, beruht es offenbar auf menschlichen Schwächen. Aber sind diese Schwächen allen Menschen gemein und kaum zu verändern? Oder wären zumindest die Erwachsenen aufgerufen, dem Nachahmungstrieb zu widerstehen und den Kindern ein besseres Vorbild zu bieten? Oder sind Personen wie Karl (dessen Figur durch die formale Gestaltung herausgehoben wird und zugleich in hohem Maße uneindeutig bleibt → KAPITEL 3.3) in besonderer Weise an einer Verbreitung der Laster beteiligt? Diese Anregungen sind keine eindeutigen Vorschläge. Sie fordern den Leser nicht auf, eine bestimmte neue Sichtweise von Wirklichkeit zu übernehmen, sondern seine bisherigen Sichtweisen infrage zu stellen und probeweise neu zu bilden.

Neubildung von Sichtweisen

Literaturtheoretische Begründung

Anregungen dieser Art sind spezielle Leistungen der Literatur und können deshalb als wichtigste Variante der zentralen Funktion „Angebot an neuen Sichtweisen“ gelten. Sie beruhen auf der Beziehung von Inhalt und besonderer Form, die für literarische Texte (in Abgrenzung zu Sach- und Gebrauchstexten) grundlegend ist. Diese Beziehung macht den Text vieldeutig und bietet dem Leser Spielraum für eine subjektive Textergänzung (→ KAPITEL 3.3). So wird ihm nahegelegt, vorgegebene Begriffssysteme und daran geknüpfte verfestigte Schemata der Wahrnehmung – beispielsweise pauschale Auffassungen von ‚böse‘ – zumindest in Ansätzen aufzulösen und neu zu bilden. Diese neuen oder differenzierteren Sichtweisen kann der Leser sich dann dauerhaft aneignen. Grundlage dafür ist, dass er die neuen Sichtweisen mit seinen bisherigen Schemata von Denken und Wahrnehmung abgleicht und – nicht unbedingt vollständig, sondern etwa auch teilweise oder in modifizierter Form – in sie integriert. Und schließlich kann der Leser diese Sichtweisen für einen neuen Blick auf seine Lebenswirklichkeit und eventuell auch dafür nutzen, seine grundlegenden Einstellungen oder sein Verhalten zu ändern. Solche Veränderungen können schließlich auch zur Weiterentwicklung einer Kultur beitragen.

Text als „Weltvorschlag“

Die Funktion von Literatur, Sichtweisen anzubieten, die für eine Kultur neu sind, wird durch das von dem Philosophen Paul Ricœur entwickelte hermeneutische Modell des Textverstehens besonders einleuchtend beschrieben: Ein literarischer Text unterbreitet dem Leser einen „Weltvorschlag“, den „Entwurf einer Welt, die ich bewohnen könnte und in die ich meine eigensten Möglichkeiten entwerfen könnte.“ (Ricœur 1986, S. 53) Dieser Vorschlag kann vom Leser genutzt werden, indem er das kulturell etablierte System sprachlich begründeter Schemata der Wahrnehmung infrage stellt oder verändert und die veränderten Schemata für eine Erweiterung seines Existenzhorizontes nutzt: Die Interpretation ist eine

> „Denkarbeit, durch die die Welt des Textes dem, was wir konventionell die Wirklichkeit nennen, die Stirn bietet, um sie neu zu beschreiben. Dieser Angriff kann von der Ablehnung, ja der Zerstörung […] bis zur Metamorphose und Neugestaltung der Wirklichkeit gehen.“ (Ricœur 1992, S. 492)

In manchen Fällen des literarischen Lesens scheint die Funktion einer Entwicklung und Aneignung von neuen Sichtweisen weniger zentral zu sein. Denn die Aufmerksamkeit des Lesers kann sich auch fast ausschließlich auf die besondere sprachlich-formale Gestaltung der Werke richten, insbesondere natürlich bei der Rezeption von Texten, die kaum noch bekannten Sprachmustern folgen bzw. mit Sprache experimentieren. Der Leser (oder Hörer) kann dann vor allem ästhetisches Vergnügen erfahren. Er kann allerdings auch neue Erfahrungen mit der Sprache machen und sich so doch wieder neuen Sichtweisen der Wirklichkeit annähern. Die Sprache erscheint bei dieser Art der Rezeption nicht mehr als ein Zeichensystem, dessen Elemente eine (konventionell miteinander verbundene) Ausdrucks- und Inhaltsseite aufweisen, sondern als Zusammenstellung von Lauten oder Buchstaben, die unterschiedliche Assoziationen auslösen. Auf diese Weise wird das begriffliche Denken nicht nur ‚verflüssigt', sondern tendenziell zugunsten einer ganz anderen Wahrnehmung von Wirklichkeit aufgelöst.

Neue Spracherfahrungen

2.2 Textverstehen als zentrales Ziel

Auf die Frage nach den Zielen des Literaturunterrichts antworten unterschiedliche didaktische Modelle recht übereinstimmend. Fast durchgängig nennen sie dieselben oder doch sehr ähnliche Ziele: Der Literaturunterricht soll zur Leseförderung (im Sinne einer Förderung von Lesefreude und Lesemotivation) dienen und den Schülern verschiedene Aspekte des literarischen Lernens nahelegen. So sollen die Texterschließungskompetenz (d. h. die Analyse- und Interpretationskompetenz), die ästhetische Wahrnehmung, die Imagination, die Kreativität, die Empathie (und auf ihrer Grundlage die Identitätsbildung und das Fremdverstehen) gefördert und es soll Wissen über Literatur (z. B. über wichtige Werke/Autoren/Epochen) vermittelt werden. Darüber hinaus werden auch Ziele wie die Anschlusskommunikation und der Wirklichkeitsbezug literarischer Texte genannt. Das im Folgenden skizzierte Modell systematisiert auf der Grundlage der genannten Übereinstimmungen Ziele des Literaturunterrichts, die zumal in der Nach-PISA-Epoche als unstrittig gelten können. Diese Ziele liegen auch den in vielen Einzelheiten unterschiedlichen Lehrplänen der Bundesländer gemeinsam zugrunde.

Ziele des Literaturunterrichts

Die unterschiedlichen literaturdidaktischen Modelle unterscheiden sich grundlegend vor allem dadurch, wie sie die weitgehend gemeinsamen Ziele gewichten. So wurde längere Zeit die Förderung von Lesefreude und Lesemotivation als zentrales Ziel des Literaturunterrichts betrachtet (vgl. Hurrelmann 1994). In den 1980er-/1990er-Jahren setzte sich dann die Auffassung durch, dass Lesefreude/Lesemotivation und literarisches Lernen sich gegenseitig bedingen und dementsprechend in Wechselwirkung miteinander gefördert werden sollen (vgl. Merkelbach 2000). Dabei wurden Ziele wie die Förderung von Imagination und Empathie bzw. Identitätsbildung und Fremdverstehen in den Mittelpunkt gerückt (vgl. Spinner 2001). Seit der Veröffentlichung der PISA-Studie 2001 gewinnt im Literaturunterricht dagegen ein anderes Ziel an Gewicht: die Förderung von Texterschließungskompetenz (vgl. Ensberg 2005; Zabka 2007b; Köster 2008a; Leubner/Saupe 2012). Auch neuere Konzeptionen der Leseförderung nehmen diese Tendenz auf (vgl. Bertschi-Kaufmann 2007; Rosebrock 2003). Außer um eine Förderung von Lesefreude und Lesemotivation geht es in den letztgenannten Konzeptionen nun vor allem um eine Förderung von Lesekompetenz. Doch wird hier, anders als in den zuvor genannten Modellen, Lesekompetenz als allgemeine Lesekompetenz verstanden, die sich weitgehend auf Sach-/Gebrauchstexte und literarische Texte gemeinsam richtet (→ KAPITEL 15.1).

Texterschließungskompetenz

Die notwendige Neuorientierung der Literaturdidaktik durch eine stärkere Beachtung der Texterschließungskompetenz soll nun aber keineswegs dazu führen, dass diese Kompetenz zum Selbstzweck wird. Ebenso wenig hilfreich wäre jedoch ein ungeordnetes ‚Nebeneinander' unterschiedlicher Ziele. Vielmehr ist es notwendig, die genannten Ziele in einer für den Unterricht ergiebigen Weise aufeinander zu beziehen.

Grundlegend für eine solche Ordnung ist die oben dargelegte Funktionsbestimmung von Literatur: Literarische Texte unterbreiten ihren Lesern Angebote an (neuen) Sichtweisen von Wirklichkeit, und die Schüler sollen diese Angebote für sich nutzen. Dazu ist es notwendig, dass sie zu einem textangemessenen und zugleich individuellen Verständnis von Texten gelangen. Als zentrales Ziel des Literaturunterrichts kann demnach das Textverstehen gelten, entsprechend einer schon lange Zeit verbreiteten Auffassung, die Günter Waldmann besonders deutlich vertreten hat: „Die entscheidende Aufgabe des Literaturunterrichts ist, die Schüler zum Verstehen literarischer Texte zu führen" (Waldmann 2007, S. 27). Zu ergänzen ist, dass die zentrale Funktion der Literatur außer durch die Rezeption auch durch die eigene Produktion literarischer Texte genutzt werden kann und im Unterricht dementsprechend das kreative Schreiben gefördert werden soll.

Textverstehen als zentrales Ziel

Um eine hinreichende Orientierung für den Unterricht zu gewinnen, müssen Teilziele des umfassenden Zieles Textverstehen bestimmt werden, die auf die Frage antworten: Was genau sollen die Schüler tun, um literarische Texte (in ergiebiger Weise) zu verstehen? Zu einer solchen Bestimmung werden Annahmen über den ‚natür-

Teilziele

lichen' Leseprozess und ein weitgehender fachwissenschaftlicher Konsens herangezogen (→ KAPITEL 3.1).

Zunächst müssen die Schüler in der Regel natürlich die Wörter und Sätze der Texte dechiffrieren – die entsprechende basale Lesefähigkeit, die dadurch mit gefördert werden kann, ist allerdings kein spezifisches Ziel des Literaturunterrichts, sondern gehört in den Bereich der Sprachdidaktik. Auf dieser Grundlage sollen die Schüler zentrale Elemente des Textes und ihre Beziehungen erkennen, beispielsweise die Eigenschaften von Figuren, ihre Beziehung zueinander oder die schwierige Lage, in die sie geraten (→ KAPITEL 3.2).

Erkennen von Textelementen

Das Erkennen der Textelemente soll – ebenfalls dem natürlichen Leseprozess und fachwissenschaftlichen Modellen folgend – durch eine Deutung ergänzt werden. Deutungen literarischer Texte sind (auch) subjektiv. Sie lassen Bilder von der Welt entstehen, die der Text dem Leser nahelegt, aber nicht eindeutig zum Ausdruck bringt, beispielsweise eine besondere Auffassung des ‚Bösen'. Für eine solche Deutung müssen die Schüler Textinformationen durch unterschiedliche Wissensbestände ergänzen (→ KAPITEL 3.3). Das Ziel der Deutung umfasst auch das Ziel der Anschlusskommunikation, die Deutungen besonders ergiebig werden lässt, weil sie die Möglichkeit zum Abgleich und zur Weiterentwicklung bietet. Wichtige literaturtheoretische Konzeptionen, vor allem der Ansatz des Theologen und Philosophen Friedrich Schleiermacher aus dem 19. Jahrhundert, fassen deshalb das Gespräch (im Sinne eines persönlichen Austausches) für die Deutung literarischer Texte als unbedingt notwendig auf. In einem weiteren Sinn gehören zur Anschlusskommunikation aber auch öffentliche Diskussionen über literarische Texte, beispielsweise durch Rezensionen.

Deutung

Das hier skizzierte Modell mit den Verstehensleistungen Erkennen von Textelementen und ihren Beziehungen und Deutung entspricht einem weitgehenden Konsens in der literaturwissenschaftlichen Diskussion über das literarische Textverstehen und lässt sich zugleich mit neuern kognitionspsychologischen Modellen des Textverstehens in Einklang bringen (→ KAPITEL 3.1).

Textverstehen, Literaturwissenschaft und Kognitionspsychologie

Während das Erkennen von Textelementen und ihren Beziehungen Voraussetzung für eine Textdeutung ist, dient die Deutung als Grundlage für den Wirklichkeitsbezug: Die Schüler sollen deutend die Weltsicht entfalten, die ihnen der Text nahelegt, und dann diese Sicht auf ihre eigene Lebenswirklichkeit beziehen. Erst mit dem Teilziel des Wirklichkeitsbezugs nutzen die Schüler die zentrale Funktion literarischer Texte. Allerdings wird ein solcher Teil des Textverste-

Wirklichkeitsbezug

hens nicht in allen literaturtheoretischen Modellen angenommen (→ KAPITEL 3.4).

Wertung

Fachdidaktisch diskutiert wird zudem die Fähigkeit, begründete Bewertungen zu literarischen Texten vorzunehmen. Diese Fähigkeit umfasst den Wirklichkeitsbezug, geht aber noch über ihn hinaus (→ KAPITEL 3.1).

Das Verstehen eines literarischen Textes ist keine ausschließlich kognitive Leistung. So werden die erläuterten Schritte des Verstehens durch die Vorstellungsbildung (Imagination) und die emotionale Beteiligung am Text ergänzt und unterstützt (vgl. Rosenblatt 1994). Dementsprechend können auch die Teilziele des Textverstehens ergänzt werden.

Vorstellungsbildung

Die Vorstellungsbildung umfasst vor allem visuelle, aber auch andere (auditive, olfaktorische, haptische) Vorstellungen und dient vor allem als eine Grundlage für die Deutung.

Emotionale Beteiligung

Die emotionale Beteiligung am Text schließt beispielsweise die Erfahrung von Komik, Spannung, Furcht, Schrecken, Mitleid oder Empathie ein. Insbesondere die Empathie kann eine zentrale Voraussetzung für alle Teilleistungen des Textverstehens sein. Sie wird in Abgrenzung zur Identifikation als ein Mitfühlen aus der Perspektive eines Beobachters verstanden, das auch eine Distanzierung erlaubt (vgl. Bonfadelli 1999, S. 198). So wird dem Leser von *Die Ballade vom Nachahmungstrieb* durch die Erzählerkommentare, die eine teils wertende und teils komische Funktion haben, eine solche zugleich mitfühlende und distanzierte Haltung nahegelegt.

2.3 Lesemotivation und Wissen über Literatur

Ziel: Lesefreude / -motivation

Freude an der Literatur gehört zum Lesen oder sollte zumindest dazugehören. Auf die Schule bezogen heißt das: Damit die Schüler einen literarischen Text in ergiebiger Weise verstehen können, ist es (häufig) notwendig, dass sie ein weiteres Ziel des Literaturunterrichts erreicht haben: Die Lesefreude bzw. Lesemotivation (die aus einer wiederholt erfahrenen Lesefreude entstehen kann) einschließlich der Fähigkeit, ästhetisches Vergnügen zu empfinden. Dieser Aspekt könnte auch als Teilziel des zentralen Zieles Textverstehen gelten. Weil er nicht nur Voraussetzung für das Textverstehen ist, sondern auch in Wechselwirkung mit dem Textverstehen gefördert werden kann, soll er hier jedoch als eigenständiges, wenngleich eng mit dem Textverstehen verbundenes Ziel gelten.

Textverstehen und Lesefreude/Lesemotivation sind in hohem Maße voneinander abhängig (vgl. z. B. Merkelbach 2000). So wird ein Leser Texte besser verstehen, wenn er sie mit Freude liest. Und er wird Lesefreude erfahren und seine Lesemotivation weiterentwickeln, wenn er das Bedeutungspotenzial von literarischen Texten entfalten und für sich nutzen kann. Von besonderer Bedeutung ist diese Wechselwirkung für das Verstehen von Texten, deren Aussagepotenzial den Schülern zunächst sehr fremd erscheint (wie es z. B. bei den ‚Schulklassikern' Heinrich von Kleist und Franz Kafka häufig der Fall ist). Solche Texte können Abwehrhaltungen hervorrufen. Sie werden leichter zugänglich, wenn die Schüler schon erfahren haben, dass ein Sich-Einlassen auf ‚fremde' Texte für sie von persönlichem Interesse war, und eine entsprechende Motivation aufbauen konnten. Das ästhetische Vergnügen an Texten kann als eine besondere Ausprägung der Lesefreude gelten. Auch diese Art des Lesevergnügens tritt in Wechselwirkung mit dem Textverstehen, wohl vor allem mit dem Erkennen von Elementen der Form.

Außer durch die Freude an literarischen Texten zeichnet sich ein ‚guter Leser' – so der Konsens in Leseforschung, Literaturdidaktik und Gesellschaft – auch durch Kenntnisse im Bereich der Literatur aus.

Ziel: Wissen über Literatur und ihre Kontexte

Das Wissen über Literatur und ihre Kontexte steht in einer engen Wechselwirkung mit der Fähigkeit zum Textverstehen, weil es häufig für die Texterschließung notwendig oder nützlich ist (→ KAPITEL 3). Von Bedeutung ist für das Erkennen von Textelementen und ihren Beziehungen vor allem Wissen über Kategorien und für die Deutung häufig Wissen über Gattungen und Genres sowie über Epochen, zudem Wissen über wichtige Autoren und Werke (→ KAPITEL 9). Dazu kommt Wissen über die Produktion, Distribution und Rezeption von Literatur (etwa über die politischen und ökonomischen Bedingungen, unter denen Autoren geschrieben haben), über den Einfluss des Literaturbetriebes auf den Erfolg literarischer Texte und über historisch oder kulturell unterschiedliche Arten der Rezeption.

Falls das Wissen über Literatur und ihre Kontexte für das Textverstehen genutzt wird, dann ist es (so der weitgehende Konsens in der Debatte über Kompetenzen der Texterschließung) als Teil von Textverstehenskompetenz zu verstehen: Es gehört zum deklarativen Wissen der entsprechenden Kompetenz (→ KAPITEL 3.2 UND 3.3).

Wissen über Literatur ist jedoch nicht in allen Fällen (nur) funktional für das Textverstehen. Grundkenntnisse über Gattungen, historische Epochen, Autoren und auch über einzelne literarische Werke (insbesondere ihre Figuren und Handlungen) sind auch außerhalb konkreter Textverstehensleistungen ein wichtiges Bildungs- bzw. Kulturgut. Eine literarische Allgemeinbildung stellt ein kulturelles Kapital dar: Es ermöglicht „Teilhabe am kulturellen Leben und am literarischen Diskurs" (Köster 2015). So sollen in unserer Gesellschaft beispielsweise die in der Literatur entworfenen wirkungsmächtigen Bilder vom Menschen bekannt sein, damit unsere Gegenwart in Auseinandersetzung mit ihnen gestaltet werden kann. Der Tendenz aktueller curricularer Vorgaben, sich (fast) ausschließlich auf die Fähigkeit des Textverstehens zu konzentrieren, muss aus diesem Grund (auch) durch die Wahl von literarischen Texten „nach Maßgabe ihres inhaltlichen Bildungswertes" (Zabka 2012, S. 108) begegnet werden; die Kenntnis entsprechender Werke gehört zum im Literaturunterricht erworbenen Wissen. Aber auch Gattungswissen – etwa das Wissen darum, was eine Fabel ist und was ein Leser von ihr erwarten kann – gehört zur literarischen Allgemeinbildung.

Auch wenn in Einzelfällen häufig nicht leicht zu entscheiden sein dürfte, ob ein bestimmtes Wissen auch oder ausschließlich Bildungsgut und damit nicht (nur) Teil von Textverstehenskompetenz ist, wird deshalb hier ein (auch) eigenständiges Ziel ‚Wissen über Literatur und ihre Kontexte' angenommen.

2.4 Bildungsziele und Ziele des Literaturunterrichts

Das zentrale Ziel des Literaturunterrichts, das durch Teilziele differenzierte Textverstehen, ergibt sich aus der Funktionsbestimmung von Literatur. Ziele für ein Unterrichtsfach oder einen Lernbereich können jedoch nicht allein aus Funktionen von Unterrichtsgegenständen abgeleitet werden, sondern müssen zugleich auf (normative) Bildungsziele bezogen sein. Deshalb ist die grundlegende Frage zu klären: Weshalb findet überhaupt Literaturunterricht an unseren Schulen statt bzw. welches übergeordnete (Bildungs-)Ziel verfolgt er?

Ziele und Bildungsziele

In unserer Gesellschaft hat die Schule einen fächerübergreifenden Bildungsauftrag: Die Schüler sollen umfassend in ihrer Persönlichkeit einschließlich ihrer Fähigkeit zur Teilhabe an der Gesellschaft gefördert werden. Diese Überzeugung steht in einer langen und ehrwürdigen Tradition. Seit der Entstehung des Begriffs im 18. Jahrhundert ist das Ziel von Bildung die gegenseitige Entwicklung von Subjekt und Außenwelt bzw. Gesellschaft.

Der Bildungsauftrag der Schule

Auf der Grundlage dieses Bildungsbegriffs wurden von der Pädagogik in den 1970er-Jahren Bildungsziele definiert, die bis heute für den Unterricht maßgeblich sind. So hat Jürgen Kreft auf der Grundlage von Modellen des Philosophen und Soziologen Jürgen Habermas die Entwicklung der Individualität und der Fähigkeit zur sozialen Interaktion als Leitziele des Literaturunterrichts bestimmt (vgl. Kreft 1982). Auch Bettina Hurrelmann hat vorgeschlagen, Habermas' Erziehungsziel des gesellschaftlich handlungsfähigen Subjekts als grundlegend für den Deutschunterricht zu betrachten (vgl. Hurrelmann 2004, S. 39). In den von den Kultusministerien verabschiedeten Bildungsstandards für das Fach Deutsch ist der Bildungsanspruch des Deutschunterrichts wie folgt formuliert: „Bei der Arbeit mit der Sprache [einschließlich der Literatur] erwerben die Schülerinnen und Schüler Kompetenzen, die ihnen helfen, ihre Welt zu erfassen, zu ordnen und zu gestalten." (Bildungsstandards 2003, S. 6)

Problematisierung des Bildungszieles

In den 1980er-/1990er-Jahren ist gegen das Leitziel der Bildung Einspruch erhoben worden. Die Begründung lautet, dass das Subjekt in der Moderne (oder Postmoderne) keine feste Identität mehr ausbilden könne, sondern in der Auseinandersetzung mit einer zunehmend heterogenen Außenwelt selbst einem ständigen Wandel unterliege (vgl. Fingerhut 1987; Korte 1996; Bogdal 2002). Allerdings können die kritischen Stimmen keine einleuchtende Alternative vorschlagen. Die Bildung im oben dargelegten Sinn ist sicherlich als Leitziel von Erziehung nach wie vor sinnvoll – sofern berücksichtigt wird, dass Identität und Interaktionsfähigkeit in flexibler, niemals abzuschließender Weise und gegen erhebliche Widerstände zu entwickeln sind.

Bildungsziel des Literaturunterrichts

Die Antwort auf die Frage nach dem übergeordneten Ziel von Unterricht – Bildung im Sinne der Identitätsentwicklung und der Entwicklung von sozialer Interaktionsfähigkeit – kann für den Literaturunterricht präzisiert werden. Dazu ist zu fragen, welchen besonderen Beitrag der Literaturunterricht auf der Grundlage seines Gegenstandsbereiches zur Bildung der Schüler leisten soll. Als Gegenstandsbereich kann das Handlungsfeld Literatur gelten (vgl. Zabka 2007a, S. 446), das die literarischen Texte und den (kulturell geprägten) Umgang mit ihnen umfasst. Der Literaturunterricht soll die Schüler dazu befähigen, an diesem Handlungsfeld so teilzuhaben, dass sie seine Bildungspotenziale in möglichst hohem Maße nutzen können. Über eine Benennung dieses übergeordneten Zieles besteht noch kein Konsens. Mitunter wird es literarästhetische Bildung genannt; um eine Verwechslung mit dem engeren Ziel Entwicklung von ästhetischem Vergnügen auszuschließen, soll hier jedoch die Bezeichnung literarische Bildung genutzt werden.

Literarische Bildung …

… und Textverstehen

Das zunächst aus der Funktionsbestimmung von Literatur abgeleitete zentrale Ziel des Textverstehens lässt sich mit dem Ziel der literarischen Bildung ausgezeichnet vereinbaren und als ihr Teilziel verstehen: Um ihre Identität und Interaktionsfähigkeit zu entwickeln, sollen die Schüler mithilfe des Textverstehens die zentrale Funktion von Literatur nutzen können. Von besonderem Interesse ist dafür ihr Angebot an Sichtweisen, die für eine Kultur neu sind; vor allem für jüngere Schüler tritt das Angebot an etablierten Sichtweisen hinzu. Die Vorstellungsbildung und die Empathie als Elemente des Textverstehens können darüber hinaus auch unmittelbar zur literarischen Bildung beitragen.

… und Lesemotivation / Wissen

Ebenso können die Lesemotivation sowie das Wissen über Literatur und ihre Kontexte als die beiden Ziele, die das zentrale Ziel Textverstehen ergänzen, als Teilziele der literarischen Bildung gelten. Sie stehen nicht nur in enger Verbindung mit dem Textverstehen, sondern haben auch einen Eigenwert für die literarische Bildung. Ein Mensch, der gerne liest und ästhetisches Vergnügen beim Lesen empfindet sowie über literarische Kenntnisse verfügt, bildet damit auch unmittelbar positive Aspekte seiner Persönlichkeit aus und kann am kulturellen Gedächtnis sowie an kulturellen Diskursen Anteil haben (→ ABBILDUNG 3).

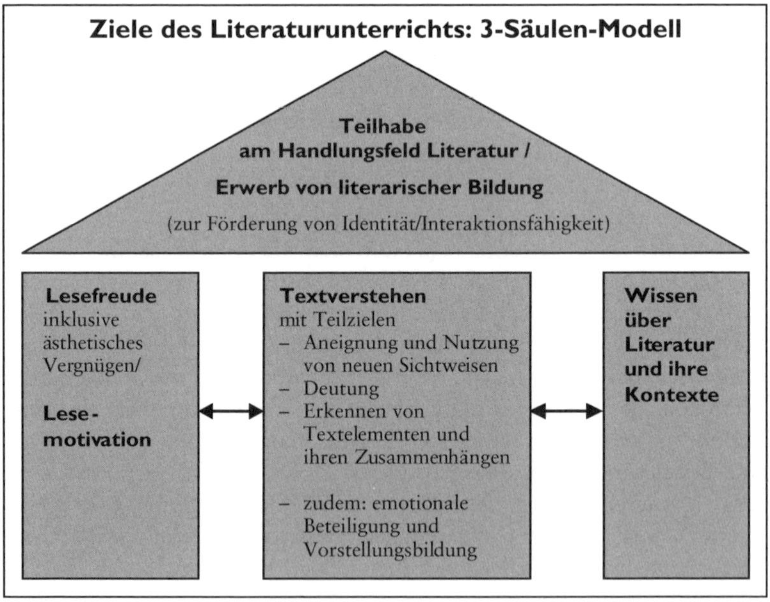

Abbildung 3: Ziele des Literaturunterrichts. Drei-Säulen-Modell

Abgleich mit den Bildungsstandards

Das hier entwickelte Zielmodell des Literaturunterrichts betont anders als die Bildungsstandards auch den ‚eigenständigen' Bildungswert von Lesemotivation und Wissen über Literatur. Es entspricht aber der Fokussierung der Standards auf die Textverstehenskompetenz und umfasst die Kompetenzen, die unter dem Standard ‚Sich mit literarischen Texten auseinandersetzen' in den Bildungsstandards im Fach Deutsch für die Allgemeine Hochschulreife angegeben sind.

Die in den Bildungsstandards aufgelisteten Standards können als Präzisierungen der oben genannten Teilziele des Textverstehens verstanden werden. Die Auflistung der folgenden drei Standards aus den „Bildungsstandards Deutsch für die Allgemeine Hochschulreife" und ihre Zuordnung zu einer Teilleistung demonstrieren diesen Zusammenhang. „Die Schülerinnen und Schüler können", so heißt es in diesen Bildungsstandards,

- „Inhalt und sprachliche Gestaltung literarischer Texte analysieren, Sinnzusammenhänge zwischen einzelnen Einheiten dieser Texte herstellen und sie als Geflechte innerer Bezüge und Abhängigkeiten erfassen" = Textelemente und ihre Beziehungen erkennen
- „eigenständig ein Textverständnis formulieren, in das sie persönliche Leseerfahrungen und alternative Lesarten des Textes einbeziehen, und auf der Basis eigener Analyseergebnisse begründen" = Texte deuten
- „die in literarischen Werken enthaltenen Herausforderungen und Fremdheitserfahrungen kritisch zu eigenen Wertvorstellungen, Welt- und Selbstkonzepten in Beziehung setzen" = Texte auf die Wirklichkeit beziehen (die Zitate: KMK 2012, S. 18f.)

In vergleichbarer Weise lassen sich die Bildungsstandards für die Primarstufe und den Mittleren Schulabschluss auf die genannten drei Teilleistungen des Textverstehens beziehen.

Sprechen und Zuhören, Schreiben und Lesen

Mit den folgenden Erweiterungen ist das Zielmodell auch mit der Strukturierung von Kompetenzbereichen kompatibel, die von den Bildungsstandards im Fach Deutsch für die Allgemeine Hochschulreife vorgegeben wird (→ ABBILDUNG 4).

Das Zielmodell des Literaturunterrichts ist sinnvoll zu ergänzen indem verdeutlicht wird, welche Verbindungen die Fähigkeiten zur Auseinandersetzung mit literarischen Texten zu den Fähigkeiten in den ‚prozessbezogenen' Kompetenzbereichen haben: Der Umgang mit Literatur wird lesend, schreibend und sprechend bzw. zuhörend realisiert. Er ist also auf Fähigkeiten in den Kompetenzbereichen ‚Sprechen und Zuhören', ‚Schreiben' und ‚Lesen' angewiesen und hat gleichzeitig die Aufgabe einer Förderung dieser Kompetenzbereiche.

Durch die Rezeption von Literatur werden natürlich Lesefähigkeiten gefördert; die Förderung von Schreibkompetenzen wird vor allem durch die ‚Schreibformate' des Literaturunterrichts (wie den Interpretationsaufsatz und das gestaltende Schrieben) geleistet (→ KAPITEL 13), während die Förderung von Kompetenzen im Bereich des Sprechens und Zuhörens vor allem durch das Unterrichtsgespräch als Methode des Literaturunterrichts möglich wird (→ KAPITEL 10.2).

Domänenspezifischer Kompetenzbereich	Prozessbezogene Kompetenzbereiche	Domänenspezifischer Kompetenzbereich
Sich mit Texten und Medien auseinandersetzen	Sprechen und Zuhören	Sprache und Sprachgebrauch reflektieren
	Schreiben	
	Lesen	

Abbildung 4: Kompetenzbereiche in den *Bildungsstandards im Fach Deutsch für die Allgemeine Hochschulreife* (KMK 2012)

Medienintegration

Eine weitere Ergänzung des Modells ist auf einer anderen Ebene angesiedelt. Sie erweitert seinen Gegenstandsbereich: Es besteht mittlerweile in der fachdidaktischen Diskussion und in Lehrplänen Konsens darüber, dass sich die Schüler im Literaturunterricht nicht nur mit literarischen, sondern auch mit fiktionalen bzw. künstlerisch gestalteten medialen Texten auseinandersetzen sollen, vor allem mit Spielfilmen, aber auch mit anderen Mediengenres wie beispielsweise interaktiven Erzählungen in Computerspielen (→ KAPITEL 8). Dementsprechend können die Ziele ‚Textverstehen' und ‚Wissen über Literatur und ihre Kontexte' erweitert werden zu ‚Verstehen von Texten und Medienproduktionen' bzw. ‚Wissen über Literatur / Medien und ihre Kontexte'.

Lektüreempfehlungen

- **Volker Frederking: Identitätsorientierter Literaturunterricht,** in: ders. u. a. (Hg.), Taschenbuch des Deutschunterrichts, Bd. 2, Baltmannsweiler 2010, S. 414–451. *Grundlegende Konzeption eines identitätsorientierten Literaturunterrichts.*
- **Juliane Köster: Lesen.** In: Michael Becker-Mrotzek u.a. (Hrsg.): Bildungsstandards aktuell: Deutsch in der Sekundarstufe II, Braunschweig 2015, S. 120-175. *Grundlegende Ausführungen zu Aspekten von Lesekompetenz als Ziel des Deutschunterrichts.*

- **Kaspar H. Spinner: Literarisches Lernen. Basisartikel,** in: Praxis Deutsch, 33 (2006), H. 200, S. 6–16. *Anregender und wirkungsmächtiger Vorschlag zur Bestimmung von Zielen für den Literaturunterricht.*
- **Volker Frederking / Dorothee Wieser: Sich mit Texten und Medien auseinandersetzen.** In: Michael Becker-Mrotzek u.a. (Hrsg.): Bildungsstandards aktuell: Deutsch in der Sekundarstufe II, Braunschweig 2015, S. 176–235. *Mit Erörterung der Teilleistungen des literarischen Verstehens und didaktischen Konsequenzen für den Unterricht in der Sekundarstufe II.*
- **Thomas Zabka: Was ist Hochschulreife im Umgang mit Literatur?** In: Didaktik Deutsch, H. 38 (2015), S. 136–150. *Überlegungen zu Zielen des Literaturunterrichts jenseits einer einseitigen Orientierung auf Kompetenzen.*

3 Literarische Textverstehenskompetenz erwerben

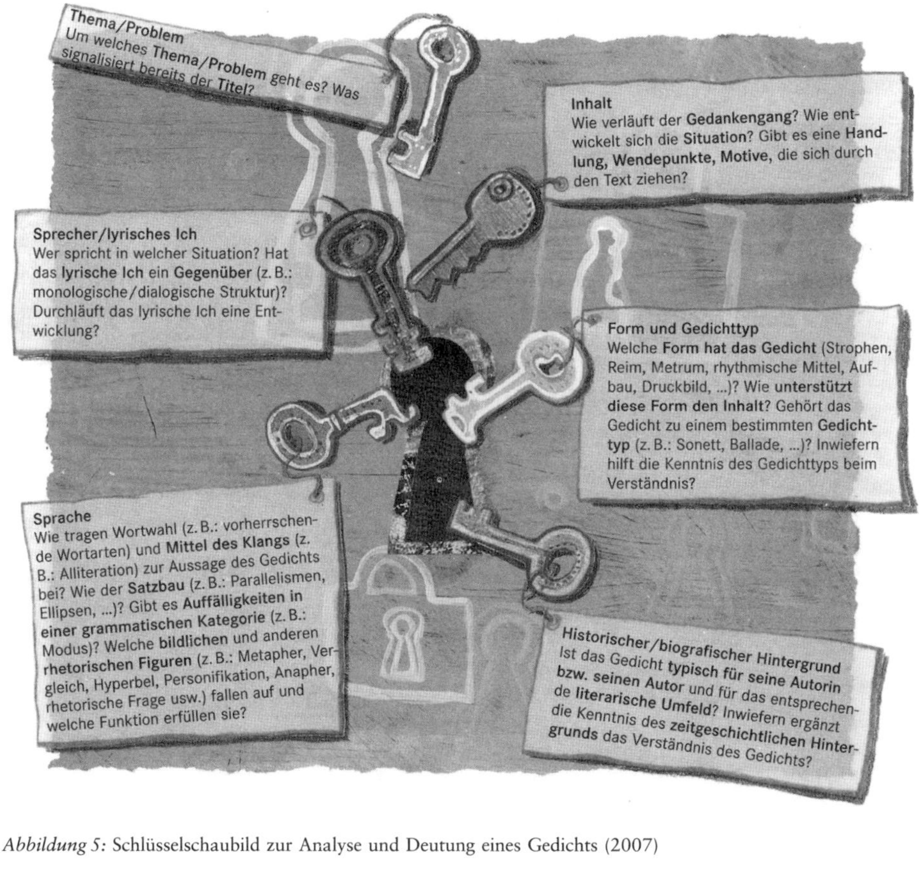

Abbildung 5: Schlüsselschaubild zur Analyse und Deutung eines Gedichts (2007)

Das Schaubild macht den Schülern in anschaulicher Weise deutlich, dass sie für das eigenständige Verstehen von lyrischen Texten verschiedene ‚Schlüssel' einsetzen sollen: Sie sollen Aufgaben oder Fragen auf der Grundlage textanalytischer Kategorien nutzen, mit deren Hilfe sie alle Texte einer Gattung selbstständig erschließen können. In diesem Fall sind für die Erschließung von lyrischen Texten die Kategorien Thema / Problem, Inhalt, Form und Gedichttyp, historischer / biografischer Hintergrund, Sprache und Sprecher / lyrisches Ich ausgewählt worden. Die Vermittlung und der Gebrauch eines entsprechenden Wissens bieten eine große Chance, den Kompetenzerwerb der Schüler zu unterstützen. Damit entsprechende Aufgaben ihre Funktion erfüllen können, müssen sie allerdings auf der Grundlage von prinzipiellen Überlegungen zum Kompetenzerwerb konzipiert werden.

Durch die von der PISA-Studie angestoßene Debatte über die Förderung von Lesekompetenz hat das Nachdenken über Ziele des Literaturunterrichts entscheidende neue Impulse erfahren. Im Mittelpunkt steht hier das Ziel ‚Textverstehenskompetenz' gegenüber literarischen Texten. Ein Ziel literaturdidaktischer Forschung ist die Entwicklung eines Kompetenzmodells, das diese Kompetenz genauer definiert. Für ein solches Modell sind die Teilleistungen des Textverstehens – das Erkennen von Textelementen, die Deutung und der Wirklichkeitsbezug – von entscheidender Bedeutung. Sie müssen definiert und zugleich unter dem Aspekt ihres Erwerbs diskutiert werden: Welche Arten von Wissen sind für sie maßgeblich? Lassen sie sich systematisch erwerben? Welche Wege für den Erwerb bieten sich an?

3.1 Literarisches Textverstehen als Kompetenz
3.2 Textelemente und ihre Beziehungen erkennen
3.3 Texte deuten
3.4 Texte auf Wirklichkeit beziehen

3.1 Literarisches Textverstehen als Kompetenz

In Folge der PISA-Studie und der Einführung nationaler Bildungsstandards wird der Deutschunterricht zunehmend an Kompetenzen ausgerichtet (→ KAPITEL 1.3). Für die Bestimmung von Zielen des Literaturunterrichts bedeutet das eine besondere Herausforderung: Die Ziele sollen wenn möglich als Kompetenzen formuliert werden.

Kompetenzorientierung

Der Begriff der Kompetenz ist seit den 1990er-Jahren in der (deutsch-)didaktischen Debatte und in Lehrplänen gebräuchlich. Mittlerweile hat sich die Definition von Franz E. Weinert etabliert, die als Grundlage für didaktische Überlegungen gut geeignet ist. Weinert definiert Kompetenzen folgendermaßen:

Kompetenzbegriff

> „Kompetenzen sind die bei Individuen verfügbaren oder durch sie erlernbaren, kognitiven Fähigkeiten und Fertigkeiten, um bestimmte Probleme zu lösen, sowie die damit verbundenen motivationalen [für die Wahl einer Verhaltungsrichtung maßgeblichen], volitionalen [für die Beibehaltung einer Verhaltensrichtung maßgeblichen] und sozialen Bereitschaften und Fähigkeiten, um die Problemlösungen in variablen Situationen erfolgreich und verantwortungsvoll nutzen zu können.“ (Weinert 2001, S. 27f.)

Eine Kompetenz bezeichnet also ein Vermögen, Probleme im Sinne von Herausforderungen oder Aufgaben in bestimmten Situationen zu lösen. Die individuelle Ausprägung der Kompetenz wird nach Weinert von unterschiedlichen, nicht ausschließlich kognitiven Aspekten bestimmt: Außer von Wissen und Fähigkeiten vor allem auch von Motivation und Erfahrung.

Welche der Ziele des Literaturunterrichts lassen sich nun als Kompetenzen auffassen? Uneingeschränkt ist eine entsprechende Definition für das Textverstehen möglich. Sie lautet auf der Grundlage von Weinerts Kompetenzbegriff wie folgt:

Textverstehen

> Kompetenz Textverstehen: die kognitiven Fähigkeiten und Fertigkeiten zur Lösung des Problems bzw. zum Erbringen der Leistung Verstehen literarischer Texte sowie die damit verbundenen motivationalen / volitionalen und ggf. sozialen Bereitschaften und Fähigkeiten.

Kompetenzdimensionen

Die unterschiedlichen Aspekte, die eine Kompetenz umfasst, werden als Kompetenzdimensionen bezeichnet. Sie bestimmen vor allem die Art des Wissens, das für Kompetenzen notwendig ist. Unter Nutzung von Begriffen aus der Lernpsychologie wird unterschieden zwischen (1) deklarativem Wissen (Sachwissen), (2) prozeduralem Wissen (Anwendungswissen / Können) und (3) metakognitivem Wissen (Wissen, das der Planung, Überprüfung und Auswertung von Arbeitsprozessen dient). So erwirbt ein Schüler beispielsweise deklaratives Wissen im Bereich der Teilkompetenz Erkennen von Textelementen, wenn er die Analysekategorie der Perspektivierung kennenlernt; prozedurales Wissen / Können, wenn er diese Kategorie auf literarische Texte anwenden kann; und metakognitives Wissen, wenn ihm deutlich wird, dass eine solche Anwendung in den meisten Fällen zu einem vertieften Textverstehen führt. Die genannten Dimensionen werden durch die Aspekte ‚Motivation' und ‚soziale Bereitschaften' ergänzt.

Kompetenzdimensionen
– deklaratives Wissen – prozedurales Wissen / Können – metakognitives Wissen – motivationale / volitionale Bereitschaften / Fähigkeiten – ggf. soziale Bereitschaften / Fähigkeiten

Abbildung 6: Kompetenzdimensionen

Die große Chance einer Kompetenzorientierung des Literaturunterrichts besteht darin, dass sie auf die Selbstständigkeit der Schüler bei der Texterschließung zielt. Eine reine ‚Outputorientierung' und eine Vernachlässigung von zentralen Zielen des Literaturunterrichts, die keine Kompetenzen sind – so der literarischen Bildung, der Lesefreude und Lesemotivation sowie des Wissens über Literatur als ‚eigenständiges Bildungsgut' (→ KAPITEL 2.3) – ist nicht notwendig mit der Kompetenzorientierung verbunden, sondern lässt sich durchaus vermeiden.

Teilleistungen: *Disziplinen*	*Textverstehen Teilleistung 1*	*Textverstehen Teilleistung 2*
Literaturdidaktik	Erkennen von Textelementen und ihren Beziehung; Kohärenzetablierung	Textdeutung; Sinnkonstruktion
Literaturwissenschaft	Strukturbildung; Erkennen von Textelementen / -merkmalen	Deutung; Interpretation
(kognitive) Linguistik	Etablierung von Kohärenz	Konstruktion von Sinn
Schule: Standards, Lehrpläne, Unterrichtspraxis	Textanalyse als Methode zum Erbringen der Teilleistung	Textdeutung; Interpretation

Abbildung 7: Termini für die Benennung von Teilleistungen des Textverstehens

Spätestens seit der Veröffentlichung des PISA-Lesekompetenzmodells 2001 gilt die Notwendigkeit, Teilkompetenzen (Teilleistungen) des Textverstehens zu unterscheiden, als unstrittig. Diskutiert wird lediglich, welche Teilkompetenzen für das Verstehen literarischer Texte angenommen werden sollen und ob Niveaustufen innerhalb der Teilkompetenzen festgelegt werden können.

Teilkompetenzen des Textverstehens

In der Literaturwissenschaft, der (kognitiven) Sprachwissenschaft sowie der Deutschdidaktik lässt sich eine deutliche Tendenz zu der Auffassung erkennen, dass das Verstehen von literarischen Texten jenseits des ‚basalen' Lesens (im Sinne einer Dekodierung von einzelnen Wörtern und Sätzen) zumindest zwei Leistungen umfasst, die voneinander zu unterscheiden sind. Aussagen zu Erich Kästners *Die Ballade zum Nachahmungstrieb* (1950) wie „Karl fordert Fritz auf, nicht zu schreien" und „Karl ist nicht identisch mit dem lyrischen Ich" bringen grundlegend andere Verstehensleistungen zum Ausdruck als „Karl steht für die Verbreitung des Bösen durch bestimmte Personen" (→ KAPITEL 2.1). Die ersten beiden Aussagen ergeben sich eindeutig durch eine Betrachtung des Textes (genauer: seiner Elemente und ihrer Beziehungen). Anders die dritte Aussage; sie geht über eine solche Betrachtung hinaus und deutet den Text in mehr oder weniger subjektiver Weise.

Duales Textverstehensmodell

Entsprechend dieser Unterscheidung kann ein duales Textverstehensmodell (insbesondere) für den Literaturunterricht als grundlegend betrachtet werden. Die Benennung der Teilleistungen ist allerdings nicht einheitlich. Sie werden hier als (1) ‚Erkennen von Textelementen und ihren Zusammenhängen' und (2) ‚Deutung' bezeichnet.

... und Literaturwissenschaft

In der Literaturwissenschaft ist die Unterscheidung von Textdeutung und einer ‚vorgeschalteten' Verstehensleistung gängig und steht in einer langen Tradition. Für die Beschreibung dieser ‚vorgeschalteten' Verstehensleistung sind Susanne Winkos Benennungen „Strukturbildung" und Erkennen von „strukturellen Merkmalen eines Textes" bzw. von „Beziehungen zwischen Textelementen" (vgl. Winko 2003, S. 599) in besonderem Maße treffend.

... und kognitive Linguistik

In der kognitiven Linguistik bzw. in kognitionspsychologisch begründeten Verstehensmodellen besteht Konsens darüber, dass die Leistungen des ersten Typs (Erkennen von Textelementen und ihren Zusammenhängen) zur Etablierung von Textkohärenz gehören. Es wird unterschieden zwischen der ‚lokalen Kohärenzbildung', die aufeinander folgende Aussagen verbindet, und der ‚globalen Kohärenzbildung', die sich auf Zusammenhänge zwischen weiter voneinander entfernten Textteilen richtet und damit zentrale Textelemente bzw. Aussagen größerer Textabschnitte oder auch das Thema des Gesamttextes erfassen kann (vgl. Schwarz-Friesel / Consten 2014, S. 89–96). In zentralen Modellen wird über die Kohärenzbildung hinaus eine zweite Teilleistung angenommen; häufig wird hier von einer Sinnbildung gesprochen, so beispielsweise von „Sinnkonstruktion" und „Sinnzuordnung" (ebd., S. 130).

... und Literaturdidaktik

In der literaturdidaktischen Diskussion hat es als Folge der Rezeption des PISA-Lesekompetenzmodells, das vor allem für Sach- und Gebrauchstexte konzipiert ist, eine Verunsicherung über die Notwendigkeit gegeben, die Textdeutung als eigene Teilleistung zu verstehen. Mittlerweile zeichnet sich jedoch (wieder) ein Konsens darüber ab, dass literarische Texte gedeutet werden und dass es eine der Deutung ‚vorgeschaltete' Leistung gibt. Diese Leistung wird inzwischen häufig als Kohärenzetablierung bezeichnet, vor allem natürlich von Didaktikern, die kognitionspsychologischen Verstehenstheorien folgen (vgl. Jesch 2015, Köster 2015a, Frederking / Wieser 2015). Vereinzelt wird allerdings ein Modell favorisiert, nach dem die Kohärenzetablierung die Deutung mit umfasst (vgl. Winkler 2010).

... und Literaturunterricht

Lehrern und Schülern jedenfalls dürfte das duale Modell gut vertraut sein: Es hat vor allem durch die gängige Vermittlung von Analyse- und Interpretationskompetenz im Literaturunterricht schon lange seinen festen Platz: Während die Analyse auf das Erkennen von Textelementen zielt, ist die Interpretation eine Textdeutung in metasprachlicher Form. Auch den Bildungsstandards und der Mehrzahl der Aufgaben in neueren Lehrwerken liegt offenbar dieses Modell zugrunde, wie sich an der vorherrschenden Trennung von Textanalyse und -interpretation erkennen lässt.

Texterschließung

Beide (Teil-) Leistungen des Textverstehens können als Leistung der Texterschließungskompetenz zusammengefasst werden. Sie werden ergänzt von der emotionalen Beteiligung am Text (z. B. Empathie) und der Vorstellungsbildung (→ KAPITEL 2.2). Niveaustufen innerhalb der Teilkompetenzen, die in einem umfassenden Kompetenzmodell ausgewiesen sein müssten, konnten bislang allerdings noch nicht festgelegt werden. Das liegt vor allem daran, dass das Maß an Verstehensleistungen, das in ihrem Rahmen erbracht werden muss, in hohem Maße vom Schwierigkeitsgrad des Textes abhängt (→ KAPITEL 11.4).

Dritte Teilleistung: Wirklichkeitsbezug / Bewertung

Zusätzlich zu den zwei Teilleistungen des dualen Textverstehensmodells kann eine dritte Teilleistung angenommen werden: der Wirklichkeitsbezug. Die Annahme dieser Teilleistung, die auf den Abgleich von Textdeutungen mit der Lebenswirklichkeit der Rezipienten zielt, ist didaktisch sinnvoll, kann allerdings nicht als Konsens gelten (→ KAPITEL 3.4). Zudem wird in der Fachdidaktik diskutiert, ob eine ‚allgemeine' Wertungskompetenz gegenüber literarischen Texten die Texterschließungskompetenz ergänzen soll (→ KAPITEL 3.4).

3.2 Textelemente und ihre Beziehungen erkennen

Fachwissenschaftliche Grundlagen

Mit dieser Teilleistung des Textverstehens erfasst ein Leser eine grundlegende Textbedeutung, indem er zentrale Textelemente und ihre Zusammenhänge erkennt. Diese Bedeutung ist dem Text aber nur in manchen Fällen wörtlich zu entnehmen, beispielsweise wenn das Äußere einer Figur von einem verlässlichen Erzähler beschrieben wird. Zumeist muss der Leser zum Erbringen der Teilleistung plausible Schlussfolgerungen ziehen. Diese Folgerungen können relativ offensichtlich sein wie im Fall der Aussage „Karl fordert Fritz auf, nicht zu schreien". Sie können aber auch eine komplexere Rekonstruktionsleistung darstellen, etwa wenn von dem Verhalten von Figuren auf ihre Gefühle zu schließen ist. Der Leser muss für das Erkennen von zentralen Textelementen zunächst in jedem Fall Textinformationen unter der Frage, was in diesem Text von zentraler Bedeutung ist, identifizieren. Häufig kann er sich dazu nicht auf einen Textabschnitt beschränken, sondern muss Informationen aus größeren Textteilen oder aus dem gesamten Text zusammentragen. Diese Informationen muss er in vielen Fällen abstrahierend zusammenfassen und dazu auch durch Sprach- oder Weltwissen ergänzen. Diese zentralen Elemente können dann wiederum bestimmten Strukturmustern zugeordnet werden, beispielsweise dem Handlungsmuster Komplikation und Auflösung.

Auch wenn ein solches Erfassen von Bedeutung sehr komplex ausfallen kann, ist es doch grundsätzlich eine Rekonstruktion, die zumindest idealerweise von allen kompetenten Lesern einer Kultur mit dem gleichen Ergebnis vorgenommen wird und insofern als ‚objektiv' gelten kann. Der Literaturwissenschaftler Klaus Weimar beschreibt diese Verstehensleistung folgendermaßen: Die Leser finden heraus, was in einem Text „klar" ist oder durch eine Textuntersuchung „klar" wird. Das, was nicht „klar" ist oder werden kann, wird dann gedeutet (Weimar 2002, S. 106). Allerdings gibt es trotz dieser prinzipiellen Trennung häufig auch fließende Übergänge zwischen dem Erkennen von Textelementen und ihren Beziehungen und der Deutung. So kann schon bei der Beantwortung der Frage, welche Textelemente *zentral* sind, Deutung erforderlich sein. Zudem sind weniger offensichtliche Schlussfolgerungen in vielen Fällen ebenfalls schon mit einer Deutung von Textelementen verbunden.

Das Erkennen von Textelementen und ihren Beziehungen wird für das Verstehen von Sachtexten und von literarischen Texten genutzt. Für das Verstehen von literarischen Texten ist jedoch zu beachten, dass diese Leistung Grundlage der literaturspezifischen Deutung (→ KAPITEL 3.3) sein soll. Ein Leser soll Elemente auf der Ebene des Inhalts (z. B. die schwierige Lage einer Figur, ihre Eigenschaften) und in der Regel zentrale Elemente der Form (z. B. den direkten Einblick in die Innenwelt von Figuren, die Wiedergabe von wörtlicher Figurenrede) und der Sprache (z. B. den sprachliche Rhythmus, die sprachlichen Bilder) erkennen, weil diese Elemente das Bedeutungspotenzial eines literarischen Textes festlegen: Sie bestimmen zum einen die Grenzen für textangemessene Deutungen und lassen zum anderen deutlich werden, welche Textelemente durch die Deutung beachtet werden müssen oder für sie von Interesse sind. Falls ein Leser die zentralen Elemente eines literarischen Textes nicht erkannt hat, wird er an den Text bestenfalls subjektive Assoziationen oder konventionelle Auffassungen von Wirklichkeit knüpfen, ohne aber sein Bedeutungspotenzial entfalten und für sich nutzen zu können.

Funktionen

Textbeispiel Kästner

Elemente des Inhalts

Um Kästners *Die Ballade vom Nachahmungstrieb* (→ KAPITEL 2.1) zu verstehen, muss ein Leser die folgenden zentralen Elemente und Zusammenhänge der Handlung erkennen: Fritz, ein wohl noch kleinerer Junge, gerät in eine bedrohliche Lage und verliert schließlich sein Leben. Eine Ursache dafür ist, dass eine Kindergruppe Hinrichtungen, die sie aus der Zeitung kennt, mit Fritz als Opfer nachspielt und die reale Wirkung des Spiels offenbar nicht richtig einschätzen kann. Weitere Ursachen sind die Handlungsmotive und Charaktereigenschaften von Karl, einem Jungen aus der Gruppe. Diese Motive und Eigenschaften lassen sich allerdings nicht allein durch das Erkennen von Textelementen feststellen, sondern müssen durch eine Deutung ergänzt werden: Karl fordert Fritz auf, nicht zu schreien, und verteidigt seine Hinrichtung schließlich mit dem Hinweis auf das Vorbild der Erwachsenen. Karl trägt damit erheblich zum Tod von Fritz bei und ist sich offenbar eher als die anderen Kinder bewusst, dass das Spiel keine deutlichen Grenzen zur Wirklichkeit aufweist. Karl ist offensichtlich eine Figur, die in besonderer Weise zu einer Verbreitung des Bösen beiträgt. Sie bleibt aber vieldeutig, weil die Darstellung keinen Einblick in die Gedanken und Gefühle der Handelnden bietet. Auch ein Erkennen von weiteren formalen Besonder-

Elemente der Form

heiten ist für das Textverstehen von Interesse, weil es den Stellenwert der Figur Karl noch deutlicher werden lässt – der Name Karl wird metrisch hervorgehoben, indem er den Anfang von zwei Versen bildet und damit den jambischen Rhythmus der Ballade durchbricht; und Karls abschließende Stellungnahme wird durch ein Enjambement besonders betont. Darüber hinaus sind vor allem die (sowohl wertenden als auch komisch wirkenden) Erzählerkommentare für die Ballade von Bedeutung.

Erkennen von Textelementen im Unterricht

Das Erkennen von Textelementen und ihren Zusammenhängen wird in der privaten Rezeption in der Regel intuitiv geleistet, das heißt ohne dass ein Leser sich diesen Prozess bewusst macht oder gar Fachbegriffe für ihn verwendet. Auch im Unterricht kann ein vorbegriffliches Erkennen von Textelementen erfolgen (→ KAPITEL 10).

Textanalyse

Das Erkennen von zentralen Textelementen und ihren Zusammenhängen in komplexeren literarischen Texten und eine systematische Förderung der entsprechenden Kompetenz werden in der Schule jedoch vor allem durch die Textanalyse möglich (→ KAPITEL 10.3). Durch die Textanalyse – so ihre Definition – werden mithilfe von textanalytischen Kategorien zentrale Textelemente auf den Ebenen von Inhalt und Form isoliert und funktionale Zusammenhänge zwischen diesen Elementen bestimmt. Anders als durch ein vorbegriffliches Vorgehen können die Schüler so zentrale Elemente literarischer Texte in reflektierter und systematischer Weise erfassen (vgl. Leubner/Saupe 2016, S. 88–99). Die textanalytische Kompetenz kann dementsprechend in relativ hohem Maße systematisch erworben und in relativ unproblematischer Weise geprüft und auch bewertet werden.

Deklaratives Wissen

Als grundlegendes Wissen für die Textanalyse müssen die Schüler über ergiebige Analysekategorien verfügen. Einen didaktischen Konsens über solche Kategorien für den schulischen Gebrauch gibt es allerdings zur Zeit erst in Ansätzen (zu Modellen für die Analyse epischer, dramatischer und lyrischer Texte sowie von Spielfilmen → KAPITEL 5–8). Für die Erschließung von Erich Kästners *Die Ballade vom Nachahmungstrieb* (1950) beispielsweise sind wie für die meisten epischen Texte Kategorien für die Handlungsanalyse (Komplikation [schwierige Lage], Auflösung, Faktoren für Komplikation und Auflösung) sowie für die Figurenanalyse (Figureneigenschaften) sinnvoll, ergänzt durch Kategorien für die Darstellungsanalyse (Außen-/Innensicht und Erzählerkommentar); speziell für diesen Text außerdem Kategorien aus dem Bereich des Versbaus (Jambus/Trochäus und Enjambement) (→ KAPITEL 2.1). Zudem kann in vielen Fällen auch Wissen über Literatur und ihre Kontexte für die Textanalyse nützlich sein. Beispielsweise kann Wissen über Textelemente, die für bestimmte Gattungen oder Epochen typisch sind, den Blick für die entsprechenden Elemente in einem Text schärfen. Das prozedurale Wissen (Können) ist für die Textanalyse von besonderer Bedeutung. Die Auswahl von Kategorien und ihre Anwendung auf Texte soll so selbstständig wie möglich erfolgen. Keinesfalls soll der Lehrer in Lernsituationen den Schülern Analyseaufgaben einfach nur vorgeben. Anzustreben ist, dass die Schüler selbst entscheiden, welche Analysekategorien sie für die Texterschließung nutzen, die Kategorien selbstständig auf bestimmte Textstellen anwenden und zudem die Ergiebigkeit dieser Anwendung reflektieren. Allerdings ist dafür ein recht hohes Maß an Erfahrung und Übung notwendig. Wenn die Schüler darüber noch nicht verfügen, müssen die Auswahl und die Anwendung von Kategorien häufig doch unter lenkenden Hilfen des Lehrers erfolgen oder von Lerngruppe und Lehrer ausgehandelt werden (→ KAPITEL 11). Doch sollen die lenkenden Hilfen nach Möglichkeit zunehmend durch den Erwerb und die Anwendung von metakognitivem Wissen ersetzt werden. Die Schüler sollen Wissen darüber erwerben, welche Analysekategorien für die Anwendung auf Texte welche Gattungen in der Regel ergiebig sind.

Prozedurales Wissen (Können)

Metakognitives Wissen

3.3 Texte deuten

Fachwissenschaftliche Grundlagen

Die Deutung als Teilleistung des Textverstehens wird häufig als eine Ergänzung von Textinformationen durch den Leser aufgefasst. Eine solche Ergänzung entsteht, indem der Leser auf eine Textstelle weitere Textstellen bezieht und vor allem, indem er Sprach- und Weltwissen unterschiedlicher Art an den Text heranträgt. Diese Auffassung ist grundlegend durchaus angemessen. Die Deutung von Literatur unterscheidet sich jedoch von dem Verstehen von Sachtexten, indem die literarischen Texte dem Leser für die Ergänzung einen mehr oder weniger großen subjektiven Spielraum anbieten. Unterschiedliche literaturtheoretische Modelle haben diese literaturspezifische Deutung in unterschiedlicher Weise genauer dargestellt, während kognitionspsychologisch fundierte Modelle ihre Besonderheit in vielen Fällen noch nicht hinreichend berücksichtigen. Nach Konzeptionen der Hermeneutik soll die Deutung literarischer Texte der – freilich unabschließbaren – Annäherung an einen verborgenen Textsinn dienen, nach Konzeptionen des Poststrukturalismus zu einem unendlichen Spiel der Bildung und Infragestellung von Bedeutungen beitragen. Doch lassen zentrale Ansätze unterschiedlicher literaturtheoretischer Richtungen auch gemeinsame Grundsätze erkennen. Entgegen einer mitunter in der Schulpraxis angelangten verkürzten Auffassung des Poststrukturalismus ist das Prinzip keinesfalls hinfällig geworden, dass ein Erkennen von Textelementen und ihren Beziehungen die Grundlage für eine subjektive Deutung sein soll.

Funktionen

Indem der Leser in der Deutung literarischer Texte über die Textinformationen hinausgeht, nutzt er Freiräume zu einer (auch) subjektiven Bedeutungsbildung. Das Erkennen von Textelementen ist dann die Grundlage der in mehr oder weniger hohem Maße subjektiven Deutung bzw. steht in enger Wechselwirkung mit ihr. In einer solchen Deutung kann der Leser das Bedeutungspotenzial eines Textes in zugleich sachangemessener und persönlich bedeutsamer Weise entfalten. Er kann so in gewissen Grenzen auch seine Erfahrungen, Kenntnisse, Ängste und Wünsche an einen literarischen Text herantragen und damit Sichtweisen entwickeln, die ihm nahe gehen und die eventuell überraschend oder zumindest interessanter sind als seine bisherigen Wahrnehmungen. Damit wird die Voraussetzung für eine Nutzung der zentralen Funktion von Literatur geschaffen.

Varianten

Die Teilkompetenz der Deutung ist für das Textverstehen (im Unterricht) in der Regel in den folgenden Varianten erforderlich:

- Deutungen können sich auf einzelne Textelemente richten. In vielen Fällen können zentrale Elemente eines literarischen Textes nicht eindeutig erkannt werden und sind durch eine Deutung zu ergänzen – so im Fall von *Die Ballade vom Nachahmungstrieb* die Motive für das Handeln von Karl und seine Charaktereigenschaften. Die Grenzen zwischen einer Bedeutungsrekonstruktion und einer subjektiven Deutung sind dementsprechend häufig fließend.
- Damit der Leser die ihm von einem literarischen Text angebotenen neuen Sichtweisen von Wirklichkeit nutzen kann, muss er darüber hinaus eine Deutung des gesamten Textes leisten. Sie soll die Frage beantworten, welche Sicht von Wirklichkeit oder welches Menschen- und Weltbild der Text dem Leser nahelegt (vgl. Leubner / Saupe 2015, S. 55f.). Der Leser muss dazu (subjektiv ergänzte) Textelemente zusammenfügen und eine Abstraktion von den dargestellten Einzelfällen vornehmen. So bietet Kästners Ballade dem Leser eine differenzierte Auffassung von der Verbreitung des Bösen in der Welt an. Diese Sicht kann er dem Text, vor allem dem Erzählerkommentar der ersten Strophe, zwar zum Teil fast wörtlich entnehmen, muss sie aber zu anderen Teilen erst in der genannten Weise entfalten.

Deutung im Unterricht

Ähnlich wie das Erkennen von Textelementen und ihren Beziehungen verläuft auch die Deutung literarischer Texte in der privaten Rezeption zumeist intuitiv. Dagegen erfolgt die Deutung im Unterricht in der Regel in (meta-)sprachlicher und damit bewusster Weise. Die Deutung kann so auch Interpretation genannt werden, denn sie entspricht einem zentralen Kriterium der literaturwissenschaftlichen Definition von Interpretation (vgl. Spee 1997; Winko 2000). Das literaturwissenschaftlich ebenfalls geforderte Prinzip eines methodischen Vorgehens bei der Deutung allerdings ist höchstens in sehr beschränktem Maße umsetzbar: Weder die Literaturwissenschaft noch die -didaktik konnten bislang Regeln für die Deutung im Sinne von Vorgaben für konkrete Arbeitsschritte zur Verfügung stellen. Zudem ist auch das deklarative Wissen, das für eine Deutung gebraucht wird, nur teilweise im Unterricht lernbar. Die Deutungskompetenz muss deshalb in hohem Maße durch ‚implizites' Lernen entwickelt werden. Allerdings kann eine Verbindung von Hypothesenbildung, Textuntersuchung und Deutung eine gewisse systematische Hilfe für die Schüler bieten.

Bewertungsmaßstäbe

Das Prüfen von Deutungskompetenz ist entsprechend ihrer eingeschränkten Lernbarkeit ein sehr viel problematischeres Anliegen als das Prüfen von Analysekompetenz. Das heißt aber nicht, dass eine gerechte Bewertung von Deutungen in der Schule unmöglich wäre: Sie kann grundlegend gewährleistet werden, wenn die folgenden drei Bewertungskriterien genutzt werden (vgl. Leubner/Saupe 2014, S. 29f.):

1. Textvereinbarkeit: Gelungene Deutungen – so der Konsens in Fachwissenschaft, Fachdidaktik und Schulpraxis – dürfen den Textinformationen nicht widersprechen.
2. Nutzung von zentralen Textelementen: Gelungene Deutungen beruhen auf zentralen Textelementen, die ggf. (subjektiv) ergänzt werden. Dieser Grundsatz geht über die in der Schulpraxis verbreitete Anweisung hinaus, dass die Schüler ihre Deutung am Text ‚belegen' sollen. Denn durch Zitate lassen sich auch Deutungen ‚belegen', die sich auf weniger wichtige, isolierte Einzelheiten konzentrieren und zentrale Aspekte eines Textes vernachlässigen.
3. Angemessener Abstraktionsgrad: Gelungene Deutungen bringen ein Bild von Welt und Menschen (oder zumindest von einem Teilbereich der Wirklichkeit) zum Ausdruck. Sie gehen damit über die in einem literarischen Text dargestellten Einzelfälle hinaus, sollen aber auch nicht so allgemein werden, dass sie auf eine Vielzahl von Texten zutreffen würden.

4. Ggf. Nutzung von speziellerem Weltwissen: Gelungene Deutungen wenden nicht in allen, aber in manchen Fällen im Unterricht erworbenes Wissen wie beispielsweis Gattungs- oder Epochenwissen in differenzierter Weise auf einen Text an.

Deklaratives Wissen

Für die Deutung müssen die Schüler auf jeden Fall Sprach- und Weltwissen an einzelne Textelemente oder an den Gesamttext herantragen. Doch handelt es sich größtenteils um Wissen, über das sie bereits ganz selbstverständlich verfügen: So um in ihrer Kultur allgemein verbreitete Annahmen über Naturgesetze und Gesetzmäßigkeiten menschlichen Verhaltens, aber auch um ganz persönliche Erfahrungen. In vielen Fällen – so für die Arbeit mit *Die Ballade vom Nachahmungstrieb* – kann ein solches Wissen für die Deutung ausreichen. Häufig ist darüber hinaus jedoch auch spezielleres Wissen notwendig, das nicht bei allen Mitgliedern einer Kultur vorausgesetzt, aber zur Allgemeinbildung gezählt werden kann. Dazu gehören vor allem grundlegendes (sprach)historisches Wissen, Wissen über literarische Gattungen und literaturgeschichtliche Epochen sowie über ‚kanonische' Werke, auf die Texte häufig intertextuell Bezug nehmen.

Für manche Texte und manche Lerngruppen bietet es sich darüber hinaus an, spezielles Weltwissen heranzuziehen: Wissen über weniger bekannte Werke, die für intertextuelle Bezüge genutzt werden können, differenzierteres Wissen über literaturgeschichtliche Kontexte, (→ KAPITEL 9), literaturtheoretisches Wissen, Wissen über die Biografie des Autors und Wissen über wissenschaftliche – etwa historische, soziologische oder psychoanalytische – Modelle, die zur Erklärung von Textinformationen dienen können. Das speziellere und spezielle Wissen für die Deutung müssen die Schüler in der Regel im Unterricht erwerben.

Prozedurales Wissen (Können)

Das prozedurale Wissen (Können) der Deutungskompetenz muss aufgrund der fehlenden Regeln für die Deutung in hohem Maße durch ‚learning by doing' erworben werden. Dafür sind das Unterrichtsgespräch und der Interpretationsaufsatz mit seinen Vorformen von besonderer Bedeutung (→ KAPITEL 2.3, 10.2, 13.3). Ein Impuls zur Eröffnung eines deutenden Gespräches kann die Frage nach Textelementen sein, die in der Analyse nicht hinreichend klar geworden sind, etwa nach Charaktereigenschaften einer Figur oder den Faktoren für eine Komplikation. Eine Gesamtdeutung wird den Schülern beispielsweise mit der Frage nach dem vom Text nahegelegten Menschen- oder Weltbild ermöglicht. Wichtig ist für die Förderung des Könnens, dass die Schüler vom Lehrer nicht zu einer bestimmten

Deutung gedrängt werden, die Texte aber auch selbst nicht vorschnell vereindeutigen beziehungsweise unangemessen vereinfachen – weder durch Assoziationen noch durch die schematische Anwendung z. B. von Alltagswissen, literaturgeschichtlichem oder biografischem Wissen. Vielmehr sollen die Schüler auf der Grundlage der von ihnen erkannten zentralen Textelemente den Deutungsspielraum literarischer Texte erkunden und nach Möglichkeit so mit gezielt ausgewähltem Wissen ausfüllen, dass differenzierte oder neue Sichtweisen von Wirklichkeit entstehen.

Metakognitives Wissen

Eine gewisse Hilfe beim Erwerb von Deutungskompetenz können einige Grundsätze bieten, die die Schüler als metakognitives Wissen erwerben und nutzen sollen. Diese Grundsätze geben zentrale Gemeinsamkeiten unterschiedlicher literaturtheoretischer Konzeptionen wieder. Kaspar H. Spinner hat diese Grundsätze für den Unterricht reformuliert und damit zu einem didaktischen Konsens beigetragen. Die Deutung literarischer Texte im Unterricht soll verständigungsorientiert sowie problemlösend erfolgen und dazu drei Dimensionen berücksichtigen: den interpretierten Gegenstand, das interpretierende Subjekt und die Intersubjektivität der Deutung (vgl. Spinner 1987, S. 17–23). Ausgeschlossen ist nach diesen Grundsätzen, dass die Schüler im Unterricht nur eine vom Lehrer festgelegte Deutung nachvollziehen, aber ebenso, dass sie lediglich ihre persönlichen Assoziationen zu einem Text äußern.

3.4 Texte auf Wirklichkeit beziehen

Eine Erweiterung des Kompetenzmodells

Zu den beiden oben dargestellten Typen von Aussagen über Texte kommt ein dritter, der beispielsweise in dem Satz „Die Auffassung vom Bösen, die in Kästners Ballade zum Ausdruck kommt, ist noch heute aktuell“ deutlich wird. Mit einem solchen Satz bezieht ein Leser einen Text auf seine eigene Lebenswelt. Im Unterricht wird ein Bezug dieser Art traditionell durch Aufgaben zur Beurteilung oder Stellungnahme eingefordert (z. B. „Beurteile das Verhalten der Hauptfigur aus heutiger Sicht“).

Funktionen

Der Wirklichkeitsbezug entspricht der zentralen Funktion literarischer Texte (→ KAPITEL 2.1). Ein Leser kann diese Funktion für sich nutzen, indem er sich die von einem Text nahegelegten und in der Deutung entfalteten neuen Sichtweisen von Wirklichkeit aneignet, und zwar durch einen Abgleich mit seinen bisherigen Schemata der Wahrnehmung. Dazu sollen die Differenzen zwischen (fiktionalem)

<table>
<tr><th>LESEN</th><th>TEXT</th></tr>
<tr><td>3. Bezugskompetenz
Bezug auf die Wirklichkeit
– Übernahme (ggf. teilweise/in modifizierter Form) und Nutzung oder Ablehnung der Wirklichkeitssicht, die ein literarisches Werk seinen Lesern nahelegt (und die durch Deutung des Textes erschlossen worden ist);
– dabei ggf. auch Bewertungen.
Beispiel Kästner:
Die Auffassung vom Bösen in der Ballade wird als heute noch aktuell aufgefasst</td><td></td></tr>
<tr><td>2. Deutungskompetenz
Textstellen und Gesamttext deuten
– das, was nicht klar bzw. ‚objektiv' zu erfassen ist, wird mithilfe von (Welt-)Wissen einschließlich persönlicher Erfahrungen gedeutet;
– zielt auf ein Menschen-/Weltbild, das ein Text seinen Lesern nahelegt.
Beispiel Kästner:
Karls „Wir haben es nur wie die Erwachsenen gemacht" wird gedeutet als: ‚das Böse' kommt durch Nachahmung in die Welt</td><td rowspan="3">Erich Kästner
Die Ballade vom Nachahmungstrieb

[...]

Im Februar, ich weiß nicht am wievielten,
geschah's, auf irgendeines Jungen Drängen,
dass Kinder, die im Hinterhofe spielten,
beschlossen, Naumanns Fritzchen aufzuhängen

Sie kannten aus der Zeitung die Geschichten,
in denen Mord vorkommt und Polizei.
Und sie beschlossen, Naumann hinzurichten,
weil er, so sagten sie, ein Räuber sei.

[...]

Die Mutter fiel in Ohnmacht vor dem Knaben.
Und beide wurden rasch ins Haus gebracht.
Karl, den man festnahm, sagte kalt: „Wir haben
es nur wie die Erwachsenen gemacht."

(Kästner 1999, S. 70–72)</td></tr>
<tr><td>1. Kompetenz zum Erkennen von Textelementen
zentrale Elemente und ihre Beziehungen erkennen
– ‚objektives' Verstehen von Textelementen und ihren Beziehungen (z. B. Figureneigenschaften, Figurenkonstellationen, Ursachen für die schwierige Lage einer Figur, Perspektivierung etc.);
– zielt auf das, was in einem Text klar ist bzw. sich durch Textuntersuchung klar erkennen lässt.
Beispiel Kästner:
Massenmediale Verbrechensdarstellungen und das Drängen eines Jungen zur Nachahmung einer Hinrichtung werden als Ursachen für die lebensbedrohliche Lage von Fritz erkannt</td></tr>
<tr><td>0. basales Verstehen von Wörtern und Sätzen
– Dekodieren von Wörtern
– Verstehen syntaktischer Beziehungen</td></tr>
</table>

Abbildung 8: Triadisches Kompetenzmodell

Text und bisheriger Weltsicht keinesfalls eingeebnet werden. Weder soll der Leser die ihm vom Text angebotene Sicht auf schon Bekanntes reduzieren noch sie kritiklos übernehmen; vielmehr soll er entscheiden, inwiefern er diese Sicht zurückweisen, ganz, teilweise oder in modifizierter Form übernehmen möchte. Seine so veränderten Sichtweisen kann er dann für einen erweiterten Zugang zur Innen- oder Außenwelt nutzen: Er kann sie neu oder genauer wahrnehmen und möglicherweise auch seine Einstellungen oder sogar seine Verhaltensweisen verändern. So kann er durch den Umgang mit Literatur seine Kreativität sowie seine Identität und sein Fremdverstehen weiterentwickeln und seine Haltungen zur Natur oder zu Politik und Gesellschaft differenzieren.

Textbeispiel Kästner

Beispielsweise kann ein Leser die von *Die Ballade vom Nachahmungstrieb* angebotene komplexe Sicht des Bösen (→ KAPITEL 2.2) ganz oder aber nur teilweise übernehmen, etwa indem er die Auffassung einsichtig findet, dass sich das Böse durch Nachahmung verbreitet, nicht jedoch die, dass ein bestimmter Menschentyp besonders zum Bösen neigt. Seine durch diese Aneignung eventuell veränderten Schemata der Wahrnehmung kann der Leser dann für einen differenzierteren Blick auf seine Lebenswirklichkeit nutzen.

Fachwissenschaftliche Grundlagen

Der Wirklichkeitsbezug müsste nicht unbedingt als eine eigene Teilleistung des Textverstehens gelten, denn er weist Überschneidungen mit der Deutung auf wird von der Literaturwissenschaft teilweise als ein Teil von ihr oder auch als Leistung außerhalb des Textverstehens aufgefasst. Das Plädoyer des Philosophen Hans-Georg Gadamer, die „Applikation" eines Textes, seine Anwendung auf die Wirklichkeit, als notwendigen Teil seines Verstehens zu betrachten (Gadamer 1965, S. 290f.), erscheint jedoch gerade aus didaktischer Perspektive sinnvoll. Denn die Erschließung insbesondere eines literarischen Textes ist ohne seinen Bezug auf die Lebenswirklichkeit letztlich nicht lohnend. Zwar können in der Deutung subjektive Ergänzungen an den Text herantragen werden, der Leser und seine Beziehung zur Wirklichkeit erfahren dadurch aber noch keine (dauerhafte) Veränderung oder Bereicherung. Der Text kann im ungünstigen Fall so trotz Erkennen von Textelementen und Deutung am Leser ‚vorbeigehen'. In didaktischer Sicht ist außerdem eine Trennung der Teilleistungen Deutung und Wirklichkeitsbezug empfehlenswert; denn eine Deutung als Schritt vor dem Wirklichkeitsbezug kann dazu beitragen, dass der literarische Text für das Leben der Schüler bedeutsam wird, ohne nur als Auslöser von Assoziationen oder zur Bestätigung von konventionellen Sichtweisen genutzt zu werden.

Fachdidaktische Grundlagen

Der Bezug auf die Wirklichkeit als eigene Teilleistung des Textverstehens hat denn auch eine didaktische Tradition: Sie geht auf Jürgen Kreft zurück, der unter Berufung auf Gadamer dafür eintritt, den Schülern durch den Literaturunterricht eine Aneignung und Applikation von literarischen Texten zu ermöglichen. Diese Auffassung ist dann von Joachim Fritsche und Günter Waldmann übernommen worden (vgl. Kreft 1982; Fritzsche 1992; Waldmann 1999). In neueren didaktischen Arbeiten werden die Fähigkeiten zur Aneignung und Applikation als Fiktions-Realitäts-Bezugskompetenz oder Bezugskompetenz aufgefasst (vgl. Nickel-Bacon 2003; Saupe 2005). Und schließlich werden sie auch von den Bildungsstandards berücksichtigt; so sollen die Schüler nach den Bildungsstandards für die Allgemeine Hochschulreife: „die in literarischen Werken enthaltenen Herausforderungen und Fremdheitserfahrungen kritisch zu eigenen Wertvorstellungen, Welt- und Selbstkonzepten in Beziehung setzen" (Bildungsstandards 2012, S. 19).

Triadisches Kompetenzmodell

Als Grundlage insbesondere für den Literaturunterricht erscheint entsprechend dieser didaktischen Tradition eine Erweiterung des dualen Textverstehensmodell geeignet, die die folgende Trias in den Mittelpunkt stellt: (1) Zentrale Textelemente und ihre Zusammenhänge erkennen, (2) diese Elemente deuten und (3) die so entstandene Deutung auf Wirklichkeit beziehen (→ ABBILDUNG 8).

Wirklichkeitsbezug im Unterricht

Auch der Bezug literarischer Texte auf die Lebenswirklichkeit geschieht in der privaten Rezeption in der Regel vorbewusst. Im Unterricht muss er nicht in der Arbeit mit allen Texten explizit erfolgen. Ein expliziter Wirklichkeitsbezug ist häufig für Texte sinnvoll, die ihrem Leser (neue) Sichtweisen der Gesellschaft oder der Natur anbieten. In vielen Fällen kann es aber auch angemessen sein, einen expliziten Bezug zu vermeiden – so wenn ein Text dem Leser Sichtweisen von persönlichen Beziehungen oder von Ich-Identität nahelegt, deren Anwendung in hohem Maße seine Privatsphäre betrifft. Die Bezugskompetenz soll dementsprechend auch nur in manchen Fällen geprüft und bewertet werden, beispielsweise wenn die gesellschaftspolitische Aktualität eines Textes reflektiert werden kann.

Deklaratives und prozedurales Wissen (Können)

Ähnlich wie für die Deutung benötigen die Schüler für den Wirklichkeitsbezug Weltwissen. Sie gleichen die Sichtweisen von Wirklichkeit, die ihnen ein Text nahelegt, mit ihren bisherigen Wissensschemata ab. Das entsprechende Wissen wird aber in der Regel nicht gezielt im Literaturunterricht erworben, sodass der Schwerpunkt bei der Förderung von Bezugskompetenz auf dem ‚Können' liegt. Dazu können unterschiedliche Methoden genutzt werden: schriftliche Aufgaben oder Unterrichtsgespräche (initiiert z.B. durch die Frage nach einer ‚Bewertung' von Figuren oder Handlungen oder nach der Aktualität eines älteren Textes) oder auch bestimmte Verfahren des handlungs- und produktionsorientierten Unterrichtes (beispielsweise eine ‚Gerichtsverhandlung', das Schreiben eines Briefes an eine Figur oder ein Figureninterview) (→ KAPITEL 10).

Metakognitives Wissen

Das ‚Können' der Schüler im Bereich Wirklichkeitsbezug kann zudem durch den Erwerb und die Anwendung von metakognitivem Wissen gefördert werden. Dieses Wissen umfasst vor allem die folgenden Grundsätze (vgl. Leubner/Saupe 2016, S. 56):

1. Für den Bezug ist das Aussagepotenzial des gesamten Textes zu berücksichtigen, nicht nur einzelne, womöglich nebensächliche Handlungselemente (wie z. B. spektakuläre, aber insgesamt unbedeutende Handlungen von Nebenfiguren).
2. Fragen der Lebenswirklichkeit sollen unter enger Rückbindung an den Text erörtert werden; der Text soll nicht als Anlass für Diskussionen genutzt werden, die auch ohne sein Verstehen möglich wären.
3. Verkürzungen durch eine direkte und vollständige Gleichsetzung von Fiktion und Lebenswirklichkeit sind zu vermeiden (z. B. Gleichsetzungen von fiktionalen Figuren und Geschehnissen mit Darstellungen der Geschichtswissenschaft).

Bewertung von literarischen Texten

In der Fachdidaktik wird neben dem Wirklichkeitsbezug auch die Bewertungskompetenz als weitere Teilleistung des Textverstehens diskutiert; diese Kompetenz findet auch in den Bildungsstandards für die Allgemeine Hochschulreife Berücksichtigung. Nach Zabka bieten sich die folgenden drei Ebenen für eine Bewertungkompetenz an: „(a) Moralisch-praktische Werturteile betreffen das Handeln und Denken von Figuren; Sinnaussagen des Textes; die Relevanz des Inhalts bzw. der Handlung für ein in der Welt vorhandenes Problem. (b) Werturteile über die inhaltliche Komposition betreffen die Komplexität, Logik und Plausibilität der Handlungskonstruktion […]. (c) Werturteile über die sprachliche Gestaltung betreffen unter anderem Verständlichkeit und Irritation […]." (Zabka 2012, S. 116).

Die moralisch-praktischen Werturteile sind im Rahmen eines Wirklichkeitsbezugs möglich, beispielsweise durch eine moralische Wertung des Verhaltens von Figuren. Insofern umfasst die Wertungskompetenz die Kompetenz zum Wirklichkeitsbezug. Sie geht jedoch mit Werturteilen über die inhaltliche Komposition und sprachliche Gestaltung von literarischen Werken über den Wirklichkeitsbezug hinaus.

Lektüreempfehlungen

- **Swantje Ehlers: Studienbuch zur Analyse und Didaktik literarischer Texte,** Baltmannsweiler 2011. *Diskussion von Begriffen für die schulische Texterschließung.*
- **Volker Frederking / Dorothee Wieser: Sich mit Texten und Medien auseinandersetzen.** In: Michael Becker-Mrotzek u.a. (Hrsg.): Bildungsstandards aktuell: Deutsch in der Sekundarstufe II, Braunschweig 2015, S. 176–235. *Mit Erörterung der Teilleistungen des literarischen Verstehens und didaktischen Konsequenzen für den Unterricht in der Sekundarstufe II.*
- **Daniela Fricke / Clemens Kammler / Gerhard Rupp (Hg.): Literaturdidaktik im Zeichen von Kompetenzorientierung und Empirie: Perspektiven und Probleme,** Freiburg 2012. *(Zwischen-) Bilanz zu den Folgen von PISA und Bildungsstandards für die Literaturdidaktik.*
- **Clemens Kammler (Hg.): Kompetenzen im Literaturunterricht,** Stuttgart 2006. *Zusammenstellung von Vorschlägen für eine kompetenzorientierte Erschließung literarischer Texte.*
- **Ulrich Schiefele u. a. (Hg.): Struktur, Entwicklung und Förderung von Lesekompetenz. Vertiefende Analysen im Rahmen von PISA 2000,** Wiesbaden 2004. *Enthält unter anderem Erörterungen des PISA-Lesekompetenzmodells und didaktischer Konsequenzen.*

4 Kompetenzen und literarische Sozialisation

Abbildung 9: Steve Joester: *Lesendes Mädchen (Girl with book)*

Das Bild weicht von gängigen Bildern von Lesenden ab: Es wird kein typischer Ort für das Lesen mit einem Leser in bequemer Lesehaltung gezeigt. Das hier dargestellte Mädchen scheint vielmehr an einen Ort versetzt zu sein, an dem es sich trotz fehlender ‚Lesebequemlichkeit' in seine überdimensionierte Lektüre vertieft. Gerade in dieser Abweichung vom Normalfall vermag das Bild viel von der Begeisterung zu vermitteln, die Lesen immer wieder hervorrufen kann. Eine Vielzahl von Bildern vom 18. Jahrhundert bis in die Gegenwart zeigt uns Menschen beim Lesen. In unserer von den digitalen Medien mehr und mehr geprägten Zeit erfreuen sich Fotografien von Lesern, etwa in Kalendern zum Thema Lesen, großer Beliebtheit: Sie verweisen auf die Faszination des alten Mediums Buch und der Lektüre von Büchern.

Für Konzeptionen eines schülerorientierten Unterrichts, der sich auf Neigungen, Interessen und Fähigkeiten von Schülern stützt und diese zugleich fördert, ist die Literaturdidaktik auf Forschungen zur literarischen Sozialisation angewiesen. Drei ihrer Fragen sind von besonderer didaktischer Bedeutung. Erstens: Wie sehen typische Verlaufsformen literarischer Sozialisation aus, das heißt, in welchem Alter werden welche Texte in welcher Weise gelesen? Antworten auf diese Frage lassen etwa erkennen, welche Lektüre in welcher Altersstufe Schüler zu motivieren vermag. Zweitens: Welche Faktoren spielen für die literarische Sozialisation eine besondere Rolle? Antworten auf diese Frage machen beispielsweise deutlich, wie der familiäre Hintergrund von Schülern deren auch schulisches Leseverhalten beeinflusst und inwiefern der Unterricht versuchen soll, unterschiedliche Lernvoraussetzungen der Schüler auszugleichen. Die dritte Frage lautet: Auf welchen Entwicklungsstufen können unterschiedliche Teilkompetenzen des Textverstehens ausgebildet werden? Antworten auf diese Frage geben vor allem darüber Auskunft, in welcher Altersstufe der Erwerb welcher Kompetenzen in der Schule gefördert werden soll. Auf die ersten beiden Fragen nach Verlaufsformen und Faktoren literarischer Sozialisation hat die Lesesozialisationsforschung teilweise differenzierte Antworten gegeben; die dritte Frage nach den Möglichkeiten des Kompetenzerwerbs hingegen ist bislang nicht befriedigend beantwortet.

4.1 Literarische Sozialisationsforschung
4.2 Verlaufsformen literarischer Sozialisation
4.3 Faktoren literarischer Sozialisation
4.4 Verlaufsformen von Kompetenzerwerb

4.1 Literarische Sozialisationsforschung

Literarische Sozialisation: Beispiel

Drei Bilderbücher eines dreijährigen Kindes: (1) *Die Schnecke und der Buckelwal*: Eine Schnecke möchte eine Reise unternehmen; sie wird auf der Flosse eines Buckelwals auf eine spannende Reise um die Welt mitgenommen – und schließlich kann sie den gestrandeten Buckelwal retten. – (2) *Ritter Rost feiert Weihnachten* (mit beiliegender Musicalfassung auf CD!): König Bleifuß fordert alle Ritter auf, vorbildliche Weihnachten zu veranstalten; auf der Burg von Ritter Rost unternimmt Tante Gitta die Umsetzung: mit „vorbildlichem" Baum, „vorbildlichen" Geschenken („richtig dicken Dingern") usw. Um das gemütliche Weihnachtsfest scheint es geschehen – bis es doch noch zu einer überraschenden Wendung kommt. (3) *Reim dich nett ins Bett*: Ein Mädchen wird von Tieren zu Bett begleitet; die lustigen Bilder werden durch kurze Texte ergänzt, in denen jeweils ein Reimwort zu ergänzen ist: „Zuerst entfernt dir die Maus eine *Laus*. / Dann putzt dir der Hase die *Nase*." etc. – Solche phantastischen und vergnüglichen Lesestoffe prägen die literarische Sozialisation von dreijährigen Kindern – freilich nur, *wenn* ihnen die entsprechenden Lektüremöglichkeiten geboten werden.

Abbildung 10: Auszug aus *Reim dich nett ins Bett* von Daniela Kulot

Literarische Sozialisation: Definition

Unter literarischer Sozialisation wird die Herausbildung der Persönlichkeit in Wechselwirkung mit der literarischen Kultur verstanden, also mit literarischen Texten sowie ihrer Produktion und Rezeption in der Gesellschaft. Für die Untersuchung dieser Art der Sozialisation werden sowohl intentionale Einflüsse auf (junge) Menschen wie die Erziehung durch Eltern und Schule als auch nicht-intentionale Einflüsse wie die von Peergroups berücksichtigt. Man geht davon aus, dass das Individuum durch diese Einflüsse nicht passiv geprägt wird, sondern unter den Einflüssen auswählt, sie interpretiert und eventuell sogar die entsprechenden Teilbereiche der Gesellschaft verändert.

Forschungen zur literarischen Sozialisation beantworten auf empirischer Basis die Frage, welche Menschen(gruppen) in welchem Lebensalter welche literarischen Texte wie nutzen und welche Faktoren für dieses Leseverhalten maßgeblich sind. Der Untersuchungsbereich der Forschungen zur literarischen Sozialisation überschneidet sich mit dem zur Lesesozialisation. Auch wenn Lesesozialisation häufig als Oberbegriff für beide Bereiche gebraucht wird, ist die literarische Sozialisation tatsächlich einerseits enger und andererseits weiter als die Lesesozialisation. Denn die Schriftkultur, auf die sich die Lesesozialisation richtet, umfasst viele nichtliterarische Texte; dagegen sind manche literarischen Texte keine Schrifttexte, sondern beispielsweise szenisch realisierte Theaterstücke oder mündlich tradierte Verse. Literarische Sozialisation und Lesesozialisation können beide als Teilbereiche der Mediensozialisation gelten.

Literarische und Lesesozialisation

4.2 Verlaufsformen literarischer Sozialisation

Kleinkind und Vorschulalter

Jeder Mensch hat natürlich seine eigene ‚Lesegeschichte'. Doch erlauben die Forschungen zur literarischen Sozialisation eine Feststellung von Phasen, die für die individuellen Biografien in der Regel grundlegend sind. Die literarische Sozialisation beginnt früh: Noch bevor Kinder ein Jahr alt sind, lassen sie sich einfache Bilderbuchgeschichten vorlesen (etwa von einem Entenkind, dass seine Mutter sucht – natürlich mit Erfolg!). Für Ein- bis Zweijährige gibt es bereits Bilderbuchklassiker, etwa *Die kleine Raupe Nimmersatt*. In der Folge kommen komplexere Bilderbücher hinzu, besonders häufig mit Tierfiguren als Protagonisten und Handlungen mit ‚kleinen' Abenteuern, die ‚kleine' Gefahren und Herausforderungen mit sich bringen, also Handlungen mit einfachen Komplikationsstrukturen. Grundsätzlich gilt mittlerweile: Viele Bücher werden durch Medienproduktionen ergänzt, häufig (Fernseh-) Serien, die auch im Internet zu rezipieren sind. Beispiele sind *Der Mondbär*, *Peppa Wutz* und *Bali*; diese Serien bieten kindgerechte ‚Problemlösegeschichten' mit Pfiff. Vorschulkinder können außer Bilderbüchern auch das Vorlesen von Printtexten genießen. Neben ‚Klassikern' wie den Märchen der Brüder Grimm oder Pippi Langstrumpf stehen aktuelle, zum Teil literarisch anspruchsvolle Werke und populäre Medienverbundproduktionen wie *Die Eiskönigin*.

Verbale Interaktion

Wie die entsprechende primäre literarische Initiation (vgl. Graf 1995) ausfällt, hängt in hohem Maße von der verbalen Interaktion in der Familie ab; die Entwicklung von Verstehenskompetenzen ist in diesem Alter an eine solche Interaktion gebunden (vgl. Garbe/Holle 2006). Im wünschenswerten Fall erfolgt die literarische Sozialisation dementsprechend nicht nur durch die einsame Rezeption von Filmen, Hörbüchern und Computerspielen und auch nicht durch ein bloßes Vorlesen, sondern durch Kommunikation mit den Eltern oder engen Bezugspersonen (vgl. Hurrelmann 2006, S. 29). Im Rahmen einer solchen Interaktion werden z. B. gemeinsam (kurze) Gedichte aufgesagt, Lieder gesungen und Sprachspiele gespielt. Besonders wichtig sind Vorlesesituationen, in denen das Kind mit einem ‚kompetenten Anderen' über Literatur kommunizieren kann. Wird im Anschluss an die gemeinsame Rezeption von Bilderbüchern und an das Vorlesen kinderliterarischer Texte über das Gehörte und Gesehene gesprochen, erhält das Kind im günstigen Fall Anregungen und Freiraum zur Mitwirkung an der Bedeutungsbildung.

Schriftsprachliches/ literarisches Lernen

Die mündlich kommunizierten literarischen Texte sind ähnlich wie Schrifttexte allerdings nicht an eine bestimmte Kommunikationssituation gebunden. Das Kind wird durch die literarischen Texte so mit einem situationsabstrakten Gebrauch von Sprache vertraut gemacht und damit im Medium der Mündlichkeit an die schriftsprachliche Kommunikation herangeführt (vgl. Groeben/Schroeder 2004). Es kann auf diese Weise Motivation und Kompetenzen zum Lesen allgemein und darüber hinausspeziell zum literarischen Lesen entwickeln. So kann das Kind die Literatur als Medium zum Spielen mit Sprache, zur ‚Symbolisierung' von eigenen Erfahrungen oder Emotionen und für ein wunschgeleitetes Phantasieren (vgl. Garbe/ Holle 2006) entdecken. Das Kind kann Kompetenzen zur Anschlusskommunikation und wohl auch schon solche zur Wiedererkennung einfacher narrativer Muster und ästhetischer Merkmale (z.B. von Reimen und Klängen) sowie zu einem ersten Verstehen von Textelementen mit übertragener Bedeutung ausbilden. Darüber hinaus kann die Kompetenz zur Fiktions-/Realitätsunterscheidung und zum Verbinden fiktionaler Welten mit eigenen Erfahrungen wohl zumindest in Anfängen entwickelt werden (vgl. Andresen 2002).

Kleinkind und Vorschulalter

Grundschulalter/ Vorpubertät

Mit dem Lesenlernen setzt im Alter von 6/7 Jahren eine neue Phase der literarischen Sozialisation ein. Die Möglichkeit, Texte selbstständig zu lesen, kann sich auf die Motivation zur Beschäftigung mit Literatur positiv auswirken, allerdings auch im Gegenteil eine erste Krise in der literarischen Sozialisation auslösen. Wenn die basale Lesekompetenz – also die Kompetenz zur Identifikation von Lauten, Silben, Wörtern und Sätzen – noch unzureichend ausgeprägt ist, erscheint das Lesen auch einfacher literarischer Texte vielen Kindern als zu mühevoll (vgl. Rosebrock 2003, S. 94). Dazu kommt, dass die kurzen und einfachen Texte, die sie allenfalls selbstständig lesen können, ihre bereits erworbenen literarischen Interessen und Kompetenzen oft unterfordern. Für die Mehrzahl der Kinder fällt diese erste Krise aber nicht erheblich aus oder kann überwunden werden. Mehr als die Hälfte der Kinder lesen schließlich bis zum 11. Lebensjahr in ihrer Freizeit gern und viel, nur ca. 13% wenig oder nie – wobei die Unterschiede weitgehend durch die soziale Schicht begründet sind (vgl. Hurrelmann 1995, Harmgarth 1997). Gelesen wird in diesem Alter vor allem populäre fiktionale Kinderliteratur wie phantastische Kinderromane und Kriminalgeschichten für Kinder sowie Comics; von Mädchen werden außerdem Internats- und Tiergeschichten, von Jungen Abenteuergeschichten, aber auch Sachtexte für Kinder bevorzugt (vgl. Bertschi-Kaufmann 2000; Richter / Plath 2005). Anspruchsvolle Kinderliteratur wird in der Regel höchstens im Unterricht oder mit Begleitung erwachsener Bezugspersonen gelesen. Die Kinder lesen nun zumeist autonom und wählen zwischen der einsamen Lektüre und dem Austausch über literarische Erfahrungen. Das Lesen in diesem Alter wird als kindliches Lustlesen beschrieben, das vor allem einer Wunscherfüllung im Bereich des Imaginären dient; dazu vertiefen sich die Kinder in die Lektüre und identifizieren sich mit den Helden und Heldinnen von Geschichten, die schwierige Situationen mithilfe ihrer besonderen Eigenschaften oder ihrer Freunde meistern (vgl. Andringa 2004; Graf 2007).

Kompetenzentwicklung

Die Forschungen zur Entwicklung von literarischen Verstehenskompetenzen sind für das Grundschulalter, die Vorpubertät und das Jugendalter noch unzureichender als für die frühe Kindheit. Die entsprechenden Konzeptionen stützen sich nur teilweise auf empirische Arbeiten, teilweise lediglich auf allgemeine Aussagen der Entwicklungspsychologie, und sie sind häufig widersprüchlich. Darüber hinaus werden die Unterschiede zwischen privater und schulischer Rezeption und der Einfluss einer intentionalen schulischen Förderung von Verstehenskompetenzen kaum berücksichtigt. Unbestritten dürfte sein, dass das Lesen literarischer Texte dem Erwerb und der Vertiefung von Schriftsprachlichkeit dient. Sowohl die Leseflüssigkeit als auch das allgemeine Textverstehen profitieren von der ‚lustvollen' kindlichen Lektüre literarischer Texte. Längere Zeit herrschte die Überzeugung vor, dass sich erst im Grundschulalter die Fähigkeiten zur Unterscheidung von Fiktion und Lebenswirklichkeit, zum Verstehen von Textelementen mit übertragener Bedeutung (Symbolen, Metaphern) und zum Nachvollziehen unterschiedlicher Perspektiven ausbilden (vgl. z. B. Spinner 1995 und 2001). Neuere Forschungen legen nun die Auffassung nahe, dass zumindest die beiden erstgenannten Kompetenzen schon früher angelegt werden (können) und sich in der Grundschulzeit dann – für verschiedene Kinder in sehr unterschiedlichem Tempo – weiterentwickeln. Von besonderer Bedeutung für das Textverstehen dürfte sein, dass im Grundschulalter vermutlich grundlegende Kompetenzen zum Erkennen von Textelementen und zur Deutung erworben werden können. Zu nennen sind vor allem Kompetenzen zum Erkennen prototypischer Handlungselemente, zur interpretierenden Ergänzung der Handlungsmotive von Figuren und zur Unterscheidung von Inhalt und sprachlicher Form sowie von Handlung und Thema, Moral oder Botschaft eines Textes. Außerdem entwickeln die Kinder in diesem Alter metakognitive Fähigkeiten zur Lösung von Verstehensproblemen (vgl. Garbe / Holle 2006, S. 135–141).

Übersicht

Der Verlauf der literarischen Sozialisation lässt sich in einem tabellarischen Überblick zusammenfassen (→ ABBILDUNG 11).

Vorschulalter
- Primäre literarische Initiation anhand von (mündlich produzierten und rezipierten bzw. vorgelesenen) literarischen Texten sowie auditiven oder (audio)visuellen Texten
- Eventuell Kommunikation mit engsten Bezugspersonen über Literatur

Grundschulalter / Vorpubertät
- Zumeist hohe Lesemotivation und Lesemenge
- Lektüre (v. a. fiktionaler) kinderliterarischer Texte mit der Funktion des kindlichen Lustlesens

Schulalter / Pubertät
- Zumeist Lesekrise, mitunter auch Lesesucht oder Erprobung unterschiedlicher Lesemodi anhand von Erwachsenenliteratur

Adoleszenz / Erwachsenenalter
- Entwicklung zum Nicht- bzw. Wenigleser oder (nach sekundärer literarischer Initiation) zum Sach- und Fachbuchleser bzw. zum Leser literarischer Texte
- Unterschiedliche Lesemodi (→ KAPITEL 2.1) sind möglich

Abbildung 11: Lesesozialisation: Typische Verlaufsformen

Schulalter / Pubertät

Mit der Pubertät beginnt eine neue und häufig problematische Phase der literarischen Sozialisation. Nicht alle, aber ein großer Teil der Jugendlichen erfahren spätestens im Alter von 12 / 13 bis 15 Jahren eine schwerwiegende Lesekrise. Die Lesemotivation und das tatsächliche Lesen nehmen ab dem Ende der Grundschulzeit ständig, zwischen der 7. und 10. Klasse noch einmal erheblich ab, allerdings bei Jungen in der Regel sehr viel stärker als bei Mädchen. Das ‚wirkliche' Leben, vor allem die Beziehungen zu Freunden und zum anderen Geschlecht, werden zunehmend wichtig und können Zeit und Motivation zum Lesen nehmen. Dazu kommt, dass die gewohnten Textsorten und das ‚Lustlesen' oft nicht mehr interessant erscheinen, andere Texte und Leseweisen aber noch nicht zugänglich geworden sind. Es wird angenommen, dass mindestens die Hälfte der Jungen und über 20% der Mädchen in der 8./9. Klasse in ihrer Freizeit nicht mehr oder kaum noch lesen (vgl. Gattermeier 2003). Ein kleinerer Teil der Jugendlichen, vor allem Mädchen, liest allerdings auch noch in der Pubertät intensiv. Mitunter wird das kindliche Lustlesen suchtartig anhand von Jugendromanen oder Texten der Trivial-/Unterhaltungsliteratur für Erwachsene fortgesetzt. In manchen Fällen werden aber auch andere Lesemodi anhand von Texten aller Art, auch von anspruchsvollen literarischen Texten, ausprobiert (vgl. Graf 2002).

Kompetenzentwicklung

Gerade ab dieser häufig problematischen Phase der Lesesozialisation können aber Kompetenzen erworben werden, die für das Verstehen literarischer Texte von zentraler Bedeutung sind. Die Jugendlichen können Darstellungsverfahren nicht nur erkennen, sondern auch auf ihre Funktion für das Bedeutungspotenzial eines Textes hin befragen, und sie können Empathie (→ KAPITEL 2.2) mit nicht eindeutig ‚guten' oder ‚bösen' Figuren entwickeln. Sie können sich fremde Sichtweisen von Wirklichkeit aneignen und auf ihre eigene Lebenswelt anwenden und so für die Entwicklung ihrer Identität und ihrer Interaktion mit der Gesellschaft nutzen. Auch können die Jugendlichen die eigenen Deutungen (im Rahmen von Anschlusskommunikation) hinterfragen und verändern sowie die Unmöglichkeit eines eindeutigen Verstehens literarischer Texte erkennen und wertschätzen. Außerdem sind die Jugendlichen in der Lage, Lese- und Verstehensstrategien in routinierter Weise anzuwenden (vgl. Garbe/Holle 2006, S. 141–146). Wie viele der Jugendlichen die oben genannten Kompetenzen tatsächlich im Unterricht in welchem Maße erwerben, ist noch weitgehend ungeklärt. Jedenfalls werden diese Kompetenzen wohl höchstens von einer Minderheit in ergiebiger Weise für eine (spätere) private Lektüre genutzt.

Adoleszenz – Erwachsenenalter

Die Mehrheit der Jugendlichen wird im Anschluss an die pubertäre Lesekrise zu Nicht- oder Weniglesern. Nur eine Minderheit kann die Krise überwinden und liest nach einer erfolgreichen sekundären literarischen Initiation im Alter von 15–20 Jahren und im jungen Erwachsenenalter auch in der Freizeit (vgl. Graf 1995). Ein Teil dieser Minderheit – hauptsächlich Männer – wird zum Sach- und Fachbuchleser; ein anderer Teil, wohl ca. ein Drittel der Erwachsenen – in der Mehrzahl Frauen – liest vorwiegend literarische Texte (vgl. Schön 1996; Harmgarth 1997). Für die Lektüre von Sach- und literarischen Texten lassen sich eine Reihe von Lesemodi feststellen (→ KAPITEL 2.1), wobei ein Leser je nach Situation auch verschiedene Modi verwenden kann. Offenbar nutzt aber nur ein kleiner Teil der ohnehin schon in der Minderheit befindlichen Leser den Modus des ästhetischen Lesens, der der literarischen Form Aufmerksamkeit schenkt und vor allem gegenüber hochliterarischen Texten angewandt wird. Es ist anzunehmen, dass auch die von der Literatur gebotene Möglichkeit einer Entfaltung, Aneignung und Anwendung von (irritierenden) neuen Sichtweisen der Wirklichkeit nur von einer Minderheit der Leser bei der privaten Lektüre genutzt wird.

4.3 Faktoren literarischer Sozialisation

Individuelle und gesellschaftliche Faktoren

Die Literarische Sozialisation eines (jungen) Menschen wird zum einen durch seine persönlichen, natürlich auch mehr oder weniger stark durch die Umwelt geprägten Dispositionen bestimmt. Unter diesen Faktoren gilt das Geschlecht als besonders wichtig. Zum anderen sind gesellschaftliche Faktoren für die literarische Sozialisation entscheidend. Ein Teil von ihnen ist für alle Mitglieder der Gesellschaft gleich, so die kulturpolitischen Rahmenbedingungen, der historisch bedingte Begriff des Lesens und das Medienangebot in einer Kultur. Doch tragen intentionale und nichtintentionale Einflüsse aus verschiedenen Bereichen der Gesellschaft dazu bei, dass die literarische Sozialisation bei unterschiedlichen Menschen unterschiedlich verläuft. Die wichtigsten dieser Faktoren sind das Elternhaus und die Schule, dazu tritt der Einfluss von Peergroups.

Geschlecht

Mädchen lesen quantitativ und qualitativ in der Regel anders als Jungen. Dieser Unterschied besteht schon in der Grundschulzeit; mit beginnender Pubertät vergrößert er sich erheblich, und die Mehrzahl der erwachsenen (Viel-)Leser ist schließlich weiblichen Geschlechts. Die Differenz zwischen männlichem und weiblichem Leseverhalten zeigt sich auch in der Art der gewählten Lektüre: Mädchen und Frauen lesen weitaus häufiger als Jungen und Männer literarische Texte, und sie bevorzugen im allgemeinen Texte, die zwischenmenschliche Beziehungen und psychologische Prozesse darstellen. Männliche Leser bevorzugen dagegen insbesondere als Erwachsene zumeist Sachliteratur. Wenn sie – so vor allem in der Kindheit – literarische Texte lesen, dann mehrheitlich solche, in denen abenteuerliche Handlungen und Lösungen von konkreten Aufgaben dargestellt werden. Angesichts dieser Befunde wird die Notwendigkeit einer Leseförderung speziell für Jungen diskutiert, und zwar unter Nutzung der von ihnen favorisierten Texte (vgl. Garbe 2003). Es ist noch ungeklärt, ob die genannten Unterschiede auch auf das biologische Geschlecht zurückgeführt werden können. Auf jeden Fall dürfte eine kulturell begründete Geschlechtsidentität Einfluss auf das geschlechtsspezifische Leseverhalten haben. Das mag daran liegen, dass insbesondere von Mädchen und Frauen ein Interesse an zwischen- und innermenschlichen Fragen erwartet wird. Außerdem treten vor allem Mütter und Lehrerinnen als Lesevorbilder und Lesebegleiterinnen auf und das (literarische) Lesen erscheint dadurch vor allem als eine weiblich geprägte Angelegenheit (vgl. Garbe 2009, S. 199).

Elternhaus

Das Elternhaus kann als der wichtigste Faktor der literarischen Sozialisation gelten. Die prä- und paraliterische Kommunikation des Klein- und Vorschuldkindes mit seinen engsten Bezugspersonen, ergänzt um Anschlusskommunikation zu den selbst gelesenen Texten im späteren Kindesalter, ist von herausragender Bedeutung dafür, dass Lesemotivation und -kompetenz entwickelt werden können. Von ähnlicher Wichtigkeit für die Lesemotivation ist das Lesevorbild der Eltern. Dazu kommen die Verfügbarkeit von Printmedien und das allgemeine Interaktionsverhalten in der Familie (vgl. Groeben / Schroeder 2004, S. 320). Entgegen einer landläufigen Auffassung ist allerdings die Verfügbarkeit der Medien Fernseher, Videogerät, DVD-Spieler und Computer in einer Familie der literarischen Sozialisation keineswegs abträglich. Eine häufige Nutzung von Schrifttexten durch Kinder geht in der Mehrzahl der Fälle mit einer ebenso häufigen Rezeption von Fernsehsendungen, Filmen und Computerspielen einher (vgl. Hurrelmann 1993). Nur wenn in einer Familie ausschließlich Fernseher und Computer genutzt werden, entstehen negative Auswirkungen auf die literarische Sozialisation.

Auch wenn die Einflüsse der Familie von besonderer Bedeutung für die literarische Sozialisation sind, muss beachtet werden, dass die Familie diese Sozialisation nicht in allen Fällen bestimmt. Neben die großen Gruppen der nach ihrer familiären Prägung erwartbaren Leser und Nichtleser treten kleinere Gruppen von jungen Menschen, die sich – womöglich unter dem Einfluss anderer Sozialisationsfaktoren – entgegen der Prägung durch ihr Elternhaus zu nicht-erwartbaren Lesern oder Nicht-Lesern entwickeln.

Soziale Schicht, ethnische Herkunft

Der für die literarische Sozialisation zentrale Faktor Elternhaus kann auch im Rahmen der abstrakteren Faktoren soziale Schicht und ethnische Herkunft betrachtet werden (vgl. Rosebrock 2003, S. 154–156). Die positiven Voraussetzungen für die literarische Sozialisation – die Kommunikation über literarische Texte, das Lesevorbild der Eltern und ein Angebot an Printmedien – werden in der Regel in Mittelschichtsfamilien auf der Grundlage einer positiven Haltung zur Schriftsprache bereitgestellt, fehlen aber zumeist in Familien aus bildungsfernen Schichten. Ebenso wie die Kinder aus bildungsfernen Milieus gehören auch die Kinder aus Migrationsfamilien zu einer ‚Risikogruppe' für die literarische Sozialisation (vgl. Rosebrock 2003, S. 156), was außer in dem mehrheitlich geringen Sozialstatus der Familien auch in den Schwierigkeiten des Zweitspracherwerbs begründet sein dürfte.

Peergroups

In der Pubertät tritt das Elternhaus als Faktor für die Entwicklung der literarischen Sozialisation zurück und wird häufig durch Peergroups ersetzt. Die Gleichaltrigen haben nun Einfluss darauf, ob ein Jugendlicher überhaupt außerhalb der Schule (literarische) Texte liest und wenn ja, welche Texte er auswählt. Eine Überwindung der pubertären Lesekrise wird für einen Teil der Jugendlichen offenbar auch deshalb möglich, weil sie Leseanregungen von Gleichaltrigen erhalten und mit ihnen über Literatur kommunizieren (vgl. Graf 1995, S. 117; Groeben / Schröder 2004, S. 340).

Schule

Der Beitrag der Schule zur literarischen Sozialisation ist noch unzureichend erforscht. Es gibt zwar Untersuchungen dazu, ob und inwiefern Schüler ihren Literaturunterricht subjektiv als motivierend empfinden oder erinnern, aber kaum dazu, welches Maß an Lesemotivation und Verstehenskompetenzen sie durch den Unterricht tatsächlich entwickelt haben. Die subjektiven Einschätzungen des Deutschunterrichts sind für die Grundschule noch mehrheitlich positiv, weisen allerdings gegen Ende dieser Zeit schon eine zunehmend negative Tendenz auf (vgl. Richter / Plath 2005). Der Literaturunterricht in der Sekundarstufe I, insbesondere der der Hauptschule, wird offenbar weitgehend als demotivierend wahrgenommen, und zwar sowohl aufgrund der zu bearbeitenden Texte als auch aufgrund der eingesetzten Ziele und Methoden (vgl. Schön 1996; Harmgarth 1997; Graf 1998). Das Abschneiden der deutschen Schüler in der PISA-Studie lässt vermuten, dass diese subjektive Einschätzung der Schüler einigermaßen mit ihren tatsächlich erworbenen Verstehenskompetenzen übereinstimmt und dass der Unterricht in Deutschland weniger zur Kompensation von ungünstigen häuslichen Voraussetzungen der Lesesozialisation beiträgt als der in anderen Ländern (vgl. Rosebrock 1993, S. 167). Lediglich der Literaturunterricht in der Oberstufe wird von einem Teil der Schüler (vor allem von den späteren Lesern literarischer Texte) als anregend erinnert, und zwar hauptsächlich, sofern Literatur im Unterricht durch Gespräche in der Lerngruppe erschlossen wurde (vgl. Schön 1996, Graf 1998).

4.4 Verlaufsformen von Kompetenzerwerb

Aus den Ergebnissen der Lesesozialisationsforschung sind schon seit längerer Zeit didaktische Schlussfolgerungen für den Literaturunterricht gezogen worden. In den 80er-/90er-Jahren wurde so die Notwendigkeit einer Förderung von Lesemotivation hervorgehoben. Zu einer solchen Förderung sollten Maßnahmen dienen, die mittlerweile auch als „bunter Lesezauber“ belächelt werden (Rosebrock 1993, S. 171): Etwa die Einrichtung von Leseecken, die Organisation von Autorenlesungen, Bibliotheksbesuchen und Lesenächten, außerdem eine Auswahl von Texten, die die Schüler auch in ihrer Freizeit lesen oder lesen könnten. Heute herrscht dagegen Einigkeit darüber, dass die Förderung von Lesemotivation und die Förderung von Verstehenskompetenz miteinander verbunden werden müssen (vgl. Merkelbach 2000; Rosebrock 2003, S. 171). Wenn der Literaturunterricht von einem großen Teil der Schüler als demotivierend erlebt wird, dürfte das nicht daran liegen, dass er Kompetenzen zum Erkennen von Textelementen und zur Deutung zu fördern versucht, sondern daran, dass diese Förderung unergiebig bleibt, etwa weil von den Schülern ein funktionsloses ‚Abarbeiten‘ von Analysekategorien oder eine Rekonstruktion vorgefertigter Interpretationen verlangt wird. Bei der Textauswahl für den Literaturunterricht soll entsprechend der Verbindung von Motivations- und Kompetenzförderung berücksichtigt werden, welche Texte den Entwicklungsvoraussetzungen und -bedürfnissen der Schüler entsprechen (vgl. Rosebrock 2003, S. 163). Die Texte, die im Literaturunterricht gelesen werden, sollen durch ihre Strukturen und ihr Bedeutungspotenzial die Schüler fordern, ohne sie zu überfordern.

Altersabhängige Kompetenzförderung

Für eine möglichst ertragreiche Förderung von Verstehenskompetenzen ist es sicher nicht hinreichend, durch unterrichtliche Maßnahmen einzugreifen, sofern Schüler hinter dem üblichen Verlauf der literarischen Sozialisation zurückbleiben. Vielmehr sollen die Schüler mithilfe von Lehrer und Lerngruppe jeweils in die „Zone der nächstmöglichen Entwicklung" (Vygotskij 2002, S. 253) geführt werden. Welche „Zone" für welche Altersgruppe infrage kommt, ist allerdings nur mit starken Einschränkungen festzustellen. Das liegt zum Ersten daran, dass der Stand der empirischen Forschung zur Kompetenzentwicklung noch zu wünschen übrig lässt. Zum Zweiten ist für die Einschränkungen maßgeblich, dass die Kompetenzentwicklung bei unterschiedlichen Schülern in sehr unterschiedlichem Tempo erfolgt. Zum Dritten schließlich sind das Maß der (kognitiven) Leistungen, das die Teilkompetenzen des literarischen Verstehens jeweils erfordern, und die Niveaustufen innerhalb der Teilkompetenzen kaum an und für sich festzulegen, weil sie in hohem Maße vom Schwierigkeitsgrad des zu bearbeitenden Textes abhängen (→ KAPITEL 11,4; vgl. Leubner / Saupe 2014, S. 289–294). Im Anschluss an die Ergebnisse der Lesesozialisationsforschung lassen sich jedoch (unter Vorbehalt) die folgenden Richtlinien für den Kompetenzerwerb im Literaturunterricht aufzeigen:

Grundschule

Die Kompetenzförderung in der Grundschule beschränkt sich häufig noch immer auf Textwiedergaben, was eindeutig unzureichend ist. Im Verlauf der Grundschulzeit können alle Teilkompetenzen des Textverstehens gegenüber altersangemessenen, weniger komplexen Werken in grundlegender Weise ausgebildet werden. So können die Grundschüler

- die Kompetenz zum Erkennen von Textelementen und ihren Beziehungen auch in der Variante der Textanalyse entwickeln. Insbesondere können sie (noch ohne Nutzung von Fachtermini) lernen, zentrale Elemente der Handlung von Erzähltexten zu analysieren, so die Schwierigkeit der Hauptfigur, die Ursachen für ihre Schwierigkeit, die Lösung, die Mittel zur Lösung und Figureneigenschaften (→ KAPITEL 5.3);
- die Kompetenz entwickeln, einzelne Handlungselemente interpretierend zu ergänzen sowie einfache Deutungen von Gesamttexten (z. B. im Sinne einer einfachen Begründung für ihr Urteil über die Handlung oder gegebenenfalls auch einer ‚Lehre') zu entwickeln und anderen mitzuteilen;
- zumindest gegenüber phantastischen Fiktionen erkennen, dass sie keine wirklichen Personen und Geschehnisse darstellen, und lernen, literarische Texte auf die Lebenswirklichkeit zu beziehen.

Grenzen des Kompetenzerwerbs

Fraglich ist dagegen, ob Grundschüler Elemente der Form erkennen und auf ihre Funktion für das Bedeutungspotenzial eines Textes hin befragen können und ob sie Analysekategorien selbstständig bzw. mithilfe von strategieorientierten Anleitungen (→ KAPITEL 10.3) auf Texte anwenden können. Weiterhin können die Schüler möglicherweise noch kaum Empathie gegenüber moralisch uneindeutigen Figuren entwickeln. Für den Bereich der Deutung und des Wirklichkeitsbezuges ist zweifelhaft, ob die Schüler differenziertere Deutungen von Gesamttexten vornehmen, die eigenen Deutungen infrage stellen und verändern sowie die Unmöglichkeit einer richtigen und endgültigen Deutung aushalten und wertschätzen können. Ebenfalls fraglich ist, ob die Schüler in der Lage sind, fremde Sichtweisen von Wirklichkeit zu entfalten und auf ihre Lebenswirklichkeit zu beziehen.

Beschränkungen und Möglichkeiten

Das heißt nun aber nicht, dass in der Grundschule keinerlei Anstrengungen unternommen werden sollen, um diese Kompetenzen zu fördern. Es ist nur zu beachten, dass eine solche Förderung Einschränkungen unterliegt. So können literarische Texte mitunter auf Elemente der Sprache, beispielsweise einfache Metaphern oder Vergleiche, aber auch auf Elemente der Form wie einfache Reimschemata oder Rückwendungen hin untersucht, und es kann nach der Wirkung dieser Elemente gefragt werden. Allerdings werden Grundschüler kaum in der Lage sein, Textanalysen auf der Ebene der Form systematisch und selbstständig durchzuführen. Durchaus aber kann versucht werden, strategieorientierte Anleitungen für die Handlungsanalyse von Erzähltexten im Mini-Format einzuführen und den Gebrauch dieser Anleitungen zu üben. Die Entfaltung, Aneignung und Nutzung von neuen Sichtweisen der Wirklichkeit soll unbedingt schon in der Grundschule angestrebt werden; nur ist sorgfältig abzuwägen, welcher Grad an Fremdheit für die Schüler gerade noch zugänglich ist.

Sekundarstufe I

Im Verlauf der Sekundarstufe I sollen die Schüler alle Teilkompetenzen des Textverstehens in einem Maße erwerben, das ihnen ein ergiebiges Verstehen von Texten (mindestens) mittlerer Komplexität, Vieldeutigkeit und Fremdheit ermöglicht. Die Schüler sollen – und entsprechend sind die Lehrpläne in allen Bundesländern angelegt – am Ende der Sekundarstufe I

- ein Instrumentarium von systematisch aufeinander bezogenen Kategorien für die Analyse von Texten der unterschiedlichen Gattungen erworben haben und anwenden können; dieses Instrumentarium soll außer Kategorien für die Analyse des Inhalts auch solche für die Analyse von zentralen Aspekten der Sprache und Form umfassen (→ KAPITEL 5–7);
- nicht nur phantastische, sondern auch realistische fiktionale und nichtfiktionale Texte voneinander unterscheiden können;

- auch gegenüber moralisch uneindeutigen Figuren Empathie entwickeln können;
- die Texterschließung auch selbstständig mithilfe von strategieorientierten Anleitungen vornehmen und dazu metastrategisches Wissen nutzen können (→ KAPITEL 3);
- im Rahmen dieser Texterschließung die Textanalyse mit einer Deutung verbinden und dazu differenzierte Deutungen von Gesamttexten vornehmen (im Sinne einer Entfaltung ihres Welt- und Menschenbildes);
- spezielleres Wissen wie Gattungs- oder grundlegendes (literatur-)historisches Wissen für die Deutungen nutzen können;
- nach Möglichkeit auf Grundlage der strategieorientierten Anleitungen Interpretationsaufsätze schreiben können.
- ihre Deutungen (vor allem im Rahmen von Anschlusskommunikation) infrage stellen und verändern sowie die Vieldeutigkeit literarischer Texte erkennen und wertschätzen können;
- Sichtweisen von Wirklichkeit, die ihnen (sehr) fremd sind, entfalten, sich (kritisch) aneignen und für die Betrachtung der eigenen Lebenswirklichkeit nutzen können.

Abfolge des Kompetenzerwerbs

Natürlich muss der Erwerb der genannten Kompetenzen abgestuft erfolgen. In der 5. und 6. Klasse können außer den schon in der Grundschule nutzbaren Kategorien für die Handlungsanalyse nun systematisch erste Kategorien für die Analyse der Sprache und Form (z. B. Rückwendung / Vorausdeutung, Innen- / Außensicht, Paar- / Kreuzreim) eingeführt werden. Schwerer anzuwendende Analysekategorien wie die Perspektivierung können für die Schüler wohl frühestens in der 7. Klasse ergiebig sein. Spätestens zu Beginn der Sekundarstufe I soll mit der Zusammenstellung von strategieorientierten Anleitungen für die Texterschließung begonnen werden; Lehrwerke aus der Nach-PISA-Zeit weisen in der Regel entsprechende Anleitungen auf. Eine selbstständige Verbindung der Textanalyse mit einer differenzierten Deutung im Rahmen eines strategiegeleiteten Vorgehens kann ab diesem Zeitpunkt zunächst in Vorstufen vermittelt werden. Das Schreiben von Interpretationsaufsätzen dürfte aber erst gegen Ende der Sekundarstufe I möglich sein (→ KAPITEL 13.3).

Differenzierungsmöglichkeiten

Für leistungsschwächere Lerngruppen kann es notwendig sein, die oben beschriebenen Teilkompetenzen des literarischen Verstehens in eingeschränkter Weise zu vermitteln. So müssen die Analysekategorien gegebenenfalls erheblich reduziert werden; für die Darstellungsanalyse von Erzähltexten kann eine Beschränkung auf die Kategorien Perspektivierung, Innen- / Außensicht, Erzählerkommentar und Ich /

Er-Erzählform sinnvoll sein. Auf das Schreiben von Interpretationsaufsätzen muss für leistungsschwächere Lerngruppen in der Regel ganz verzichtet werden. Darüber hinaus kann vor allem die Auswahl von weniger schwierigen Texten dazu dienen, eine Überforderung zu vermeiden.

Sekundarstufe II

In der Oberstufe sollen die Schüler ihre in der Mittelstufe erworbenen Kompetenzen des Textverstehens durch eine Anwendung auf Texte vertiefen, die einen höheren Grad an Komplexität, Vieldeutigkeit und Fremdheit aufweisen. Die Schüler sollen zudem

- ihr Inventar an textanalytischen Kategorien ergänzen, so etwa um die unterschiedlichen Formen von Rede- und Gedankenwiedergabe;
- ihre Interpretationskompetenz insofern erweitern, als sie nun verstärkt eine Anwendung von speziellerem und speziellem Wissen auf literarische Texte vornehmen, beispielsweise indem sie Werke auch mithilfe von komplexeren historischen Kontexten interpretieren (→ KAPITEL 3.3).

Darüber hinaus soll der Literaturunterricht in der Oberstufe wissenschaftspropädeutisch, also auf die Anbahnung eines wissenschaftlichen Vorgehens hin ausgerichtet sein. Zum Ersten, indem die Schüler bei der Erschließung eines Textes nicht nur eine ihnen besonders einleuchtende Deutung entwickeln, sondern sein gesamtes Bedeutungspotenzial zu erfassen versuchen. Zum Zweiten, indem sie die nur relative Gültigkeit von textanalytischen Modellen sowie das Verhältnis des weitgehend objektiven Erkennens von Textelementen und der (auch) subjektiven Deutung vertiefend reflektieren und das entsprechende metakognitive Wissen für die Texterschließung nutzen.

Lektüreempfehlungen

- **Volker Frederking / Dorothee Wieser: Sich mit Texten und Medien auseinandersetzen.** In: Michael Becker-Mrotzek u.a. (Hrsg.): Bildungsstandards aktuell: Deutsch in der Sekundarstufe II, Braunschweig 2015, S. 176–235. *Mit Erörterung der Entwicklung literarischer Textverstehenskompetenz in der Sekundarstufe II.*
- **Christine Garbe / Karl Holle / Tatjana Jesch: Texte Lesen: Textverstehen – Lesedidaktik – Lesesozialisation,** Stuttgart 2008. *Mit grundlegendem Kapitel zur Lesesozialisation.*

- **Susanne Gölitzer: Lesesozialisation in Familie und Unterricht: Lehren und Lernen,** Stuttgart 2009. *Konzeption zur Förderung von Lesemotivation und Textverstehen.*
- **Werner Graf: Lesegenese in Kindheit und Jugend: Einführung in die literarische Sozialisation,** Baltmannsweiler 2011. *Grundlegende Einführung.*
- **Irene Pieper / Cornelia Rosebrock / Heike Wirthwein / Steffen Volz: Lesesozialisation in schriftfernen Lebenswelten: Lektüre und Mediengebrauch von HauptschülerInnen,** Weinheim 2004. *Eine empirische Studie und didaktische Folgerungen.*

5 Epische Texte

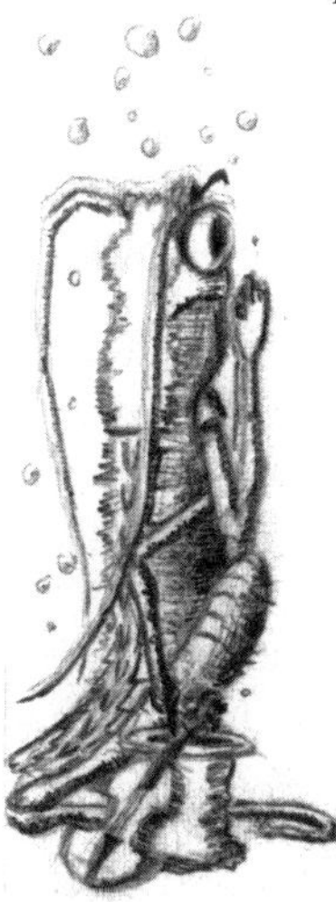

Die Grille und die Ameise (Jean de La Fontaine)

Die Grille trällerte und sang
den ganzen lieben Sommer lang,
und fand sich plötzlich sehr beklommen:
Im Haus war nicht ein Bröselein
Regenwurm und Fliegenbein.
Hunger schreiend lief sie hin
zur Ameis', ihrer Nachbarin,
mit der Bitte, ihr zu geben
etwas Korn zum Weiterleben
nur bis nächstes Jahr:
Ich werd euch zahlen, sprach sie gar,
noch vor Verfall, mein Grillenwort,
Hauptstock, Zinsen und so fort.
Die Ameis' aber leiht nicht gern;
sie krankt ein wenig an Knausrigkeit:
Was triebt ihr denn zur Sommerzeit?,
fragt sie die Borgerin von fern.
– Da war ich Tag und Nacht besetzt,
ich sang und hatte viel Applaus.
– Gesungen habt ihr? Ei, der Daus,
wohlan, so tanzet jetzt!

1. Im Folgenden findest du eine Auswahl von Adjektiven, die Grille und Ameise kennzeichnen. Überlege, welche von ihnen zur Grille und welche zur Ameise passen: *sorglos, fleißig, geizig, großzügig, faul, lustig, langweilig, hartherzig, schadenfroh, lebensfroh.*
2. Die Fabel ist in Gedichtform geschrieben. Schreibe sie nun einmal neu als Geschichte auf. Dabei solltest du dich entweder in die Grille oder in die Ameise hineinversetzen und dann aus ihrer Sicht erzählen.
3. Vergleicht anschließend eure Geschichten. Was hebt die Grille, was hebt die Ameise beim Erzählen hervor? Warum sind da Unterschiede?

Abbildung 12: Jean de La Fontaine: Die Grille und die Ameise (17. Jh.). Mit einer Illustration von Jan Schmiede und einem Aufgabenset für die sechste Klasse (nach *wortstark* 6 2006, S. 132)

Zu den Schulklassikern der epischen Texte gehört die aus der Antike stammende Fabel „Die Grille und die Ameise", hier in der Fassung des Dichters Jean de La Fontaine aus dem 17. Jahrhundert (in deutscher Übersetzung). Sie wird erfahrungsgemäß von Schülern sechster Klassen in motivierter und ergiebiger Weise bearbeitet. Das angefügte Aufgabenset dürfte sich insgesamt zur Anleitung einer solchen Arbeit recht gut eignen. Epische Texte bilden gemeinsam mit den lyrischen und den dramatischen Texten die Gattungstrias, die traditionell für eine Kategorisierung von Literatur verwendet wird. Im Literaturunterricht werden epische Texte sehr viel häufiger genutzt als Texte der anderen Gattungen und können damit unter didaktischen Aspekten als die wichtigste Gattung betrachtet werden.

Diese Einschätzungen stützen sich auf Erfahrung und Intuition – die für die Planung und Durchführung von Unterricht zu einem epischen Text wichtig, aber nicht ausreichend sind. Vielmehr hat die Literaturdidaktik als Grundlage für den Unterricht zentrale didaktische und methodische Fragen zu klären: Weshalb werden überhaupt epische Texte gelesen und mit welchen Zielen sollen sie im Unterricht behandelt werden? Antworten auf diese Fragen geben Anhaltspunkte für eine Bestimmung von Kriterien, die für die Auswahl epischer Texte leitend sein können. Welches Begriffsinstrumentarium die Schüler erwerben müssen, um epische Texte analysieren zu können und damit eine Voraussetzung für ein vertieftes Textverstehen zu erwerben, ist eine weitere zentrale Frage. Sie beschäftigt die Literaturdidaktik nach PISA intensiv, ohne dass bislang überzeugende Lösungen vorgeschlagen worden sind – wohl auch deshalb, weil die Textanalyse sehr zu Unrecht teilweise noch immer im Ruf eines demotivierenden, formalistischen Vorgehens steht. Im Anschluss an die didaktischen Reflexionen ist zu überlegen, welche Möglichkeiten einer methodischen Gestaltung sich für den Unterricht zu epischen Texten anbieten.

5.1 Ziele
5.2 Textauswahl
5.3 Kategorien für die Textanalyse
5.4 Die methodische Gestaltung von Unterricht

5.1 Ziele

Epik als Gattung

Ist *Die Grille und die Ameise* überhaupt ein epischer Text? Seine metrische Gestaltung und Kürze könnten daran zweifeln lassen. „Epische Texte" ist ein Sammelbegriff für alle Texte der erzählenden Literatur (vgl. Martínez 1997). Durch das Merkmal ‚erzählend' werden die epischen Texte von den lyrischen und dramatischen Texten abgegrenzt. Nach der traditionellen Definition sind Texte dann erzählend, wenn sie eine durch einen Erzähler vermittelte Handlung darstellen – anders als Gedichte, die in vielen Fällen auf eine Handlung verzichten, und anders als Dramen, die (jedenfalls in ihrer ‚klassischen' Form) keinen Erzähler aufweisen. Durch das Merkmal „literarisch" unterscheiden sich die epischen Texte vom visuellen Erzählen beispielsweise im Film, aber auch von Alltagserzählungen: Literarische Texte sind fiktionale und/oder poetische Texte im Medium der Sprache. *Die Grille und die Ameise* ist also tatsächlich ein epischer Text, die Merkmale durch einen Erzähler vermittelte Handlung, Fiktionalität und Poetizität treffen auf ihn eindeutig zu. Die oben erläuterte Definition ermöglicht allerdings nicht in allen Fällen eine trennscharfe Gattungsbestimmung. Das liegt daran, dass Poetizität nicht klar definiert ist, aber auch daran, dass es Mischformen literarischer Texte (wie etwa die Ballade) gibt, die mehreren Hauptgattungen angehören.

Untergattungen der Epik

Die Grille und die Ameise ist auch deshalb den epischen Texten zuzurechnen, weil der Text als Fabel zu einer Untergattung der Epik gehört. Die epischen Texte lassen sich in einfache Formen und Kunstformen unterscheiden (vgl. Jolles 1982). Auch die Grenzen zwischen diesen beiden Textgruppen sowie zwischen ihren Untergattungen sind fließend. Zu den einfachen Formen zählen vor allem die epischen Untergattungen Legende, Sage, Mythe, Volksmärchen und Witz, außerdem Schwank und Anekdote (die auch als Kunstformen auftreten können). Die Kunstformen der Epik können in Lang-/Großformen und Kurz-/Kleinformen unterteilt werden. Zu den ersteren gehören Epos und Roman, zu den zweiten Fabel, Parabel, Kalendergeschichte, Novelle, Kunstmärchen, Verserzählung, Kurzgeschichte und Kürzestgeschichte.

Funktionen epischer Texte

Wozu lesen oder hören Menschen nun epische Texte wie die Fabel *Die Grille und die Ameise*? Erzählungen erfüllen offenbar ein menschliches Grundbedürfnis: „Nirgends gibt und gab es jemals ein Volk ohne Erzählung: alle Klassen, alle menschlichen Gruppen besitzen ihre Erzählungen." (Barthes 1988, S. 102) Erzählungen sind deshalb notwendig, weil sie einer chaotisch erscheinenden Wirklichkeit Sinn verleihen können: „Erzählend (und zuhörend und lesend) fixieren, wiederholen, ordnen, überprüfen, deuten und verändern wir geschehene (faktische) oder erfundene (fiktive) Handlungen.“ (Vogt 1997, S. 288) Während jedoch nichtliterarisches Erzählen, beispielsweise in Alltagserzählungen, nur selten eine „seinen eigenen Alltag sprengende Kraft entfaltet“ (Ehlich 1980, S. 20), erfüllen literarische Erzählungen tendenziell eine wirklichkeitsüberschreitende Funktion: Sie legen ihren Lesern nahe, neue Sichtweisen von Wirklichkeit in ihre bisherigen Wahrnehmungsmuster zu integrieren und ihre Lebenswirklichkeit mithilfe der neuen Sichtweisen zu betrachten. Allerdings erfüllen nur Erzählungen der modernen Hochliteratur diese Funktion in relativ uneingeschränkter Weise. In Werken anderer Epochen und Qualität sowie in der Kinder- und Jugendliteratur wird sie häufig von der Funktion eines Angebotes an kulturell etablierten Sichtweisen in hohem Maße ergänzt oder überlagert (→ KAPITEL 2.1).

Unterschiede der Gattungen

Die genannte Funktionsbestimmung gilt prinzipiell für literarische Texte aller Gattungen. Es kann aber hinzugefügt werden, dass sich die neuen Sichtweisen von Wirklichkeit, die epische Texte ihren Lesern nahelegen, zumindest prototypisch von denen unterscheiden, die von lyrischen und dramatischen Texten entworfen werden. Typische epische Texte konzentrieren sich auf die Beziehung des handelnden und wahrnehmenden Subjektes zur Außenwelt, zu anderen Menschen, zur Natur, zu gesellschaftlichen Gruppen wie der Familie und insbesondere zur Gesamtgesellschaft; es wird die gegenseitige Prägung von Subjekt und Außenwelt oder auch das Fehlen einer solchen Wechselwirkung dargestellt. Auf diese Weise können epische Texte vor allem für junge Leser von besonderem Interesse sein, die nach Orientierungen für eine Ablösung von der Herkunftsfamilie, für neue Beziehungen und eine Positionierung in der Gesellschaft suchen.

Funktionen von Untergattungen

Die Untergattungen der Epik können für (junge) Leser deshalb eine besondere Bedeutung haben, weil sie sich tendenziell jeweils auf unterschiedliche zentrale Aspekte der Beziehung von Subjekt und Außenwelt richten und entsprechende Angebote an Sichtweisen dieser Beziehung unterbreiten. Die einfachen epischen Formen stellen jeweils bestimmte Arten der Welterfahrung dar (vgl. Jolles 1982; Schrader 1986). So kann die Sage als Versuch gelten, Erklärungsmöglichkeiten für unerhörte Gegebenheiten und Ereignisse zu finden, das Märchen als Untergattung, die die Bewältigung einer Aufgabe durch den Helden darstellt. Aber auch die Kunstformen der Epik bringen elementare Varianten der Beziehung von Subjekt und Außenwelt zum Ausdruck: Fabel und Parabel beispielsweise können als gleichnishafte Darstellungen menschlicher Problemlagen verstanden werden (vgl. Ziesenis 1998), die Kurzgeschichte als Darstellung eines kleinen Wirklichkeitsausschnittes, der auf Schwierigkeiten des Ichs in der modernen Welt bzw. in bestimmten historischen Situationen der Moderne verweist. Epos und Roman dagegen sind Versuche, mit der Handlung eines Subjekts zugleich die Totalität der entsprechenden gesellschaftlichen Wirklichkeit zu erfassen. Während das Epos Subjekt und Welt in Einklang miteinander darstellt, wird im Roman – wie schon von dem Philosophen Georg Wilhelm Friedrich Hegel in seinen *Vorlesungen über die Ästhetik* (1835–1838) im 19. Jahrhundert dargelegt – ein Widerspruch zwischen beiden gestaltet.

Damit die Schüler die Hauptfunktion epischer Texte für sich nutzen können, ist die Förderung von Textverstehenskompetenz und insbesondere von Bezugskompetenz (→ KAPITEL 3) das zentrale Ziel auch für die Beschäftigung mit epischen Texten im Unterricht. Entsprechend ihren besonderen Funktionen kann die Bezugskompetenz für diese Texte aber genauer beschrieben werden: Die Schüler sollen sich im Rahmen des Verstehens von epischen Texten neue Sichtweisen der Beziehung von Subjekt und Außenwelt aneignen und diese Sichtweisen für ihre Lebenswirklichkeit nutzen. Für die Behandlung von Texten einer bestimmten epischen Untergattung kann die Bezugskompetenz nochmals genauer gefasst werden, so für den Unterricht zu Fabeln als Ziel der Aneignung und Nutzung von Sichtweisen menschlicher Problemlagen. Darüber hinaus ist für die Beschäftigung mit einem bestimmten Text auf jeden Fall eine Konkretisierung des Zieles notwendig, die dem Bedeutungspotenzial des Textes und den Interessen der Schüler entspricht. So geht es in derFabel *Die Grille und die Ameise* um die Problemlage, die für Künstler aus einer mangelnden materiellen Absicherung ihrer Tätigkeit entsteht. Der Text stellt dar, dass diese Problemlage tödlich enden kann, wenn vorausplanende und praktisch arbeitende Menschen auf sie wenig hilfsbereit reagieren. Die Schüler können diese Reaktion auf Grundlage der Textstrukturen als gerechte Strafe oder aber als ungerechtfertigte Grausamkeit deuten. Für den Wirklichkeitsbezug ist es dann nicht nur möglich, die eine oder die andere Auffassung zu bestätigen, sondern darüber hinaus, die Notwendigkeit einer – auch gesamtgesellschaftlichen – Verständigung über sie zu erwägen.

Bezugskompetenz als Ziel

Neben der Förderung von Bezugskompetenz sollen durch die Beschäftigung mit epischen Texten natürlich auch weitere Ziele des Literaturunterrichts angestrebt werden. Die Texterschließungskom-

Weitere Ziele

petenz soll sogar häufig im Mittelpunkt stehen, weil sie als Grundlage für den Wirklichkeitsbezug notwendig ist und anders als der Wirklichkeitsbezug in allen Fällen explizit gefördert werden kann (→ KAPITEL 3). Hinzu kommt, dass sich epische Texte besonders anbieten, um weitere Ziele zu erreichen. Zur Förderung von Empathie sind diese Texte in vielen Fällen besonders geeignet, weil sie ihre Figuren einschließlich von Innensicht darstellen, durch die Perspektivierung und gegebenenfalls durch Erzählerkommentare aber zugleich eine Relativierung ihrer Sichtweisen nahelegen können. Außerdem können epische Texte mancher Untergattungen in besonderem Maße zur Förderung von Lesemotivation beitragen.

5.2 Textauswahl

Grundsätze für die Textauswahl

Die Entscheidung, welche epischen Texte im Unterricht gelesen werden sollen, ist zum Teil durch Lehrpläne und andere administrative Vorgaben, beispielsweise für die Vorbereitung auf das Abitur, schon vorgegeben. Soweit möglich soll die Textauswahl aber vom Lehrer oder von Lehrer und Schülern gemeinsam vorgenommen werden. Dazu soll danach gefragt werden, welcher Text es den Schülern ermöglicht, zentrale Ziele des Literaturunterrichts zu erreichen (natürlich in Entsprechung zu ihren individuellen sowie ihren alters-, schulstufen- und kulturspezifischen Lernvoraussetzungen). Besondere Beachtung verdient wie oben erläutert das Ziel Förderung von Bezugskompetenz.

Thematisches Interesse

Welche Bedingungen muss nun ein epischer Text erfüllen, damit er den Schülern ermöglicht, dieses Lernziel zu erreichen? Zum ersten muss das Thema des Textes von den Schülern als persönlich lohnend empfunden werden. Entgegen einer verbreiteten Auffassung ist das durchaus nicht unbedingt der Fall, wenn Texte eine große Nähe zur Alltagswelt der Schüler aufweisen. So vermögen phantastische Erzählungen in vielen Fällen ein größeres Interesse zu wecken als realistische und vor allem als problemorientierte Kinder- und Jugendliteratur. Wichtig ist aber, dass der epische Text Fragen behandelt, die für die Schüler von Bedeutung sind. Auch wenn diese Bedeutsamkeit je nach dem Alter und anderen Voraussetzungen der Schüler unterschiedlich ausfallen kann: Insgesamt sind vor allem solche Texte ergiebig, die sich den ‚großen‘ Fragen nach Freundschaft, Liebe, Tod, der Beziehung zwischen den Generationen und der Beziehung zwischen (jungen) Menschen und der Gesellschaft widmen. Fragen dieser Art bezeichnet Kaspar H. Spinner treffend als „anthropologische Grundfragen“ (Spinner 2001, S. 172). *Die Grille und die Ameise* ist unter dem Aspekt des Themas für den Unterricht zwar nicht in besonderem Maße geeignet, dürfte aber – zumal bei Schülern vor der Pubertät – doch auf Interesse stoßen, weil diese Fabel die Frage nach einem zwischenmenschlich und gesellschaftlich gerechten Handeln aufwirft.

Angemessener Grad an Fremdheit

Zum zweiten ist zu beachten, dass ein im Unterricht genutzter Text einen angemessenen Grad an fremden Erfahrungen ermöglichen soll. In der Regel sollen epische Texte die Schüler durch ein Angebot an neuen Sichtweisen herausfordern, ohne sie zu überfordern. Zwar kann es in manchen Fällen angemessen sein, Texte auszuwählen, die vor allem der Vermittlung oder Bestätigung von kulturell etablierten Sichtweisen von Wirklichkeit dienen; so falls (jüngere) Schüler Hilfe für eine Orientierung in der Gesellschaft benötigen. Zu vermeiden sind aber Texte, die lediglich wohlmeinende, den Schülern längst bekannte pädagogische oder politische Lehren in literarischer ‚Verpackung‘ darbieten. Erzählungen dieser Art werden häufig für jüngere oder leistungsschwächere Schüler ausgewählt, rufen aber gewöhnlich zu Recht Langeweile und Abneigung hervor. Epische Texte, die Klischees der Alltagswahrnehmung transportieren und ihren Lesern eine imaginäre Wunscherfüllung anbieten, sind in der Regel beliebter, eignen sich aber ebenfalls kaum zur Erreichung des oben genannten Lernziels. Das heißt nun allerdings nicht, dass alle Schüler mit möglichst ungewöhnlichen Sichtweisen von Wirklichkeit konfrontiert werden sollen. Falls die Wirklichkeitssicht, die ein literarischer Text dem Leser nahelegt, an die bisherigen Schemata der Schüler nicht oder kaum anschlussfähig ist, neigen sie dazu, dieses Deutungsangebot als seltsam oder sinnlos abzuweisen bzw. mit gewohnten, aus dem Alltag oder der Medienrezeption stammenden Sichtweisen zu ‚überschreiben‘ (vgl. Kreft 1982, S. 385). *Die Grille und die Ameise* dürfte mit ihrer Aufforderung, unterschiedliche Wertungen von künstlerisch und praktisch arbeitenden Menschen gegeneinander abzuwägen, für Schüler einer 6. Klasse unter dem Aspekt der Fremdheit eine reizvolle, aber nicht zu große Herausforderung bieten.

Schwierigkeitsgrad der Texterschließung

Da die möglichst eigenständige Erschließung eines literarischen Textes Voraussetzung für seinen lohnenden Bezug auf die Lebenswirklichkeit ist und die Förderung von Texterschließungskompetenz auch an und für sich ein wichtiges Lernziel darstellt, muss zum dritten beachtet werden, dass ein Text auch auf der Ebene der Texterschließung angemessen schwierig ausfallen soll. Zu vermeiden sind nicht nur Texte, die von den Schülern auf dieser Ebene kaum verstanden werden können. Ungünstig sind auch solche Texte, die von den Schülern einen hohen Aufwand beim Erkennen von Textelementen oder bei der Deutung fordern, ihnen aber dafür keinen als lohnend empfundenen Ertrag auf der Ebene des Wirklichkeitsbezuges bieten. Das kann der Fall sein, wenn die von komplexen Texten angebotenen Sichtweisen den Schülern (historisch) zu fremd bleiben oder sie durch eine extrem uneindeutige oder pessimistische Wirklichkeitsauffassung zu stark verunsichern; so wird die Lektüre von Texten des Barock oder von Heinrich von Kleist in der Mittelstufe häufig als wenig lohnend wahrgenommen. *Die Grille und die Ameise* dürfte für die Arbeit in einer 6. Klasse auf der Ebene der Texterschließung angemessen komplex ausfallen. Die Strukturen von Handlung und Darstellung dieser Fabel sind von einigen sprachlichen Besonderheiten abgesehen recht einfach. Eine Herausforderung für die Schüler entsteht im Bereich der Deutung dadurch, dass der Text gegensätzliche Wertungen der Verhaltensweisen von Grille und Ameise ermöglicht und zu einer Auseinandersetzung über diese Wertungen auffordert.

Leider muss der Schwierigkeitsgrad epischer Texte bislang noch weitgehend intuitiv eingeschätzt werden; es liegt lediglich ein Modell vor, dass es erlaubt, diesen Schwierigkeitsgrad auf der Ebene des Erkennens von Textelementen/-strukturen zu bestimmen (→ KAPITEL 11.4).

Untergattungen

Ebenfalls noch nicht ausreichend erforscht ist die Frage, welche Untergattungen der Epik für welche Klassenstufen einen angemessenen Schwierigkeitsgrad auf den Ebenen der Texterschließung und des Wirklichkeitsbezuges aufweisen. In Lehrwerken und Rahmenplänen konnte sich aber eine Abfolge von Gattungen etablieren, die sich insgesamt als sinnvoll erwiesen hat: Erzählungen der Kinderliteratur sowie einfache Volksmärchen und Fabeln für die Grundstufe; komplexere Werke der Kinder-/Jugendliteratur, der Fabeln und Märchen sowie Sagen für die 5. und 6. Klasse; außer Romanen der Jugendliteratur Kalendergeschichten, Schwänke und Anekdoten für die 7. und 8. Klasse; für die 9. und 10. Klasse neben Romanen der Jugend- und Unterhaltungsliteratur Novellen, Kurz- und Kürzestgeschichten, Parabeln und Gleichnisse.

Weitere Aspekte der Textauswahl

Falls im Unterricht nicht das Ziel Textverstehen, sondern die Vermittlung von Wissen über Literatur oder die Förderung von Lesemotivation im Mittelpunkt stehen soll, können die genannten Grundsätze für die Textauswahl zurücktreten. So kann es unter Umständen sinnvoll sein, Trivial- und Unterhaltungsliteratur in den Unterricht einzubeziehen, damit die Schüler die Strukturen, Funktionen sowie die Rezeption und Produktion solcher Werke (auch) kritisch betrachten. Darüber hinaus eignen sich Texte dieser Art sowie solche der populären Kinder- und Jugendliteratur, um die Lesefreude und die Lesemotivation zu fördern.

5.3 Kategorien für die Textanalyse

Die Auswahl und Einführung von Kategorien, die für die Analyse epischer Texte genutzt werden sollen, ist für den Unterricht von besonderer Bedeutung (→ KAPITEL 3.2, 10.3). Bei der Auswahl müssen Kategorien für die Untersuchung der Handlung und der Darstellung berücksichtigt werden – entsprechend der fachwissenschaftlichen Unterscheidung der Handlungsebene (Was?) und der Darstellungsebene (Wie?) erzählender Texte (vgl. Chatman 1978, S. 19; Martínez/Scheffel 1999, S. 8). Die beiden Ebenen stehen in einer Wechselwirkung miteinander, die für die Deutung unbedingt beachtet werden muss – vor allem indem die Funktionen von Darstellungsverfahren für die Präsentation der Handlung berücksichtigt werden (→ KAPITEL 3.2).

Didaktischer Status quo: Handlungsanalyse

Die Bildungsstandards und in der Regel auch die Rahmenrichtlinien bieten allerdings noch kaum Orientierungshilfen für eine Auswahl von Analysekategorien, und auch in den neueren Lehrwerken lässt sich dazu noch kein Konsens feststellen. Immerhin wird der Handlungsanalyse ein größerer Stellenwert eingeräumt als in früheren Jahren, und es ist eine Tendenz zur Nutzung der unten erläuterten Kategorien ‚Komplikation und Auflösung' erkennbar. Doch bleibt die Handlungsanalyse mitunter immer noch auf eine Figurenanalyse beschränkt, oder es werden ihr Kategorien zu Grunde gelegt, die wenig ergiebig sind Sie können in einigen Fällen nur auf bestimmte, dem Drama nahestehende epische Texte sinnvoll angewendet werden (wie Konflikt oder Spannungshöhepunkt). Häufig beruhen die Kategorien auch überhaupt nicht auf fachwissenschaftlichen Modellen, sondern auf alltagssprachlichen Begriffen und sind ungeeignet, die dynamische Struktur von Handlungen zu erfassen (wie Handlungsschritte, Situation oder Verhalten von Personen).

Didaktischer Status quo: Darstellungsanalyse

Kategorien für die Darstellungsanalyse werden dagegen stets – unter Bezug auf fachwissenschaftliche Modelle – berücksichtigt. Doch ist die Auswahl dieser Kategorien in hohem Maße uneinheitlich, weil sich noch kaum ein Konsens über die didaktische Nutzung eines dieser Modelle abzeichnet. Teilweise werden immer noch Kategorien in Anlehnung an Franz Karl Stanzels Erzählsituationen (die auktoriale, personale und Ich-Erzählsituation) gebraucht, obwohl sein Modell fachwissenschaftlich als überholt gilt. Seine Kategorien fassen Merkmale zusammen, die unterschiedlichen Ebenen der Darstellung angehören und in vielen epischen Texten tatsächlich nicht gemeinsam auftreten. Sinnvoller sind Kategorien, die den Schülern auf der Grundlage des Modells von Jürgen Petersen (z. B. Ich-Erzählung / Er-Erzählung) und vor allem des Modells von Gérard Genette (z. B. Perspektivierung) angeboten werden. Doch werden die Kategorien beider Modelle zum Teil in kaum nachvollziehbarer Weise vermischt und terminologisch uneinheitlich benannt.

Tatsächlich ist es aber durchaus möglich, entsprechend den didaktischen Grundsätzen für die Auswahl von textanalytischen Kategorien (→ KAPITEL 10.3) ein Modell für die Analyse epischer Texte im Unterricht zu entwerfen (zu einer genaueren Erläuterung der Kategorien vgl. Leubner/Saupe 2012, S. 43–63 u. S. 116–143).

Kategorien für die Handlungsanalyse

Für die in der Regel notwendige Handlungsanalyse sind die Kategorien des Komplikationsmodells besonders geeignet, das auf der Grundlage älterer Modelle (vgl. Propp 1972; van Dijk 1980) maßgeblich von Jörn Stückrath weiterentwickelt wurde. Dem Modell liegt die Annahme zugrunde, dass sich die konkrete Abfolge von Handlungselementen in einem Text auf Handlungsmuster zurückführen lässt, die für alle Erzähltexte grundlegend sind. Außer Raum und Zeit als Rahmen der Komplikationshandlung umfasst eine (literarische) Erzählung nach diesem Muster die folgenden Elemente:

(1) Komplikation: Eine Komplikation ist stets an eine Figur geknüpft und setzt voraus, dass für diese Figur ein Gut besonders wichtig ist. Das Gut kann ein materielles Gut sein, beispielsweise ein wertvoller Gegenstand oder Reichtum; ein personales Gut, etwa ein Geliebter; oder ein ideelles Gut, etwa Ehre oder Freiheit. Eine Komplikation ergibt sich, wenn die Figur ihr Gut nicht (ungestört) genießen kann: Weil sie ihr Gut noch gar nicht besitzt (Mangelsituation), oder weil sie das Gut verloren hat oder in Gefahr ist, es zu verlieren (Schädigungssituation).

(2) Auflösung: In den meisten Erzählungen erfährt die Komplikation eine negative oder positive Auflösung, das heißt, die Figur kann ihr Gut (zurück)gewinnen oder nicht.

(3) Faktoren für die Komplikation, (4) Faktoren für die Auflösung: Sowohl für die Komplikation als auch für die Auflösung sind

bestimmte Faktoren maßgeblich. Diese Faktoren können sehr unterschiedlicher Art sein (Einwirkungen von Gesellschaft, Natur oder Schicksal). Häufig sind jedoch Eigenschaften der Figuren – soziale, geistige oder moralische – für die Komplikationshandlung entscheidend. Die → ABBILDUNG 13 zeigt die Handlungselemente in ihrem Zusammenhang.

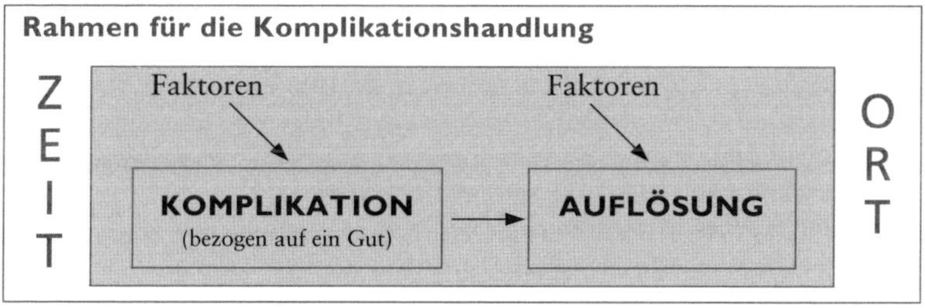

Abbildung 13: Kategorien der Handlungsanalyse epischer Texte

Weil Figureneigenschaften häufig als Faktoren für die Komplikation und Auflösung von besonderer Bedeutung sind, lohnt sich oft eine Verbindung der Handlungs- mit einer Figurenanalyse. Für die Figurenanalyse können unterschiedliche, sich ergänzende fachwissenschaftliche Ansätze herangezogen werden (vgl. Greimas 1972; Ludwig 1982; Rimmon-Kenan 1983; Jannidis 2004). Als grundlegendes Instrumentarium bieten sich die folgenden Kategorien an:

Kategorien der Figurenanalyse

- (relativ) stabile Figureneigenschaften (äußere, soziale, innere)
- Ein-/Mehrdimensionalität
- dynamisch/statisch
- Figur = Held/Gegenspieler/Helfer
- Kategorien der Darstellungsanalyse

Für die Analyse der Darstellungsebene sind in der Regel die Aspekte Perspektivierung und Erzähler von besonderer Bedeutung. Ergiebige Kategorien für eine entsprechende Untersuchung im Unterricht können auf der Grundlage eines leicht vereinfachten Modells von Genette (vgl. Genette 1998) gewonnen werden; nach diesem Modell sind wie bei Genette drei Typen der Perspektivierung zu unterscheiden (→ ABBILDUNG 14). Außerdem ist es häufig sinnvoll, zunächst getrennt von diesem Aspekt nach der Nutzung von Außen- und Innensicht zu fragen. Unter dem Aspekt des Erzählers sind zumeist die Kategorien Erzählerkommentar und Beteiligung des Erzählers an der Handlung (homodiegetische Erzählung/zumeist ‚Ich-Form‘ versus heterodiegetische Erzählung/zumeist ‚Er-Form‘) bedeutsam.

Kategorien der Darstellungsanalyse

Perspektivierung
- Perspektivierung
  - Erzähler sagt mehr als irgendeine der Figuren weiß
  - Erzähler sagt nicht mehr als eine (Haupt-)Figur weiß
  - Erzähler sagt weniger als eine (Haupt-)Figur weiß
- Sichtweise
  - Außensicht (objektiv oder subjektiv)
  - Innensicht (direkter Einblick in Gedanken und Gefühle von Figuren)

Erzähler
- Kommentierung versus Nicht-Kommentierung der Handlung
- Beteiligung versus Nicht-Beteiligung des Erzählers an der Handlung

Zeit
- Abfolge: chronologisch versus nicht-chronologisch (Rückwendungen, Vorausdeutungen)
- Erzählgeschwindigkeit: zeitdeckend / zeitraffend / zeitdehnend
- Einmalige / mehrfache Darstellung

Abbildung 14: Kategorien der Darstellungsanalyse epischer Texte

Eine Untersuchung der Zeitgestaltung ist oft nicht notwendig, weil sie in vielen Fällen einem konventionalisierten ‚Normalfall' ohne besonderer Funktion folgt: Es wird weitgehend chronologisch erzählt, wichtige Abschnitte werden zeitdeckend, weniger wichtige zeitraffend wiedergegeben. Für epische Texte, die von diesem Normalfall abweichen, können unter Bezug auf das Modell von Genette und auf weitere Modelle (vgl. Müller 1974; Lämmert 1993) die Aspekte Abfolge, Erzählgeschwindigkeit und einmalige/mehrfache Darstellung von Interesse sein (→ ABBILDUNG 14). Für viele epische Texte sind außerdem unterschiedliche Formen der Wiedergabe von Rede und Gedankenrede von Bedeutung (vgl. Cohn 1978; Genette 1998). Darüber hinaus bietet es sich in manchen Fällen an, einen epischen Text unter den Aspekten „Abstand des Erzählers zur Handlung", „Ebenen des Erzählens", „vom Erzähler entworfener Adressat" oder „Zuverlässigkeit/Unzuverlässigkeit des Erzählers" zu untersuchen (vgl. Genette 1998; Martínez/Scheffel 1999).

Abfolge des Erwerbs von Kategorien

Die didaktische Diskussion über eine Abfolge des Erwerbs von Analysekategorien steht noch in ihren Anfängen. Als Konsens kann jedoch gelten, dass die Schüler am Ende der Sekundarstufe I über ein grundlegendes Instrumentarium zur Erzähltextanalyse verfügen sollen (in den Bildungsstandards für den Mittleren Schulabschluss aus dem Jahr 2004 werden Perspektive, Erzähler und Zeit genannt). Für den Zeitpunkt des Erwerbs von Analysekategorien bieten sich die folgenden Grundsätze an:

(1) Zur Handlungsanalyse: Mit einer Analyse der Handlung und der relativ stabilen Figureneigenschaften kann schon in der Primar-

stufe begonnen werden. Allerdings ist es hier und in der Sekundarstufe I notwendig, andere als die fachwissenschaftlichen Termini zu nutzen. So können statt Komplikation/Auflösung/Faktoren die Bezeichnungen schwierige Lage (Problem)/Lösung/Ursachen für die schwierige Lage/Mittel für die Lösung gewählt werden. Weitere Kategorien der Figurenanalyse können im Verlauf der Sekundarstufe I erworben werden.

(2) Zur Darstellungsanalyse: Mit den Kategorien Außen-/Innensicht sowie Rückwendungen/Vorausdeutungen und Ich-/Er-Erzählung können sich die Schüler schon ab der 5./6. Klasse vertraut machen; mit denen des Erzählerkommentars und der Perspektivierung ab der 6./7. Jahrgangsstufe. Vergleichsweise schwierig und frühestens ab Mitte oder Ende der Sekundarstufe I einzuführen sind die unterschiedlichen Formen der Rede- und Gedankenwiedergabe und weitere Kategorien zur Erfassung der Zeitgestaltung und des Erzählers.

5.4 Die methodische Gestaltung von Unterricht

Wenn die Schüler epische Texte mithilfe einer strategieorientierten Anleitung völlig selbstständig und systematisch erschließen könnten (→ KAPITEL 11.2), wäre ein Ideal erreicht, das weitere methodische Anstrengungen zur Förderung der Textverstehenskompetenz gegenüber diesen Texten überflüssig machen würde. Aber natürlich kann ein solches Vorgehen kaum den Regelfall darstellen. Zu seiner Vorbereitung und Ergänzung ist ‚normaler' Unterricht notwendig, der auch andere Methoden außer der textanalytischen nutzt. Dabei ist eine dem Text und der Lerngruppe angemessene Auswahl der Methoden von großer Bedeutung dafür, dass die Schüler den Text verstehen und weitere Ziele des Literaturunterrichts erreichen können (→ KAPITEL 3). Mit den Aufgaben zu Jean de La Fontaines *Die Grille und die Ameise* (→ ABBILDUNG 12) wird ein auf einen bestimmten Text zugeschnittenes Aufgabenset vorgeschlagen, das mehrere Methoden nutzt.

Textanalyse zum Erkennen von Textelementen

Zunächst sind die Schüler aufgefordert, eine Textanalyse (→ KAPITEL 3.2, 10.3) zum Erkennen von Figureneigenschaften durchzuführen. Diese Analyse soll ihnen offenbar durch eine hypothesengeleitete Aufgaben (→ KAPITEL 12) erleichtert werden. Allerdings sind deren Vorgaben problematisch: Einige der vorgegebenen Eigenschaften (wie geizig, fleißig, sorglos, lebensfroh) sind zwar dem Text fast wörtlich zu entnehmen oder relativ eindeutig zu rekonstruieren. Manche beruhen aber auf einer fragwürdigen Deutung, während andere zentrale

Eigenschaften fehlen. So kann die Grille durchaus nicht ohne Weiteres als „faul“ gekennzeichnet werden: Tatsächlich war sie ja ununterbrochen künstlerisch – auch zur Freude anderer – tätig. Der Verzicht auf eine Darstellungsanalyse in diesem Set erscheint einleuchtend. Dagegen könnte es sich anbieten, die Figurenanalyse mit einer Handlungsanalyse zu verbinden, damit den Schülern zentrale Elemente der Handlung als Grundlage einer Deutung deutlich werden: Die Grille erfährt eine Mangelsituation, ihr Gut ist die Nahrung und damit das Überleben. Die Komplikation entsteht, weil die Grille kunst- und lebenszugewandt und wenig vorausplanend ist (= relativ stabile Figureneigenschaften, zugleich Faktoren für die Komplikation). Die Komplikation erfährt wohl eine negative Auflösung, weil die Ameise die Eigenschaften der Grille gering schätzt und wenig großzügig ist (= relativ stabile Figureneigenschaften, zugleich Faktoren für die Auflösung).

Für epische Texte, die komplexere Textstrukturen aufweisen als *Die Grille und die Ameise*, ist eine Handlungsanalyse sogar in hohem Maße hilfreich; eine Analyse zentraler Darstellungsverfahren bietet sich bei vielen Texte vor allem für ältere Schüler ebenfalls an. Allerdings ist es in manchen Fällen sinnvoll, den Schülern ein Erkennen von Textelementen nicht (nur) mithilfe der textanalytischen Methode, sondern (auch) durch textnahes Lesen oder mithilfe von produktionsorientierten Verfahren zu ermöglichen (→ KAPITEL 10). Wenn die Schüler einen epischen Text umgestalten, indem sie beispielsweise seine Perspektivierung oder Zeitgestaltung verändern, können sie die Funktionen der vom Text genutzten Darstellungsverfahren besser erkennen.

Weitere Verfahren für das Erkennen von Textelementen

Im Aufgabenset zu *Die Grille und die Ameise* werden im Anschluss an die Textanalyse Aufgaben zur Deutung mithilfe der handlungs- und produktionsorientierten Methode gestellt (abgekürzt HPLU, → KAPITEL 10.4): Die Schüler sollen die Geschichte aus der Sicht einer der Figuren neu erzählen (und dazu sicherlich Gedanken und Gefühle der gewählten Figur ergänzen). Produktionsorientierte Aufgaben dieser Art sind zwar für Textsorten wie Fabeln, Märchen und Sagen häufig wenig ergiebig, weil den eindimensionalen Figuren keine komplexe Gedanken- und Gefühlswelt zugeordnet werden kann. Im Fall von *Die Grille und die Ameise* könnte sich die Aufgabe aber als lohnend erweisen, weil mit ihrer Hilfe die gegensätzlichen, im Text nicht explizit genannten Werte der beiden Figuren herausgearbeitet werden können.

HPLU für die Deutung

Für die Deutung epischer Texte und insbesondere ihrer einzelnen Handlungselemente bieten sich häufig handlungs- oder produktionsorientierte Aufgaben an. Die Schüler können Texte schreibend umgestalten bzw. ergänzen oder handlungsorientierte Verfahren wie ein Standbild nutzen. Auf diese Weise können sie beispielsweise die Faktoren für die Auflösung oder zentrale Eigenschaften einer Figur deutlich werden lassen oder eine ausgesparte Auflösung hinzufügen (→ KAPITEL 10.4). Für die Arbeit mit *Die Grille und die Ameise* würde es sich alternativ zu der oben vorgestellten produktionsorientierten Aufgabe anbieten, die Schüler einen Erzählerkommentar in Form einer fabeltypischen Moral ergänzen zu lassen: La Fontaine verzichtet zum Glück auf die Vorgabe einer solchen Moral, die in anderen Fassungen von *Die Grille und die Ameise* und im Fall von vielen anderen Fabeln eine vieldeutige Geschichte unangemessen vereindeutigt.

Unterrichtsgespräch für die Deutung

Deutungen durch handlungs- oder produktionsorientierte Verfahren sollen schließlich mithilfe des Unterrichtsgespräches (→ KAPITEL 10.2) verglichen und ausgewertet werden. Eine entsprechende Aufgabe ist in dem vorgestellten Aufgabenset enthalten. Ein Abgleich der unterschiedlichen Deutungen kann den Schülern ermöglichen, die von ihnen entfaltete Sichtweise zu relativieren und darüber hinaus zu erkennen, dass die dargestellte Problemlage zwei gegensätzliche Sichtweisen zulässt und eine Verständigung über diese Sichtweisen nahelegt. Das (zurückhaltend gelenkte oder auch das literarische) Unterrichtsgespräch kann darüber hinaus als die zentrale Methode für die Deutung, insbesondere für die Gesamtdeutung, von epischen Texten gelten.

HPLU für den Wirklichkeitsbezug

Das vorgestellte Aufgabenset verzichtet auf eine Aufgabe zum Wirklichkeitsbezug. Tatsächlich ist ein expliziter Wirklichkeitsbezug nicht für alle epischen Texte notwendig, bietet sich aber für Fabeln in besonderem Maße an. Als ergiebig könnte sich so die Aufgabe erweisen, eine handlungsähnliche Geschichte mit menschlichen Figuren zu schreiben. Falls eine bewusste Förderung des Wirklichkeitsbezuges für andere epische Texte wünschenswert erscheint, sind auch dazu handlungs- oder produktionsorientierte Verfahren – etwa ein Figureninterview – häufig besser geeignet als explizite Überlegungen (→ KAPITEL 10.4).

Verfahren zur Förderung weiterer Fähigkeiten

Die weiteren für ein ergiebiges Textverstehen notwendigen Fähigkeiten und die Lesemotivation können gegenüber epischen Texten ebenfalls durch handlungs- und produktionsorientierte oder auch durch andere Verfahren gefördert werden. So kann die Lesemotivation durch das Assoziieren zur Überschrift oder zu Bildern angeregt werden oder durch Vermutungen über mögliche Fortsetzungen eines Textbeginns, wie sie auch zu *Die Grille und die Ameise* sinnvoll wären. Die emotionale Beteiligung am Text lässt sich beispielsweise durch das sinngestaltende Vortragen oder durch Vermutungen über die Empfindungen einer Figur verstärken und die Vorstellungsbildung durch das Malen von Bildern oder die Beschreibung von inneren Bildern zum Text.

Lektüreempfehlungen

- **Jens Birkmeyer / Annette Kliewer (Hg.): Holocaust im Deutschunterricht. Unterrichtsmodelle für die Sekundarstufe I,** Baltmannsweiler 2010. *Anregende Empfehlungen für einen Unterricht jenseits von Erinnerungsroutinen (Ergänzung des entsprechenden Werkes zu Holocaust-Literatur in der Sek. II).*
- **Carsten Gansel: Moderne Kinder- und Jugendliteratur. Vorschläge für einen kompetenzorientierten Unterricht,** 4., überarbeitete Auflage Berlin 2010. *Verbindung von fachwissenschaftlichen Grundlagen und Unterrichtsvorschlägen zur Kinder- und Jugendliteratur.*
- **Martin Leubner / Anja Saupe: Erzählungen in Literatur und Medien und ihr Didaktik,** 2012, 3. Auflage Baltmannsweiler 2012. *Didaktische Gesamtkonzeption für literarische und mediale Erzählungen auf der Grundlage fachwissenschaftlicher Reflexionen.*
- **Gina Weinkauf / Gabriele von Glasenapp: Kinder- und Jugendliteratur.** StandardWissen Lehramt, Stuttgart 2010. *Informative Einführung in die (Erzähl-)Literatur für Kinder und Jugendliche.*
- **Petra Wieler (Hg.): Narratives Lernen in medialen und anderen Kontexten.** Freiburg 2005. *Sammlung von Modellen zur Förderung des Umgangs mit Erzählungen in Literatur und Medien (Schwerpunkt Primarstufe).*

6 Lyrische Texte

Abbildung 15: Eine Illustration von Hans Magnus Enzensberger. Aus: Andreas Thalmayr, *Lyrik nervt!* (2014)

„Lyrik nervt!" – mit seinem Buchtitel nimmt Hans Magnus Enzensberger die Stoßseufzer bedrängter Schüler auf, die in Internetforen um Hilfe für die übermorgen abzuliefernde Gedichtinterpretation rufen. Gegen die schulischen Interpretationsrituale war Enzensberger schon 1976 in seinem „Bescheidenen Vorschlag zum Schutz der Jugend vor den Erzeugnissen der Poesie" zu Felde gezogen. In „Lyrik nervt!" will er Leser zwischen zwölf und zwanzig zu selbstständigen, lustvollen und gleichwohl anspruchsvollen Entdeckungsfahrten ins Reich der Poesie animieren. Trotz aller Seitenhiebe gegen die Schule: Enzensberger will Können, Wissen und Verstehen im Umgang mit Gedichten fördern – ziemlich genau das, was die Fachdidaktik mit gattungsspezifischer Verstehenskompetenz bezeichnet. Strittig ist also nicht das Ziel, sondern der Weg dorthin.

In der Tat, mit Gedichten ist es eigenartig. Kinder haben eine unmittelbare Freude an Klang und Rhythmus, an lustigen Reimen, Nonsensversen und klappernden Weisheiten fürs Poesiealbum; Jugendliche schreiben die Songtexte ihrer Lieblingsgruppen ab und können ganze Lieder mitsingen. Heine, Rilke oder Celan aber gehören für die allerwenigsten zur Privatlektüre. Vieles, was die Schule an Gedichten für Jugendliche bereithält, und besonders die Prozedur der Gedichtinterpretation, hinterlässt häufig zwiespältige Erinnerungen. Dennoch ist es eine wichtige Aufgabe des Deutschunterrichts, zum Verstehen auch komplexer Gedichte anzuleiten. Damit ein solches Verstehen möglich wird, ohne dass Lyrik die Schüler (nur) ‚nervt', sind die folgenden Fragen zu beantworten: Welche Ziele des Literaturunterrichts ergeben sich auf der Grundlage gattungstypischer Merkmale für den Umgang mit lyrischen Texten? Nach welchen Prinzipien sollen diese Texte für den Unterricht ausgewählt werden? Welche Analysekategorien sind für eine ergiebige Interpretation geeignet? Und wie ist der Unterricht in schüler- und sachangemessener Weise zu gestalten, ohne dass das Vergnügen auf der Strecke bleibt?

6.1 Ziele
6.2 Textauswahl
6.3 Kategorien für die Textanalyse
6.4 Die methodische Gestaltung von Unterricht

6.1 Ziele

Ebenso wie für den Umgang mit erzählenden und dramatischen Texten im Unterricht ergeben sich auch für den mit lyrischen Texten gattungsspezifische Lernziele. Der Begriff Lyrik wird hier als Gattungsbegriff verstanden, der alle Arten von Gedichten umfasst. Er ist etymologisch verwandt mit *Lyra*, dem altgriechischen Namen eines Saiteninstrumentes. Mit der Lyra wurden Lieder begleitet, und Liedtexte sind nicht nur seit den ältesten Zeiten eine der üblichsten Formen lyrischer Texte; sie sind als Songtexte heute wohl die häufigste Spielart, in der Lyrik den Jugendlichen begegnet.

Auf der Suche nach Kriterien, die lyrische Texte verlässlich gegenüber epischen und dramatischen abgrenzen, ist die neuere Literaturwissenschaft bei sehr nüchternen formalen Bestimmungen gelandet, die der Literaturwissenschaftler Dieter Burdorf zusammenfasst. Danach muss ein Text die folgenden beiden Bedingungen erfüllen, damit wir von einem Gedicht sprechen können:

Merkmale lyrischer Texte

- „Es ist eine mündliche oder schriftliche Rede in Versen, ist also durch zusätzliche Pausen bzw. Zeilenbrüche von der normalen rhythmischen oder graphischen Erscheinungsform der Alltagsrede abgehoben.
- Es ist kein Rollenspiel, also nicht auf szenische Aufführung hin angelegt.“ (Burdorf 2015, S. 21)

Wie in Burdorfs Definition deutlich wird, sind viele Dramen zwar ebenfalls in Versen abgefasst (z. B. in Alexandrinern oder in Blankversen), doch unterscheiden sich diese Verse von denen der Lyrik, indem sie für eine szenische Aufführung bestimmt sind – und zumeist auch, indem sie eine Handlung darstellen. Vom Epos, das ebenfalls aus Versen besteht, unterscheiden sich lyrische Texte dadurch, dass bei ihnen eine von einem Erzähler vermittelte Handlung in den Hintergrund tritt oder ganz fehlt (→ KAPITEL 5.1). Allerdings ist dies Abgrenzungskriterium nicht trennscharf: Es gibt in vielen Gedichten erzählende Elemente, etwa in Eduard Mörikes *Abschied* (1846), Theodor Fontanes *Herr von Ribbeck* (1889) oder Bertolt Brechts *Der Kirschdieb* (1938/49). Aber diese Texte gelten doch als Gedichte mit erzählenden Elementen und nicht als Erzählungen in Versform. Sie werden als Gedichte wahrgenommen – wahrscheinlich vor allem aufgrund ihrer relativen Kürze.

Abgrenzung von anderen Textsorten

Balladen

Balladen vereinigen dagegen tatsächlich Elemente mehrerer Gattungen. Nach der bekannten Formulierung Goethes (von 1821) können Balladen als das „Ur-Ei“ aller Dichtung gelten (Goethe 1993,

S. 400) weil sie in vielen Fällen Erzählgedichte mit dramatisch-theatralischen Elementen sind.

Didaktisch ist mit der formalen Definition lyrischer Texte – und auch mit ihrer Abgrenzung gegen andere Gattungen – noch wenig gewonnen. Auch Literaturwissenschaftler räumen ein, dass die formale Definition eine recht dürre Minimaldefinition ist. Es ist deshalb sinnvoll, ihr Merkmale an die Seite zu stellen, die als prototypisch für die Lyrik gelten können. Das sind nicht zwingend notwendige Merkmale, die – einzeln oder gemeinsam – in sehr vielen Gedichten vorkommen und deshalb dem entsprechen, was man gemeinhin von Gedichten erwartet. In → **ABBILDUNG 16** sind zwei Reihen derartiger Merkmale (darstellungsbedingt leicht modifiziert) gegenübergestellt. Die eine stammt von dem Literaturdidaktiker Kaspar H. Spinner (vgl. Spinner 2000, S. 14–25), die andere von Dieter Burdorf (vgl. Burdorf 2015, S. 21).

Weitere Merkmale von Gedichten

nach Kaspar H. Spinner	nach Dieter Burdorf
Prägnanz und Kürze	Kürze und Konzisheit – verdichteter Wortgebrauch, insbesondere durch Wiederholungen und gezielte Variation
Gesteigerte Zeichenhaftigkeit – auch formaler Elemente im Rahmen des Textganzen – besonders infolge der Bildlichkeit	– große Bedeutung der Bildlichkeit
Mehrdeutigkeit = Möglichkeit verschiedener Sinnkonkretion und Kontextuierungen	
Spiel – mit Sprache, aber auch mittels Metrum und Reim – Überschreiten von (Sprach)Normen	Abweichung von der Alltagssprache durch: – Metrum und Reim – grammatische Abweichungen (z. B. Verformungen der Wortgestalt, unübliche Wortstellung usw.)
Subjektivität – Ausdruck authentischer oder imaginierter, experimentierend fingierter Subjektivität	Ausdruck von Subjektivität – unmittelbare Ansprache des Lesenden – Strukturelle Dominanz der Personalpronomen der 1. und 2. Person – unvermittelte Redesituation – Nähe des in Gedichten Sprechenden zum Autor oder zur Autorin
	Nähe zur Musik (Sangbarkeit, Liedartigkeit)

Abbildung 16: Charakteristische Merkmale lyrischer Texte

Diese typischen Merkmale müssen mit den Zielen für den Literaturunterricht (→ KAPITEL 2), vor allem mit der Ausbildung von Verstehenskompetenz (→ KAPITEL 3) in Beziehung gesetzt werden.

Seit ihren Anfängen – in altägyptischen Liedern, in den Psalmen, in der frühen griechischen Lyrik z. B. der Sappho – sind viele lyrische Texte „Ausdruck von Subjektivität“ (Burdorf 2015, S. 6).

Dimension der Subjektivität

Sie antworten auf das menschliche Bedürfnis nach spielerischer, reflektierender, expressiver (Selbst-)Aussage. Georg Wilhelm Friedrich Hegel hat diesen Aspekt in seinen *Vorlesungen über die Ästhetik* (1835–38) zum Angelpunkt der Abgrenzung lyrischer von epischen Texten gemacht:

> „Zur epischen Poesie führt das Bedürfnis, die Sache zu hören, die sich für sich als eine objektiv in sich abgeschlossene Totalität dem Subjekt gegenüber entfaltet; in der Lyrik dagegen befriedigt sich das umgekehrte Bedürfnis, *sich* auszusprechen und das Gemüt in der Äußerung seiner selbst zu vernehmen.“ (Hegel 1970, S. 418)

Hegel betont, dass der Inhalt des lyrischen Kunstwerks „von der höchsten Mannigfaltigkeit“ sein kann; „das ganz leere Lirum-larum, das Singen und Trällern rein um des Singenwollens“ gehört ebenso dazu wie „Stimmungen“, aber auch „Reflexionen“ aus den Bereichen der Religion, Kunst und sogar der Wissenschaft – nur eben, dass lyrisches Sprechen „von der besonderen Stimmung und Situation des Dichters seinen Anfang“ nimmt. Damit ist ein wesentlicher Teil aller Gedichte erfasst, bis heute (Hegel 1970, S. 429, 421).

Moderne Lyrik

Wieweit sich die typisch moderne Lyrik, die vom Gestus der Ich-Losigkeit, vom Sprachexperiment und von der Thematisierung ihrer akustischen und optischen Materialität geprägt ist, der Bestimmung Hegels noch fügt, ist umstritten. Immerhin nehmen wir auch scheinbar Ich-lose Texte wie Dinggedichte oder sprachexperimentelle Lyrik als intentionale Gebilde wahr, als absichtsvolle Äußerungen eines Subjekts.

Für den Literaturunterricht ist die Dimension der Lyrik als Ausdruck von Subjektivität wichtig, weil sie der entwicklungspsychologischen Situation Jugendlicher genau entspricht. Zu dem probierenden Suchen nach authentischen Selbstentwürfen während der Phase der mittleren Adoleszenz passt die Subjektivität der lyrischen Weltentwürfe.

Neue Sichtweisen

Darüber hinaus können lyrische Texte aufgrund ihrer Subjektivität (sowie ihrer Ich-Form und häufig unmittelbaren Ansprache des Lesenden) Schülern aller Altersstufen in besonderem Maße die Aneignung und Nutzung neuer Sichtweisen von Wirklichkeit nahelegen:

Der Leser kann sich mit den im Gedicht zum Ausdruck gebrachten Sichtweisen identifizieren oder sie ablehnen. Lyrische Texte eignen sich dementsprechend besonders, um die Kompetenz des Wirklichkeitsbezuges zu fördern und das Bildungsziel der Identitätsentwicklung zu erreichen. Als Grundlage dafür ist es natürlich notwendig, dass die Schüler die Texte in möglichst ergiebiger Weise erschließen, das heißt ihre zentralen Textelemente/-strukturen erkennen und deuten (→ KAPITEL 2.2, 3.2).

Dimension des Spiels

Viele Gedichte weichen nicht nur formal oder sprachlich von der Alltagssprache ab, sie betreiben darüber hinaus ein artistisches Spiel mit sprachlichen Möglichkeiten – in den Bereichen Metrik, Reim, Klang genauso wie in denen der Wortwahl, rhetorischen Mittel und optischen Anordnung. Eine Erkundung dieser Möglichkeiten ist Teil der Verstehensarbeit an lyrischen Texten, hat aber auch einen Eigenwert: für die Förderung von Sprachbewusstheit und vor allem für die Förderung ästhetischer Wahrnehmung und ästhetischen Vergnügens.

Selber schreiben

Um dieses Potenzial von lyrischen Texten zu nutzen, soll der Unterricht nicht nur auf gelungene Interpretationen zielen, sondern auch auf kreative Handlungen – entweder das Schreiben eigener Gedichte oder die Herstellung eines kongenialen künstlerischen Gebildes, das in der Auseinandersetzung mit einem bereits existierenden lyrischen Text entsteht. Das kann etwa eine Erzählung, eine szenische Umsetzung, die Rezitation, ein (Antwort- oder Analog-)Gedicht, ein Foto, ein Video-Clip (vgl. Ralf Schmerbergs Film *Poem*, 2004) oder eine Vertonung sein.

Weil die Entfaltung ästhetischer Wahrnehmung und ästhetischen Vergnügens als Teil der Identitätsentwicklung gelten kann, eignen sich lyrische Texte auch dank der Dimension des Spiels besonders, um Schülern ein Erreichen des Bildungszieles Identitätsentwicklung zu ermöglichen (→ KAPITEL 2).

Der Literaturwissenschaftler Peter Wapnewski prägte die Formel „Gedichte sind genaue Form" (Wapneswki 1982, S. 26). Ähnlich sieht der Literaturdidaktiker Hermann Korte (der auch eine wichtige Geschichte der deutschsprachigen Lyrik seit 1945 geschrieben hat; Korte 2004) als zentrales Merkmal lyrischer Texte die gesteigerte sprachliche Bewusstheit (vgl. Korte 2002, S. 212). Die Dichterin Hilde Domin hat diesen Gedanken metaphorisch zum Ausdruck gebracht: „Niemand aber ist eine feinere Waage für Worte als der Lyriker" (Domin 1967, S. 29). Die intensive Beschäftigung mit der

Bedeutungsfülle

gedrängten Bedeutungsfülle lyrischer Texte schärft einerseits das Bewusstsein für die genaue Wahrnehmung dessen, was in einem Text angelegt ist, was man nicht übergehen darf, wenn man dem Text gerecht werden will, und andererseits für den Auslegungs- und Anwendungsspielraum, den die Texte dennoch offenhalten. Aufgrund der Merkmale der gehaltvollen Kürze und der Subjektivität sind Gedichte darüber hinaus in besonderem Maße geeignet, um an ihnen exemplarisch die Historizität literarischer Texte zu erarbeiten (→ KAPITEL 9.3). Für den Literaturunterricht bieten sich lyrische Texte entsprechend ihrer Dimension der gesteigerten Zeichenhaftigkeit also vor allem an, um die Texterschließungskompetenz der Schüler zu fördern (→ KAPITEL 3).

Prägnante Kürze

Gesteigerte Zeichenhaftigkeit

Auch administrativ sind als wesentliche Ziele der Beschäftigung mit Gedichten die Analyse und die Interpretation festgelegt. In den 2003 von der Kultusministerkonferenz beschlossenen *Bildungsstandards für den Mittleren Schulabschluss* wird festgehalten, dass die Schülerinnen und Schüler „analytische Methoden anwenden“, und „eigene Deutungen des Textes entwickeln, am Text belegen und sich mit anderen darüber verständigen“ sollen (Bildungsstandards 2003, S. 18f.). Erst recht wird in der Abiturprüfung die selbstständige Gedichtinterpretation erwartet; entsprechende Aufgaben sind in allen Bundesländern üblich.

6.2 Textauswahl

Besonders im Literaturunterricht der gymnasialen Oberstufe spielen Gedichte des Kanons (→ KAPITEL 9.2) zu Recht eine große Rolle, auch wenn ihre Wahl heute meist lieber funktional begründet wird (vor allem durch den Aspekt der historischen Beispielhaftigkeit). Im Übrigen gelten außer strafrechtlichen Aspekten (Gewaltverherrlichung, Rassismus, Pornografie) kaum Vorschriften oder Tabus für die Textauswahl. Literarische Qualität, lebensweltlicher Bezug, entwicklungspsychologische Gesichtspunkte, Verständlichkeit und (kultur-)geschichtliche Relevanz sind wesentliche Auswahlaspekte. Wo immer möglich, sollen zumindest ältere Schüler an der Auswahl beteiligt werden und ihre Vorlieben einbringen können. Obwohl unzählige Texte im Internet zu finden sind, ist der Besitz einer eigenen Gedicht-Anthologie für die Schüler empfehlenswert. Eine persönliche Auswahl kann in ein selbstgestaltetes ‚Poesiealbum‘ übertragen werden, bereichert um dazugehörige Fundstücke, Fotos, Notizen usw. Kinder (bis etwa zehn Jahre) lieben an Gedichten den Klang und Rhythmus, lustige Wörter, Wiederholungen und Nonsensverse – Ernst Jandls

Beteiligung der Jugendlichen

Entwicklungspsychologische Bedingungen

Klanggedichte wie *auf dem lande* (1963) oder das legendäre *Ottos mops* (1963) kommen ebenso gut an wie das unverwüstliche (anonyme) *Dunkel war's, der Mond schien helle*. Kinder verstehen alltagsnahe, anschauliche Inhalte, Handlungsverläufe und auch Stimmungsbilder, z. B. in einfachen Natur-, Tier- und Jahreszeitgedichten, aber auch in Gedichten über Gefühle der Zuneigung oder des Alleinseins. Sie akzeptieren vorgegebene Rollenzuweisungen und direkte moralische Bewertungen. Schwer zugänglich sind dagegen begriffliche Abstraktionen und uneigentliche Rede (Ironie oder übertragene Bedeutung in sprachlichen Bildern) und die distanzierende Reflexion über sich selbst, die eigene Identität, Rolle und Befindlichkeit sowie über gesellschaftliche Normen. Das Verstehen dieser Dinge bildet sich ab etwa elf Jahren rasch aus, mit beachtlichen Unterschieden von Kind zu Kind und auch von Lerngruppe zu Lerngruppe. Kinder können etwa Ende der 6. Klasse noch mit Begeisterung *atte katte nuva* singen und sich an selbstgemalten Bildern zu Georg Brittings *Fröhlicher Regen* (1934) ergötzen. Als Jugendliche Anfang der 7. Klasse finden sie beides plötzlich albern, können nun aber erstaunlich abstrakte Formulierungen für das Aussagepotenzial von Fontanes *Brück am Tay* (1880) finden, aparte Metaphern feinfühlig paraphrasieren, sich in der Verfallsstimmung von Herbstgedichten wiederfinden und der vernünftigen Lebensweisheit von Goethes *Zauberlehrling* (1798) eine pointierte Verteidigung des Rechts auf eigene Erfahrungen und eigene Fehler entgegensetzen (z. B. wenn sie die Aufgabe bekommen, einen Brief zu schreiben: „Lieber Herr Goethe ...").

Lehrwerke

Die Lehrwerke nehmen auf die genannten Bedingungen Rücksicht. Die Tendenz zur Wahl schwierigerer Texte erfolgt mit Blick auf die Unterrichtssituation: Eine Lerngruppe als Ganze ist (fast) immer leistungsfähiger als der einzelne Schüler. Das Umgekehrte muss in Leistungssituationen berücksichtigt werden.

Thematische Sequenzen

In den Lehrwerken werden Gedichte meist in thematisch gebündelten Sequenzen präsentiert. Zunächst werden dazu alltagsnahe konkrete Themen genutzt wie Wetter, Jahreszeiten, Tiere. Ab Klasse 8 treten entwicklungspsychologisch relevante Themen wie Liebe, Identität, Freiheit in den Vordergrund, dann auch thematisch-historische Zusammenstellungen zu Bereichen wie Großstadterfahrung, Krieg, Natur und Naturzerstörung, Politik. Hier und in der Oberstufe wird oft der thematische Verbund mit Texten anderer Gattungen gewählt.

Etwa ab Klasse 8 kann die historische Dimension lyrischer Texte gezielt erschlossen werden, zunächst als subjektive Antwort auf geschichtliche Ereignisse oder Entwicklungen.

Historische Kontextuierung

Der Dreißigjährige Krieg und Andreas Gryphius *Thränen des Vaterlandes. Anno 1636* (1637), die Industrialisierung und die Großstadtlyrik um 1900, der Erste Weltkrieg und (affirmative wie kritische) Kriegsgedichte, die Nazizeit und Bertolt Brechts Exilgedichte, die 1968er-Bewegung und Erich Frieds Vietnam-Gedichte – durch solche Zusammenstellungen bieten sich gute Möglichkeiten einer wechselseitigen Erhellung von Text und Kontext (→ KAPITEL 9.3).

6.3 Kategorien für die Textanalyse im Unterricht

Fachdidaktischer Konsens

Während es für die Analyse erzählender Texte kein allgemein akzeptiertes Begriffsinstrumentarium gibt, ist die Lage für die Lyrik – jedenfalls was die Begriffe zur Erfassung ihrer Form angeht – wesentlich günstiger. Innerhalb der Literaturwissenschaft weitgehend konsensfähig sind die Kategorien, die Dieter Burdorf in seiner *Einführung in die Gedichtanalyse* (2015) bietet. Burdorf versteht seine Einführung als „Werkzeugkasten“. Es ist prinzipiell derselbe, der – mit den nötigen Vereinfachungen – auch im schulischen Unterricht verwendet wird. Das zeigt die → ABBILDUNG 17 von Grundbegriffen der Lyrikanalyse aus literaturwissenschaftlicher (Burdorf) und literaturdidaktischer Sicht (Frank 2003; Nünning/Surkamp 2006 für den Englischunterricht) sowie der eines aktuellen Lehrwerkes für die neunte Gymnasialklasse (*Verstehen und Gestalten 9* 2009). Der Übersichtlichkeit halber wurden die Reihenfolge und einzelne Formulierungen verändert; in Klammern steht die originale Reihenfolge des jeweiligen Autors.

Diskussion der Kategorien

Zu den Kategorien ist aus literaturdidaktischer und unterrichtspraktischer Sicht anzumerken:

Inhalt/Thema

1. Bei Burdorf gehören die Aspekte Thema und Inhalt nicht zu den Kategorien für die Lyrikanalyse, offenbar weil zumindest die Kategorie des Inhalts – anders als die Kategorie der Handlung – schwer präzise zu definieren ist und deshalb von der Literaturwissenschaft gern gemieden wird (im Referenzwerk *Reallexikon der deutschen Literaturwissenschaft*, 1997–2003, gibt es kein Stichwort „Inhalt“, sondern lediglich einen Verweis auf das Stichwort „Form“). Doch redet auch Burdorf durchaus von „inhaltlichen Strukturen“ (Burdorf 2015, S. 132 u. ö.). Dass Gedichte einen Inhalt haben, nämlich ein Etwas, das in ihnen dargestellt wird, ist eine berechtigte, vertraute und alltagsnahe Annahme. Diese Annahme soll im Unterricht keinesfalls aufgegeben werden. Für das Verstehen eines Gedichtes ist sein

	Dieter Burdorf 2015	Horst J. Frank 2003	Ansgar Nünning / Carola Surkamp 2006	Verstehen und Gestalten 9 2009 (Klasse 9)
Benennung	**Analyseinstrumente Werkzeugkasten**	**Aspekte**	**Untersuchungs-aspekte**	**Schlüssel der Gedichterschließung**
1		Thematik (1) Zeit (9) Raum (10) Aufbau (11)	Title, topic, content (1)	Thema / Problem Titel Inhalt
2	Wirklichkeitsbezug und Perspektive: Zeit und Raum Personen und Kommunikationsstruktur	Perspektive (8)	Communication situation (2)	Sprecher / lyrisches Ich
3	Form Verhältnis von Metrik, Rhythmus und Syntax Aufbau Rand: Titel u. ä.	Metrik (3) Satzbau (5) Klang (6)	Poetic form (3)	Form und Gedichttyp
4	Wort, Bild und Bedeutung	Wortwahl (4) Bildlichkeit (7)	Rhetorical figures (4)	Sprache
5	Das Gedicht in der Geschichte – die Geschichte im Gedicht	Entstehung (2)	Background (5)	Historischer und biografischer Hintergrund

Abbildung 17: Kategorien für die Lyrikanalyse im Vergleich

Inhalt tatsächlich von zentraler Bedeutung und soll – als Grundlage der Deutung – zunächst in möglichst objektiver Weise erfasst werden. Als Einstieg für eine solche Erfassung kann die Frage nach dem Thema eines Gedichtes genutzt werden („Worum geht es in dem Gedicht“?). Darüber hinaus kann es für die Schüler hilfreich sein, festzustellen, ob in dem Gedicht die Darstellung von Gedanken und Gefühlen, einer (subjektiven) Wahrnehmung der Außenwelt oder einer Handlung überwiegt. Weil für die inhaltliche Analyse lyrischer Texte keine systematisch aufeinander bezogenen Kategorien zur Verfügung stehen, ist für Gedichte, die Reflexionen oder Wahrnehmungen darstellen, häufig eine Textparaphrase oder das textnahe Lesen (→ KAPITEL 10.3) zur Erfassung von zentralen Textelementen sinnvoll. Erzählende Gedichte allerdings können mit dem Begriffssystem erschlossen werden, das für epische Texte zur Verfügung steht (→ KAPITEL 5.2).

Problematische Begriffe: Erlebnis und Stimmung

2. Die heutige literaturwissenschaftliche Skepsis gegenüber den Begriffen Erlebnis und Stimmung als Grundbegriffen von Lyrik wird auch in der Didaktik weitgehend geteilt. In Erika Essens *Methodik des Deutschunterrichts* von 1955 (5. Auflage 1962) galten beide Begriffe noch als zentral für den Lyrikunterricht, verloren diese Stellung aber mit einer verstärkten Beachtung moderner Lyrik sowie dem Bemühen um eine Versachlichung der Lyrikanalyse Anfang der 1970er-Jahre.

Kommunikationssituation

3. Ansgar Nünnings und Carola Surkamps „Kommunikationssituation" („Communication situation") empfiehlt sich als Grundbegriff, weil er es erlaubt, den unbehaglichen Begriff „Struktur" zu vermeiden und sowohl monologische und dialogische Sprechsituationen als auch die Instanz zu erfassen, die das Gedicht – zumeist in Ich-Form – spricht. Die Bezeichnung für diese Instanz ist uneinheitlich: lyrisches Ich, Sprecher, artikuliertes Ich, Text-Ich usw. Zwar gibt es in der Fachwissenschaft keinen Konsens darüber, ob ein Gedicht ein fiktionaler Text und das lyrische Ich ein fiktiver Sprecher ist. Für die Schüler ist jedoch die Einsicht wichtig, dass das Ich eines Gedichts nicht einfach mit dem realen Autor gleichgesetzt werden kann, auch wenn es von Fall zu Fall biografische Parallelen aufweist. Besonders einsichtig ist die Unterscheidung für Rollengedichte wie Goethes *Prometheus* (1773/85), Eduard Mörikes *Erinna an Sappho* (1864), Bertolt Brechts *700 Intellektuelle beten einen Öltank an* (1928) oder Ernst Jandls *Calypso* (1963), in denen das Ich offensichtlich nicht mit dem Autor identisch ist.

Sprache

4. Der Begriff „Rhetorical figures" (Nünning/Surkamp 2006) ist weniger günstig als eine allgemeine Kategorie „Sprache". Die Kategorie Sprache umfasst Wortgebrauch und Satzgestalt. Zudem wird mithilfe dieser Kategorie der irreführende Eindruck vermieden, als seien rhetorische Figuren (wie Metaphern, Personifikationen, Vergleiche u. a. sprachliche Bilder, Ellipsen, Wiederholungen) ein Differenzkriterium der Lyrik zur Alltagssprache: Es gibt tatsächlich Metaphern in der Alltagssprache und Gedichte in betont nüchterner Sprache (z. B. von Bertolt Brecht). In der sprachlichen Analyse soll vor allem nach sprachlichen Auffälligkeiten gesucht werden, allerdings nicht nur nach einer besonderen Verwendung rhetorischer Figuren, sondern z. B. auch nach der Dominanz einer bestimmten Wortart oder Schwerpunktsetzungen im Wortschatz.

Form des Gedichts

5. Burdorfs „Form des Gedichts" und Nünning/Surkamps „Poetical form" sind spezifischer und damit wohl leichter begreifbar als die

bloße Kategorie „Form“ in *Verstehen und Gestalten*. Für die Analysebereiche Rhythmus, Reim, Klang und Aufbau stehen die ausgefeilten Beschreibungssysteme der Vers- und Gattungslehre zur Verfügung. So werden den Schülern in der Mittelstufe zumeist die Kategorien Rhythmus, Paarreim, Kreuzreim, umarmender Reim, Strophe und Vers nahegebracht.

Strategieorientierte Anleitungen

6. In fast allen didaktischen Ausarbeitungen werden die Analysekategorien durch Fragen oder Aufgaben ergänzt, die in allgemeiner Form Suchrichtungen für die Analyse vorgeben. Diese Fragen oder Aufgaben können als gattungsspezifische strategieorientierte Anleitungen zur Texterschließung gelten (→ KAPITEL 3.2). In *Verstehen und Gestalten* heißt es etwa zum Aspekt „Inhalt“: „Wie verläuft der Gedankengang? Wie entwickelt sich die Situation? Gibt es eine Handlung, Wendepunkte, Motive, die sich durch den Text ziehen?“ (*Verstehen und Gestalten* 9 2009, S. 110). Solche Anleitungen sind wohl unerlässlich. Es ist allerdings darauf zu achten, dass die in ihnen verwendeten Kategorien den Schülern bekannt sind und dass die Fragen auf ein handhabbares Maß begrenzt werden.

Kontextinformationen

7. Der Aspekt „historischer und biografischer Hintergrund“ umfasst die Kontextinformationen, die für das Verstehen eines Gedichtes notwendig sind. Zwar gehört die Nutzung von Kontextwissen eher zur Textdeutung als zur Textanalyse. Eine scharfe Trennung von (historischem) Kontextwissen für die Deutung und Sprach- oder Formwissen für die Analyse ist aber nicht möglich. Dass „englisch“ im 18. Jahrhundert oft noch „engelsgleich“ bedeutete, ist eine historische Sprachinformation. Und Wissen über Vers-, Strophen- oder gar Gedichtformen (Ode, Elegie usw.) ist historisches Gattungswissen.

Titel, Thema, Inhalt
Kommunikationssituation monologische / dialogische Sprechsituation, lyrisches Ich
Poetische Form Rhythmus, Reim, Klang, Versbau
Sprache Wortgebrauch und Satzgestalt, v.a. rhetorische Figuren (z. B. sprachliche Bilder) und Besonderheiten im Wortschatz
Historischer und biografischer Hintergrund

Abbildung 18: Kategorien für die Lyrikanalyse im Unterricht

Aus den didaktischen Überlegungen ergibt sich der in → ABBILDUNG 18 dargestellte Vorschlag für schulische Kategorien der Lyrikanalyse.

Der Vorschlag suggeriert nicht, dass diese Aspekte oder die ihnen entsprechenden Erschließungsfragen in der Lyrikanalyse automatisch und in starrer Reihenfolge abgearbeitet werden sollen:

> „Die einzelnen Fragestellungen sind als Angebote zu verstehen, aus dem jeweils passend zum behandelten Text ausgewählt werden kann, und sie können in beliebiger Reihenfolge miteinander kombiniert werden." (Nünning/Surkamp 2006, S. 140)

Lehrgang Gedichtanalyse

Ein Lehrgang zur Erschließung lyrischer Texte kann schon in der Grundschule beginnen, wie es Heinz-Jürgen Kliewer in seinem „Curriculum für die Primarstufe" *Elemente und Formen der Lyrik* (Kliewer 2002) zeigt. In der Sekundarstufe II kann der Lehrgang nach und nach angereichert werden (durch Bildlichkeit in Klasse 5/6, Kommunikationssituation und Kontextuierung in Klasse 8/9, vollständige kategoriengeleitete Interpretation meist in Klasse 9). In der Oberstufe wird das Repertoire rhetorischer Figuren erweitert und vor allem die selbstständige Handhabung des Analyseinstrumentariums geübt.

6.4 Die methodische Gestaltung von Unterricht

Lehrgänge und Verfassen eigener Gedichte

Die Kompetenz zur Gedichtanalyse wird am besten mithilfe eines strukturierten Lehrgangs vermittelt, also durch die Einführung einer strategieorientierten Anleitung zur gattungsspezifischen Texterschließung. Das Ziel eines solchen Lehrgangs ist die Einübung des Handwerkszeugs für die Textanalyse. Texte dienen dabei als Demonstrationsobjekte, an denen z. B. sprachliche oder metrische Besonderheiten von Gedichten besonders gut zu studieren sind. Ergänzt werden sollen solche Lehrgänge durch das eigene Verfassen von Gedichten, das die Besonderheiten lyrischer Texte konkret erfahrbar werden lässt (→ KAPITEL 10.4). Hans Magnus Enzensberger beschließt seinen Erste-Hilfe-Kurs *Lyrik nervt!* mit der Aufforderung: „Selber machen". Die Erkundung des Versbaus oder der Stilfiguren, die Gestaltung gehaltvoller Kürze, das Einfangen des bedeutsamen Details oder Augenblicks im Gedicht – immer gilt auch hier, was die Schriftstellerin Virginia Wolf schon zu Beginn des letzten Jahrhunderts mit Blick auf erzählende Texte empfohlen hat:

> „Der schnellste Weg, in den Grundzügen zu verstehen, was ein Dichter eigentlich tut, führt vielleicht nicht über das Lesen, son-

dern über das Schreiben, indem man seinen eigenen Versuch macht mit den Gefahren und Schwierigkeiten der Wörter." (Woolf 1990, S. 307)

Dieser alte Grundgedanke des rhetorischen Unterrichts ist über die Reformpädagogik zum Eckpfeiler der produktionsorientierten Methode der 1980er-Jahre geworden. Der Fachdidaktiker Günter Waldmann hat in seinem zum Klassiker gewordenen Kompendium *Produktiver Umgang mit Lyrik* (1988) nicht weniger als 175 entsprechende Verfahren zusammengestellt.

Von der Analyse zur Interpretation

Steht das Verstehen eines konkreten Gedichts im Mittelpunkt des Unterrichts, sollen die Schüler aber in der Regel durch die kategoriengeleitete Textanalyse zu einem Erkennen von zentralen Textelementen und auf dieser Grundlage zu einer textkompatiblen und zugleich subjektiv befriedigenden Deutung gelangen (→ KAPITEL 3). Bei der Textanalyse können Untersuchungsaspekte zunächst vorgegeben werden. Mit zunehmender Übung sollen die Lernenden die Analysekategorien aber selbstständig auswählen und anwenden, dabei konsequent nach dem Form-Funktions-Zusammenhang der Texte fragen und die Ergiebigkeit der einzelnen Untersuchungsgänge ebenfalls selbstständig beurteilen.

Die Untersuchung von ausgewählten Elementen der Sprache und der poetischen Form (vor allem von Metrum, Reim und Klang) kann für die folgende Deutung von großer Bedeutung sein. Klischeehafte Deutungen von Vokalverteilungen oder Metren nach einem starren Schema (wonach z. B. ein jambisches Metrum ‚schreitend', ein trochäisches aber ‚stampfend' sei) sind jedoch zu vermeiden. Zu erlernen ist übrigens auch, die Erfahrung zu ertragen, dass erkannte Textelemente für die Deutung häufig unergiebig sind.

Da für die Untersuchung des Inhalts lyrischer Texte Analysekategorien nur in eingeschränktem Maße zur Verfügung stehen, bietet es sich an, dazu Verfahren des textnahen Lesens heranzuziehen. So kann ein Gedicht nach und nach an die Tafel geschrieben werden, damit es schrittweise nachvollzogen werden kann. Die Umschreibung der jeweiligen Zeilen mit eigenen Worten erleichtert die Erfassung von Thema und Inhalt eines Gedichtes, die in der Regel am Anfang der Beschäftigung mit einem Gedicht stehen. Das Thema kann z. B. durch die Beantwortung der Frage „Wovon ist eigentlich die Rede?" in mehreren Runden zunehmend präziser bestimmt werden. Die verdichtete Bedeutungsfülle vieler Gedichte legt eine Verlangsamung der Textwahrnehmung auch für die Fälle nahe, in denen die Erstrezeption nicht unmittelbar in eine Untersuchung des Inhalts übergeht. Da-

Verlangsamtes Lesen

zu können die Gedichte z. B. in Prosaauflösung oder mit Lücken präsentiert und von den Schülern zu einem (vollständigen) Gedicht umgeformt werden.

Produktive Verfahren spielen auch für die Erfassung von zentralen Elementen und Strukturen konkreter lyrischer Texte eine wichtige Rolle. Grundlegend dafür ist, systematisch Alternativen zum tatsächlichen Wortlaut auszuprobieren, um Besonderheiten des originalen Textes und ihre Funktionen besser zu erkennen.

Handlungs- und produktionsorientierte Verfahren

Handlungs- und produktionsorientierte Verfahren wie das Schreiben von Paralleltexten, das sinnbetonende Lesen oder das Malen von Bildern zum Text können darüber hinaus für die Gedichtdeutung, aber auch für die Förderung der Vorstellungsbildung und des emotionalen Zugangs zu Gedichten nützlich sein (→ KAPITEL 10.4). Dass produktive Verfahren grundsätzlich hermeneutische Instrumente sind, die zum besseren Verstehen des Textes führen, darauf haben insbesondere die Pioniere der Produktionsorientierung Günter Waldmann und Karlheinz Fingerhut hingewiesen. Im Schulalltag geht dieser Grundsatz aber leider oft verloren; die Zeilenpuzzles, Leerstellentexte, Standbilder etc. bleiben oft bloße Beschäftigung mit einem geringen Erkenntnisgewinn.

„Interpretieren sollte man nicht allein", rät der Literaturwissenschaftler Klaus Weimar (Weimar 1980, S. 178). Gerade für die Arbeit mit Gedichten im Unterricht ist der dialogische Austausch über Deutungsansätze unerlässlich, weil Schüler aufgrund der vieldeutigen Kürze und der schwachen Kontextdeterminiertheit vieler Gedichte häufig nur schwer einen Zugang zu den Texten gewinnen. Es ist bezeichnend, dass die zentrale Rolle des Gesprächs mit möglichst geringer Hierarchisierung zwischen Lehrenden und Lernenden in fast jeder methodischen Abhandlung zur Lyrik betont wird, auch von Hans Magnus Enzensberger, der sie in *Lyrik nervt!* als einzige Methode gelten lässt.

Unterrichtsgespräch

In Prüfungssituationen müssen die Analyse und Interpretation lyrischer Texte dagegen in einsamer Arbeit geleistet werden. Die Standardaufgabe (meist ab Klasse 10) „Analysieren und interpretieren Sie folgendes Gedicht …" ist einerseits sehr offen und andererseits sehr komplex und verlangt zudem ausgeprägte Kompetenzen im Bereich der Textproduktion (→ KAPITEL 13.3). Kein Wunder, dass das Schreiben solcher Aufsätze oft als frustrierend erlebt wird und viele schulische Gedichtinterpretationen den quälenden Charakter einer zusammenhangslosen Datensammlung haben. Wenn die Schüler aber über strategieorientierte Anleitungen zur Erschließung lyrischer Texte ver-

Interpretationsaufsatz

fügen und die Verbindung von Analyse und (auch subjektiver) Interpretation geübt haben, steigt die Chance auf ergiebige Interpretationsaufsätze.

Lektüreempfehlungen

- **Dieter Burdorf: Einführung in die Lyrikanalyse,** 3. Auflage Stuttgart u. a. 2015. *Angenehm nüchterne, unprätentiöse Einführung.*
- **Dieter Burdorf: Geschichte der deutschen Lyrik. Einführung und Interpretationen,** Stuttgart u.a. 2015. *Knapp und zugleich anschaulich gehaltene, informative Geschichte der deutschen Lyrik von 1500 bis in die Gegenwart.*
- **Kaspar H. Spinner: Umgang mit Lyrik in der Sekundarstufe I,** 6. Auflage Baltmannsweiler 2005. *Vorzügliche praxisnahe Einführung.*
- **Christian Wagenknecht: Deutsche Metrik.** 5. Auflage München 2005. *Ebenso knappe wie elegante Einführung in die Verslehre.*
- **Günter Waldmann: Produktiver Umgang mit Lyrik,** 12. Auflage Baltmannsweiler 2011. *Umfassendes Handbuch einschlägiger Methoden.*

7 Dramatische Texte

6 *Erster Auftritt*

Licht. Hier, den gesetzten?
Adam. Freilich!
Licht. Allgerechter!

Licht *(bringt einen Spiegel).*
Hier! Überzeugt Euch selbst!
Ein Schaf, das, eingehetzt von Hunden, sich
Durch Dornen drängt, läßt nicht mehr Wolle sitzen,
Als Ihr, Gott weiß wo? Fleisch habt sitzen lassen.
Adam. Hm! Ja! 's ist wahr. Unlieblich sieht es aus.
Die Nas hat auch gelitten.
Licht. Und das Auge.
Adam. Das Auge nicht, Gevatter.
Licht. Ei, hier liegt
Querfeld ein Schlag, blutrünstig, straf mich Gott,
Als hätt ein Großknecht wütend ihn geführt.
Adam. Das ist der Augenknochen. – Ja, nun seht,
Das alles hatt ich nicht einmal gespürt.

Abbildung 19: Der Anfang von Heinrich von Kleists Lustspiel *Der zerbrochne Krug* (1808), Standbild mit Schülern einer 11. Klasse, Fotografie (2010)

„Unlieblich sieht es aus." Kleists Dorfrichter Adam entdeckt in dem vom Schreiber Licht herbeigeschafften Spiegel die Spuren seines nächtlichen Abenteuers – ein Standbild mit Schülerinnen und Schüler einer 11. Klasse. Ihre Interpretation bringen sie durch Körperhaltung, Gestik und Mimik zum Ausdruck. Im anschließenden Gespräch klären die Schüler, ob das gewählte Standbild dem Text angemessen war. Sie führen damit zwei Handlungen aus, die auch für die Arbeit am Theater grundlegend sind: So erwarten wir von einem Schauspieler, dass er eine Dramenfigur glaubhaft verkörpert und überzeugend interpretiert. Eine Interpretation soll auch der Dramaturg vornehmen, der eine Theateraufführung wissenschaftlich begleitet, doch von ihm erwarten wir nicht, dass er sie uns vorspielt. Er hat vielmehr die Aufgabe, dem Regisseur und den Schauspielern zu erklären, wie er den Text versteht und welche Folgerungen sich daraus für eine Inszenierung ergeben.

Auch wenn das Theaterspiel nach Auffassung des Erziehungswissenschaftlers Hartmut von Hentig „eines der machtvollsten Bildungsmittel [ist], die wir haben" (von Hentig 1996, S. 119), kann es an der Schule keine Pflicht geben, Theater zu spielen; Schauspielerei muss auf Freiwilligkeit beruhen. Der Umgang mit dramatischen Texten im Literaturunterricht orientiert sich deshalb vor allem an der Tätigkeit des Dramaturgen: Im Zentrum steht die auf der Textanalyse aufbauende Interpretation, nicht das verkörpernde Verstehen der Schauspieler. Weil aber die Aufführbarkeit ein zentrales Merkmal dramatischer Texte ist, sollen die Beschäftigung mit einer Aufführung und Ansätze eigener szenischer Realisierungen – z. B. Standbilder – im Unterricht die analytische Interpretation ergänzen.

Damit ein entsprechender Unterricht möglichst lohnend ausfällt, müssen auf der Grundlage einer Gattungsbestimmung die Ziele und die Methoden für den Umgang mit Dramen genauer reflektiert werden. Die Kriterien für die Textauswahl sollen die Wahl geeigneter Stücke ermöglichen, die Bestimmung analytischer Kategorien eine ergiebige Texterschließung.

7.1 Ziele
7.2 Textauswahl
7.3 Kategorien für die Textanalyse
7.4 Die methodische Gestaltung von Unterricht

7.1 Ziele

Merkmale dramatischer Texte

Das Wort „Drama" stammt aus dem Griechischen und bedeutet Handlung. Mit dieser Begriffsklärung sind bereits die Herkunft und die gattungstypische Besonderheit der entsprechenden Kunstform angedeutet. Unlösbar mit dem Aufkommen der attischen Demokratie verbunden, waren im Athen des 5. Jahrhunderts v. Chr. die Aufführungen der bis heute als musterhaft geltenden Tragödien von Aischylos, Sophokles und Euripides öffentliche Ereignisse, die neben der Unterhaltung auch der Selbstverständigung der Gemeinschaft dienten. Die Themen dieser Werke waren die Grundbedingungen menschlicher Existenz und Konflikte, die sich aus der Kollision unterschiedlicher Lebensprinzipien, Werte oder moralischer Normen ergeben. Diese Konflikte wurden aber nicht in Form begrifflicher Debatten gestaltet (das war Sache der Philosophie), sondern mithilfe einer fiktionalen Spielhandlung und dialogischer Rede. Damit sind die Grundelemente dramatischer Texte genannt: „Das Drama stellt Handlung dar. Es bedient sich der dialogischen Form." Es ist „Rollenspiel" (Asmuth 2009, S. 12) und als solches auf die Aufführung auf der Bühne ausgerichtet.

Abgrenzung zu epischen Texten

Auch epische Texte stellen Handlung und Figuren dar und enthalten Figurenrede. Das ist eine wesentliche Gemeinsamkeit beider Gattungen. Der wesentliche Unterschied ist, dass epische Texte durch die erzählerische Vermittlung geprägt sind, dramatische Texte dagegen durch die direkte, unvermittelte szenische Darbietung, die zudem auf eine Aufführung hin angelegt ist. Die theatralische Realisierung ist nicht eine Zugabe zum Text, sondern ein untrennbarer Bestandteil des Dramas. Beide gehören zusammen wie die Partitur einer Sinfonie und ihre Aufführung im Konzert; die Begriffserklärung des Dramas als Bühnenstück trifft die Sache ziemlich genau. Allerdings ist die genannte Abgrenzung epischer und dramatischer Texte nicht trennscharf, weil in manchen (modernen) Dramen, beispielsweise in den Stücken des epischen Theaters von Bertolt Brecht, sehr wohl eine erzählende Instanz auftritt.

Typen dramatischer Texte

Unter den zahllosen Sorten dramatischer Texte sind wesentliche Untergattungen die Tragödie (die den Untergang eines Helden vorführt) und die Komödie (mit der komischen Präsentation zentraler Figuren und einem meist ‚guten Ende'). Weitverbreitet und auch in didaktischer Hinsicht ausgesprochen hilfreich ist die von dem Literaturwissenschaftler Volker Klotz entwickelte idealtypische Gegenüberstellung der „geschlossenen" und „offenen Form" des Dramas (vgl.

Klotz 1976). So sind Dramen der geschlossenen Form unter anderem durch die Einheit von Ort, Zeit und Handlung gekennzeichnet. Dramen der offenen Form zeichnen sich durch einen Verzicht auf diese drei Einheiten aus; an ihre Stelle tritt eine lose Reihung von Szenen, die manchmal die Anwesenheit einer erzählenden Instanz verlangt. Während Dramen der geschlossenen Form auf die Darstellung eines zwischenmenschlichen Konfliktes zielen, stellen die vor allem im Sturm und Drang und in der Moderne vorherrschenden Dramen der offenen Form bevorzugt innermenschliche Konflikte oder die Konfrontation von Figuren mit der Außenwelt dar; wobei die Figuren nicht als selbstbestimmt Handelnde, sondern als Getriebene erscheinen, die durch ihr Unbewusstes oder die sozialen Verhältnisse determiniert werden.

Dramatische Elemente in den Medien

Dramatische Grundelemente – insbesondere die unvermittelte szenische Darstellung einer Handlung – finden sich nicht nur in Dramen selbst, sondern sie liegen den Werken verschiedener Medien zugrunde, etwa Hörspielen, Opern, Filmen, Computerspielen. Auch wenn die Verbindung von Sprechdrama und Aufführung im Mittelpunkt der Dramendidaktik steht, ist diese Gemeinsamkeit zu beachten (→ KAPITEL 8). Einsichten in Struktur und Wirkungspotenzial dramatischer Grundelemente sind gewinnbringend vor allem auf die Filmanalyse zu übertragen – umso mehr, als im Medienensemble der Gegenwart das Theater seine Leitfunktion längst an Film und Fernsehen und neuerdings an die digitalen Medien abgetreten hat und Theaterstücke in der Privatlektüre von Jugendlichen praktisch nicht vorkommen.

Leitbilder: Universität und Theater

Die dramendidaktischen Konzeptionen, die bis heute das Feld beherrschen und die auch die administrativen Vorgaben für den Unterricht prägen, wurden weitgehend in den 1970er- und 1980er-Jahren entwickelt. Sie orientieren sich an zwei institutionelle Mustern für den Umgang mit dramatischen Texten: der Literaturwissenschaft und dem Theater. In der Literaturwissenschaft wurden Beschreibungssysteme entwickelt – mustergültig etwa in Manfred Pfisters Standardwerk *Das Drama* (2001) – und die historischen Ausprägungen der Großgattung Drama erforscht. Diese Untersuchungen bilden die Basis für den strukturanalytisch-historischen Literaturunterricht in der Schule, wie er in der Sekundarstufe I und vor allem in der gymnasialen Oberstufe nach wie vor die Regel ist. Die Theaterarbeit hat ebenfalls theoretische Anteile: Dramaturg und Regisseur entwickeln eine Interpretation als Grundlage einer Inszenierung. Aber wesentlich für das Theater ist die praktische Arbeit, die in eine Aufführung mündet. An dieser Arbeit orientiert sich die theater- und spielpädagogisch ausgerichteten Dramendidaktik (zur Übersicht vgl. Schülein/Zimmermann 2002).

Mit Rollen und Identitäten zu spielen, zwischenmenschliche, oft konfliktgeladene Situationen zu fingieren, entsprechende Dialoge und Szenen zu erfinden und vorzuführen und sich als Zuschauer solches Treiben anzusehen, ist in allen Kulturen verbreitet. Wenn Hartmut von Hentig das Theater als „eines der machtvollsten Bildungsmittel, die wir haben“, bezeichnet (von Hentig 1996, S. 119), meint er das Theaterspielen, nicht die Dramenanalyse. Seine Wertschätzung ist einleuchtend: Theaterspielen ermöglicht Lernen mit Kopf, Herz und Hand, und – so wird heute diese alte reformpädagogische Trias ergänzt – es ermöglicht eine authentische und ganzheitliche Selbsterfahrung in einer Welt voller medial vermittelter Sekundärerfahrungen. Das Auftreten vor Publikum, das gestaltende Sprechen, das Ausagieren von (literarisch gestalteten) Konflikten, die Einfühlung in eine Figur, ihre Sprache, ihr Gemüt, ihre Körperlichkeit, ihre Umgebung (auch die zeitlich ferne) – dies alles hat in der Tat einen hohen Bildungswert, weil es der Entwicklung künstlerischer Ausdrucksfähigkeit dient, aber auch zur Persönlichkeitsbildung beitragen kann. Für das Theaterspielen in der Schule gibt es also gute Gründe. Allerdings sind dieser Beschäftigung Grenzen gesetzt. Für viele Kinder ist das Rollenspiel nicht problematisch, für viele Jugendliche dagegen durchaus. Mit gutem Grund ist das Theaterspielen in der Schule deshalb auf Freiwilligkeit gegründet; es wird in der Theater-AG und in der Oberstufe im Darstellenden Spiel zur Wahl angeboten.

Theaterspiel als Mittel der Bildung

Der Erwerb von Verstehenskompetenz gegenüber Dramen ist hingegen ein obligatorisches Ziel des Literaturunterrichts. Von besonderer Bedeutung für die literarische Bildung ist, dass sich die Kinder und Jugendlichen mit Sichtweisen der Wirklichkeit auseinandersetzen, die mittels einer direkt dargestellten zwischenmenschlichen Handlung gestaltet sind. Dazu sollen sie Textelemente in ihrem Zusammenhang erkennen und deuten und dabei auch eine medienübergreifend (v. a. für die Filmanalyse) verwendbare Texterschließungskompetenz ausbilden.

Ziel: Verstehen

Weil Dramen auf eine Aufführung hin angelegt sind, kann sich das Textverstehen aber nicht auf eine Analyse und metasprachliche Interpretation beschränken. Vielmehr ist auch die Frage zu beantworten: „Was muss ich tun, um den Text so auf der Bühne darzustellen, dass das erarbeitete Textverständnis überzeugend zum Ausdruck gebracht wird?“ Eine alltagstaugliche Konzeption dazu hat der Literaturdidaktiker Franz-Joseph Payrhuber entwickelt und sie „aufführungsbezoge-

Aufführungsbezug

ne Lektüre“ genannt (Payrhuber 1998, S. 642). Nach dieser Konzeption werden einzelne Momente der Theaterarbeit im Unterricht simuliert – vom Rollenlesen und dem andeutenden Anspiel über das Entwerfen von Bühnenbild und Plakaten bis zur Erarbeitung einer kompletten Szene, einer Strichfassung oder eines fiktiven Regiebuches oder Programmheftes. Eine sinnvolle Ergänzung ist der Besuch einer Aufführung des behandelten Stückes. Handlungen wie die von Payrhuber empfohlenen sind nicht nur Methoden, die dazu dienen können, das Textverstehen zu fördern. Die Fähigkeiten, solche Handlungen auszuführen, sind darüber hinaus eigenständige Ziele, die sich aus der Aufführungsbezogenheit dramatischer Texte ergeben. Die Ziele des Verstehens dramatischer Texte einschließlich ihrer Aufführungsbezogenheit und der Bildung durch Theaterspielen weisen dementsprechend fließende Grenzen auf.

7.2 Textauswahl

Auswahlkriterien

Die wichtigsten Kriterien der Textauswahl sind: 1. Die Texte müssen für die jeweilige Altersstufe thematisch bedeutsam sein, 2. sie sollen exemplarisch und 3. in Komplexität und Schwierigkeit angemessen sein. Ein Hilfskriterium für die Auswahl ist 4. der Zugang zu einer lohnenden Inszenierung, vorzugsweise im Theater, mindestens aber in einer audiovisuellen Aufzeichnung.

Thematische Bedeutsamkeit

1. An erster Stelle steht die thematische Bedeutsamkeit. Entweder ist sie, wie bei Stücken des Kinder- und Jugendtheaters, offensichtlich, oder sie muss, wie meist bei der Behandlung älterer Stücke, durch die Erarbeitung sichtbar gemacht werden. Lebensweltliche Nähe und thematische Bedeutsamkeit sind allerdings nicht dasselbe. Bedeutsam und die Behandlung lohnend kann ein dramatischer Text vor allem dann sein, wenn durch ihn herrschende Sichtweisen der Wirklichkeit nicht einfach bestätigt, sondern neu durchgespielt oder infrage gestellt werden – freilich so, dass die Jugendlichen nicht überfordert werden (→ KAPITEL 5.2).

Exemplarizität

2. Von exemplarischer Bedeutung können Dramen insbesondere in zwei Fällen sein: Wenn sie für eine Untergattung oder für eine literaturhistorische Epoche stehen. So kann *Antigone* (442 v. Chr.) von Sophokles als Beispiel der antiken Tragödie dienen, Gotthold Ephraim Lessings *Emilia Galotti* (1772) als Beispiel des bürgerlichen Trauerspiels im Kontext aufklärerischen Denkens und Bertolt Brechts *Mutter Courage* (1941) als Beispiel des epischen Theaters.

3. Bei der Auswahl sind auch gattungsspezifische Verstehensschwierigkeiten zu berücksichtigen: Für die gelungene Rezeption von Dramen müssen zentrale Textelemente vor allem auf der Grundlage der Figurenrede rekonstruiert werden, die vieles nur andeutet. Dramen zu lesen verlangt Übung. Weil Jugendliche dank Film und Fernsehen zwar im hörenden Dechiffrieren dramatischer Texte geübt sind, aber keine Dramen lesen und beim Lesen die Verstehenshilfen der szenischen Präsentation fehlen, sind Dramentexte schwerer zu verstehen als erzählende Texte mit vergleichbarer Komplexität. Das erste mehraktige Drama wird deshalb üblicherweise erst in Klasse 8 behandelt.

Angemessene Schwierigkeit

Ein konsequentes gattungspoetologisches Curriculum für dramatische Texte, mit dessen Hilfe von der Grundschule bis zum Abitur nach und nach Grundelemente dramatischer Texte, Textsorten, verschiedene Dramentypen und exemplarische Texte erarbeitet werden, spielt de facto kaum mehr eine Rolle. Zuletzt hatte der Literaturdidaktiker Harro Müller-Michaels ein solches Curriculum vorgelegt – vor vierzig Jahren (Müller-Michaels 1975 (1. Auflage 1971)). Zwar werden Verfahren der szenischen Interpretation an allen Textsorten gern praktiziert und sind spielpädagogische Einfälle beliebt, aber Theaterstücke stehen nicht im Zentrum der literaturdidaktischen Aufmerksamkeit. Wahrscheinlich wird ihre schulische Bedeutung in Zukunft zugunsten des Spielfilms noch weiter abnehmen.

Dramencurriculum

Anders als Erzählungen oder Gedichte kommen in den Klassenstufen 1–7 originale dramatische Texte nicht allzu häufig vor. Im Vordergrund steht das darstellende Spiel: Rollenspiele, alltagsnahe Gesprächsszenen und Stegreifspiele, Kasperle- und Puppenspiele, ab Klasse 4 auch Episodenspiele und eigene Dramatisierungen von Märchen, Fabeln, Schwänken und Erzählungen. Wertvolle Erfahrungen mit originalen Theatertexten und Theaterbesuchen können jedoch beim Besuch von Aufführungen des Kinder- und Jugendtheaters gewonnen werden.

Das erste mehraktige Drama wird meist aus einem nicht sehr großen Vorrat geschlossener Dramen ausgewählt; häufig wird auf Dramen von Molière zurückgegriffen (meist *Der Geizige,* 1668, oder *Der eingebildete Kranke*, 1673), außerdem auch wieder öfter auf Friedrich Schillers *Wilhelm Tell* (1804). Eher die Ausnahme sind Stücke des zeitgenössischen Jugendtheaters (in aktuellen Arbeitsbüchern tauchen etwa Lutz Hübners *Creeps* (2000) und Thomas Obenenders *Nachtschwärmer* (2000) auf; unterrichtspraktische Anregungen in Abraham/Kammler 2005).

Stücke für die Erstlektüre

Ende der Mittelstufe

Da die von der Kultusministerkonferenz 2003 beschlossenen *Bildungsstandards für den Mittleren Schulabschluss* Wert auf die Behandlung von Texten der offenen und der geschlossenen Form (nach Volker Klotz 1976) legen, wird in Klasse 9 dementsprechend häufig ein Drama mit offener Bauform behandelt. Schulklassiker für diese Jahrgangsstufe sind nach wie vor Max Frischs *Andorra* (1961) und *Biedermann und die Brandstifter* (1958), Friedrich Dürrenmatts *Besuch der alten Dame* (1956) und Carl Zuckmayers *Hauptmann von Köpenick* (1931). Weil neuerdings infolge der Schulzeitverkürzung („G 8") die Klassenstufe 10 teilweise oder ganz (Nordrhein-Westfalen) Einführungsstufe für die gymnasiale Oberstufe ist, werden hier zunehmend Dramen unter literaturgeschichtlichem Aspekt gelesen; oft wird dazu, im Rahmen einer Einführung in die Aufklärung, Lessings *Nathan der Weise* (1779) gewählt. Hier ist eine Konkurrenzsituation zur lange geübten Praxis einer theater- und kulturgeschichtlich ausgerichteten Lektüre eines antiken Dramas (meist *Antigone* oder *König Ödipus* von Sophokles) entstanden.

Oberstufe

In der Oberstufe, die im Zeichen der Vorbereitung auf das Zentralabitur steht, werden in den meisten Bundesländern die für das Abitur vorgeschriebenen Texte erarbeitet. In aller Regel wird dabei aus dem recht kleinen Vorrat kanonischer Texte ausgewählt und nur ausnahmsweise ein Gegenwartsdrama (wie Urs Widmers *Top Dogs* (1996) 2006 in Niedersachsen) herangezogen. Wenn für das Abitur so anspruchsvolle Texte wie Schillers *Don Carlos* (1787) vorbereitet werden, bleibt kaum Zeit für anderes. Empfehlenswert sind deshalb gemeinsame Theaterbesuche.

Arbeit mit Dramenauszügen

Neben die Behandlung dramatischer Ganzschriften tritt gerade in der gymnasialen Oberstufe die Beschäftigung mit Dramenauszügen unter literaturgeschichtlichen (→ KAPITEL 9) oder thematischen Fragestellungen, meist im Rahmen von Textvergleichen. Oft gewählte Themen sind die Familie oder die Rolle junger Frauen in Familie und Gesellschaft oder – schon seit langem und immer noch – die Verantwortung des Wissenschaftlers.

Gegenwartsdramatik

Oft wird die spärliche Präsenz der Gegenwartsdramatik im Unterricht beklagt. Eine zentrale Ursache dafür dürfte sein, dass die entsprechenden Texte eine zentrale Funktion der Literatur – nämlich neue Sichtweisen der Wirklichkeit anzubieten – gewissermaßen übererfüllen: Die weitgehende Fixierung des Gegenwartstheaters auf die Zerschlagung traditioneller dramatischer Strukturen und sein Wunsch, zu verstören, eingeschliffene Wahrnehmungsmuster aufzubrechen, um autonome ästhetische Erfahrung und eine neue Sicht auf die Wirklichkeit zu ermöglichen, harmoniert nicht gut mit den Sehbedürfnissen und -gewohnheiten Jugendlicher (vgl. Bogdal/Kammler 2002, S. 188f.).

7.3 Kategorien für die Textanalyse

Die Kunst, Dramen zu schreiben und aufzuführen, wurde beinahe seit ihren antiken Anfängen von theoretischer Reflexion begleitet. Am Anfang steht die *Poetik* des Aristoteles (um 335 v. Chr.), in der etwa die strikte Einheit der Handlung (also die Konzentration auf die konsequente Entfaltung eines zentralen Konfliktes ohne Nebenhandlungen und Episoden) gefordert wird. Später wurde diese Forderung erweitert zur Lehre von den drei Einheiten der Tragödie – der Handlung, des Ortes, der Zeit –, die lange Zeit den Charakter einer verbindlichen Norm besaß. Noch heute stammen viele Fachbegriffe, die als deklaratives Wissen im Unterricht vermittelt werden sollen, aus dem Griechischen (z. B. Tragödie, Komödie, Szene, Peripetie, Katastrophe, Katharsis, Dialog, Monolog, Stichomythie, Mimik, Gestik usw.). Manfred Pfisters *Das Drama* (2001) stellt die relevanten Analyseaspekte in großer begrifflicher Genauigkeit zusammen. Für Unterrichtszwecke müssen sie sinnvoll reduziert und es müssen Kategorien gefunden werden, die so einfach wie möglich sind und trotzdem genügend aufschließende Kraft besitzen.

Fachbegriffe aus der Antike

Über die folgenden Grundbegriffe besteht in der Fachdidaktik im Wesentlichen Einigkeit: Handlung, Figur und Figurenrede (in Dialog und Monolog). In der folgenden Formulierung des Literaturdidaktikers Günter Waldmann wird ihr systemischer Zusammenhang deutlich:

Konsens über Grundbegriffe

- „im Drama treten Figuren auf,
- die Figuren reden miteinander,
- dadurch ergibt sich eine Handlung,
- in der Handlung entwickeln sich Konflikte zwischen der Figuren.“

(Waldmann 1999, S. 6)

Raum- und Zeitstruktur zählen ebenfalls zu den Grundelementen des Dramas. Während aber Handlung, Figuren und deren Rede in jedem Fall untersucht werden müssen, ist die Klärung der Zeit- und Raumverhältnisse zwar oft, aber eben nicht immer für das Verständnis eines Textes unerlässlich. Das gilt vor allem für viele Dramen des geschlossenen Typs. Elisabeth Renk bezieht in ihrem durchdachten didaktischen Entwurf *Dramatische Texte im Unterricht* (1976) au-

Bereich der szenischen Realisierung

ßerdem ausdrücklich den Aufführungsaspekt mit ein und fordert als obligatorisches Element des Dramenunterrichts die Behandlung der dramatischen Ausdrucksmittel Sprache, Körper, Mimik, Bühne. Gemeint ist also nicht der Text, sondern die Dimension seiner theatralischen Realisierung. Mit einzubeziehen sind bei der Textuntersuchung zudem die äußere Textgliederung (meist in Akt und Szene) und der Nebentext (also die den Sprechtext ergänzenden Angaben zu Bühnenbild, zu Ort und Zeit, Regieanweisungen usw.).

Aspekt: Handlung

Zur Handlungsanalyse des Dramas eignet sich das Modell zur Analyse der Handlung epischer Texte (→ KAPITEL 5.3, ABBILDUNG 13). Dessen zentrale Begriffe Komplikation und Auflösung entsprechen im Wesentlichen den dramaturgischen Begriffen dramatischer Konflikt und Lösung.

Freytags Pyramidenmodell

Um den Handlungsaufbau eines Dramas zu verstehen, leistet zusätzlich das 1863 von dem Schriftsteller und Literaturwissenschaftler Gustav Freytag vorgestellte idealtypische Modell der fünfaktigen Tragödie gute Dienste (Freytag 1863): 1. Akt: Exposition – 2. Akt: steigende Handlung mit erregendem Moment – 3. Akt Höhe- und Wendepunkt – 4. Akt: fallende Handlung mit retardierendem Moment – 5. Akt: Katastrophe. Die Frage, ob ein Drama Freytags Modell entspricht, ist von beachtlichem Erkenntniswert, und zwar in mehreren Fällen. Gegenüber traditionell gebauten Dramen des geschlossenen Typs (nach Volker Klotz) hilft sie, den zentralen Konflikt zu entdecken und die Handlung in ihrem chronologisch-kausalen Zusammenhang herauszupräparieren. Mithilfe von Freytags Modell lässt sich aber indirekt auch der Handlungsaufbau vieler Dramen des offenen Typs besser erkennen: Es kann deutlich werden, dass sie gerade keinen zentralen Konflikt oder einen geradlinigen Handlungsaufbau mit eindeutigem Höhepunkt aufweisen, sondern beispielsweise – wie etwa viele Dramen von Ödön von Horvàth – kreisförmige Strukturen. (Weitere dramaturgische Modelle werden in der instruktiven Übersicht bei Denk/Möbius 2008, S. 115–147, vorgestellt.)

Aspekt: Figur

Auch die Figurenanalyse kann sich der Kategorien bedienen, die für epische Texte herangezogen werden (→ KAPITEL 5.3). Eine Schwierigkeit ist, dass Merkmale dramatischer Figuren oft erst erschlossen werden müssen; eine Übersicht, auf welche Aspekte dabei zu achten ist, gibt das (allerdings sehr komplexe) Schema Manfred Pfisters (vgl. Pfister 2001, S. 252).

Die Untersuchung der Figurenkonstellation ermittelt Held und Gegenspieler und klärt das Verhältnis der anderen Figuren zu ihnen (gut darstellbar mit grafischen oder szenischen Methoden). Das

Nachdenken darüber, welche Figur sich als Hauptfigur und welche als deren Gegenspieler ansehen lässt, ist auch bei Dramen des offenen Typs, in denen es oft keinen Helden im klassischen Sinne gibt, hilfreich, um die Funktion einzelner Figuren zu erkennen.

Aspekt: Figurenrede

Die Figurenrede (in Dialog und Monolog) ist „sprechendes Handeln" und „aktionales Sprechen", allerdings bei „variabler Distanz von Rede und Handlung" (Pfister 2001, S. 169). Obwohl Kategorien der Rhetorik und der Konversationsanalyse, insbesondere Begriffe, die Sprachhandlungen beschreiben (vorwerfen, bezweifeln, zurückweisen usw.), bei der Untersuchung dramatischer Rede angewendet werden können und sollen, muss ein wesentlicher Unterschied zu realer Rede beachtet werden: Alles, was im Drama gesagt wird, zielt auf den Zuschauer und soll auf ihn wirken.

Nutzen des Modells von Klotz

Als idealtypisches Schema, das die relevanten dramatischen Grundelemente integriert, ist die von Volker Klotz entwickelte Gegenüberstellung von geschlossener und offener Form des Dramas auch didaktisch von großem Wert (vgl. Klotz 1976; → KAPITEL 7.1). Das Modell ist sachlich gut begründet, einprägsam und gut anwendbar. Wie bei Gustav Freytags pyramidalem Aufbauschema klassischer Dramen geht es nicht vorrangig darum, einen Text unter einen der beiden Typen zu subsumieren. Vielmehr soll das Modell als Werkzeug der Erkenntnisgewinnung genutzt werden. Mithilfe der von Klotz gegebenen Kriterien kann beispielsweise geprüft werden, ob sich die Figuren als autonom Handelnde oder als Getriebene, die den Verhältnissen ohnmächtig ausgeliefert sind, angemessen beschreiben lassen. Das Ziel ist nicht, das Schema zu bestätigen, sondern mit seiner Hilfe den Text zu verstehen.

7.4 Die methodische Gestaltung von Unterricht

Gestaltendes Erarbeiten von Grundelementen

Sofern die Erarbeitung von dramatischen Grundelementen und von Kategorien der Dramenanalyse im Mittelpunkt des Unterrichtes steht, sind Schreib- und Spielübungen empfehlenswert, die nach und nach komplexer zu gestalten sind. Mögliche Aufgaben sind, eine Handlungsführung mit Komplikation und Lösung zu erfinden und zu entfalten, Figuren mit einfachen und gemischten Merkmalen auszustatten und Dialoge nach einfachen dramaturgischen Regeln und publikumsbezogen auf- und auszubauen. Dazu können Auszüge aus ‚professionellen' Dramen Anregungen für analoge Schreibaufgaben geben: Etwa Molière-Szenen für die Darstellung menschlicher Schwächen; eine Szene aus Botho Strauß' *Groß und Klein* (1978) für die Gestaltung reduzierter Kommunikation (vgl. Waldmann 1999; Bekes 2005).

Ziel: Textverstehen

Sofern das Ziel das Verstehen konkreter dramatischer Texte ist, gelten zunächst die gleichen Prinzipien wie für die Behandlung von Gedichten oder Erzählungen. Ergänzend – jedoch nur auf der Grundlage einer hinreichenden Texterschließung – ist die Aufführungsbezogenheit zu berücksichtigen (→ KAPITEL 7.1). Bevor beispielsweise überlegt werden kann, wie in Schillers *Wilhelm Tell* die Ermordung Geßlers darzustellen sei, müssen die Fragen nach Ursachen, Umständen und Folgen dieser Tat vom Text her beantwortet werden. Die Klärung der Frage, warum Wilhelm Tell den habsburgischen Reichsvogt Geßler ermordet, ist von besonderer Bedeutung. Um sie beantworten zu können, müssen der Handlungsverlauf und das Verhältnis zwischen Unterdrückern und Unterdrückten, Tells Figurenmerkmale und vor allem sein großer Monolog (4. Akt, 3. Aufzug), in dem er sich über seine Motive Rechenschaft ablegt, in genauer Textarbeit und im auswertenden Unterrichtsgespräch geklärt werden. Die einzelnen Aufgaben werden aus dem Repertoire der textanalytischen oder der handlungs- und produktionsorientierten Verfahren gewählt. Beide Aufgabentypen zielen auf die Arbeit am Text. Durch handlungs- und produktionsorientierte Verfahren kann zugleich das Textverstehen gefördert und die Aufführungsbezogenheit von Dramen berücksichtigt werden.

Analytische Aufgaben

Charakteristische Aufgaben aus dem Bereich der begrifflichen Analyse sind: die zentralen Elemente der Handlung (mit Hilfe des Modells von Komplikation und Auflösung) benennen, einen Dialog analysieren, eine Figur charakterisieren, die Figurenkonstellation zu einem bestimmten Zeitpunkt der Handlung darstellen. Auf den Wirklichkeitsbezug zielt beispielsweise die Erörterung der Frage, ob Tell als Freiheitsheld oder als feiger Mörder anzusehen sei.

Handlungs- und produktionsorientierte Aufgaben

Charakteristische Aufgaben aus dem Bereich der handlungs- und produktionsorientierten Methodik sind: eine Rollenbiografie schreiben, das Unausgesprochene zur Äußerung einer Figur (den sogenannten Subtext) in Ich-Form ausformulieren, die Apfelschussszene aus *Wilhelm Tell* einmal aus der Sicht eines Schweizers, einmal aus der Sicht eines Österreichers zusammenfassen, den richtigen Ton einer Replik durch lautes Lesen herausfinden, ein Interview mit einer Figur führen, zur Beurteilung der Aktualität eines Textes einen Beitrag für ein fiktives Programmheft schreiben usw. (vgl. die umfassende Übersicht bei Waldmann 1999).

Besonders bekannt geworden sind unter den handlungsorientierten Verfahren zum Umgang mit Dramen die Varianten der szenischen Interpretation, die der Oldenburger Theaterpädagoge Ingo Scheller seit Ende der 1970er-Jahre entwickelt hat (vgl. Scheller 1996) – vor allem das Standbildverfahren, mit dessen Hilfe die Gefühle einer Figur oder die Beziehung zwischen mehreren Figuren körperlich zum Ausdruck gebracht werden sollen. Scheller möchte mit dem szenischen Interpretieren über das Textverstehen hinaus auch Möglichkeiten zur Selbsterfahrung schaffen.

Szenische Interpretation

Für den Literaturdidaktiker Günter Waldmann, dessen Buch *Produktiver Umgang mit dem Drama* (1999) eine umfassende Übersicht handlungs- und produktionsorientierter Methoden bietet, stehen wie auch für anderen namhafte Vertreter dieses Ansatzes (Kaspar H. Spinner u. a.) analytische und Produktionsaufgaben im Verhältnis wechselseitiger Ergänzung, nicht eines Entweder-Oder. Waldmann nennt als Ziel, den Text zu verstehen und sich mit seiner Gestaltung, seinen Problemen und seiner Weltsicht auseinanderzusetzen. Als größte Vorteile produktiver Verfahren sieht er den Erfahrungsbezug, die Intensität der Vorstellungsbildung und den Gewinn, der aus dem hier besonders konsequent angewandten Prinzip des Learning by Doing resultiere (vgl. Waldmann 1999).

Die produktiven Verfahren erscheinen oft sehr einleuchtend und versprechen eine attraktive, schülernahe Alternative zum als verkopft verschrienen analytischen Unterricht. Sie haben deshalb einen festen Platz im Unterricht gefunden. Ihr Einsatz muss indes genauso sorgfältig bedacht werden wie eine analytische und überhaupt jede Aufgabe. Als Hauptproblem hat sich der oft mangelnde Rückbezug auf den Text erwiesen. Die Folge ist dann häufig eine erkenntnislose Betriebsamkeit: Beim Ausfüllen von sogenannten Leerstellen kümmern sich die Schüler zu wenig um den Text und seine Vorgaben, sondern aktivieren passend erscheinende Klischees; Standbilder werden ohne die nötige Konzentration und Ernsthaftigkeit gebaut und zu wenig textbezogen ausgewertet.

Probleme des produktionsorientierten Ansatzes

Dramen sind in der Regel längere Texte (sogenannte Ganzschriften). Für ihre Behandlung im Unterricht gelten ähnliche Grundsätze wie für die Erarbeitung eines Romans. Eine gleichmäßig intensive Auseinandersetzung mit dem gesamten Text ist in der Regel weder sinnvoll noch möglich. Bei lebensweltlich fernen und sprachlich schwierigen älteren Texten – wenn etwa *Wilhelm Tell* in Klasse 8 erarbeitet werden soll – sind zunächst ein gemeinsames Einlesen und die Bereitstellung von Wissen über die dargestellte Welt des Textes

Umgang mit Ganzschriften

sinnvoll. Als Alternative zur häuslichen Vorablektüre empfiehlt sich oft das gemeinsame Anschauen einer geeigneten Aufführung, um ein erstes Globalverständnis von Handlung und Thematik zu gewinnen und – möglichst gemeinsam – die Schwerpunkte der weiteren Arbeit festzulegen. Neben die Klärung des Handlungsaufbaus oder der Figurenmerkmale, bei denen auf den Text als Ganzen zugegriffen wird, tritt die intensive Erarbeitung von Kernstellen. Die textimmanente Erarbeitung wird je nach Unterrichtssituation durch die Einbeziehung von (literatur- oder kulturgeschichtlichem) Kontextwissen, (dramaturgischen) Paralleltexten, Vergleichstexten usw. ergänzt. Die Gesamtdauer der Behandlung sollte vier Wochen nicht übersteigen. Zwingend erforderlich sind eine genaue vorbereitende didaktische Analyse des Textes im Bewusstsein der unvermeidlichen Unvollständigkeit jeder Erschließung im Unterricht, die Konzentration auf zentrale Aspekte und die Ermittlung relevanter Gegenwartsbezüge.

Lektüreempfehlungen

- **Ulf Abraham / Clemens Kammler (Hg.): Drama, Theater, Szenisches Spiel,** Praxis Deutsch, Sonderheft 2005. *Sammelband mit anregenden, praktisch erprobten Unterrichtsmodellen.*
- **Rudolf Denk / Thomas Möbius: Dramen- und Theaterdidaktik. Eine Einführung,** Berlin 2008 (Grundlagen der Germanistik 46). *Engagiert geschriebene, aktuelle Übersicht.*
- **Günter Waldmann: Produktiver Umgang mit dem Drama,** 6. Auflage Baltmannsweiler 2010. *Ein umfassendes Handbuch einschlägiger Verfahren aus einem Guss.*

8 Mediale Texte

Abbildung 20: Fritz Lang: *M. Eine Stadt sucht einen Mörder* (1931). Szene mit Inge Landgut

Das Filmbild zeigt dem Zuschauer den Kindermörder, nach dem in Fritz Langs Film „M – eine Stadt sucht einen Mörder“ (1931) gefahndet wird. Es ist das erste Auftreten des Mörders; effektvoll wird er als Schattenbild vor einem Fahndungsplakat dargestellt, und zwar während er sich zu seinem nächsten Opfer herunterbeugt. Der Film des vor allem durch seine Stummfilme weltberühmten Regisseurs Fritz Lang gehört zu den Klassikern der Filmgeschichte. Der Film ist filmsprachlich in mehreren Aspekten innovativ, vor allem in Kameraführung, Ton und Montage. Auch das Thema des Films und seine Behandlung sind avantgardistisch: Lang zeigt mit einem Triebtäter das ‚ganz Andere‘, das das Leben der Großstadt erschüttert. Der Film macht das ‚Fremde‘ jedoch nicht nur zum Thema, sondern ‚befremdet‘ auch, indem er eine Einschätzung des Dargestellten offen lässt. Durch seine Art des Erzählens gelingt Lang ein wesentlicher Beitrag zur Erzählkunst der Moderne. Im Verlauf des 20. Jahrhunderts sind noch zahlreiche weitere Spielfilme entstanden, die zu Klassikern avancierten. Die Kenntnis entsprechender Filme und ihrer Regisseure gehört längst zum Bildungsgut in unserer Gesellschaft.

Der Deutschunterricht ist mittlerweile unbestritten ein Leitfach für die Medienerziehung geworden. Für die Vermittlung von Medienkompetenz, die als fächerübergreifende Aufgabe betrachtet wird, spielt er eine zentrale Rolle. Diese Aufgabe fordert zu einer neuen Gegenstandsbestimmung des Faches heraus und zudem zu einer Entwicklung neuer Konzeptionen, in denen die Medien nicht einfach ein Anhängsel zu den etablierten Gegenständen des Faches bilden.

Auch oder sogar vor allem der Literaturunterricht wandelt sich durch diese Aufgabe: Sollen nun, so ist mit Blick auf die Erweiterung des Unterrichts um Medienproduktionen beispielsweise zu fragen, narrative Computerspiele Gegenstand des Unterrichts werden? Soll künftig eine medienintegrative Verstehenskompetenz gefördert werden, die ebenso auf audiovisuelle und interaktive Produktionen wie auf literarische Werke bezogen ist? Eine herausgehobene Stellung im Rahmen dieser Überlegungen nimmt aufgrund seiner mittlerweile überragenden Bedeutung für den Einzelnen und die Gesellschaft der (Spiel-)Film ein.

8.1 Mediendidaktik Deutsch
8.2 Filmdidaktik
8.3 Kategorien für die Filmanalyse
8.4 Die methodische Gestaltung von Unterricht

8.1 Mediendidaktik Deutsch

Medienbegriff

Für den Begriff „Medien“ gibt es eine Vielzahl konkurrierender Definitionen, von denen sich in der Deutschdidaktik keine als führend durchgesetzt hat. In einem weiteren Sinn umfasst der Medienbegriff auch (schrift-)sprachliche Texte, in einem engeren lediglich technische Medien wie Film und Computer. Das Fehlen eines konsensfähigen Medienbegriffs ist für die Literaturdidaktik allerdings kaum problematisch. Wichtiger ist das Einvernehmen darüber, dass der um Medien (im engeren Sinn) erweiterte Literaturunterricht vor allem auf Medienproduktionen bezogen ist und dass diese Medienproduktionen wenigen Medientypen zuzuordnen sind.

Medientypologie

Für die Bildung von Medientypologien liegen unterschiedliche Vorschläge vor. Der dargestellte Vorschlag (→ ABBILDUNG 21) beruht auf gängigen Unterscheidungen.

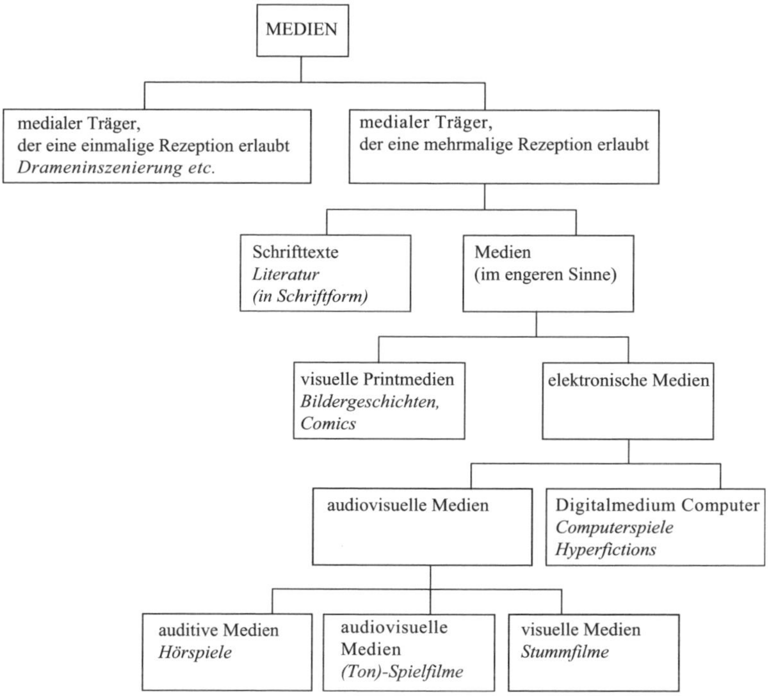

Abbildung 21: Medientypen: Übersicht

Mittlerweile hat sich der Computer zu einem Medium entwickelt, das alle Typen von Medienproduktionen integrieren kann. Die typologischen Unterscheidungen werden dadurch aber nicht überflüssig.

Für eine Integration von Medien in den Literaturunterricht sprechen drei gewichtige Argumente:

Begründungen für die Integration

1. Audiovisuelle und digitale Medienproduktionen können als Ergebnis eines medialen Wandels betrachtet werden, der das Feld der literarischen Werke um ‚literaturnahe' Produktionen ergänzt hat: So erzählen Spielfilme ebenso wie epische Werke Geschichten – es hat sich ‚nur' das Medium des Erzählens gewandelt. Inzwischen hat vor allem der Film aufgrund seiner besonderen Popularität für den Einzelnen und die Gesellschaft wichtige Funktionen übernommen, die früher der Literatur zukamen. So ermöglicht der Spielfilm die Aneignung und Nutzung von (neuen) Sichtweisen der Wirklichkeit und spielt eine wichtige Rolle als „öffentliches Selbstverständigungsmedium" (Abraham/Kepser 2009, S. 168).

2. Medienproduktionen können ein hohes Bildungspotenzial aufweisen. Ein Teil der Werke sind komplexe, von ästhetischen Merkmalen geprägte Kunstwerke, die anspruchsvolle Rezeptionsprozesse erfordern und dem Rezipienten eine differenzierte Wirklichkeitssicht nahelegen. Insbesondere unter den Spielfilmen finden sich klassische Werke, deren Kenntnis als Teil einer medialen Bildung gelten kann.

3. Medien haben einen hohen Stellenwert in der außerschulischen Lebenswirklichkeit. Zwar trifft die verbreitete Meinung, Kinder würden durch Filme, Fernsehsendungen und Computerspiele vom Lesen abgebracht, so pauschal nicht zu (→ KAPITEL 4.2). Doch prägen audiovisuelle und digitale Medienproduktionen tatsächlich die medialen Erfahrungen von Kindern – lange bevor sie lesen können – und Jugendlichen in entscheidender Weise. Auch sind Medienproduktionen für einen Teil von ihnen sowie für eine große Gruppe von Erwachsenen tatsächlich von sehr viel größerer Bedeutung als Schrifttexte. Zudem rezipieren Kinder und Jugendliche häufig Produktionen in Medienverbünden, also beispielsweise Werke, die in Buchform, als Hörbuch und in einer Filmfassung erscheinen.

Ziel mediale Bildung

Die Ziele für die Beschäftigung mit Medienproduktionen im Literaturunterricht entsprechen weitgehend den Zielen für die Arbeit mit literarischen Texten (→ KAPITEL 2.4), ergänzt um die Kompetenz zum Vergleich von Literatur und Medien. Das übergreifende fachspezifische Ziel für die Arbeit mit Medienproduktionen ist die mediale Bildung, die wie die literarische Bildung vor allem auf einer Förderung von Verstehenskompetenz beruht. Die Teilkompetenzen der

Zentrales Teilziel Verstehenskompetenz

Verstehenskompetenz sind wiederum die Kompetenz zum Erkennen von Elementen und ihren Beziehungen, zur Deutung sowie zur Aneignung und Nutzung von (neuen) Sichtweisen der Wirklichkeit. Das Verstehen von Medienproduktionen umfasst auch eine emotionale Beteiligung, die aber häufig eher als Präsenzerleben denn als Empathie (→ KAPITEL 2.2) wirksam wird und dann keiner besonderen Förderung bedarf; eine visuelle Vorstellungsbildung ist nur für das Verstehen mancher Medienproduktionen, beispielsweise von Hörspielen, notwendig.

Weitere Teilziele

Das zentrale Ziel der Förderung von Verstehenskompetenz wird durch das Ziel der Rezeptionsmotivation ergänzt, die anders als die Lesemotivation zwar nicht prinzipiell, aber für den Umgang mit komplexen, herausfordernden Medienproduktionen gefördert werden soll. Dazu kommt das Ziel „Wissen über Medienproduktionen und ihre Kontexte", das einerseits einen direkten Beitrag zur medialen Bildung leisten kann und andererseits Teil der Deutungskompetenz ist. Es ist insbesondere für den Film anzustreben und umfasst Kenntnisse über wichtige Autoren, Werke, Genres und mediengeschichtliche Epochen, außerdem über die Produktion und Distribution medialer Werke.

Zugunsten eines medienintegrativen Literaturunterrichts ist das zentrale Ziel des Textverstehens zu erweitern:

Ergänzung der Lernziele: Medienvergleich

Die Texterschließungskompetenz soll eine Vergleichskompetenz umfassen (vgl. Leubner/Saupe 2012, S. 244–250). Die Schüler können so (durch Vergleiche z. B. von literarischem Original und filmischer Adaption) Wissen über medienbedingte Gemeinsamkeiten und Unterschiede von Werken unterschiedlicher Medien erwerben, insbesondere von erzählenden literarischen Texten und erzählenden Filmen. Ziel ist, dass die Schüler vor allem über das folgende Wissen verfügen:

- Erzählungen unterschiedlicher Medien können Handlung und Figuren grundsätzlich gleich gestalten.
- Erzählungen unterschiedlicher Medien können außerdem im Bereich der narrationsspezifischen Darstellungsverfahren prinzipiell die gleichen Verfahren verwenden und so beispielsweise die Perspektivierung oder die Zeitgestaltung in gleicher Weise vornehmen. Es gibt jedoch medientypische Unterschiede in der Verwendung dieser Darstellungsverfahren und damit im Bedeutungs- und Wirkungspotenzial vieler Werke; so nutzen etwa Spielfilme typischerweise die objektive Außensicht und einen Wechsel von Zeitdeckung und Aussparung zumeist kleinerer Zeiträume.

- Werke unterschiedlicher Medien nutzen darüber hinaus medienspezifische Darstellungsverfahren, beispielsweise Filme die Einstellungsgröße. Werke eines Mediums weisen so jeweils ein besonderes Bedeutungs- und Wirkungspotenzial auf, das von Werken anderer Medien höchstens in ungefährer Entsprechung nachgebildet werden kann.

Dieses Wissen kann den Schülern eine Reflexion der Eigentümlichkeiten und Leistungen unterschiedlicher Medien ermöglichen, aber auch eine Orientierungshilfe für die Erschließung weiterer Werke bieten.

Damit das Lernziel Textverstehenskompetenz im medienintegrativen Literaturunterricht in möglichst ergiebiger Weise erreicht werden kann, sollen die Schüler Texterschließungskompetenzen gegenüber Werken eines Mediums auf solche eines anderen übertragen (vgl. Leubner/Saupe 2012, S. 244–250). Insbesondere können Begriffe und Fähigkeiten der Analyse von Handlung, Figuren und medienübergreifenden Darstellungsverfahren sowie Kompetenzen der Deutung anhand von Filmen oder anderen Medienproduktionen erworben und anschließend bei der Erschließung von literarischen Erzählungen genutzt und vertieft werden. Die Schüler können Handlungsmuster, Figurenkonzeptionen und Darstellungsverfahren (wie die Perspektivierung) in Spielfilmen und anderen Medienproduktionen offenbar leichter erkennen als in literarischen Texten: Zum Ersten, weil sie Medienproduktionen in der Regel früher und leichter rezipieren als die zunächst mühevoll zu lesenden literarischen Texte (vgl. Wermke 1997, S. 112). Und zum Zweiten vermutet man, dass der Unterschied von Handlung und Darstellung einer Erzählung (→ KAPITEL 5.3) bzw. die Verwendung von Darstellungsverfahren im Medium des Bildes deutlicher wahrnehmbar ist als im Medium der Schrift (vgl. Zabka 2004, S. 260; Spinner 2004, S. 202f.).

Kompetenztransfer

Während audiovisuelle Medienproduktionen als Unterrichtsgegenstand kaum noch didaktisch infrage gestellt werden, sind computerspezifische Mediengenres wie Computerspiele und Hyperfictions umstritten.

Auswahl von Mediengenres

Vor allem narrative Computerspiele sind jedoch didaktisch interessant, weil sie im Medien- und Erzählalltag vieler (männlicher) Jugendlicher eine große Rolle spielen. Neben einer Erörterung ihrer narrativen Strukturen bietet sich sicherlich (ähnlich wie bei populären Filmen) eine kritische Betrachtung der von ihnen angebotenen zumeist klischeehaften Weltsicht an (vgl. Leubner/Saupe 2012, S. 281–290). Doch ist es schwierig, eine solche kritische Betrachtung im Unterricht anzuregen, ohne den Eindruck zu erwecken, dass den Schülern die Freude an den von ihnen rezipierten Produktionen verdorben werden soll.

8.2 Filmdidaktik

Unterschiede Film – literarischer Text

Filme unterscheiden sich von literarischen Texten grundlegend durch das Medium ihrer Darstellung: Sie nutzen vor allem das Medium der Bilder, von denen sich die verbale Sprache (zumeist als Teil des Tons) in der Rezeption nicht trennen lässt. Dieser mediale Unterschied bedingt einen Unterschied im Zeichencharakter der Darstellung: Bei den filmischen Bildern handelt es sich um Zeichen, die fast ausnahmslos individuelle Sachverhalte – Objekte, Figuren, Geschehnisse – oder genauer: Vorstellungsbilder dieser Sachverhalte repräsentieren. Die sprachlichen Zeichen bezeichnen dagegen Klassen von Sachverhalten bzw. Begriffe.

Dieser Unterschied führt dazu, dass Filme im Gegensatz zu literarischen Texten den Eindruck einer unmittelbaren Abbildung von Realität erzeugen können – allerdings ist dieser Eindruck ein scheinbarer, denn die Bilder sind nur zweidimensional und kommen darüber hinaus durch den Einsatz vielfältiger Gestaltungsmittel zustande (vgl. Lohmeier 1996, S. 1–23; Genette 2010, S. 117).

Gemeinsamkeiten

Trotz dieser Unterschiede stehen Filme den literarischen Texten nahe: Filme – Spielfilme oder auch narrative (Werbe-)Clips – können fiktionale Erzählungen darbieten; und die filmische Darstellung, so in Spielfilmen, (Video-)Clips und Dokumentarfilmen, kann ästhetische Besonderheiten aufweisen. Durch ein Zusammenspiel von Inhalt und besonderer Form können Filme ihren Rezipienten (neue) Sichtweisen von Wirklichkeit nahelegen; Spielfilme bieten dabei ähnlich wie epische Texte vor allem Sichtweisen der Beziehung von Subjekt und Außenwelt an.

In der öffentlichen Meinung ist eine Geringschätzung von Filmen gegenüber literarischen Werken insbesondere in pädagogisch-didaktischer Hinsicht noch immer verbreitet: Während das Lesen von (literarischen) Texten die kognitiven Aktivitäten von Kindern, ihre Fantasie und Kreativität anrege, führe die Rezeption von Filmen zu einer passiven Konsumhaltung. Diese Auffassung dürfte auf die Rezeptionsästhetik zurückgehen: Im Rahmen dieser literaturtheoretischen Richtung wird angenommen, dass ein Leser bei der Lektüre literarischer Texte Unbestimmtheitsstellen des Textes mithilfe seines Weltwissens konkretisiert und so die dargestellte Welt mit ihren Räumen, Objekten und Figuren selbst konstruiert.

Kritik: keine Unbestimmtheitsstellen

Bei der Rezeption eines Filmes könnten dagegen die Bilder von einem passiven Rezipienten einfach übernommen werden (vgl. Iser 1994, S. 222).

Die neuere kognitionspsychologisch fundierte Erzählforschung macht allerdings deutlich, dass sich eine solche Entgegensetzung der literarischen und filmischen Rezeption nicht aufrechterhalten lässt. Auch wenn Objekte in Filmen bereits in konkretisierter Weise dargestellt werden, weisen die filmischen Bilder doch eine eigentümliche „Lückenhaftigkeit" auf, die zu einer kreativen Mitarbeit des Rezipienten auffordert (vgl. Chatman 1990, S. 162). Ähnlich wie bei der Rezeption literarischer Texte muss der Rezipient nicht nur die vom Werk übermittelten „Daten" erkennen, sondern diese Daten auch durch sein Weltwissen ergänzen (vgl. Branigan 1992, S. 37). Er muss die zentralen Elemente des Werkes auf den Ebenen von Inhalt und Form rekonstruieren und auf dieser Grundlage eine (auch) subjektive Deutung entwickeln.

‚Lückenhaftigkeit' von Filmen

Die zentralen Argumente für die Behandlung von Medienproduktionen im Literaturunterricht sprechen insbesondere für die Arbeit mit Filmen. (Spiel-)Filme prägen in besonderem Maße die Medienrezeption von Kindern und Jugendlichen, und die Gattung besitzt ein großes Bildungspotenzial, weil sie eine Vielzahl anspruchsvoller Werke umfasst. Die herausgehobene Bedeutung von (Spiel-)Filmen rechtfertigt die Ergänzung der im Literaturunterricht behandelten literarischen Hauptgattungen (→ KAPITEL 5–7) durch den Film als vierte Gattung. Anzustreben ist, dass mindestens ein Ganzfilm pro Schuljahr von den Schülern erarbeitet wird, unter Umständen sollen Produktionen weiterer filmischer Genres wie Werbeclips oder Fernsehserien hinzutreten.

Warum Filme im Literaturunterricht?

Spielfilme als vierte Gattung

Filme sollen aber nicht einfach den anderen Gattungen hinzugefügt werden: Filme weisen wichtige Gemeinsamkeiten mit literarischen Werken auf; und die Erfahrungen, die Kinder und Jugendliche mit der Filmrezeption machen, prägen ihren Umgang mit der Literatur. Dementsprechend bietet sich eine gemeinsame Betrachtung von literarischen Texten und Filmen auf der Grundlage des Vergleichs- und des Transferkonzeptes an. Insbesondere soll sich diese gemeinsame Betrachtung auf erzählende literarische Texte und erzählende Filme richten (und womöglich außerdem Erzählungen in weiteren Medien, z. B. interaktive Erzählungen, einbeziehen): Die Spielfilmdidaktik soll auf diese Weise Teil einer umfassenden Narrationsdidaktik sein.

Ziele

Die Ziele für die Beschäftigung mit (Spiel-)Filmen im Literaturunterricht entsprechen weitgehend den Zielen für die Arbeit mit Medienproduktionen. Im Rahmen einer Förderung der Verstehenskompetenz gegenüber (Spiel-)Filmen sollen die Schüler – sozusagen in einer

Sehschule (vgl. Kern 1996) – lernen, Filme als konstruierte Bild-(Ton-) Folgen wahrzunehmen und auf dieser Grundlage ihre Kompetenz zur Deutung filmischer Werke vertiefen. Ergänzt wird das Ziel der Förderung von Verstehenskompetenz durch die Ziele einer Förderung von Rezeptionsmotivation für den Umgang mit anspruchsvollen Filmen und einer Vermittlung von Wissen über den Film.

Filmauswahl

Wie für die Auswahl von literarischen Texten für den Unterricht gilt auch für die von Filmen in der Regel, dass die Werke den Schülern auf der Grundlage der Texterschließung eine Aneignung und Nutzung von (neuen) Sichtweisen der Wirklichkeit ermöglichen und dabei die Schüler fordern, aber nicht überfordern sollen. Insbesondere sollen dazu Filme ausgewählt werden, die – relativ zur Rezeptionskompetenz der Schüler – ästhetisch anspruchsvoll gestaltet sind und ein komplexes Zusammenspiel von Inhalt und Form bieten; das gilt in gewissem Maße durchaus auch für Kinder- und Jugendfilme. Darüber hinaus kann das ‚didaktische Funktionieren' von Filmen – ihre Eignung zur Vermittlung grundlegender Merkmale filmischen Erzählens – für die Auswahl maßgeblich sein.

Weitere Kriterien zur Filmauswahl

Ein weiteres Kriterium, das die Filmauswahl für den Unterricht leiten soll, ist der Beitrag eines Films zum Wissen über (1) wichtige Werke sowie Regisseure, (2) Genres und (3) Epochen des Films.

Zu 1.: Ein konsensfähiger Kanon für die Schule steht noch nicht zur Verfügung.

Zu 2.: Im Unterricht dominieren zurzeit Spielfilme einschließlich von Kinder- und Jugendfilmen. Daneben sollen jedoch nach Möglichkeit verstärkt Kleinformen wie der (narrative) Werbeclip und eventuell auch Dokumentarfilme mit künstlerischem Anspruch einbezogen werden. Didaktisch noch kaum diskutiert ist die Frage, ob die Schüler ein Spektrum bedeutender Spielfilm-Genres unter Berücksichtigung etwa der Filmkomödie, des Western und des Kriminalfilms erarbeiten sollen. Sinnvoll wäre auf jeden Fall die exemplarische Untersuchung zumindest eines Genres. Filmische Adaptionen literarischer Texte als Sonderfälle des Spielfilms haben insofern einen besonderen didaktischen Wert, als ihre Erschließung die Kompetenz zum Vergleich von Literatur und Film gezielt fördern kann.

Zu 3: Wünschenswert wäre etwa eine Beschäftigung mit je einem Film in der Sekundarstufe I und II unter filmhistorischer Perspektive; darunter zumindest mit einem in Deutschland produzierten Film, etwa aus der UFA-Epoche, in der Klassiker wie Fritz Langs *M – eine Stadt sucht einen Mörder* (1931) entstanden sind.

8.3 Kategorien für die Filmanalyse

Erschließung von Filmen

Die Erschließung von Filmen im Unterricht erfordert ebenso wie die von literarischen Texten eine Untersuchung der Ebenen von Inhalt und Form. Die Untersuchung von Elementen der Form soll natürlich stets mit Blick auf ihre Funktion erfolgen und dabei das Zusammenspiel von Form und Inhalt berücksichtigen. Für eine Untersuchung der Handlungsebene von erzählenden Filmen kann ein medienübergreifendes Analysemodell (→ KAPITEL 5.3) genutzt werden. Für die Untersuchung der Darstellungsebene bietet sich ein Modell an, in dem konsequent zwischen film- und narrationsspezifischen Kategorien unterschieden wird: Zwischen solchen Kategorien, die auf Filme aller Art, und solchen, die auf Erzählungen aller Art anwendbar sind (→ ABBILDUNG 22 nähere Erläuterung der Kategorien in Leubner/Saupe 2012).

Die aktuelle filmdidaktische Diskussion sowie aktuelle Lehrpläne und Lehrwerke konzentrieren sich jedoch vor allem auf die Filmsprache und vernachlässigen narrationsspezifische Aspekte des erzählenden Films – ganz zu schweigen davon, dass der Unterschied zwischen filmspezifischen und narrationsspezifischen Verfahren zumindest in Lehrplänen und Lehrwerken kaum berücksichtigt wird.

Filmspezifische Verfahren: Einstellungsgröße

Von den filmspezifischen Verfahren wird im Unterricht vor allem die Einstellungsgröße berücksichtigt: Dieses Verfahren bestimmt grundlegende und augenfällige Merkmale der filmischen Darstellung. Es kann – ähnlich wie die Beziehung von Bild und Ton und die Kameraperspektive – in Grundzügen schon in der Primarstufe behandelt werden, wird aber zumeist in den unteren Klassen der Sekundarstufe I eingeführt. Dabei werden die in der Filmwissenschaft unterschiedenen acht Einstellungsgrößen bisweilen sinnvoll reduziert; vertretbar ist sogar eine Reduktion auf drei Einstellungsgrößen, die Überblicksaufnahme, die mittlere Aufnahme und die kleine Aufnahme.

filmspezifische Verfahren (Filmsprache)	narrationsspezifische Verfahren

– Einstellung/einstellungsinterne Verfahren
  – Einstellungsgröße
  – Kamerastandpunkt
  – Kamerabewegung
  – Kameraobjektiv
– Mise en Scène
– Bild und Ton
– Montage
	– Zeitgestaltung
	– Perspektivierung
	– ggf. Erzählinstanz

Abbildung 22: Filmische Darstellung: Kategorien der Filmanalyse

Unter den weiteren filmspezifischen Verfahren werden in der Sekundarstufe I vor allem die Kameraperspektive sowie die Kamerabewegung berücksichtigt. Zudem ist es jedoch sinnvoll, zumindest einen der drei nicht-einstellungsinternen Aspekte – Beziehung von Bild und Ton, Mise en Scène und Montage – für die Filmanalyse in der Sekundarstufe I zu nutzen. Für das Verstehen vieler Filme ist eine Behandlung dieser Aspekte ausgesprochen ergiebig. So nutzt der Film *Das Leben der Anderen* (2006, Regie: Florian Henckel von Donnersmark) in auffälliger Weise das Mittel der Parallelmontage, um darzustellen, wie der Schriftsteller Georg Dreymann von einem Stasi-Hauptmann, Gerd Wiesler, abgehört wird. Einstellungen, die den abhörenden Wiesler wiedergeben, wechseln mit solchen, die den abgehörten Dreymann (auch in intimen Situationen) zeigen (→ ABBILDUNG 23, 24). Durch die Parallelmontage wird dem Rezipienten die Gegensätzlichkeit der Sphären von Überwacher und Überwachtem intensiv vor Augen geführt. Zu dieser Gegensätzlichkeit trägt auch der Aspekt Mise en Scène bei, der die Inszenierung von Räumen und Figuren betrifft: Wieslers Kleidung und seine räumliche Umgebung zeichnen sich durch matte, grau getönte Farben aus.

Weitere filmspezifische Darstellungsverfahren

Durch die Einbeziehung von filmspezifischen Verfahren über die Einstellungsgröße hinaus kann der falsche Eindruck vermieden werden, dass filmspezifische Verfahren mit einstellungsinternen Verfahren gleichzusetzen seien. Die für den Unterricht in der Sekundarstufe I nutzbaren filmspezifischen Darstellungsverfahren sind:

Curriculumvorschlag filmspezifische Verfahren

- Einstellungsgröße,
- ggf. weitere Kategorien der einstellungsinternen Darstellungsverfahren (Kameraperspektive, Kamerabewegung – mit den Varianten statische Kamera, Schwenk und Kamerafahrt),
- ggf. weitere Kategorien der filmsprachlichen Darstellungsverfahren (Beziehung von Bild und Ton, Mise en Scène und Montage).

Zu bedenken ist, dass sich in den meisten Bundesländern auch andere Schulfächer neben Deutsch (vor allem Kunst und Englisch) in der Sekundarstufe I mit Filmen befassen. In diesen Fällen bietet sich ein fächerübergreifender Unterricht oder zumindest eine Kooperation zur Vermittlung insbesondere filmspezifischer Darstellungsverfahren an, ggf. auch auf der Grundlage von schulinternen Curricula.

Narrationsspezifische Darstellungsverfahren

Die narrationsspezifischen Darstellungsverfahren sind in der filmdidaktischen Diskussion bislang offenbar deshalb vernachlässigt worden, weil sie keine filmische Besonderheit bilden. Gerade diese Eigenschaft macht jedoch ihren didaktischen Reiz aus: Die narrationsspezifischen Verfahren, die der (Spiel-)Film nutzt, finden sich auch in literarischen Erzählungen und sind eine zentrale Grundlage für das Transfer- und das Vergleichskonzept des medienintegrativen Literaturunterrichts.

Abbildung 23: Florian Henckel von Donnersmarck: *Das Leben der Anderen* (2006). Szenenbild mit Ulrich Mühe als Gerd Wiesler

Perspektivierung

Unter den narrationsspezifischen Darstellungsverfahren verdient vor allem die Perspektivierung Beachtung, während die beiden Aspekte Erzähler und Zeitgestaltung für die Filmanalyse in der Regel von eher nachrangiger Bedeutung sind: es ist umstritten, ob Filme prinzipiell eine Erzählinstanz aufweisen (vgl. Leubner/Saupe 2012, S. 209f.), und die Zeitgestaltung von Filmen ist häufig konventionell.

Die Perspektivierung (Point of View) wird in der Filmwissenschaft unter dem Aspekt der quantitativen und der qualitativen Informationsvergabe untersucht.

Quantitativer Point of View

Der quantitative Point of View kann nach den folgenden drei Aspekten untersucht werden: der Rezipient weiß (1) mehr, (2) gleich viel oder (3) weniger als/wie die (Haupt-)Figur. Im Fall des konventionellen filmischen Erzählens weiß der Rezipient mehr als jede Figur, weil zwischen unterschiedlichen Orten mit unterschiedlichen Figuren hin- und hergeschnitten wird. Der Aspekt der quantitativen Informationsvergabe prägt Filme wesentlich. Er entscheidet darüber, aus welchem Blickwinkel wir eine filmische Erzählung erleben und ob wir vollständig über einzelne Figuren ‚im Bilde' sind oder sogar ihre Wahrnehmungen überschreiten. In *Das Leben der Anderen* beispielsweise wissen wir durch die Parallelmontage, die den Stasi-Hauptmann und den von ihm überwachten Schriftsteller zeigt, mehr als die einzelnen Figuren: Wir sehen abwechselnd Wiesler und Dreymann (→ ABBILDUNG 23, 24) und können dabei erkennen, wie sie sich in

Körperhaltung und Gesichtsausdruck immer stärker ähneln, genauer: wie sich Wiesler dem von ihm Überwachten annähert.

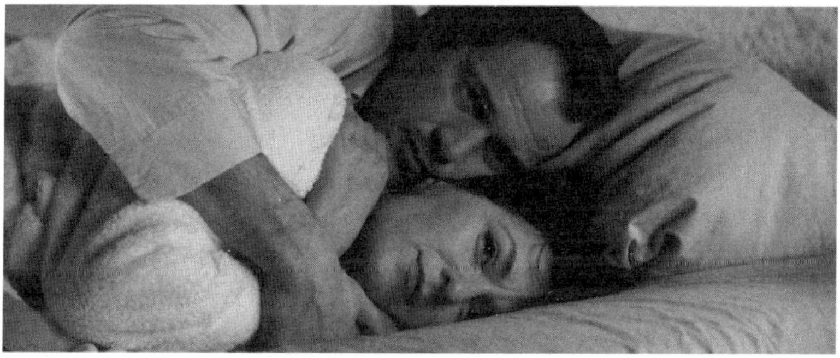

Abbildung 24: Florian Henckel von Donnersmarck: *Das Leben der Anderen* (2006). Szenenbild mit Martina Gedeck als Christa-Maria Sieland und Sebastian Koch als Georg Dreymann

Für den Rezipienten ist das eine wichtige Information; die beiden Figuren hingegen wissen von dieser Annäherung nichts.

Die drei Varianten des quantitativen Point of View haben direkte Entsprechungen in epischen Texten: Der Leser kann auch hier mehr, gleich viel oder weniger als/wie die Hauptfigur wissen (→ KAPITEL 5.3).

Qualitativer Point of View

Der qualitative Point of View bestimmt die ‚Sichtweise', die Art der Wahrnehmung, die dem Rezipienten ermöglicht wird. Es können die folgenden drei Varianten unterschieden werden: Der Rezipient (1) nimmt in ‚objektiver' Weise Außensicht wahr (2) teilt die subjektive (auch: subjektiv verzerrte) Sicht der (Haupt-)Figur auf die Außenwelt; (3) hat Einblick in die Innenwelt der (Haupt-)Figur (ihre Gedanken, Gefühle, Erinnerungen, Fantasien). *Das Leben der Anderen* beispielsweise ist auf objektive Außensicht beschränkt. Der Rezipient muss die sich langsam herausbildende Anteilnahme des Stasi-Hauptmanns Wiesler an dem von ihm überwachten Schriftsteller Dreymann aus der Körperhaltung und der Mimik Wieslers erschließen (→ ABBILDUNG 24).

Außen- und Innensicht werden auch von epischen Texten genutzt; die Unterscheidung zwischen ‚objektiver' und ‚subjektiver' Außenwahrnehmung lässt sich ebenfalls auf die Epik anwenden. Die für den Unterricht in der Sekundarstufe I nutzbaren narrationsspezifischen Darstellungsverfahren sind:

Curriculumvorschlag narrationsspezifische Verfahren

- Quantitativer Point of View/Perspektivierung (Rezipient weiß mehr/gleich viel/weniger als (wie) die (Haupt-)Figur),

- Qualitativer Point of View/Sichtweise (objektive Außensicht, subjektive Außensicht, Innensicht),
- ggf. Zeitgestaltung (Rückwendung, Zeitraffung/Aussparung und Zeitdeckung) und Erzähler.

8.4 Die methodische Gestaltung von Unterricht

Filmerschließung und Sozialformen

Durch die leichte Verfügbarkeit von Filmen auf DVD und im Internet haben sich neue Möglichkeiten für die Arbeit mit Filmen im Unterricht ergeben, weil Filme nun in intensiver Weise in Einzel- und Gruppenarbeit erschlossen werden können. In Unterrichtseinheiten zu ausgewählten Spielfilmen bietet sich trotz der neuen Möglichkeiten des individualisierten Umgangs mit Filmen aber zunächst eine gemeinsame Filmrezeption in der Lerngruppe an. Auf diese Weise wird eine kinofilmgemäße Rezeption gewährleistet.

Filmerschließung mittels Analyse

Nach einer gemeinsamen Erarbeitung von Fragen oder Hypothesen (→ KAPITEL 11.2) ist dann eine nähere Untersuchung von ausgewählten Aspekten der Handlungs- und Darstellungsebene möglich, indem zentrale Filmszenen genauer betrachtet werden. Eine solche Betrachtung kann in der Lerngruppe erfolgen oder in Einzel- oder Gruppenarbeit, falls zumindest ein Notebook je Gruppe zur Verfügung steht. Die neuen technischen Möglichkeiten erlauben auch neue Formen der Dokumentation von Arbeitsergebnissen; etwa indem den Ausarbeitungen Screenshots aus untersuchten Szenen beigefügt werden.

Erschließung mittels Unterrichtsgespräch

Für die Deutung von (Spiel-)Filmen bietet sich vor allem das Unterrichtsgespräch an. Produktionsorientierte Verfahren für die Filmdeutung, etwa das Filmen von Alternativepisoden durch die Schüler, werden zwar häufig in der didaktischen Literatur vorgeschlagen, sind jedoch in vielen Fällen problematisch. Erstens durch den Aufwand, der mit einem solchen Vorgehen verbunden ist, und zweitens durch die Qualität der Schülerproduktionen, die im Regelfall deutlich hinter der des Originals zurückbleiben muss.

Einführung von Kategorien ...

... in Lehrgängen

... durch produktionsorientierte Verfahren

Die Einführung von Kategorien für die Analyse von narrations- und filmspezifischen Darstellungsverfahren kann im Rahmen von Unterrichtseinheiten erfolgen, die der Erschließung einzelner Filme dienen. Sinnvoll sind aber auch besondere Lehrgänge für den Kategorienerwerb. Damit die Schüler zentrale Darstellungsverfahren in grundlegender Weise erkennen und die entsprechenden Begriffe erwerben können, bieten sich produktionsorientierte Verfahren in besonderer Weise an. Durch die Verbreitung von digitalen Filmkameras und digitalen Fotoapparaten mit Filmfunktion ist das Experimentieren mit Darstellungsverfahren technisch und unterrichtsorganisatorisch ohne größere Schwierigkeiten möglich. Der didaktische Vorteil des eigenen Ausprobierens besteht darin, dass die Schüler unterschiedliche Darstellungsverfahren im Vergleich erleben und auswerten können, beispielsweise Einstellungsgrößen und Kamerabewegungen. Die Schüler können Filme so als konstruierte Bild-Ton-Folgen erkennen und die Wirkung einzelner Darstellungsverfahren durch Abgrenzung zu alternativen Verfahren bestimmen.

...mithilfe von Werbeclips/Musikvideos

Für ältere Schüler ist außerdem die Untersuchung von filmischen Kleinformen wie dem Werbeclip und dem Musikvideo für die Einführung von Kategorien der Filmanalyse besonders geeignet. Werbeclips und Musikvideos arbeiten häufig mit einem markanten Einsatz ausgewählter Darstellungsverfahren, die von Schülern in ergiebiger Weise untersucht werden können (vgl. Zabka 2001; Leubner/Saupe 2008; Maiwald 2005). Ergänzend oder alternativ kann die Einführung von Begriffen für die Filmanalyse – sofern kein gutes Lehrwerk zur Verfügung steht – durch vom Lehrer erstellte Materialien erfolgen, etwa durch Arbeitsblätter mit Screenshots zu Einstellungsgrößen.

Vergleichskompetenz und Produktionsorientierung

Die Kompetenz zum Vergleich von filmischen und literarischen Werken kann methodisch in besonderer Weise durch das Erstellen von ‚Vergleichsproduktionen' gefördert werden, mit denen die Schüler selbstständig einen Medienwechsel vornehmen: Sie können beispielsweise Vorschläge für die filmische Umsetzung einer literarischen Erzählung (etwa in Form eines Drehbuches) oder umgekehrt für die literarische Adaption eines Filmes erarbeiten. Dabei sollen die Schüler Erkenntnisse über die gemeinsamen narrationsspezifischen Verfahren in Literatur und Film gewinnen – einschließlich der Einsicht, dass Literatur und Film diese Verfahren in medientypischer Weise nutzen, indem etwa literarische Erzählungen häufig und Filme eher ausnahmsweise von der Innensicht Gebrauch machen. Zudem sollen sich die Schüler mit filmspezifischen Verfahren auseinandersetzen und dabei die Grenzen der gegenseitigen Umsetzbarkeit von literarischen und filmischen Werken erkunden.

Vergleichskompetenz und filmische Adaptionen

Für eine Förderung der Vergleichskompetenz ist außerdem die Arbeit mit literarischen Texten und ihren filmischen Adaptionen von besonderem Interesse. Eine solche Arbeit kann an Traditionen des Deutschunterrichts anknüpfen. Das lange Zeit gültige Modell „der Film im Anschluss an das Buch" wird aber heute zur Disposition gestellt; neuere methodische Vorschläge zielen auf Variationen dieses

Grundmusters, vor allem durch eine parallele Behandlung von Buch und Film. In jedem Fall sollen systematisch Gemeinsamkeiten und Unterschiede von Original und Adaption auch auf der Ebene der Form erarbeitet und unter den Aspekten medienspezifische und medientypische Merkmale ausgewertet werden. Ähnlich wie Adaptionen bieten sich auch aktuelle Medienverbünde, in denen filmische und literarische Werke gleichzeitig publiziert werden, für den Medienvergleich an.

Lektüreempfehlungen

- **Ulf Abraham: Filme im Deutschunterricht,** Kallmeyer 2009. *Zahlreiche Vorschläge und Beispiele für die Behandlung von Filmen im Unterricht.*
- **Volker Frederking / Axel Krommer / Klaus Maiwald: Mediendidaktik Deutsch,** Berlin 2012. *Systematische Grundlegung der Mediendidaktik.*
- **Martin Leubner / Anja Saupe: Erzählungen in Literatur und Medien und ihre Didaktik,** 3. Auflage Baltmannsweiler 2012. *Didaktische Erörterung von filmischen Darstellungsverfahren.*
- **Klaus Maiwald: Vom Film zur Literatur. Moderne Klassiker der Literaturverfilmung im Medienvergleich.** Stuttgart 2015. *Sieben ‚klassische' Literaturverfilmungen – geeignet für die Primarstufe und die Sekundarstufen – werden in erhellender Weise vorgestellt und mit Blick auf „Lernperspektiven" anregend erörtert.*
- **Michael Staiger: Literaturverfilmungen im Deutschunterricht,** München 2010. *Theoretisch fundierte und zugleich praxisorientierte Einführung.*

9 Literaturgeschichte und Kanon

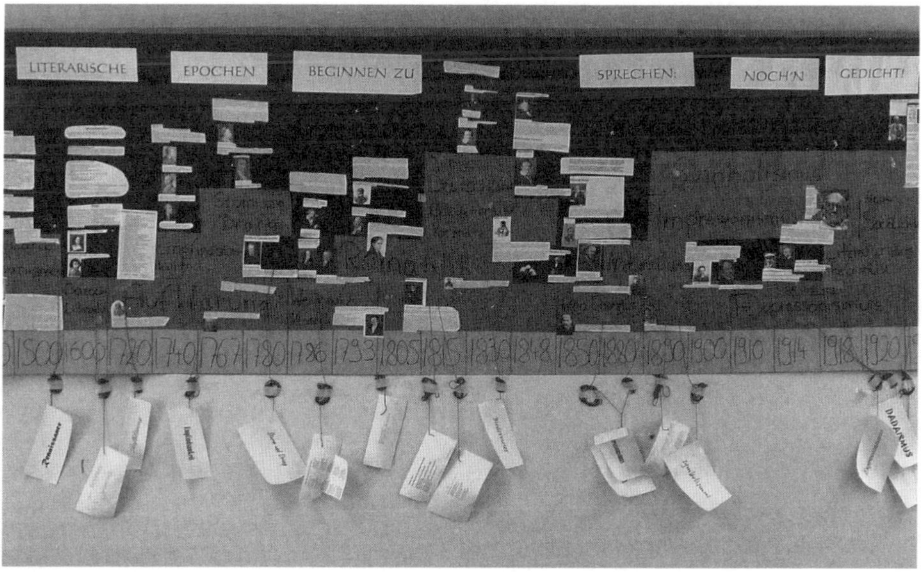

Abbildung 25: Epochenübersicht mit Zetteln mit epochentypischen Gedichten. Gemeinschaftsarbeit von Schülern der 10. Klasse eines Gymnasiums in Uetze bei Hannover, Fotografie (2010)

Das Ergebnis von vier Wochen gemeinsamer Arbeit: Unter Anleitung ihrer Lehrerin haben sich die Schülerinnen und Schüler einer 10. Klasse einen Überblick über die literaturgeschichtlichen Epochen verschafft. Sie haben anhand einschlägiger Gedichte erstmals systematisch versucht, Texte auf ihre historischen Kontexte zu beziehen, um die Texte besser zu verstehen und ihren Ort innerhalb des (literatur-)geschichtlichen Wandels zu ermitteln. Die Epochenbegriffe sind fachwissenschaftlich umstritten und fielen hier genauso ‚grob' aus wie die Text-Epochen-Zuordnungen. Aber für die Jugendlichen war es eine schöne Gemeinschaftsarbeit, und die gewonnenen Kenntnisse und Einsichten bewerten sie als Gewinn. In der Tat ist eine solche Arbeit ein sinnvoller Anfang – wenn die Epochenbegriffe später wieder aufgenommen und präzisiert werden und die historische Erschließung von Texten genauso konsequent geübt wird wie ihre Befragung aus dem Blickwinkel des Heute und unserer Lebenswirklichkeit.

Indem wir literarische Texte vor dem Horizont ihrer Zeit begreifen, können wir Damals und Heute zueinander in Beziehung setzen und dadurch unsere eigene Lebenswirklichkeit als etwas Gewordenes und Teil des historischen Wandels (besser) verstehen. Ein solches Verstehen kann auch unser Handeln beeinflussen. Die Kompetenzen zur Deutung und zum Wirklichkeitsbezug in historischer Perspektive sind ein wichtiger Bestandteil der literarischen Verstehenskompetenz (→ KAPITEL 3.3, 3.4). Damit sie in möglichst ergiebiger Weise gefördert werden können, sind die folgenden didaktischen Reflexionen notwendig: Warum sollen literaturgeschichtlich relevante Texte im Deutschunterricht gelesen und welche Texte sollen gewählt werden? Unumstritten ist, dass historisches Kontextwissen für die Interpretation von Einzeltexten erworben und angewandt werden soll. Weit auseinander liegen dagegen die Positionen in den Fragen, welche Rolle Überblickswissen zu den literaturgeschichtlichen Epochen spielen soll und wie dieses Wissen so genutzt werden kann, dass es zu einem ergiebigen Verstehen einzelner Texte beiträgt.

9.1 Warum ältere Texte? Bestandsaufnahme und Ziele
9.2 Kanon und Textauswahl
9.3 Text und Kontext
9.4 Literaturgeschichtliches Überblickswissen

9.1 Warum ältere Texte? Bestandsaufnahme und Ziele

Im Einstellungsgespräch mit dem Schulleiter einer norddeutschen Großstadt erzählt der Referendar, dass er in seinem Ausbildungsunterricht Franz Kafkas *Verwandlung* (1915) behandelt habe; darauf der Schulleiter: „Glauben Sie, dass Sie den Schülern damit in fünf Jahren auch noch kommen können?" – Diese Anekdote beleuchtet ein oft empfundenes Unbehagen:

Schwierigkeiten

Die komplexen Texte der literarischen Tradition zu vermitteln, zumal ältere, ist ein hartes Brot (geworden?). Das hat viele Gründe: die schwindende Bedeutung solcher Literatur in der Gesellschaft überhaupt; die Schwierigkeit, in der pluralistischen Gesellschaft mit ihrer Fülle individueller Stil- und Geschmackspräferenzen die unterrichtliche Privilegierung kanonischer Texte zu begründen; die Unlust vieler Heranwachsender, die mit audiovisuellen und digitalen Medien groß werden, sich auf schwierige Texte einzulassen; die Forderung wirtschaftsorientierter Bildungsplaner, auch den Deutschunterricht den Bedingungen des globalen Wettbewerbs unterzuordnen. Ein Grund liegt aber auch in den Texten selbst. Sie sind in der Mehrzahl nicht für Jugendliche geschrieben, das heißt ohne Rücksicht auf deren Vorwissen und Verstehensmöglichkeiten, lebensgeschichtliche Interessen und Erfahrungshorizont. Die Texte fügen sich leicht fasslichen Schemata kaum, sondern stellen sie infrage, sind komplex und fremd in Sprache, Form, Thema und Weltsicht. Es ist tatsächlich schwer, diese Texte zu verstehen und das Großartige an ihnen zu entdecken. Der Gewinn, den man davon haben kann, ist verbunden mit Anstrengung und dem, was der Fachdidaktiker Jürgen Gidion „Erkenntnisaltruismus" genannt hat: mit der Fähigkeit, die Frage „Was bringt mir das?" erst einmal zurückzustellen (Gidion/Bahrdt 1973, S. 20). Das Lesevergnügen, das sich einstellen mag, kann mit den rasch zu habenden Belohnungs- und Glückserlebnissen der Lektüre von Trivialliteratur in aller Regel nicht konkurrieren.

Diese Schwierigkeiten bestehen für den Umgang mit allen komplexen Texten, verschärfen sich aber für den mit älteren, besonders wenn sie nicht nur gegenwarts- und ichbezogen, sondern auch in ihrer Historizität erschlossen werden sollen.

Bildungspläne

Dennoch wird in den Bildungsplänen an der Kompetenz, Texte im historischen Kontext zu erschließen, festgehalten, und es sollen Texte aus der Zeit vor 1900 angemessen berücksichtigt werden. Das legen die von der Kultusministerkonferenz beschlossenen Abkommen fest:

die für alle Bundesländer rechtsverbindlichen *Bildungsstandards für den Mittleren Schulabschluss* von 2003 und die *Bildungsstandards im Fach Deutsch für die Allgemeine Hochschulreife* von 2012, die ab spätestens 2017 in allen Bundesländern eingeführt werden. Nach den Standards für die Hochschulreife, die gegenüber früheren Dokumenten eine ganz erhebliche Stoffreduktion vornehmen, erschließen sich „Schülerinnen und Schüler [...] literarische Texte von der Aufklärung bis zur Gegenwart" und verfügen über ein literaturgeschichtliches und poetologisches Überblickswissen, das Werke aller Gattungen umfasst" (KMK 2012, S. 18). Bei Textvergleichen sollen die Schüler und Schülerinnen außerdem in der Lage sein, „Motive, Themen und Strukturen literarischer Schriften, die auch über Barock und Mittelalter bis in die Antike zurückreichen können, [...] in ihre Texterschließung einzubeziehen". Es wird hier zwar an der schulischen Behandlung literaturgeschichtlich bedeutsamer Texte (seit der Aufklärung!) festgehalten, doch wird das nicht mehr eigens begründet. Es ist wohl kein Zufall, dass demgegenüber in der „Fachpräambel" betont wird: „Besonderes Gewicht erhält die Entwicklung der Argumentations- und Reflexionsfähigkeit in Bezug auf die Bereiche des Faches und in fächerübergreifenden Kontexten" (ebd., S. 13).

Im gesellschaftlichen Diskurs werden für die Behandlung von älteren Texten im Unterricht häufig die folgenden Argumente vertreten:

Traditionswahrung

Die literaturgeschichtlich relevanten deutschsprachigen Texte sind ein Beitrag zur Weltkultur. Sie kennenzulernen, fördert die Enkulturation und die individuelle Identitätsentwicklung der Heranwachsenden.

Kommunikation

„Wer an einem Lesekanon festhält, wird dies am besten mit dem Argument tun, eine Kultur erhalte sich mit gemeinsamen ‚Geschichten' auch eine gemeinsame Verständigungsmöglichkeit." (von Hentig 2004, S. 9).

Historisches Bewusstsein

Sofern gebührend berücksichtigt wird, dass Literatur nie ein dokumentarisches Abbild der Wirklichkeit, sondern immer ein ästhetisch geprägter eigenständiger Weltentwurf ist, kann Literatur zur Ausprägung des historischen Bewusstseins beitragen. Das gilt insbesondere, wenn sie realistisch-anschauliche Bilder der Vergangenheit bietet. Friedrich Schillers Trauerspiel *Kabale und Liebe* (1784), naturalistische Dramen oder Theodor Fontanes Berliner Gesellschaftsromane – solche Texte erlauben dem Leser ein so intensives Eintauchen in vergangene Zeiten, wie es geschichtliche Darstellungen kaum ermöglichen. Literarische Texte taugen deshalb – sofern ihr Verhältnis zur dargestellten Realität reflektiert wird – auch als Hilfsmittel des Geschichtsunterrichts. Denn mit ihren künstlerisch verdichteten, exemplarischen Geschichten über das Leben und Leiden literarischer Figuren kann Literatur helfen, subjektiv bedeutsame Vorstellungen von Vergangenheit zu gewinnen (vgl. von Borries 2003).

Erkenntnis durch Vergleich

Texte der Literaturgeschichte ermöglichen – wiederum bei angemessener Berücksichtigung ihrer ästhetischen Besonderheit – den erhellenden Vergleich eigener Befindlichkeit, Lebensweisen, Erfahrungen und Einstellungen mit literarisch gestalteten Lebenswelten anderer Zeiten. Der Literaturdaktiker Bernd Hüppauf hat 1973 in einem noch heute lesenswerten Beitrag dafür das Motto geprägt: „Beschäftigung mit der Vergangenheit aus Engagement für die Gegenwart“ (Hüppauf 1974, S. 126). Sein Kollege Harro Müller-Michaels betont die Bedeutung anthropologischer Grundfragen für einen solchen Vergleich: In literarischen Texten werden Vorstellungen von Glück und Unglück gestaltet, von Gelingen und Scheitern, dem Verhältnis von Gefühl und Verstand, individuellem Glücksverlangen und gesellschaftlichen Zwängen und Normen, dem Umgang mit Widerständen, mit Fremden und Gegnern, Liebe und Partnerschaft, Armut und Beruf, Jugend und Älterwerden, Leid, Tod, Krieg, Vertreibung, Resignation und Protest. Der Leser kann mit diesen Fragen verbundene Probleme in simulierten Situationen gefahrlos erkunden und Lösungen als alternative Lebensentwürfe durchspielen. Auf diese Weise können für ihn eine befreiende Horizonterweiterung und die grundlegende Erfahrung von der Historizität aller geschichtlichen Zustände möglich werden (vgl. Müller-Michaels 1996, 1999).

Das ästhetisch Vortreffliche

Ferner ist die Begegnung mit literaturgeschichtlich relevanten Texten – merkwürdigerweise wird das nur noch selten gesagt – die Begegnung mit vortrefflich Gelungenem, das der Dichter Robert Gernhard so umschreibt: „Gut gefühlt/Gut gefügt/Gut gedacht/Gut gemacht“ (Gernhardt 2002, S. 239).

Personale Beglaubigung

All diese Begründungen bleiben allerdings kraftlos, solange sie nicht durch kulturelle Praxis beglaubigt werden. Nur wer sich selbst seiner literaturgeschichtlichen Grundbildung bedient und auf diese Weise zum gesellschaftlichen Diskurs beiträgt, darf von der nachfolgenden Generation fordern, einem entsprechenden Enkulturationsgebot zu gehorchen. Das gilt auch für die Unterrichtenden. Von Heinrich Heine stammt der schöne Satz, die Literaturgeschichte sei „die große Morgue wo jeder seine Todten aufsucht, die er liebt oder womit er verwandt ist.“ (Heine 1979, S. 135). Es ist auch Aufgabe des Unterrichtenden, zu zeigen, dass sie nicht nur ein Leichenschauhaus mit uns gleichgültigen Toten ist.

9.2 Kanon und Textauswahl

Die Begründungen für die Arbeit mit älteren literarischen Texten im Unterricht können zugleich als Auswahlkriterien für diese Texte gelten. Die genannten Kriterien dürften auch dem Kanon zugrunde liegen.

Kanon: Definition

Kanon heißt wörtlich Richtscheit, Maßstab, im übertragenen Sinne Regel oder Norm, und bezeichnet das in einem Gebiet vortrefflich Gelungene und daher Maßstabsetzende und Vorbildliche. Der Begriff Literaturkanon steht für eine „Zusammenstellung als exemplarisch ausgezeichneter und daher für besonders erinnerungswürdig gehaltener Texte", deren Kenntnis „im Rahmen einer Nation oder eines Kulturkreises als obligatorisch für den Ausweis von (literarischer) Bildung" gilt (Rosenberg 2000, S. 224). Mit informellen Lektüreempfehlungen oder universitären Leselisten hat der Kanon die Funktion der Beratung, Orientierung und Hilfestellung gemeinsam. Was ihn von solchen Listen unterscheidet, ist der Charakter des besonders Verpflichtenden, dem man sich nicht leicht entziehen kann, wenn man ‚bildungsmäßig dazugehören' will.

Freilich: In unserer heutigen Gesellschaft existiert keine allgemein verbindliche Festschreibung des Kanons. Im Gegensatz zu kanonischen Sammlungen heiliger Schriften (z. B. der Bibel) ist der literarische Kanon auch nie unveränderlich, sondern unterliegt einer ständigen Revision und hatte immer einen Kernbereich und Randzonen.

Schulkanon

Um eine Orientierung für den Unterricht zu gewinnen, wurde vom 19. Jahrhundert bis in die zweite Hälfte des 20. Jahrhunderts hinein auf nationaler oder Länderebene versucht, einen Schulkanon festzuschreiben. Diese Versuche waren abhängig von allgemeinen gesellschaftlichen Tendenzen, die sich auch in der Literaturgeschichtsschreibung niedergeschlagen haben. Seit Mitte des 19. Jahrhunderts glaubten viele Literaturhistoriker, in der Entwicklung der deutschen Literatur spiegele sich die Entwicklung deutscher nationaler Eigenart, mit der – erst dann so genannten – (Weimarer) Klassik als Blütezeit. Dementsprechend bildeten Texte von Goethe und Schiller den Kernbestand des literarischen (Schul-)Kanons, ergänzt um Texte von Gotthold Ephraim Lessing, Friedrich Gottlieb Klopstock, Christoph Martin Wieland und Johann Gottfried Herder. Erst Anfang des 20. Jahrhunderts wurden romantische Autoren, Friedrich Hölderlin und Heinrich von Kleist einbezogen. Heinrich Heine wurde dagegen, ungeachtet seiner Popularität, als Jude, Kosmopolit und radikaler

Demokrat bis nach dem Zweiten Weltkrieg beargwöhnt, ebenso Georg Büchner, beide heute zur Kernzone des Kanons zählend. Während Franz Kafka in der Bundesrepublik nach 1945 rasch zum (schul-)kanonischen Autor wurde, kam Bertolt Brecht hier erst Mitte der 1960er-Jahre hinzu. Mit dem kulturellen Umbruch Ende der 1960er-Jahre wurden konservative Autoren, die vormoderne Werte, Weltbilder und Darstellungsweisen präferierten und bis dahin als repräsentative Vertreter der Gegenwartsliteratur galten (z. B. Gertrud von Le Fort, Werner Bergengruen oder Gerd Gaiser), aus dem Schulkanon ausgeschlossen. Was mit den seitdem kanonisierten Autoren wie Heinrich Böll, Friedrich Dürrenmatt, Max Frisch oder (vorübergehend?) zu modernen Schulklassikern gewordenen Autoren geschieht, etwa mit Bernhard Schlink (*Der Vorleser*), Patrick Süskind (*Das Parfüm*) oder Wolfgang Herrndorf (*Tschick*), wird die Zukunft zeigen.

Funktioneller Kanon

Auf einen ‚materialen' Schulkanon, das heißt auf einen Kanon, der bestimmte Texte festlegt, wird heute verzichtet; Ausnahmen, die die Regel bestätigen, sind allenfalls die vorgeschriebene Lektüre des ersten Teils von Goethes *Faust* (1808) in einigen Bundesländern. Bis vor kurzem war zumindest ein ‚funktioneller Kanon' festgeschrieben, der Auswahlkriterien für literarische Texte im Unterricht festlegte (Werke sollen historisch exemplarisch, wirkungsmächtig und lebensweltlich relevant sein). Dagegen benennen die geltenden „Bildungsstandards" (KMK 2012) auch keine solchen Auswahlkriterien mehr.

Aus sachlichen und praktischen Gründen ist die Liste der in der Schule gelesenen oder für die Vorbereitung auf die (zentrale) Abiturprüfung ausgewählten älteren Texten in allen Bundesländern dennoch ähnlich und nicht sehr lang, namentlich die der Ganzschriften; aus der gesamten Romanliteratur vor 1900 beispielsweise gehören nur Goethes *Werther* (1774) und einige Romane Theodor Fontanes zum festen Bestand schulischer Lektüre.

9.3 Text und Kontext

Lernziel: Kontextbezug

Die *Bildungsstandards im Fach Deutsch für den Mittleren Schulabschluss* präzisieren die historisch ausgerichtete Verstehenskompetenz wie folgt: Die Schülerinnen und Schüler können „Zusammenhänge zwischen Text und Entstehungszeit und Leben des Autors/der Autorin bei der Arbeit an Texten aus Gegenwart und Vergangenheit herstellen" (Bildungsstandards 2003, S. 13). Im Abitur wird laut den

Bildungsstandards im Fach Deutsch für die Allgemeine Hochschulreife erwartet, dass die Schülerinnen und Schüler „ihr Textverständnis argumentativ durch gattungspoetologische und literaturgeschichtliche Kenntnisse über die Literaturepochen von der Aufklärung bis zur Gegenwart stützen" (KMK, S. 18) und „diachrone und synchrone Zusammenhänge zwischen literarischen Texten ermitteln und Bezüge zu weiteren Kontexten herstellen" können. Im Folgenden bezeichnet der Begriff historischer Kontext die Gesamtheit aller geschichtlichen Bezüge eines Textes.

Literatur als „Problemformulierung"

Grundsätzlich ist die Kenntnis des historischen Kontextes immer förderlich, um einen Text angemessen zu verstehen und zu interpretieren. Man kann mit dem Literaturwissenschaftler Karl Eibl Texte als „Problemformulierungen" auffassen: Sie antworten auf eine „Problemsituation" ihrer Zeit, die sie in der simulierenden Fiktion eines literarischen Denkspiels gestalten; oft, aber nicht immer, entwickeln sie auch „Lösungsversuche" (Eibl 1979, S. 71f.). Je präziser man die Probleme der Zeit nennen kann, auf die ein Text antwortet, desto besser versteht man seine spezifische Darstellung im Medium der Literatur.

Notwendigkeit der Kontextuierung

Dennoch ist es im Unterricht keineswegs immer notwendig, diese Zusammenhänge ausdrücklich zu thematisieren. Die Kontextuierungsbedürftigkeit eines Textes bemisst sich nach dem Abstand der Textwelt zum Weltwissen des Lesers und nach dem Zweck der Lektüre. Viele – auch viele ältere – Texte bedürfen historischer Erläuterungen kaum oder gar nicht, um sinnvoll erschlossen werden zu können. Obwohl es beispielsweise empfehlenswert sein kann, Schillers Ballade *Der Handschuh* (1798) im Unterricht für eine Klasse 7 mithilfe einer Lehrererzählung biografisch-historisch zu situieren, ist eine sinnvolle Erarbeitung in dieser Altersstufe auch ohne historische Kontextuierung möglich. Je stärker sich aber ein Text auf eine bestimmte, den Lesern unbekannte Situation oder einen ihnen unbekannten Text bezieht, desto notwendiger ist es, diesen Kontext zu klären. Das ist insbesondere damit zu begründen, dass zentrale Textelemente andernfalls kaum verständlich wären. Andreas Gryphius' *Thränen des Vaterlandes. Anno 1636* (1637), Heinrich Heines *Die schlesischen Weber* (1844), Günter Eichs *Inventur* (1948), Reiner Kunzes *Kurzer Lehrgang* (1972) – diese Texte sind angemessen nur erschließbar, wenn man sie als Problemformulierungen innerhalb einer bestimmten historischen Situation begreift und die entsprechenden Informationen heranzieht (→ KAPITEL 6.2). Leider gelingt die methodische Umsetzung dieses Gedankens nicht immer, wie ein Beispiel im Arbeitsbuch *deutsch.punkt 6. Zugänge zur Oberstufe* (2009) zeigt. Am Ende des „Lernvorhabens" „Natur erfahren – Gedichte untersuchen und interpretieren" findet man die folgende Aufgabe: Überprüfe deinen Kompetenzerwerb anhand der Lösung der folgenden Aufgabe.

Beispiel

Bertolt Brecht (1953)
Böser Morgen

Die Silberpappel, eine ortsbekannte Schönheit
Heut eine alte Vettel. Der See
eine Lache Abwaschwasser, nicht rühren!
Die Fuchsien unter dem Löwenmaul billig und eitel.
Warum?
Heut nacht im Traum sah ich Finger, auf mich deutend
Wie auf einen Aussätzigen. Sie waren zerarbeitet und
Sie waren gebrochen.
Unwissende! schrie ich
Schuldbewußt.

Aufgabenstellung: Interpretiere das Gedicht. Beziehe Informationen zum Autor und zur Entstehungszeit in deine Deutung ein. (*deutsch.punkt* 6 2009, S. 74)

Zur Lösung der Aufgabe müssen zunächst Informationen zu folgenden Aspekten ermittelt werden:

Historische …

… und biografische Informationen

1. zur genauen Entstehungszeit: 1953 ist zu vage, das Gedicht entstand im Juli/August 1953, einige Wochen nach dem Arbeiter- und Volksaufstand in der DDR am 17. Juni 1953;
2. zum Aufstand vom 17. Juni: Anlass, Beteiligte, Verlauf, Verhalten der DDR-Regierung, Ergebnis;
3. zu Brechts politischer Haltung: grundsätzliche Bejahung des Sozialismus und der DDR, seine affirmativ erscheinende Haltung zur blutigen Niederschlagung des Aufstands vom 17. Juni bei gleichzeitigen (nicht publizierten) Versuchen, die DDR-Regierung zum Dialog mit den rebellierenden Arbeitern zu bewegen;
4. zu biografischen Details: Brechts tiefe Verstörung über die Ereignisse; sein Rückzug an den Buckowsee im Sommer 1953; die facettenreiche Reflexion der politischen Situation in den *Buckower Elegien* (1953); deren nur teilweise Veröffentlichung zu Lebzeiten.

Dann müssen diese Informationen in die Deutung einbezogen werden. Das erfordert:

… und ihre Einbeziehung in die Interpretation

1. die Erkenntnis, dass es sich bei dem Gedicht nicht um ein Naturgedicht, sondern um ein politisches Gedicht handelt und die Wahrnehmung der Natur von einem quälenden, selbst im Traum

nicht endenden Nachdenken über die politischen Ereignisse bestimmt ist;
2. die Identifikation der „Finger“ als Finger der Werktätigen, deren Wohlergehen eigentlich ausdrückliches Staatsziel der DDR als ‚besserem‘, weil sozialistischen Staat ist;
3. die Identifikation des Zustands und der Geste der Finger („zerarbeitet“: von harter Arbeit gezeichnet; „gebrochen“: von der Staatsgewalt, die doch eigentlich das Beste für die Arbeiter will);
4. die Deutung der widerspruchsvollen Schlussverse mit ihrem Ineinander von Vorwurf und Schuldeingeständnis im Verhältnis zur Haltung, die Brecht gegenüber der gewaltsamen Niederschlagung des Aufstandes einnahm.

Fehlende Anleitung

Das Lehrbuch macht nicht deutlich, was bei der verlangten historischen Kontextuierung geleistet werden soll. Es wird erwartet, dass 16-Jährige die erforderlichen Informationen allein finden und angemessen auf den Text anwenden. Das wird ohne Anleitung aber nur wenigen möglich sein, weil die spezifischen Hintergrundinformationen in möglichen Hilfsquellen erst identifiziert werden können, wenn ihre Bedeutung bereits in Umrissen bekannt ist. Benachteiligt bei einer solchen, viel Selbstständigkeit voraussetzenden Aufgabe sind die leistungsschwächeren Schüler. Die Aufgabe dürfte insgesamt viel zu schwer sein, und sie ist zumal als selbstständig zu bearbeitende Abschlussaufgabe eines Kompetenzblocks zur Gedichtanalyse untauglich. Es entsteht der falsche Eindruck, die historisch ausgerichtete Verstehenskompetenz reduziere sich auf die Bagatelle einer simplen Beschaffung simpler Informationen, die auf simple Weise in die Textdeutung zu integrieren seien – so simpel, dass es gar nicht lohnt, diese Vorgänge eigens zu thematisieren.

Kontextualisierung als Vertiefung

Falls literarische Texte grundlegend auch ohne historisches Kontextwissen zu verstehen sind, kann es sich – insbesondere für höhere Jahrgangsstufen – dennoch anbieten, entsprechendes Wissen in den Unterricht einzubeziehen. In der Regel sollte das aber erst erfolgen, nachdem die Schüler auf der Grundlage einer Strukturerkennung persönlich bedeutsame Interpretationen entwickelt haben. In einer folgenden Phase des Unterrichts können dann Kontexte erarbeitet bzw. eingegeben und auf dieser Grundlage spezifischere Deutungen vorgenommen und mit den zuvor entwickelten abgeglichen werden (→ KAPITEL 11.4).

Aufbau ab Sekundarstufe I

Die historisch ausgerichtete Verstehenskompetenz muss – beginnend in der Sekundarstufe I (vgl. Kämper-van den Boogaart 2014, S. 44) – über mehrere Jahre hinweg aufgebaut werden. In Leistungssituationen darf nach einer historischen Kontextuierung nur gefragt werden, wenn die erforderlichen Informationen bekannt sind oder mitgeliefert werden. Ferner muss natürlich die Integration entsprechenden Wissens an vergleichbaren Texten geübt worden sein.

9.4 Literaturgeschichtliches Überblickswissen

Niemand bestreitet, dass die Einbeziehung von historischem Kontextwissen notwendig oder zumindest hilfreich sein kann, um Texte angemessen zu verstehen. Dagegen gibt es in der fachdidaktischen Diskussion wenig Einigkeit in den Fragen, welche Rolle dafür literaturgeschichtliche Epochenbegriffe spielen, ob die Lernenden ein umfänglicheres literaturgeschichtliches Überblickswissen erwerben sollen und wie dazu methodisch am besten zu verfahren sei. In einer polemischen Bestandsaufnahme hat der Fachdidaktiker Hermann Korte den literaturgeschichtlichen Unterricht im Allgemeinen und die Verwendung der Epochenbegriffe im Besonderen einer grundsätzlichen Kritik unterzogen, aber auch eine gewisse Ratlosigkeit eingestanden, was bessere Alternativen betrifft (vgl. Korte 2003).

Epoche

Eine Epoche ist nach der Definition des Literaturwissenschaftlers Michael Titzmann ein „Teil-Zeitraum der Literaturgeschichte, dessen Gemeinsamkeiten ihn von den angrenzenden Teil-Zeiträumen unterscheiden bzw. in dem ein bestimmtes Literatursystem dominiert" (Titzmann 1997, S. 476f.). Für solche Teil-Zeiträume haben sich Namen eingebürgert wie Barock, Aufklärung, Sturm und Drang, Romantik usw. Die Gemeinsamkeiten einer Epoche betreffen vor allem die spezifische Auswahl und Auffassung von Themen, die Darstellungsweise und das Kunstverständnis. In einem Gedicht des Barockzeitalters wird das Thema Liebe inhaltlich und sprachlich anders gestaltet als in der Romantik, wobei wesentliche Unterschiede nicht in der individuellen Eigenart des Autors begründet sind, sondern aus seiner Verwurzelung in einem epochentypischen Literatursystem resultieren.

Wechselseitige Erhellung

Man kann einen Text besser verstehen, wenn man solche epochentypischen Gemeinsamkeiten in ihm erkennt, und gleichzeitig können die Einzeltexte das Wissen über die literaturgeschichtliche Epoche veranschaulichen. Wenn ich beispielsweise Lessings *Nathan der Weise* (1779) lese, kann mir das Wissen über charakteristische Elemente der Aufklärung helfen, entsprechende Züge in Lessings Drama zu erkennen und als zeittypische zu verstehen. Umgekehrt kann ich mithilfe dieses exemplarischen Textes besser verstehen, was Aufklärung als literatur- und kulturgeschichtliche Epoche eigentlich ist. Beides ergänzt sich, denn, wie der Philosoph Immanuel Kant in der *Kritik der reinen Vernunft* (1781) sagt: „Gedanken ohne Inhalt sind leer, Anschauungen ohne Begriffe sind blind“ (Kant 1956, S. 98).

Orientierung

Literaturgeschichtliches Überblickswissen vermittelt zusätzlich – ähnlich wie eine Landkarte – eine grobe Orientierung über Grundzüge, die für die Entwicklung der deutschen Literatur maßgeblich sind. Fachdidaktiker, die die subjektive Bedeutsamkeit der Lektüre und eine individuelle Literaturaneignung in den Mittelpunkt ihrer Überlegungen stellen, schätzen die Bedeutung von Epochenbegriffen und Überblickswissen für die literarische Bildung jedoch als eher gering ein. Kaspar H. Spinner etwa nimmt zwar den Punkt „Literaturhistorisches Bewusstsein entwickeln“ ausdrücklich in seinen Kompetenzkatalog *Elf Aspekte literarischen Lernens* auf, gewichtet dann aber so:

> „Für einen kompetenzorientierten Unterricht dürfte die Entwicklung der Fähigkeit, literarische Texte als Reaktion auf Vorangegangenes sehen zu können (im Sinne von Weiterführung oder Opposition) wichtiger sein als die Aneignung von Epochenmerkmalen.“ (Spinner 2006, S. 13)

Auf Epochenbegriffe verzichten?

Spinners Kollegen Ulf Abraham und Matthis Kepser fragen sogar, ob auf Epochenbegriffe nicht besser ganz zu verzichten sei: „Die Antwort darauf fällt schwer.“ (Abraham/Kepser 2009, S. 41)

Grundlegende Kritik

Epochenwissen wird aber nicht nur in manchen fachdidaktischen Konzeptionen als weniger wichtig dargestellt. Die Erarbeitung und Nutzung von Epochenbegriffen kann auch zu Schwierigkeiten führen, die den Fachdidaktiker Hermann Korte zu seiner grundlegenden Kritik am literaturgeschichtlichen Unterricht veranlasst haben (Korte 2003):

- Im Unterricht würden – in der Regel – die nötigen kulturgeschichtlichen Kontextuierungen ausgeblendet, schematische Entwicklungen vorgegaukelt und ohne kritische Reflexion höchst fragwürdige Periodisierungen und Epochenbegriffe als geschichtlich real ausgegeben, während es sich doch lediglich um gedankliche Konstruktionen von sehr begrenztem Wert handele (vgl. Korte 2003, S. 2–7).
- Sowohl das Zusammentragen literaturgeschichtlichen Wissens als auch dessen Anwendung bei der Textinterpretation führe oft nicht zu Erkenntnissen, sondern produziere nur wertlosen „Pauk-, Memorier- und Quizstoff“ (Korte 2003, S. 8).

Die germanistische Literaturwissenschaft hat jedoch aus den intensiven Diskussionen um die traditionellen Epochenbegriffe (vgl. z. B. Titzmann 1983, Plumpe 1995) aus gutem Grund nicht den Schluss gezogen, auf sie zu verzichten. Der Gedanke, dass es sich bei Epochen um schematisierende Konstruktionen handele, ist inzwischen recht banal geworden. Ihre Aufgabe als Hilfen zur Orientierung und zum Überblick hat der Historiker Johann Gustav Droysen bereits 1857 gültig formuliert:

Epochen als Konstruktionen

> „Es gibt in der Geschichte so wenig Epochen, wie es auf dem Erdkörper die Linien des Äquators und der Meridiankreise gibt. Es sind nur Betrachtungsformen, die der denkende Geist dem empirisch Vorhandenen gibt, um es desto gewisser zu fassen." (Droysen 1972, S. 20)

In neueren Arbeitsbüchern und Lehrwerken wird tatsächlich zu einem reflektierten Gebrauch von Epochenbegriffen im Unterricht dadurch angeleitet, dass erstens problematisierende Texte aufgenommen werden (z. B. aus Karl Otto Conradys *Illusionen der Literaturgeschichte*, 1983) und dass zweitens unter dem Stichwort der Epochenumbrüche das Nebeneinander unterschiedlicher Strömungen demonstriert und deutlich gemacht wird, dass wichtige Phänomene, Autoren und Werke sich einer eindeutigen Zuordnung entziehen können (vgl. Abraham/Kepser 2009, S. 42f.). Dazu können insbesondere die Umbrüche um 1800 mit dem Neben- und Ineinander verschiedener Epochen (vor allem Aufklärung, Sturm und Drang, Klassik und Romantik) und um 1900 mit dem Übergang zur literarischen Moderne herangezogen werden. Für die Erschließung von Texten werden die Epochenbegriffe dann ähnlich wie Interpretationshypothesen genutzt, sozusagen als Wegweiser zur genaueren Textbetrachtung:

Epochenbegriffe als Wegweiser

Die Texte werden darauf befragt, ob und inwiefern sie die für ihre Epoche typischen Merkmale aufweisen. Berücksichtigt werden dazu Merkmale auf der Ebene der Form und vor allem das Bedeutungspotenzial der Texte, das heißt ihr Potenzial zur Vermittlung bestimmter Welt- und Menschenbilder. Auch die Erkenntnis, dass sich in einem Text eigentlich erwartete epochentypische Merkmale nicht (deutlich) feststellen lassen, kann zu einem ergiebigen Textverständnis beitragen.

Didaktisch schwer lösbar ist dagegen die Frage, wie das Epochenwissen, das die Schüler erwerben und anwenden sollen, in sinnvoller Weise zu reduzieren ist. Die Frage bleibt aktuell, auch wenn die neuen *Bildungsstandards im Fach Deutsch für die Allgemeine Hochschulreife* die völlig unrealistischen Maximalkataloge früherer administrativer Vorschriften ganz drastisch reduziert haben und (nur noch?) ein „Überblickswissen“ zur Erschließung literarischer Texte „von der Aufklärung bis zur Gegenwart“ verlangen (KMK 2012, S. 18).

Für den Aufbau literaturgeschichtlichen Wissens lassen sich im Wesentlichen zwei Wege beschreiten, die die Frage nach seiner Reduktion in unterschiedlicher Weise beantworten: der Weg des Epochendurchgangs („breit angelegt“, aber nicht „fundiert“) oder der der exemplarischen Querschnitte („fundiert“, aber nicht „breit angelegt“).

Modell 1: Epochendurchgang

Beim Epochendurchgang wird, etwa beginnend in Klasse 10, in chronologischer Folge eine Epoche nach der anderen behandelt. Ein solcher Durchgang wurde vor allem in den südlichen Bundesländern praktiziert und prägt, mehr oder weniger modifiziert, in einzelnen Bundesländern tendenziell noch die gegenwärtigen Lehrpläne (z. B. in Bayern). Der Erwerb von literaturgeschichtlichem Wissen und die Lektüre exemplarischer (kurzer) Texte und Textauszüge sowie von Ganzschriften werden im Idealfall so miteinander verbunden, dass die allgemeinen, notwendigerweise sehr abstrakten Epochenbegriffe zur vertieften Erkenntnis der Einzeltexte beitragen und umgekehrt die Erschließung der Einzeltexte das Wissen über die kultur- oder literaturgeschichtliche Epoche vertieft (→ KAPITEL 2). Hilfsmittel sind vor allem spezielle Arbeitsbücher, die Primärtexte, Zusatzmaterialien und kondensierte (Epochen-)Darstellungen enthalten (exemplarisch sind hier etwa die Epochenbände von Manfred Lindenhahn u. a. 1995ff. oder die Arbeitsbücher von Rötzer 2002; Mayer 2002; methodisch nach dem Prinzip des Stationenlernens gestaltet Wilkens 2015).

Modell 2: Exemplarische Querschnitte …

… und thematische Zugriffe

Seit Anfang der 1970er-Jahre gibt es Alternativvorschläge zum Epochendurchgang (vgl. z. B. Hüppauf 1974). Der enzyklopädische Epochendurchgang wird verworfen und stattdessen die Konzentration auf ein oder zwei vertiefende Erkundungen literaturgeschichtlicher Umbrüche – seit Mitte der 1990er-Jahre spricht man von Epochenumbrüchen – gefordert, wobei literarische Texte in kultur- oder sozialgeschichtliche Kontexte eingebettet werden sollen. Seit Anfang der 1980er-Jahre kam das Ordnungsprinzip der thematisch orientierten Unterrichtsvorhaben hinzu, bei dem Texte verschiedener Gattungen und Epochen etwa zu den Themen Liebe, Krieg, Familie, Recht und Gerechtigkeit usw. vergleichend und unter Berücksichtigung des jeweiligen historischen Kontextes untersucht werden.

Diese Prinzipien prägen beispielsweise den nordrhein-westfälischen Oberstufen-Lehrplan von 1999 (während der aktuell gültige von

2014 eine nahezu inhaltefreie Zusammenstellung zu entwickelnder Kompetenzen ist).

Das Prinzip einer exemplarischen Erkundung des literaturgeschichtlichen Wandels liegt auch einem aktuellen Modell zugrunde, das den von Hermann Korte zusammengestellten Einwänden Rechnung tragen will: Margret und Karlheinz Fingerhuts Projekt *Epochenumbruch um 1800* (2002–05). Die Texte sind thematisch geordnet und auf Gegenwartsfragen bezogen. Der Erwerb von Epochenwissen geschieht strikt induktiv; Epochenbegriffe werden in hohem Maße problematisiert, aber nicht aufgegeben. Die traditionelle literaturgeschichtliche Kontextuierung wird durch vielfältige kulturgeschichtliche Bezüge ergänzt, denn:

Aktuelles Beispiel

> „Die Literaturgeschichte darf nicht vereinfachend ‚dominante Entwicklungen' auf den (Epochen)Begriff bringen, sondern muss Literatur mit anderen kulturellen Sektoren verknüpfen, so dass literarische Werke vor dem Hintergrund kontroverser Denk- und Empfindungsformen einer vergangenen Zeit sichtbar und aus der Perspektive des Heute diskutierbar werden." (Fingerhut 2002, S. 152)

Methodisch werden genau angeleitete, aber auf selbstständige Lernprozesse abzielende Verfahren (entdeckendes Lernen) gewählt: Die Lernenden sollen Schneisen durch das Dickicht der Kulturgeschichte schlagen, indem sie kultur- und diskursgeschichtlich vernetzte, multiperspektivische, thematisch gebündelte kontrastive Textcollagen erarbeiten.

Auch das Modell der Fingerhuts hat freilich einen entscheidenden Nachteil: Es ist überaus anspruchsvoll und stellt sehr hohe Anforderungen an die Selbstständigkeit der Lernenden (vgl. die Bedenken gegen den hohen Komplexitätsgrad bei Brüggemann 2009).

Fazit

Für die meisten jungen Menschen ist der Literaturunterricht der einzige Ort der Begegnung mit und des Austauschs über komplexere literarische Texte. In den höheren Klassenstufen bietet er ihnen zumeist auch die einzige Gelegenheit, vertieftes oder systematisches Wissen über die deutsche Literatur im geschichtlichen Kontext zu erwerben: über wesentliche Werke, Autoren und ihre Epochen mit den für sie typischen Schreibweisen, Weltentwürfen und Menschenbildern – immer unter Herstellung sinnvoller Gegenwartsbezüge. Relativ konsensfähig scheint für die Zeit bis 1900 die folgende Schwerpunktsetzung. Obligatorisch ist die Erkundung zweier literaturgeschichtlich besonders relevanter Zeiträume mit einem Nebeneinander verschiedener Epochen und Strömungen: der Zeit um 1800 und der Zeit um

Zwei Schwerpunkte

1900. Dazu werden auch Epochenbegriffe erarbeitet und als Hilfen bei der Texterschließung genutzt. Wünschenswert ist die Ergänzung durch einen kursorischen Überblick über die deutsche Literaturgeschichte als Ganze. Neuerdings werden dazu auch wieder Vermittlungsformen vorgeschlagen, die lange Zeit kritisch beurteilt wurden, namentlich die Lehrer-Erzählung (vgl. Kämper-van den Boogaart 2014, S. 162). Als Textbasis für einen ersten, später dann im Sinne des kumulativen Lernens immer wieder zu vertiefenden Epochenüberblick eignen sich besonders exemplarische, wenn möglich themenverwandte Gedichte – wie es die Abbildung am Anfang dieses Kapitels dokumentiert.

Lektüreempfehlungen

- **Gisela Beste / Albert Bremerich-Vos / Michael Kämper-van den Boogaart: Wissensspeicher Deutsch,** Berlin 2010 [besonders S. 181–330]. *Erhellender Versuch renommierter Fachdidaktiker, das im Abitur erwünschte literaturgeschichtliche Wissen darzustellen.*
- **Jörn Brüggemann: Literarisches Lesen – Historisches Verstehen. Zur Explikation einer unterbewerteten Komponente literarischer Rezeptionskompetenz,** in: Didaktik Deutsch 26 (2009), S. 12–30. *Gute Einführung in die Problematik und den Diskussionsstand.*
- **Bernd Hüppauf: Über Literaturgeschichte im Deutschunterricht,** in: Reinhard Dithmar (Hg.), Literaturunterricht in der Diskussion. Teil II, 1973, zweite Auflage Kronberg/Ts. 1974, S. 97–128. *Ein immer noch lesenswerter Beitrag.*
- **Manfred Mai: Geschichte der deutschen Literatur,** Weinheim/Basel 2005. *Eine Literaturgeschichte für Jugendliche, nicht nur (aber auch) für die Schule.*

10 Methoden: Das *Wie* des Unterrichts

Abbildung 26: Eine 11. Klasse eines Celler Gymnasiums im Unterrichtsgespräch. Fotografie (2010)

Das Bild zeigt die Schülerinnen und Schüler eines Deutschkurses in der 11. Jahrgangsstufe im Gespräch über einen literarischen Text. Das Gespräch zeichnet sich durch eine zugleich konzentrierte und entspannte Atmosphäre aus. Während ein Schüler sein Verständnis des Textes zum Ausdruck bringt, hören die anderen aufmerksam zu. Im Anschluss werden einige von ihnen zum Gehörten Stellung nehmen und auf diese Weise ihr eigenes Textverstehen deutlich machen. Der Lehrer (auf dem Bild nicht zu sehen) ist in der Gruppe anwesend und moderiert das Gespräch; er greift mit lenkenden Impulsen aber nur ein, wenn das Gespräch der Schüler unergiebig wird oder zu weit vom Text wegführt. Mit diesem Vorgehen wird ein für die Unterrichtsplanung und -durchführung maßgeblicher Grundsatz beherzigt: Literaturunterricht beruht auf der Kommunikation über literarische Texte; und zwar nicht nur auf der Kommunikation zwischen Lehrer und Schülern, sondern auch oder sogar vor allem auf der Kommunikation zwischen den Schülern.

Damit die Schüler literarische Texte verstehen und weitere Ziele des Literaturunterrichts erreichen können, wird der Unterricht in bestimmter Weise gestaltet. Das heißt, es werden Entscheidungen über das ‚Wie' des Unterrichts getroffen. Weil die Schüler so selbstständig wie möglich lernen sollen, ist bei der Unterrichtsgestaltung darauf zu achten, dass sie selbst aktiv werden können. Sie sollen eine Reihe von – inneren oder auch äußerlich sichtbaren – Handlungen ausführen: Etwa über mögliche Deutungen eines Textes sprechen; oder beispielsweise auch Kategorien der Handlungsanalyse auf einen Text anwenden, ein Figureninterview planen und durchführen, in Gruppen arbeiten, einen Text durch Randbemerkungen ergänzen oder ihre Arbeitsergebnisse präsentieren und diskutieren.

Die Literaturdidaktik systematisiert diese Handlungen und bestimmt auf dieser Grundlage zentrale Methoden für den Literaturunterricht. Diese Methoden werden daraufhin betrachtet, inwiefern sie zum Verstehen von literarischen Texten beitragen und in welcher Weise sie text- und schülerorientiert eingesetzt werden können.

10.1 Methoden, Sozialformen und Arbeitstechniken
10.2 Das Unterrichtsgespräch
10.3 Die Textanalyse und verwandte Verfahren
10.4 Handlungs- und produktionsorientierter Unterricht

10.1 Methoden, Sozialformen und Arbeitstechniken

Schülerhandlungen und Methoden

Schüler sollen im Literaturunterricht möglichst selbstständig handeln. Das wird ihnen durch Entscheidungen auf den Ebenen der Methoden, der Sozialformen und der Arbeits- und Kommunikationstechniken ermöglicht. Im Rahmen von Projektarbeit treffen die Schüler diese Entscheidungen weitgehend selbst, beim ‚selbstorganisierten Lernen' (SOL) folgen sie meist detaillierten Anweisungen der vorbereiteten Materialien (→ KAPITEL 15.4). Im ‚normalen' Unterricht werden die entsprechenden Entscheidungen häufig durch Aufgaben vorgegeben, die der Lehrer stellt; doch ist hier eine Beteiligung der Schüler an den genannten Entscheidungen anzustreben (→ KAPITEL 11.3).

Was Methoden leisten

Die Methoden des Literaturunterrichts richten sich jeweils (insbesondere) auf eine Teilleistung des Textverstehens. Sie können als ‚Wege' oder ‚Instrumente' gelten, die erheblich dazu beitragen, dass eine bestimmte Teilleistung erbracht werden kann und in welcher Weise sie erbracht wird. Eine sinnvolle Auswahl und Abfolge der Methoden ist dementsprechend eine Grundlage der ergiebigen Phasierung von Unterricht (→ KAPITEL 11). Die Methoden des Literaturunterrichts sind durch verschiedene didaktische Konzeptionen unterschiedlich systematisiert worden, etwa danach, ob sie das Medium der Schriftlichkeit oder Mündlichkeit nutzen. Besonders einleuchtend erscheint jedoch die Einteilung in drei durch grundsätzlich verschiedene Handlungen geprägte Hauptmethoden:

Drei Hauptmethoden

- die Textanalyse und verwandte Verfahren (zum Erkennen von Textelementen und ihren Beziehungen),
- der handlungs- und produktionsorientierte Unterricht (v. a. zur Deutung),
- das Unterrichtsgespräch (zur Deutung).

Sozialformen, Medien, Arbeitstechniken

Die Tätigkeiten der Schüler im Rahmen der Methoden werden durch bestimmte Sozialformen organisiert – die Einzel-, Partner- oder Gruppenarbeit oder das Unterrichtsgespräch. Darüber hinaus sind in der Regel bestimmte Medien als Grundlage für die Arbeit notwendig, beispielsweise Papier, Tafel, Overheadprojektor, Fotoapparat oder DVD-Spieler. Häufig erfordert die Anwendung der Methoden auch eine Nutzung von Arbeits- oder Kommunikationstechniken, so wenn die Schüler in einem Wörterbuch nachschlagen, im Text Unterstreichungen oder Randnotizen vornehmen, ein Schaubild anfertigen oder ihre Arbeitsergebnisse präsentieren.

Einige Handlungen, die als Wege zum Textverstehen dienen, lassen sich den drei genannten Hauptmethoden allerdings nicht (vollständig) zuordnen.

Interpretationsaufsatz

Dazu zählen zum ersten das Schreiben von Interpretationsaufsätzen und ihren Vorstufen, von literarischen Erörterungensowie von Nacherzählungen und Inhaltsangaben. Diese nichtliterarischen Formen des Schreibens über literarische Texte ermöglichen es den Schülern nicht nur, ihr Textverstehen darzulegen, sondern auch, es durch epistemisches Schreiben (d. h. durch Schreiben, bei dem gedankliche Zusammenhänge hergestellt werden) überhaupt erst zu entwickeln (→ KAPITEL 13). Eine entsprechende Textproduktion könnte deshalb als vierte Hauptmethode des Literaturunterrichts gelten.

Strategieorientierte Anleitungen

Zum zweiten kann die Arbeit mit strategieorientierten Anleitungen (→ KAPITEL 10.3) zwar zum größten Teil als Variante der textanalytischen Methode gelten, lässt sich ihr aber nicht vollständig zuordnen. Denn die Anleitungen können auch Aufgaben zur Verbindung von Textanalyse und Deutung umfassen.

Weitere Handlungen

Und schließlich gibt es eine Reihe von weiteren Handlungen im Literaturunterricht, die keiner der Hauptmethoden zuzurechnen sind, beispielsweise die Beantwortung von Einzelfragen zur Textdeutung sowie Gespräche oder Ausarbeitungen, die einem Erwerb von Wissen über Literatur dienen. Hinzu kommen Tätigkeiten, die vor allem die Lesemotivation oder die Vorstellungsbildung und die emotionalen Beziehung zu einem Text fördern sollen – wie das Assoziieren zu einer Überschrift oder einem Bild, das Äußern von Vermutungen über Gedanken oder Gefühle einer Figur bzw. den weiteren Fortgang eines Textes oder die Mitteilung innerer Bilder.

10.2 Das Unterrichtsgespräch

Das Miteinander-Sprechen von Schülern oder von Schülern und Lehrer überwiegt bei weitem alle anderen Handlungen im Literaturunterricht. Literaturunterricht und Gespräch sind in äußerst enger Weise aufeinander bezogen. In vielen Fällen ist das (gelenkte) Unterrichtsgespräch lediglich eine Sozialform des Unterrichts, die häufig der Realisierung einer anderen Methode dient: So kann es beispielsweise zur Vorbereitung und zur Auswertung von textanalytischer Arbeit genutzt werden.

Gespräch als Sozialform

Von besonderer Bedeutung ist das Unterrichtsgespräch für den Literaturunterricht jedoch, weil es darüber hinaus als ein in hohem

Maße lohnender, wenn nicht als ,der' Weg zur Textdeutung und damit als Methode gelten kann. Im Gespräch können Schüler ihre Deutungen eines literarischen Textes mit denen ihrer Mitschüler abgleichen und auf diese Weise die eigene Deutung bestätigen, verändern oder differenzieren. Ein solches Unterrichtsgespräch steht vor allem in der Tradition hermeneutischer Konzeptionen der Literaturtheorie (→ KAPITEL 2.3), die teilweise das Gespräch für die Deutung literarischer Texte als unbedingt notwendig betrachten. Das Unterrichtsgespräch als Methode weist zwei grundlegende Varianten auf: Das (zurückhaltend) gelenkte Unterrichtsgespräch und das literarische Unterrichtsgespräch.

Gespräch als Methode

Das (zurückhaltend) gelenkte Unterrichtsgesprächist traditionell und bis heute für den Literaturunterricht von ganz besonderer Bedeutung. Es ist nicht identisch mit dem fragend-entwickelnden Gespräch, das die Schüler durch ein stark lenkendes, kleinschrittiges Vorgehen zu einer bestimmten, vom Lehrer zuvor festgelegten Deutung führen soll. Ein solches Vorgehen ist für das Textverstehen ungeeignet. Vielmehr bietet das (zurückhaltend) gelenkte Unterrichtsgespräch einen Weg zu der möglichst selbstständigen Entfaltung einer zugleich textangemessenen und persönlich bedeutsamen Deutung. Es gilt das Prinzip ,So wenig Lenkung wie möglich, soviel wie nötig'.

Gelenktes Unterrichtsgespräch

Das Unterrichtsgespräch als Methode des Literaturunterrichts bietet sich entsprechend dem Phasenmodell (→ KAPITEL 13) für zwei unterschiedliche Phasen des Textverstehens an: für die Hypothesenbildung sowie für die Deutung, die auf Hypothesenbildung und Textuntersuchung folgt. Falls ein literarischer Text relativ zu den Verstehenskompetenzen der Schüler so einfach ist, dass eine besondere Phase für die Textuntersuchung nicht notwendig erscheint, kann das Unterrichtsgespräch aber auch ausnahmsweise für die gesamte Texterschließung eingesetzt werden. Die Deutung durch das Gespräch schließt dann die Hypothesenbildung und eine nur bei Bedarf explizit gemachte Erkennung von Textelementen ein.

Unterrichtsgespräch und Phasen des Literaturunterrichts

Ein Gespräch, das der Hypothesenbildung dient, beginnt in der Regel mit einem offenen Impuls, beispielsweise „Wie hat euch der Text gefallen?"; es können weitere Impulse folgen, die den Strategien für die Hypothesenbildung entsprechen (→ KAPITEL 11.1). Allerdings kann die Hypothesenbildung auch durch die Präsentation und erste Diskussion von einer oder von mehreren Deutungshypothesen ersetzt werden (vgl. ebd.). Falls keine Phase der Textuntersuchung folgen soll, kann die Hypothesenbildung bzw. -diskussion auch unmittelbar

Gesprächseröffnung

in die Deutung übergehen. Wenn die Deutung entsprechend dem Phasenmodell an eine Textuntersuchung anschließt, beginnt das Unterrichtsgespräch dagegen häufig sinnvoll mit der Aufforderung an die Schüler, die zuvor entwickelten (oder präsentierten) Hypothesen auf Grundlage der Textuntersuchung zu überprüfen und ggf. zu modifizieren. Ein entsprechender Impuls kann beispielsweise lauten „Einige von euch hatten vorhin gemeint, dass xx, ein andere Gruppe war aber der Meinung, dass yy. Nachdem ihr nun eure Untersuchung durchgeführt habt, können wir sagen, was besser zutrifft?" In vielen Fällen geht die Auswertung der Textuntersuchung aber auch schon fließend in eine Deutung über, eine Wiederaufnahme der Hypothesen kann dann ggf. vom Lehrer im Laufe des Unterrichtsgespräches angeregt werden.

Moderation

Im Idealfall muss der Lehrer das auf den Eingangsimpuls folgende Gespräch lediglich moderieren, indem er Redebeiträge aufruft und Teilzusammenfassungen (einschließlich der Formulierung von noch offenen Fragen) sowie eine (vorläufig) abschließende Zusammenfassung des Gesprächs vornimmt. Je besser die Texterschließungskompetenz der Schüler relativ zu dem zu bearbeitenden Text entwickelt ist, desto mehr kann sich der Lehrer auf eine solche Moderation beschränken; das Gespräch nähert sich dann einem literarischen Unterrichtsgespräch (vgl. unten).

Gesprächsvertiefende Lenkung

Häufig sind aber sowohl im Gespräch zur Hypothesenbildung als auch in dem zur Hypothesenüberprüfung zusätzlich zur Moderation lenkende Impulse angebracht. Soweit möglich sollen es Impulse sein, die die Schüler lediglich zu einer selbstständigen Korrektur, Vertiefung, Erweiterung oder Verknüpfung ihrer Beiträge auffordern. Der Lehrer greift dazu Schülerbeiträge auf, allerdings in der Regel nicht, indem er sie sofort kommentiert oder gar bewertet. Vielmehr sollen nach Möglichkeit eine Reihe von Schülerbeiträgen zunächst gesammelt werden. Dann kann der Lehrer Beiträge als besonders interessant, als problematisch, als untereinander ähnlich oder – was in der Regel für das weitere Gespräch besonders lohnend ist – als gegensätzlich markieren und die Beiträger oder auch die gesamte Lerngruppe zu Stellungnahmen aufrufen. Impulse dieser Art sind prinzipiell für eine ‚Gesprächsvertiefung' (vgl. Ohlsen 2011, S. 170) in allen Fächern einsetzbar und wurden dementsprechend von der Allgemeindidaktik kategorisiert. Thomas Zabka schlägt – in Anlehnung von Thiele (1981) und Bittner (2006) – die folgende Aufstellung als Orientierung auch für den Literaturunterricht vor (vgl. Zabka 2015, S. 184):

Impuls	**Beispiel**
wiederholen lassen*	Wie hat A diese Textstelle verstanden?
akzentuieren lassen*	Was ist neu an dieser Überlegung?
zusammenfassen lassen*	Was sprach jetzt alles insgesamt für diese Deutung?
problematisieren lassen*	Spricht etwas gegen diese Deutung?
bewerten lassen	Wie überzeugend findet ihr diese Deutung?
weiterführen lassen*	Was folgt daraus für die anderen Textstellen?
Bezüge herstellen lassen*	Lassen sich die Aussagen von A und B verbinden?
fundieren lassen	Auf welche Textstelle / eigene Erfahrung beziehst du dich? *(Oder:* Woran erkennt man das?)
erklären lassen	Was wird durch deine Deutung besser verständlich?
begründen lassen	Kannst du das am Text / mit deiner Erfahrung begründen?

Abbildung 27: Impulse für die ‚Gesprächsvertiefung‘

Die Asterixe, die einige der Sprechhandlungen in der Liste kennzeichnen, verweisen darauf, dass der Lehrer die geforderte Handlung nach Bedarf auch selbst ausführen kann, was von Zabka allerdings als problematisch eingeschätzt wird.

Lenkung durch textspezifische Hilfen

Häufig sind – wenn nicht nur eine Hypothesenbildung angestrebt wird – über die ‚gesprächsvertiefende‘ Lenkung hinaus allerdings auch textspezifische Hilfen für die Deutung nötig oder in hohem Maße nützlich (→ ABBILDUNG 28). Das kann etwa der Fall sein, wenn sich eine Lerngruppe in falsche oder einseitige Deutungen ‚verrennt‘ oder zu stark der Inhaltsreproduktion verhaftet bleibt.

Einige dieser Impulse enthalten Arbeitsaufträge, die eine neuerliche (kurze) Stillarbeitsphase oder wenigstens eine ‚Murmelphase‘ (kurzer informeller mündlicher Austausch) erfordern, weil einiges Nachdenken oder eine erneuter (ggf. kategoriengeleiteter) Blick auf den Text erforderlich ist.

Funktionen der Lenkungen

Es ist in jedem Fall zu beachten, dass alle genannten ‚gesprächsvertiefenden‘ und ‚textspezifischen‘ Hilfen die Schüler keinesfalls zu einer vom Lehrer favorisierten Deutung hindrängen, sondern lediglich die Funktion erfüllen sollen, den von einem Text gebotenen Deutungsspielraum klarer werden zu lassen. Der Lehrer soll seine eigene Deutung wenn überhaupt dann nur als eine zu überprüfende Hypothese in das Gespräch einbringen (vgl. z. B. Bittner 2006).

Impuls	Beispiel
Hinweis auf bislang nicht/ nicht hinreichend beachtete Textstelle(n) oder Ergebnisse der Textuntersuchung	„Nachdem ihr euch darauf geeinigt habt, dass x – wie versteht ihr nun den Schluss der Geschichte?“ „Luisa meint zur Figur x, dass y. Passt das zu dem, was x in Zeile z sagt?“ „Ihr hattet ja in der Textuntersuchung herausgefunden, dass das Problem der Figur x auf y und z zurückzuführen ist. Könnt ihr das mit dem verbinden, was Paula eben zu diesem Problem gesagt hat?“
Hinweis auf Kontexte	„Ihr fandet den Text zum Teil ja offenbar recht fremd. Er ist ja im Jahr x entstanden, also in der Zeit der Epoche y. Handelt es sich um einen typischen Text dieser Epoche?“
(ggf. spielerische) Vorgabe von Deutungsmöglichkeiten (auch von Originalzitaten aus der Sekundärliteratur)	„Ihr habt bislang alle gesagt, dass x – in meiner Klasse im vorigen Jahr meinten aber einige Schüler, dass z. Was sagt ihr dazu?“ „Vergleicht eure bisherigen Deutungen mit diesen beiden von erfahrenen Lesern.“
Anregungen für die ad-hoc Anwendung bestimmter Analysekategorien (falls zuvor keine Phase der Textuntersuchung)	„Karl fand die Figur x weniger sympathisch. Was sagt der Text denn über die Charaktereigenschaften von x?“ „Wie ihr gerade gesagt habt, steht im Text ja deutlich, dass x zur Auflösung des Problems für die Figur y beiträgt. Welche weiteren Mittel für die Problemlösung lässt denn der Text erkennen?“
(begründeter) Hinweis darauf, dass bestimmte Deutungen nicht mit dem Text vereinbar sind	„Diese Deutung x mag auf den ersten Blick einleuchten. Sie passt aber nicht zu dem, was x in Zeile y sagt. Lasst uns diese Textstelle noch einmal betrachten.“

Abbildung 28: Impulse für textspezifische Hilfen im Unterrichtsgespräch

Literarisches Unterrichtsgespräch

Das literarische Unterrichtsgespräch kann insofern als radikale Alternative zum gelenkten Unterrichtsgespräch gelten, als es auf eine Lenkung durch den Lehrer völlig verzichten möchte. Tatsächlich sind die Übergänge zwischen dem gelenkten und dem literarischen Unterrichtsgespräch in der Praxis aber häufig fließend. In sehr unterschiedlichem Maße nehmen die verschiedenen Konzeptionen der Methode des literarischen Unterrichtsgesprächs in Anspruch, sowohl ein differenziertes Verstehen eines literarischen Werkes als auch die Verständigung zwischen den Gesprächsteilnehmern zu fördern. Während beispielsweise der Ansatz von Petra Wieler (vgl. Wieler 1997) vor allem die Kommunikation innerhalb der Lerngruppe in den Blick nimmt, vertreten Hubert Ivo (vgl. Ivo 1994) und ähnlich Gerhard Härle (vgl. z. B. Härle/Steinbrenner 2004) eine Konzeption des literarischen Unterrichtsgesprächs, das eine „zweifache Achtsamkeit“

verlangt, „diejenige, die den Text nicht aus dem Blick geraten läßt, und die andere, die den Personen gilt und der Weise, wie sie redend untereinander agieren“ (Ivo 1994, S. 262). Die Grundlage solcher Konzeptionen ist die Auffassung, dass die Deutung literarischer Texte auf dem personalen und authentischen Zusammenwirken von Menschen in einem freien Austausch, bevorzugt in Gesprächsform, beruht.

Problematik

Problematisch ist die Methode des literarischen Unterrichtsgesprächs in dieser Variante insofern, als ein solcher Austausch in Widerspruch zu den institutionellen Bedingungen von Unterricht gerät. Besonders deutlich wird dieser Widerspruch, wenn der Lehrer sich nicht auf die Rolle eines Moderators beschränkt, sondern sich mitsamt seinem Kompetenzvorsprung und seiner institutionellen Funktion als Teilnehmer in das Gespräch einbringt, wie es Gerhard Härle und Marcus Steinbrenner fordern (vgl. Härle/Steinbrenner 2003). Die Beiträge des Lehrers wirken in der Regel doch – auch wenn das unbeabsichtigt ist – mehr oder weniger stark lenkend. Das literarische Unterrichtsgespräch soll deshalb vor allem in den Fällen genutzt werden, in denen die Schüler über eine Kompetenz zum Erkennen von Textelementen/-strukturen verfügen, die relativ zum Schwierigkeitsgrad des zu bearbeitenden Textes gut ausgeprägt ist. In diesem Fall wiegt der Kompetenzvorsprung des Lehrers weniger schwer: Die Schüler können textangemessene Deutungen vornehmen, die denen des Lehrers nicht unterlegen sein müssen.

10.3 Die Textanalyse und verwandte Verfahren

Als Ergänzung zu den Methoden des Unterrichtsgesprächs und des handlungs- und produktionsorientierten Unterrichts, die beide vor allem auf eine Textdeutung zielen, sind in der Regel Handlungen zum Erkennen von zentralen Textelementen und ihren Zusammenhängen notwendig. Es ist mithilfe unterschiedlicher Verfahren möglich.

Textwiedergabe

Als Sonderfall sind zunächst die unterschiedlichen Formen der Textwiedergabe zu nennen. Die Textwiedergabe erlaubt zwar eine Bestimmung zumindest von Handlungselementen in erzählenden Texten, ist dazu aber wohl nur dann eine hinreichende Hilfe, wenn der Text relativ einfach strukturiert ist und die Schüler sich also an der Abfolge von Geschehnissen auf Darstellungsebene orientieren können (→ KAPITEL 13.2). Einen weiteren Sonderfall bilden die produktionsorientierte Verfahren: Mit ihrer Hilfe können Textelemente re-

Produktionsorientierte Verfahren

flektiert bzw. es können deren Funktionen erfahrbar werden (indem beispielsweise eine Geschichte aus einer anderen Perspektive erzählt wird) (→ KAPITEL 10.4).

Im Zentrum der didaktischen Diskussion über Verfahren zum Erkennen von Textelementen steht die Methode der Textanalyse (→ KAPITEL 3.2). Diese Methode hat ihre literaturtheoretische Grundlage in strukturalistischen Konzeptionen und beruht auf einer Textuntersuchung mithilfe von systematisch aufeinander bezogenen Kategorien.

Textanalyse

Ebenfalls intensiv diskutiert wird das textnahe Lesen, wenngleich es im Unterricht der Textanalyse insgesamt nachgeordnet ist. Das Verfahren des textnahen Lesens fordert – nach der Konzeption von Elisabeth Paefgen – von den Schülern als Grundlage für die Deutung das genaue, langsame, wiederholte und durch schreibende Tätigkeiten (Notizen, Anstreichungen u. ä.) unterstützte Lesen eines Textes (vgl. Paefgen 2008). Als Textuntersuchung, die nicht auf einer Anwendung von Kategorien beruht, ist das textnahe Lesen für jeden Schüler spontan ausführbar und kann auch Beobachtungen ermöglichen, die durch den ‚Filter' eines bestimmten Begriffssystems fallen würden (vgl. Leubner/Saupe 2014). Allerdings ist das Verfahren nicht systematisch lernbar und führt häufig zu einer unübersichtlichen Menge von Einzelbeobachtungen. Das textnahe Lesen bietet sich zum einen für solche literarischen Texte an, die nicht so komplex strukturiert sind, dass die Schüler auf eine Textanalyse angewiesen wären. Zum anderen kann es in manchen Fällen in relativ ergiebiger Weise auf Texte angewendet werden, die mit den Kategorien, die Schülern zur Verfügung stehen, kaum hinreichend zu erfassen sind. Insbesondere die Inhaltsebene von nicht-erzählenden Gedichten kann häufig durch textnahes Lesen sinnvoll erschlossen werden.

Textnahes Lesen

Typische Tätigkeiten textnahen Lesens sind das mehrfache Lesen und die langsame, verzögerte Textrezeption (indem beispielsweise die Verse von Gedichten Schritt für Schritt rezipiert und in die Texterschließung einbezogen werden), die Markierung von (wichtigen) Textstellen und die (schriftliche) Formulierung von Fragen und Anmerkungen sowie die Visualisierung von grundlegenden Aspekten des Textes beispielsweise mithilfe eines Clusters. Beispiele für Aufgaben zum textnahen Lesen sind:

Aufgabenbeispiele

- Lest das Gedicht mehrfach.
- Lest das Gedicht und markiert Textstellen, die euch wichtig erscheinen.

- Lest das Gedicht und formuliert Anmerkungen und Fragen zu einzelnen Textstellen.
- Lest das Gedicht und erstellt ein Cluster, in das ihr Aspekte des Gedichts aufnehmt, die euch wichtig erscheinen.
- Lest zunächst nur die Überschrift des Gedichtes und überlegt, wovon das Gedicht handeln könnte. Lest dann die erste Strophe und verständigt euch darüber, wovon das Gedicht handelt. Lest dann die zweite (und letzte) Strophe; sind eure Vermutungen bestätigt worden?

Das textnahe Lesen zielt zumeist auf eine zunächst individuelle intensive Auseinandersetzung mit literarischen Texten, bevor anschließend die Ergebnisse der einzelnen Schüler miteinander abgeglichen werden. Dieser Abgleich kann dann zur Klärung einzelner Textpassagen führen, in ein Interpretationsgespräch übergehen oder zur Reflexion über die weitere Texterschließung anregen.

Textnahes Lesen	**Textanalyse**
langsames / genaues, wiederholtes Lesen, durch schreibende Tätigkeiten unterstützt, ohne ‚Filter' eines bestimmten Begriffssystems	Textuntersuchung auf der Grundlage von systematisch aufeinander bezogenen Kategorien, mit deren Hilfe Textelemente gezielt gesucht werden

Abbildung 29: Textnahes Lesen und Textanalyse

Textanalyse als zentrale Methode

Weil die Textanalyse ein reflektiertes und systematisches Vorgehen ermöglicht und in hohem Maße lehr- und lernbar ist, kann sie als der zentrale Weg zum Erkennen von Textelementen im Literaturunterricht gelten, der von Fall zu Fall durch verwandte Verfahren ergänzt oder ersetzt wird. Zudem bietet die textanalytische Methode für Leistungssituationen die Möglichkeit, eine Teilleistung des Textverstehens in relativ objektiver Weise abzuprüfen. Allerdings soll, so ist eigens zu betonen, der textanalytische Umgang mit literarischen Texten kein Selbstzweck sein, sondern ist in der Regel als Grundlage für eine ergiebige Deutung und einen lohnenden Wirklichkeitsbezug notwendig (→ KAPITEL 3.4). Problematisch für die Anwendung der textanalytischen Methode im Unterricht ist bislang, dass ein Konsens über ein fachwissenschaftlich begründetes und didaktisch reflektiertes Begriffsinstrumentarium noch nicht gefunden ist (→ KAPITEL 5.3). Eine Reihe weiterer Bedenken ist jedoch nur bei einer falschen Anwendung der Methode berechtigt: Ein guter textanalytisch fundierter Unterricht ist weder einseitig kognitiv noch lehrerzentriert, er ist nicht

Funktionen der Textanalyse

Grundsätze für die schulische Textanalyse

detailfixiert oder formalistisch und überfordert die Schüler auch nicht. Vielmehr soll er zu einem (auch) emotional begründeten und (auch) subjektiven Textverstehen führen und den Schülern eine möglichst selbstständige Arbeit ermöglichen. Er soll sich in der Regel auf eine Analyse des Inhalts konzentrieren, Elemente der Form – Darstellungsweise und Sprachgestaltung – aber einbeziehen, wenn diese Elemente eine besondere Funktion für einen Text haben, und diese Funktion deutlich werden lassen.

Manche Elemente der Form sind in der Regel für die Deutung ergiebig, andere nur von Fall zu Fall. Am Beispiel der sprachlichen Analyse von Gedichten: Aufzählungen verwendeter Wort- und Satzarten sind häufig uninteressant, die entsprechende Sprachgestaltung kann allerdings im Einzelfall funktional für das Deutungspotenzial sein – während die Bildlichkeit zu untersuchen und zu deuten in aller Regel ergiebig ist, weil hier in verknappter Form verschiedene Inhaltsbereiche in markanter Weise zueinander in Beziehung gesetzt werden. Hier ergibt sich insofern eine Herausforderung für den Unterricht, als Lernende die unterschiedliche Relevanz formaler Elemente für das Deutungspotenzial häufig nur schwer abschätzen können. Der Erwerb von metakognitivem Wissen zur Textanalyse (→ KAPITEL 3.2) kann ihnen aber zumindest bei der Entscheidung darüber helfen, welche Elemente der Form in der Regel für die Deutung ergiebig sind.

Kriterien für die Auswahl von Analysekategorien

Für die Auswahl von Kategorien sind die folgenden Kriterien sinnvoll: (1) Einfachheit – es soll eine begrenzte Menge von Kategorien genutzt werden, die relativ einfach zu erwerben und auf möglichst viele Texte anzuwenden sind; (2) Konzentration auf die Ebene des Inhalts und auf diejenigen Aspekte der Form, die in der Regel deutungsrelevant sind; (3) Medienintegration – die Kategorien sollen sich soweit möglich für die Untersuchung von Texten unterschiedlicher Gattungen und Medien eignen (vgl. Leubner/Saupe 2012, S. 25f.).

Aufgaben zur Textanalyse können unterschiedliche Formate und einen unterschiedlichen Lenkungsgrad (→ KAPITEL 12) und dementsprechend auch unterschiedliche Formen aufweisen. Mehrheitlich enthalten sie jedoch Operatoren wie „analysiere", „untersuche", „bestimme", „finde heraus", „stelle dar", „erläutere", „erkläre" u. ä.; für eine Funktionsbestimmung von Elementen der Form auch solche wie „überlege" oder „erörtere". Außerdem finden sich zumeist Angaben der zu verwendenden Analysekategorien (wenngleich nicht unbedingt der entsprechenden Termini) und mitunter auch Hinweise darauf,

auf welche Textstellen diese Kategorien anzuwenden sind. Aufgaben, die sich auf die Textanalyse richten, lauten also beispielsweise:

Aufgabenbeispiele

- Stelle die schwierige Lage der Figur X dar.
- Erkläre, wie diese schwierige Lage entstanden ist.
- Fasse das Verhalten und die Gedanken/Gefühle der Figur X in der Lage Y in Stichpunkten zusammen. Bestimme auf dieser Grundlage ihre Charaktereigenschaften.
- Finde heraus, ob die Erzählung uns die Gedanken und Gefühle einer oder mehrerer Figuren mitteilt. Erörtere, inwiefern unser Verständnis der Geschichte dadurch beeinflusst wird.
- Untersuche, welche sprachlichen Bilder die erste Strophe des Gedichts aufweist. Überlege, welche Wirkung diese Bilder auf den Leser haben könnten.

Traditionelle Aufgaben und selbstständige Texterschließung

Im traditionellen Unterricht werden die Schüler bei der Texterschließung zumeist stärker gelenkt, vor allem durch Aufgaben, die auf einen konkreten Text bezogen sind und Vorgaben für die Auswahl von Analysekategorien und von Textstellen für die Analyse und Deutung machen (→ KAPITEL 12.2). Auf diese Weise können die Schüler jedoch höchstens in begrenztem Maße Kompetenzen für eine selbstständige Texterschließung erwerben. Viele Schüler sind dementsprechend überfordert, wenn sie schließlich die ‚klassische' offene Aufgabe „analysiere und interpretiere den folgenden Text" lösen sollen (→ KAPITEL 13.3). Es gilt, ihnen Arbeitsschritte für die Bewältigung dieser Aufgabe – und damit für den Erwerb von Wissen und Können der Texterschließung – nahezubringen. Dazu eignen sich Strategien in besonderer Weise, auch wenn sie keine Wundermittel sind, die allen Schülern ohne weiteres das Verstehen aller Texte erlauben würden.

Strategien für die Texterschließung

Strategien werden als optionale, bewusste oder bewusstseinsfähige Prozesse zur Lösung von Aufgabenstellungen verstanden (vgl. Grotjahn 1997, S. 50-54). Für die ‚Problemlösung' der Texterschließung handelt es sich um eine Reihe von Arbeitsschritten, die systematisch aufeinander bezogen sind und den Schülern in Form von ‚Anleitungen' angeboten werden. Zusammen mit dem Strategiewissen sollen die Schüler jedoch das metastrategische Wissen erwerben, dass ihre ‚Anleitungen' nur Vorschläge sind, die flexibel genutzt werden sollen. Dementsprechend sollen die Schüler idealerweise das erworbene Strategiewissen nicht schematisch anwenden, sondern entscheiden, welche der Strategien sich für die Erschließung eines Textes besonders eignen, die ausgewählten Strategien gewichten, eventuell auch verändern und schließlich in ihrer Leistungsfähigkeit bewerten.

Strategien, die der Erschließung von Sachtexten dienen, sind mittlerweile im Unterricht selbstverständlich. Eine solche Strategie ist beispielsweise „Bestimme die zentralen Aussagen der Textabschnitte“.

... für die Erschließung literarischer Texte

Aber auch für die Arbeit mit literarischen Texten werden zunehmend Strategien eingesetzt. Dazu sind jedoch die Strategien für die Sachtexterschließung nicht hinreichend. Für das Verstehen literarischer Texte sind vielmehr Strategien notwendig, die den besonderen Strukturen und der Vieldeutigkeit dieser Texte (→ KAPITEL 3.3) gerecht werden (vgl. schon Ehlers 1998, S. 211).

Strategien für die Textanalyse

So müssen für die Textanalyse Strategien auf der Grundlage ergiebiger, systematisch aufeinander bezogener textanalytischer Kategorien formuliert werden. Da eine Analyse von Texten unterschiedlicher literarischer Gattungen teilweise unterschiedliche Kategorien erfordert, sind für die einzelnen Gattungen auch Anleitungen notwendig, die sich teilweise voneinander unterscheiden. Ein Beispiel für ein Strategieset, das den Schülern eine Handlungsanalyse von Erzähltexten erlaubt:

Beispiel

STRATEGIESET „KOMPLIKATION UND AUFLÖSUNG“

1. Welche der Figuren in der Erzählung ist in einer besonders schwierigen Lage? *[Frage nach der Hauptfigur]*
2. Benenne diese schwierige Lage. Nutze dazu die folgenden Fragen:
   a) Wie ist die schwierige Lage genauer beschaffen:
   (i) Die Figur kann etwas, das ihr wichtig ist, nicht bekommen oder (ii) sie hat etwas verloren, das ihr wichtig ist (oder sie ist in Gefahr, es noch zu verlieren)?
   b) Was ist dieses ‚Etwas‘, das der Figur wichtig ist?
   [Frage nach der Komplikation und dem Gut]
3. Welche Gründe sind dafür entscheidend, dass die schwierige Lage für die Figur entstehen konnte? *[Frage nach den Faktoren für die Komplikation]*
4. Entscheide, wie die schwierige Lage aufgelöst wird:
   positiv, negativ, teils-teils, ungewiss *[Frage nach der Auflösung]*
5. Aus welchen Gründen (z.B. Handlungen einer Figur) kommt die (z. B. negative oder positive) Auflösung der schwierigen Lage zustande?
   Gibt es außerdem interessante Versuche, die schwierige Lage aufzulösen? Wenn ja, welche? *[Frage nach den Faktoren für die Auflösung]*
6. Überlege und schreibe auf, was uns die Erzählung (z.B. über die Menschen und ihr Handeln) sagen könnte. Beziehe in die Formulierung möglicher Aussagen deine Untersuchungsergebnisse zu den Aufgaben 2 bis 5 ein.

Abbildung 30: Strategien für die Handlungserschließung

Dieses Strategieset hat sich in einer empirischen Studie als besonders hilfreich für das Textverstehen von Schülern erwiesen (vgl. Leubner/Saupe 2014, S. 79-99). Es wäre durch Strategien für ein Erkennen von zentralen Aspekten der Darstellung zu ergänzen.

Mit der Einführung von Strategien soll spätestens zu Anfang der Sekundarstufe I begonnen werden. In den folgenden Jahrgangsstufen können die Schüler sie nach und nach erweitern. Die Anwendung von neu erworbenem Strategiewissen kann zunächst in der Lerngruppe und soll dann zunehmend selbstständig erfolgen (wobei natürlich auch Partner- oder Gruppenarbeit möglich ist).

Wiederholte Anwendung

Wie empirische Studien zur Förderung von Lesekompetenz mithilfe von Strategien gezeigt haben (vgl. Grotjahn 1997, Gold 2004), ist es auf jeden Fall notwendig, die eingeführten Strategien im Unterricht immer wieder anzuwenden.

10.4 Handlungs- und produktionsorientierter Unterricht

Anliegen / Definition des HPLU

Im handlungs- und produktionsorientierten Literaturunterricht (abgekürzt häufig HPLU oder HP) sollen die Schüler auf nicht ausschließlich kognitive Weise Zugang zu literarischen Texten gewinnen. In der fachdidaktischen Diskussion finden sich häufig unklare Definitionen dieser Art des Unterrichts. Sinnvoll sind jedoch die folgenden Bestimmungen: Der Zugang zu literarischen Texten erfolgt im handlungsorientierten Unterricht durch ein ganzheitliches Tun, das kognitive, affektive und praktische Fähigkeiten erfordert. Im produktionsorientierten Unterricht wird ein Schreiben zu literarischen Texten eingesetzt, das im Unterschied zum Schreiben eines Interpretationsaufsatzes selbst (quasi-)literarischen Charakter hat. Auf diese Weise sollen Schüler besonders gefördert werden, die sich durch künstlerische bzw. ganzheitliche Tätigkeiten eher als durch ein vor allem kognitiv begründetes Vorgehen mit Literatur auseinandersetzen können.

Literaturtheoretische Grundlagen

Als literaturtheoretische Grundlage des handlungs- und produktionsorientierten Unterrichts können insbesondere rezeptionsästhetische Konzeptionen gelten, die die Mitwirkung des Lesers an der Bedeutungsbildung literarischer Texte als Ausfüllung von sogenannten ‚Leerstellen' verstehen. Aber auch poststrukturalistische Ansätze (→ KAPITEL 3.3) werden häufig zur Begründung der handlungs- und produktionsorientierten Methode herangezogen.

Es gibt im Rahmen der handlungs- und produktionsorientierten Methode eine Vielzahl unterschiedlicher Ansätze. Eine Reihe davon möchte den Schülern ermöglichen, zentrale Teilleistungen des Textverstehens zu erbringen. Die Konzeptionen Günter Waldmanns zielen

Erkennen von Textelementen

vor allem auf ein Erkennen von Textelementen/-strukturen epischer, lyrischer und dramatischer Texte mittels produktionsorientierter Verfahren (vgl. Waldmann 2007). Dieses Erkennen soll eine zentrale Rolle im Rahmen eines Phasenmodells des Textverstehens spielen (→ KAPITEL 11). Dazu sollen die literarischen Texte umgestaltet oder Paralleltexte geschrieben werden. Vor allem wird hier die formale Gestaltung in den Blick genommen, beispielsweise, indem die Schüler die Perspektivierung, die Innen-/Außensicht, die Zeitgestaltung, das Metrum, die Reimform, das Tempus, die Syntax oder die sprachlichen Bilder eines Textes verändern. Auf diese Weise sollen die Funktionen der unterschiedlichen Darstellungsverfahren konkret erfahrbar und beschreibbar werden. Voraussetzung für eine solche Erkenntnis ist allerdings, dass die entsprechenden Strukturen zuvor begrifflich (wenngleich nicht unbedingt terminologisch) erfasst wurden.

Entsprechende Aufgaben lauten beispielsweise:

Aufgaben zum Erkennen von Textelementen

- Schreibe eine neue Version der Geschichte X, in der der Erzähler dem Leser nur so viel sagt wie (mehr sagt als) die Figur Y weiß. Vergleicht Eure Geschichten mit dem Original.
- Verändere die Erzählung X, indem Du statt der komplexen (der einfach gebauten) Sätze möglichst einfache Satzreihen (möglichst komplexe Satzgefüge) gebrauchst. Inwiefern verändert sich die Wirkung der Erzählung?
- Schreibe ein Gedicht zu dem gleichen Thema, das auf sprachliche Bilder verzichtet (möglichst viele sprachliche Bilder nutzt). Vergleicht die Wirkung Eurer Gedichte mit der des Originals.

Deutung

Von besonderer Bedeutung für die Schulpraxis sind diejenigen Ansätze des handlungs- und produktionsorientierten Unterrichts, die sich vor allem auf eine Textdeutung richten, so der Ansatz Karlheinz Fingerhuts (vgl. z. B. Fingerhut 1996, 1997). Insbesondere wird von diesen Konzeptionen eine Deutung der Handlungs- und Figurenebene von (im weiten Sinne) erzählenden Texten angestrebt. Die Schüler sollen Handlungselemente deutend ergänzen, die nicht eindeutig zu rekonstruieren sind oder sogar ganz ausgespart bleiben, wie Figureneigenschaften, Faktoren für eine Komplikation oder Auflösung oder die Auflösung selbst. Häufig soll dazu die Perspektive bzw. die Innensicht einer Figur ergänzt werden. In vielen Fällen benötigen die Schüler für eine ergiebige Bearbeitung solcher Aufgaben ein bestimmtes Wissen (z. B. darüber, wodurch sich Erzählungen mit einer bestimmten Perspektivierung auszeichnen oder durch welche Mittel ein Gedichtvortrag gestaltet werden kann), und in vielen Fällen müssen auch einzelne Arbeitsschritte (z. B. zur Vorbereitung eines Figureninterviews) eingeführt und geübt werden.

Produktionsorientierte Aufgaben mit dem genannten Ziel der Deutung sind etwa:

Aufgaben zur Deutung

- Die Erzählung endet damit, dass XY geschieht. Was könnte danach passieren? Schreibe die Erzählung weiter.
- Stell Dir vor, dass X auf einer Abendgesellschaft Y trifft und die beiden über das Ereignis Z sprechen. Schreibe den Dialog auf.
- Erzähle die Geschichte aus der Perspektive der Figur XY neu.
- Stell Dir vor, dass die Figur X nach dem Ereignis Z abends allein in ihrem Zimmer sitzt. Schreibe in ihrer Rolle einen Brief an Y (einen Tagebucheintrag).

Beispiele für handlungsorientierte Aufgaben mit diesem Ziel sind:

- Führt ein Interview mit der Figur X durch.
- Spielt den Text(ausschnitt) X vor. Achtet dabei darauf, dass Bewegungen, Mimik, Gestik, Tonfall etc. zur Handlung passen.
- Tragt den Text(ausschnitt) Y so vor, dass seine Stimmung besonders deutlich wird (dass der Vortrag zum Inhalt des Textes passt).

Die Deutung von Textelementen, die durch die genannten Verfahren geleistet wird, kann in manchen Fällen in eine Deutung des gesamten Textes übergehen. Für Gesamtdeutungen wird darüber hinaus auch das Schreiben von Parallel- oder Gegentexten vorgeschlagen, die dann mit dem Original verglichen werden sollen. Eine entsprechende Aufgabe kann lauten:

- Schreibe auch ein Gedicht (eine kurze Geschichte) über Deine Stadt (einen schwierigen Freund von Dir, ein ungewöhnliches Erlebnis mit einem Nachbarn ...). Versuche dabei, in ähnlicher Weise zu schreiben wie der Autor X (oder: Du kannst dabei auch ganz anders schreiben als der Autor X).

Wirklichkeitsbezug

Wünschenswert wäre eine verstärkte Nutzung handlungs- und produktionsorientierter Verfahren für einen an die Deutung anschließenden Wirklichkeitsbezug. Wenn die Schüler sich im Schutz der Fiktion oder auf der Grenze zwischen Fiktion und Lebenswirklichkeit bewegen, können sie vermutlich besser als durch einen direkten Vergleich oder eine beurteilende Stellungnahme die Grundsätze für einen ergiebigen Wirklichkeitsbezug beachten (→ KAPITEL 3.4). Überdies sind sie so eher in der Lage, ihre Privatsphäre zu schützen sowie eine Orientierung an den (vermuteten) pädagogischen Absichten des Lehrers und eine Verflachung des literarischen Textes durch Schemata der Alltagskommunikation zu vermeiden. Entsprechende Aufgaben können lauten:

Aufgaben zum Wirklichkeitsbezug

- Stellt Euch vor, dass die Figur Z zu Euch nach X kommt. Führt ein Interview mit der Figur durch, in dem Ihr sie fragt, was sie von Eurem Leben in der Schule und zu Hause hält.
- Spielt eine Gerichtsverhandlung, in der sich die Figur X für Y verantworten muss.
- Schreibe einen Brief an die Figur X, in dem Du der Figur sagst, was Du von ihrem Verhalten Y denkst.
- Stell Dir vor, dass das Verhalten der Figuren X und Y von einem Nachbarn beobachtet wird (dass die Figur X ihre Geschichte einem Eheberater erzählt). Schreibe auf, was der Nachbar (Eheberater) zu diesem Verhalten (zu dieser Geschichte) sagen würde.
- Schreibe eine Geschichte, die eine ähnliche Handlung hat wie die Geschichte X, aber in der heutigen Zeit spielt.

Förderung von weiteren Fähigkeiten

Neben den Konzeptionen des handlungs- und produktionsorientierten Unterrichts, die vor allem Teilkompetenzen des Textverstehens fördern wollen, stehen solche, denen es hauptsächlich um eine Entwicklung der Lesemotivation, der Vorstellungsbildung und der emotionalen Beteiligung am Text geht. Den Schülern soll durch ein Erreichen dieser Ziele ein Weg zur literarischen Bildung ermöglicht werden. So möchte Gerhard Haas insbesondere emotionale Zugänge zu literarischen Texten und die Imaginationsfähigkeit fördern, Kaspar H. Spinner neben der Imagination vor allem die Empathie, die eine Entwicklung von Identität und Fremdverstehen ermöglichen soll.

Aufgabentypen	(typische) Funktion
einen inneren Monolog einer Figur verfassen	Deutung von Textelementen (Handlungsmotive von Figuren etc.)
Einen Dialog zwischen zwei Figuren verfassen / spielen	Deutung von Textelementen (die im Dialog ‚verhandelt' werden)
eine Handlung aus einer anderen Perspektive erzählen	Deutung von Textelementen (die aus anderer Perspektive dargestellt werden)
einen alternativen Schluss einer Erzählung verfassen (oder: anderer Titel / …)	Deutung von Textelementen (die in dem neuen Schluss neu ‚verhandelt' werden)
ein Figureninterview führen	Deutung bzw. Wirklichkeitsbezug

Abbildung 31: 5 gängige handlungs- und produktionsorientierte Aufgaben

Allerdings gibt es fließende Übergänge zwischen diesen Ansätzen und denjenigen, die sich primär auf das Textverstehen richten. Auch Haas und Spinner betonen in ihren neueren Werken die Notwendigkeit des Textverstehens. Zudem können die von ihnen vorgeschlagenen Verfahren zumeist auch einer Vorbereitung der Texterschließung – etwa der Einstimmung oder Hypothesenbildung (→ KAPITEL 11.1) – oder der Texterschließung selbst dienen.

Handlungs- und produktionsorientierte Aufgaben, die vor allem die Lesemotivation, die Vorstellungsbildung oder die emotionale Beteiligung an einem Text fördern sollen, können beispielsweise lauten:

Aufgaben zur Lesemotivation etc.

- Spielt den Text(abschnitt) X nach.
- Ergänze die Lücken in folgendem Text (...).
- Die folgenden Verse/Abschnitte des Textes sind vertauscht. Bringe sie in eine Reihenfolge, die Dir sinnvoll erscheint.
- Die Geschichte X beginnt folgendermaßen (...). Schreibe (in Stichpunkten) auf, wie die Geschichte weitergehen könnte.
- Male ein Bild (stelle eine Collage her), das (die) zu dem Text X passt.
- Versetze Dich in die Lage der Figur X und schreibe in ihrer Rolle einen Tagebucheintrag, in dem deutlich wird, wie sich die Figur fühlt.

Kritik

Am handlungs- und produktionsorientierten Unterricht ist schon früh Kritik geübt worden, die in jüngster Zeit verstärkt Beachtung findet. So wurde immer wieder darauf hingewiesen, dass handlungs- und produktionsorientierte Verfahren, die vor allem die Lesemotivation, Vorstellungsbildung und emotionale Beteiligung am Text fördern möchten, leicht zur ziellosen Spielerei geraten können. Aber auch diejenigen Ansätze, die den Schülern eine Textdeutung ermöglichen wollen, sind in die Kritik geraten. Nach der Auffassung des Literaturwissenschaftlers und -didaktikers Hans Kügler wird schon allein durch das Ausfüllen von ‚Leerstellen' durch materielle Handlungen eine vorschnelle Vereindeutigung erzielt, die das angemessene Verstehen eines literarischen Textes verhindert (vgl. Kügler 1996). Etwas weniger grundsätzlich fallen die Bedenken aus, die Karlheinz Fingerhut geäußert hat. Schüler neigen, so Fingerhut, dazu, die ihnen durch literarische Texte nahegelegten neuen und fremden Erfahrungen von Wirklichkeit durch Muster der Alltagswahrnehmung oder der Medienrezeption zu ‚überschreiben': „Selektive, auf Bestätigung angelegte Textwahrnehmung ist nur schwer zu durchbrechen" (Fingerhut 1985, S. 353). Ein handlungs- oder produktionsorientiertes Arbeiten kann in vielen Fällen in sehr viel höherem Maße als ein Unterrichtsgespräch dazu beitragen, dass sich die selektive Textwahrnehmung verfestigt. Ein literarischer Text dient dann im schlechtesten Fall nur noch als Anknüpfungspunkt für rein subjektive Assoziationen oder konventionelle Schemata der Wahrnehmung. Hinzuzufügen ist, dass häufig auch ein anderes Extrem eintritt, indem eine mit großem Aufwand zum Zweck der Deutung durchgeführte handlungs- oder produktionsorientierte Arbeit tatsächlich weitgehend nur eine Textreproduktion erbringt.

Grundsätze für den HPLU

1. Passung Text und Methode
Die handlungs- und produktionsorientierten Aufgaben, die einer Deutung dienen, müssen nicht nur auf die Schüler, sondern auch auf die zu bearbeitenden Texte und Genre abgestimmt werden. Die entsprechenden Texte sollen einen einerseits ausreichend großen, andererseits nicht zu weiten Spielraum für die Deutung bieten. Falls der Spielraum – so im Fall von extrem vieldeutigen Werken, etwa denen Kafkas – zu groß ist, können die Schüler leicht in Versuchung geraten, die komplexen Texte auf Schemata der Alltagswahrnehmung oder der Medienrezeption zu reduzieren. Deshalb bietet es sich an, zunächst den Deutungsspielraum solcher Texte im Unterrichtsgespräch zu erkunden, bevor eventuell lohnende Paralleltexte zum Original geschrieben werden können. Falls der Spielraum für die Deutung dagegen zu klein ist, können die Schüler einen Text auch unter großem Arbeitsaufwand tendenziell nur reproduzieren. Das ist in der Regel dann der Fall, wenn sie Rede, Gedanken oder Gefühle einer eindimensionalen Figur etwa in einem Märchen ergänzen sollen. Ähnliches tritt ein, wenn ein Text die zu leistenden Ergänzungen in hohem Maße vorgibt, etwa wenn die Schüler eine Handlung aus der Perspektive einer Figur neu erzählen sollen, deren Gedanken und Gefühle im Text schon ausführlich dargestellt sind.

2. Berücksichtigung zentraler Textelemente
Als Grundlage der handlungs- oder produktionsorientierten Arbeit muss sichergestellt sein, dass die Schüler zentrale Elemente des zu erarbeitenden Textes und ihre Zusammenhänge erkannt haben – jedenfalls wenn die Arbeit auf eine Textdeutung zielt. In der Regel müssen dazu den handlungs- oder produktionsorientierten Aufgaben textanalytische Aufgaben vorangehen, es sei denn, dass die Schüler diese Elemente (im Falle relativ einfacher Texte) intuitiv oder durch andere Verfahren erkennen konnten. Wenn sich die handlungs- oder produktionsorientierte Arbeit auf eine Einstimmung oder Hypothesenbildung richtet, ist eine vorhergehende Textarbeit natürlich nicht notwendig. Doch ist darauf zu achten, dass im Folgenden noch eine Deutung auf der Grundlage eines Erkennens von Textelementen geleistet wird.

3. Reflexion der Schülerproduktionen
Die Produktionen der Schüler sollen reflektierend ausgewertet werden, in der Regel durch einen Abgleich mit denen der Mitschüler und ggf. mit dem Original im Unterrichtsgespräch. Auf diese Weise soll überprüft werden, ob die Schüler die Textgrundlage in angemessener Weise berücksichtigt haben. Darüber hinaus soll ggf. die durch die handlungs- oder produktionsorientierten Verfahren geleistete Deutung explizit gemacht werden und durch Anschlusskommunikation eine Weiterentwicklung – eine Bestätigung, Differenzierung oder Veränderung – erfahren. Möglich wird ein solcher Vergleich etwa durch die Frage: „Welche der Texte von Euch, die wir eben gehört haben, passt besonders gut zum Text des Dichters X?“.

Abbildung 32: Grundsätze für HPLU

Die genannten Gefahren lassen sich allerdings durchaus vermeiden, wenn für die Nutzung der handlungs- und produktionsorientierten Methode bestimmte Grundsätze beachtet werden (vgl. Leubner/Saupe 2016, S. 112–115). Auch wenn sie vielleicht nicht für alle Lerngruppen und sicherlich nicht für die Arbeit mit jedem Text notwendig sind, können handlungs- und produktionsorientierte Verfahren dann eine sinnvolle und für manche Schüler(gruppen) ausgesprochen hilfreiche Ergänzung anderer Methoden bieten (→ ABBILDUNG 32).

Grundsätze für den HPLU

Der übergeordnete Grundsatz lautet, dass die Verfahren des handlungs- und produktionsorientierten Unterrichts zielorientiert eingesetzt werden sollen. Für einen Unterricht, der den Schülern das Verstehen eines literarischen Textes ermöglichen will, sind zudem zu beachten: die Passung von Text und Methode, die Berücksichtigung zentraler Textelemente und die Reflexion der Schülerproduktionen (→ ABBILDUNG 32).

Lektüreempfehlungen

- **Gerhard Härle / Marcus Steinbrenner (Hg.): Kein endgültiges Wort. Die Wiederentdeckung des Gesprächs im Literaturunterricht**, Baltmannsweiler 2004. *Erörterung unterschiedlicher Konzeptionen für das Gespräch im Literaturunterricht.*
- **Martin Leubner / Anja Saupe: Erzählungen in Literatur und Medien und ihre Didaktik**, Baltmannsweiler 2012. *Vorstellung und Erörterung von Prinzipien und Kategorien für die schulische Analyse von erzählenden Texten.*
- **Kaspar H. Spinner: Methoden des Literaturunterrichts**, in: Michael Kämper-van den Boogaart / ders. (Hg.), Lese- und Literaturunterricht. Bd. 2, Baltmannsweiler 2010, S. 190–242. *Übersicht über Methoden des Literaturunterrichts.*
- **Günter Waldmann: Produktiver Umgang mit Literatur im Unterricht**, Baltmannsweiler 2007. *Literaturtheoretische Fundierung und systematische Übersicht produktionsorientierter Verfahren.*

11 Phasierung des Unterrichts

Abbildung 33: Eine Schülerin beim Tafelanschrieb (mit Bezug auf Helmut Heißenbüttels *Damenherbst*, 1978), Fotografie (2010)

„Warum verlässt die eine alte Dame die andere?": Diese Frage, die die Schülerin auf dem Bild an die Tafel schreibt, ist von den Schülern eines Deutschkurses in der 11. Jahrgangsstufe als Leitfrage für die Erschließung des Textes „Damenherbst" (1978) von Helmut Heißenbüttel entwickelt worden. Im Anschluss werden die Schüler diese Frage mithilfe einer textanalytischen Untersuchung und einer produktionsorientierten Aufgabe beantworten und auf diese Weise von einem ersten Textverstehen zu einer differenzierteren Deutung gelangen. Den Schülern wird ein strukturierter Verstehensprozess ermöglicht, indem der Unterricht in sinnvoll aufeinander bezogene Phasen gegliedert wird.

Für den Literaturunterricht sind mit Bezug auf Modelle der Allgemeinen Didaktik Phasenmodelle entwickelt worden. Die entsprechenden Modelle sind für einen Unterricht konzipiert, der dem Verstehen einzelner Texte dient, und stellen Richtlinien für eine möglichst günstige Phasierung des Textverstehens im Unterricht bereit, indem sie angeben, wie die Schüler an das Textverstehen herangeführt werden und welche Teilleistungen des Textverstehens in welcher Reihenfolge angestrebt werden sollen.

Die unterschiedlichen ‚klassischen' Modelle – konzipiert vor allem von Jürgen Kreft, Joachim Fritzsche und Günter Waldmann – weisen grundlegende Gemeinsamkeiten auf. Ihren Kern bildet jeweils eine Phase der Texterschließung. Sie wird durch zumindest eine Phase vorbereitet, in der die Schüler ihre Reaktionen auf einen dargebotenen Text äußern und eigene Vorschläge für die weitere Textarbeit entwickeln. Außerdem folgen auf die Phase der Texterschließung weitere Phasen, in denen der betreffende Text kontextualisiert oder auf die Lebenswirklichkeit bezogen werden kann.

Eine entsprechende Phasierung lässt sich gut mit einem kompetenzorientierten Unterricht verbinden. Es bietet sich demnach ein Modell an, das die vier folgenden Phasen umfasst: Hinführung, Texterschließung, Wirklichkeitsbezug und Kontextualisierung. Sie sind kompatibel mit den gängigen Phasen allgemeindidaktischer Phasenmodelle: Einstieg, Erarbeitung, Anwendung und Vertiefung. Unterricht, der einer Einführung von Wissen zur Literatur dienen, lässt sich ebenfalls angemessen nach dem allgemeindidaktischen Modell strukturieren.

11.1 Der Einstieg als Hinführung
11.2 Die Erarbeitung mit Fokus Texterschließung
11.3 Die Anwendung mit Fokus Wirklichkeitsbezug
11.4 Die Vertiefung mit Fokus Kontextualisierung

11.1 Der Einstieg als Hinführung

Allgemein- und fachdidaktische Phasenmodelle

Verbreitete allgemeindidaktische Modelle gliedern den Unterricht zumeist in die Phasen Einstieg, Erarbeitung und ggf. Sicherung sowie Anwendung und Vertiefung. Für den Literaturunterricht ist es sinnvoll, diese Phasen zu spezifizieren. Als Grundlage dazu stehen einflussreiche fachdidaktische Modelle zum literarischen Textverstehen zur Verfügung (→ ABBILDUNG 36). In diesen Modellen gibt es stets eine Phase, die der Hinführung zur Texterschließung dient: Die Schüler kommen über einen Text ins Gespräch und bereiten die folgende Texterschließung vor. Diese Modelle wurden zwar vor allem für Einzel- oder Doppelstunden zu kürzeren Texten entwickelt, lassen sich aber auch auf Unterrichtseinheiten zu Ganzschriften übertragen.

Phasenmodelle und Wissenserwerb

Falls der Unterricht allerdings auf den Erwerb von Wissen zielt, beispielsweise von Wissen über Analysekategorien, literarische Gattungen oder Epochen, folgt er einer anderen Ausprägung allgemeindidaktischer Modelle. Es sind hier zwei Typen zu unterscheiden: das (wünschenswerte) entdeckende Verfahren, das die Selbstständigkeit der Schüler fördert, und das darbietende Verfahren (→ ABBILDUNG 34 UND 38). In neueren Lehrwerken findet sich zudem häufig eine Verbindung von Textverstehen und Wissenserwerb. Im Rahmen entsprechender Sequenzen werden zumeist in Aufgabensets zum Textverstehen einzelne Aufgaben integriert, die dem Erwerb von Wissen – etwa von Kategorien für die Textanalyse – dienen. Entsprechende Lernwege lassen sich mit allgemeindidaktischen Phasenmodellen angemessen beschreiben.

	Phasierung: Textverstehen	‚Allgemeines' Phasenmodell	Phasierung: Entdeckendes Lernen	Phasierung: Darbietendes Lehren
1	Hinführung	Einstieg	Entdeckung Problemstellung	Information, Gliederung
2	Texterschließung	Erarbeitung	Entdeckung Lösungswege und Lösungen	Vortragen / Vormachen / Vorzeigen
	ggf. Zusammenfassung	Zusammenfassung (und Reflexion)	Zusammenfassung und Reflexion	Zusammenfassung
3	Wirklichkeitsbezug	Anwendung	Selbstständige Anwendung	Anwendung des Erlernten
4	Kontextualisierung	Vertiefung (und Transfer)	Selbstständige Vertiefung (und Transfer)	Vertiefung (und Transfer)

Abbildung 34: Abgleich von Phasenmodellen

Textrezeption

Zu Beginn der (Textverstehens-) Arbeit mit einem kürzeren Text wird den Schülern in der Regel der Text (oder zunächst ein Teil davon) dargeboten. Für den Umgang mit längeren literarischen Texten wird in neueren methodischen Konzeptionen zumeist die Auffassung vertreten, dass die Schüler die Texte in freier Lektüre zu Hause lesen sollen, bevor sie im Unterricht bearbeitet werden. Allerdings ist gegen ein solches Vorgehen eingewandt worden, dass es in manchen Fällen die Schüler überfordern dürfte, sodass für komplexere literarische Texte auch das abschnittweise Lesen von Stunde zu Stunde zu erwägen ist (→ KAPITEL 14.2).

Kürzere literarische Texte können von den Schülern natürlich im Unterricht still gelesen werden. Eine größere Motivation ergibt sich aber in der Regel, wenn der Text der Lerngruppe vorgetragen wird. Die kurze Erzählung *Damenherbst* (1978) von Helmut Heißenbüttel kann so durch den Lehrer vorgelesen werden.

Beispiel: Helmut Heißenbüttel: *Damenherbst*

> Damenherbst
>
> Zwei junge Mädchen hielten sich, statt sich in Männer zu verlieben oder Familien zu gründen, aneinander, genügten einander und lebten miteinander. Und es bestünde die Versuchung, wie im Märchen zu sagen: wenn sie nicht gestorben sind, so leben sie heute noch. Aber eines Tages, als die nun nicht mehr jungen Mädchen bereits alte Damen waren, auf einem Urlaub, wie sie ihn jedes Jahr unternahmen, an einem Urlaubsort, den sie jedes Jahr aufsuchten, auf einem Spaziergang, den sie jeden Abend an diesem Urlaubsort machten, die Sonne war kurz vorm Untergehen, der Himmel verfärbte sich brandrot und die Häuserdächer mit den Fernsehantennen, die es auch hier gab, hoben sich schwarz davon ab, ist die eine der alten Damen mitten auf diesem Spaziergang plötzlich stehengeblieben und hat gesagt: Jetzt hab ich genug. Sie hat sich umgedreht, ist weggegangen, abgefahren und nie wiedergekommen. Mehr kann ich dazu eigentlich nicht sagen.
>
> (Heißenbüttel 1978)

Ein Textvortrag ist außerdem mittels audiovisueller Medien durch einen professionellen Sprecher oder durch einen oder mehrere Schüler möglich. Im letzteren Fall müssen die Schüler jedoch eine angemessene Vorbereitungszeit erhalten; keinesfalls soll ein Text zu einer spontanen Leseübung womöglich durch Reihum-Erlesen missbraucht werden. Zu beachten ist in jedem Fall, dass das Vorlesen schon immer ein mehr oder weniger hohes Maß an Deutung vermittelt.

Einstimmung

Über die Textrezeption hinaus ist eine Einstimmung – nach Fritzsche ein „Nahebringen“ des Textes (Fritzsche 1996, S. 215) – notwendig. Eine solche Einstimmung soll dazu beitragen, dass die für das Textverstehen grundlegende Motivation sowie die Verstehensaspekte ‚emotionale Beteiligung am Text' und ‚Vorstellungsbildung' (→ KAPITEL 2.2) aktiviert oder verstärkt werden. Grundsätzlich spielen hier praktische Fragen und das inszenatorische Geschick eine beachtliche Rolle: Einstimmungsphasen dürfen sich nicht verselbständigen, nicht zu viel Zeit in Anspruch nehmen, und sie müssen in jedem Fall funktional sein, indem sie zum Text hin- und nicht von ihm wegführen (wenn z. B. ein Einstiegsbild als ‚stummer Impuls' in eine ganz Richtung weist und gar nicht zum Text passt).

Die Einstimmung kann vor, während oder nach der Textrezeption erfolgen.

... vor der Textrezeption

Vor der Textrezeption erfolgt die Einstimmung traditionell etwa durch das Assoziieren zu Bildern.

... während der Textrezeption

Für die Einstimmung während der Rezeption können die folgenden Typen unterschieden werden: (1) Die Darbietung des gesamten Textes in einer bestimmten Form, beispielsweise durch einen Vortrag, der auf eine emotionale Beteiligung der Hörer abzielt; (2) Die ‚verzögerte' Darbietung des Textes mit der Aufforderung zu bestimmten Handlungen nach der Darbietung von einzelnen Textteilen, beispielsweise zum Assoziieren zur Überschrift (wie es im Fall von *Damenherbst* lohnend sein könnte). Auch handlungs- und produktionsorientierte Verfahren bieten sich im Rahmen der verzögerten Textdarbietung für die Einstimmung und zugleich als Ausgangspunkt für die Hypothesenbildung an. So können die Schüler einen abgekürzt dargebotenen Text weiterschreiben. (3) Die ‚unzusammenhängende' Darbietung eines Textes: So können die Schüler vertauschte Verse oder Abschnitte wieder in die richtige Reihenfolge bringen (vgl. Waldmanns Vorschläge zum „aktiven Hören" und „aktiven Lesen", Waldmann 2007, S. 68f.).

... nach der Textrezeption

Für die Einstimmung im Anschluss an die Textrezeption kann beispielsweise das Malen von Bildern zum Text genutzt werden; auch damit ergibt sich ein erster Schritt zur Hypothesenbildung. Die Entwicklung von Leitfragen oder Hypothesen kann die Funktionen der Einstimmung aber auch in hinreichender Weise mit erfüllen, falls sie Möglichkeiten für einen auch subjektiven Textzugang der Schüler bietet.

Zwischen der Einstimmung und der Entwicklung von Leitfragen und Hypothesen gibt es verschiedene optionale Phasen.

Optional 1: Semantische Klärungen

Für das Verstehen literarischer Texte ist in manchen Fällen eine Klärung ungebräuchlicher Wörter oder schwieriger Textstellen notwendig. Nach Möglichkeit soll diese Klärung durch die Schüler selbstständig durch eine Kontextualisierung erfolgen (also indem sie den Textzusammenhang einbeziehen).

Optional 2: Erwerb/Aktivierung von Wissen

Falls für das Textverstehen sprachliches Wissen, das nicht aus dem Textzusammenhang rekonstruiert werden kann, oder spezielleres Weltwissen notwendig ist, muss dieses Wissen den Schülern zugänglich werden. Das kann durch einen Lehrervortrag geschehen oder durch knappe schriftliche Erläuterungen, aber auch durch die eigene Erarbeitung (Recherche im Wörterbuch, Lexikon, Internet) oder durch eine Aktivierung (z. B. durch ein Unterrichtsgespräch, in dem die Schüler bereits erworbenes historisches Wissen zusammentragen). Anders als für die Erschließung von Sach- und Gebrauchstexten ist es für die von literarischen Werken allerdings häufig problematisch, vor der Textarbeit das Vorwissen der Schüler zu einem bestimmten Thema aufzurufen. Denn durch ein solches Vorgehen vergrößert sich die Gefahr, dass ihr Blick auf einen literarischen Text durch gewohnte Wahrnehmungsmuster verstellt wird.

Optional 3: Textwiedergabe

Ob für die Arbeit mit literarischen Texten im Unterricht eine Textwiedergabe sinnvoll ist, ist umstritten. Die Textwiedergabe ist kein notwendiger Teil des Textverstehens, und neben Chancen für eine Förderung des Textverstehens bringt insbesondere die Inhaltsangabe auch Gefahren mit sich (→ KAPITEL 13.2). Dementsprechend muss von Fall zu Fall entschieden werden, ob die Schüler eine Textwiedergabe leisten sollen und welche Form dafür ggf. genutzt werden kann. Für die Arbeit mit *Damenherbst* am Ende der Sekundarstufe I oder in der Oberstufe wäre eine Textwiedergabe wohl schon wegen der Kürze des Textes wenig sinnvoll.

Fragestellung/ Hypothesenbildung

Die Entwicklung von Fragen oder Hypothesen ist eine ergiebige und literaturtheoretisch wohlbegründete Möglichkeit, die Schüler für die Texterschließung zu motivieren und ihnen eine Verbindung des ‚objektiven' Erkennens von Textelementen und der ‚subjektiven' Deutung zu erleichtern. Sinnvoll ist es, wenn die Fragestellung/Hypothesenbildung unmittelbar zur Texterschließung überleitet; denn indem ein lohnendes Ziel der Erschließung festgelegt wird, kann die folgende Arbeit effektiv und motivierend gestaltet werden.

Funktion

Die Fragen oder Hypothesen sind Ausgangspunkt für Aufgaben, die dem Erkennen von Textelementen und ihren Zusammenhängen dienen. Die Fragen/Hypothesen sollen im Anschluss an die Lösung dieser Aufgaben in der (Teil-)Phase der Deutung wieder aufgenommen und beantwortet/überprüft (bestätigt, verworfen oder modifiziert) werden, damit die Schüler das Erkennen von Textelementen mit einer Deutung verbinden können. Eine ergiebige Leitfrage, die die Schüler für die Arbeit mit *Damenherbst* stellen können, lautet beispielsweise: „Warum verlässt die eine alte Dame die andere?“ oder „Wieso scheitert die Beziehung?“.

Selbstständigkeit bei der Hypothesenbildung

Im Idealfall sollen die Schüler selbstständig Leitfragen an den Text stellen oder Deutungshypothesen (im Sinne einer Formulierung ihres ersten Textverstehens) entwickeln. Schüler zu Beginn der Sekundarstufe I dürften allerdings mit einem solchen selbstständigen Vorgehen überfordert sein. Wie schon Jürgen Kreft festgestellt hat, ist es aber auch für ältere Schüler häufig problematisch: Es fordert schon ein gewisses Verständnis eines womöglich fremd anmutenden literarischen Textes und vor allem Offenheit ihm gegenüber, während die Schüler dazu neigen, Texte durch gewohnte Deutungsmuster von Wirklichkeit zu ‚überschreiben‘ (vgl. Kreft 1982).

Hinführung zur Hypothesenbildung

Dementsprechend sind Hilfen notwendig, die die Schüler an eine ergiebige Fragestellung/Hypothesenbildung heranführen. Die entsprechenden Hilfen können im Rahmen eines Unterrichtsgesprächs erfolgen – vor allem durch die Frage, um welches Thema oder Problem es in einem Text geht (→ ABBILDUNG 35).

Weitere Verfahren für die Arbeit mit Hypothesen

Alternativ können als Hilfen für die Entwicklung von Hypothesen /Fragestellungen auch handlungs- oder produktionsorientierte Tätigkeiten eingesetzt werden, die ein erstes – im Unterrichtsgespräch auszuwertendes – Textverstehen zum Ausdruck bringen. So können Schüler beispielsweise einen alternativen Titel für einen literarischen Text vorschlagen, in dem ihre ersten Deutungen des Textes zum Ausdruck gebracht werden. Eine weitere Möglichkeit für die Gestaltung der entsprechenden Teilphase (insbesondere in Leistungssituationen) besteht darin, die Schüler mit vorgegebenen Deutungshypothesen arbeiten zu lassen (→ KAPITEL 13.2).

Wenngleich die genannten Verfahren für die Arbeit mit Fragen/ Hypothesen eine erhebliche Herausforderung für Lehrer und Schüler darstellen, so sollte dieser Schritt doch in der Regel Teil des Unterrichts zum Textverstehen sein: Er hat Entsprechungen im natürlichen Leseprozess und bietet eine große Chance, den Unterricht zum Textverstehen schülernah zu gestalten.

Ganzschriften und Hinführung

Sofern längere literarische Texte bzw. Ganzschriften eine Folge von Unterrichtsstunden für die Erschließung benötigen, dann ist eine eigene Unterrichtsstunde der Hinführung mit Hypothesenbildung zu widmen (→ KAPITEL 14.2).

Hilfen für die Entwicklung von Fragestellungen / Hypothesen

Im Unterrichtsgespräch sind häufig die folgenden Impulse sinnvoll:

1. Wie hat Euch der Text gefallen?
2. Worum geht es in dem Text? *Alternativ*: Um welches Problem geht es in dem Text?

Diese beiden Fragen zielen auf eine zunächst subjektive und anschließend ‚objektivierende' Annäherung an den Text: Sie erlauben eine Geschmacksäußerung und anschließend die Angabe des Textthemas bzw. des ‚Textproblems' (= der maßgeblichen Komplikation). Sie sind selbstverständlich in (Formulierungs-) Varianten möglich, so dass ein formelhafter Gebrauch bei wiederholter Nutzung vermieden werden kann. Zudem handelt es sich um gesprächsinitiierende Fragen, die je nach Bedarf durch ‚nachsteuernde' Impulse ergänzt werden („Was hat euch gefallen / nicht gefallen?", „Begründet euer Urteil!" etc.).

Insbesondere mithilfe der Lerngruppe und mit einem gewissen Maß an Hilfe durch den Lehrer können die Schüler im Anschluss an diese Fragen in vielen Fällen sinnvolle Leitfragen / Hypothesen entwickeln.

Der Lehrer hat in einem Unterrichtsgespräch zur Hypothesenbildung zunächst die Aufgabe, das Gespräch anzuregen und unterschiedliche Gesprächsbeiträge aufzurufen. In einem zweiten Schritt ist eine erste Auswertung der Beiträge – möglichst durch die Schüler, ggf. aber auch durch den Lehrer – erforderlich: Es werden die im Gespräch angesprochenen Aspekte zusammenfassend benannt („Es sind vor allem die folgenden drei Aspekte thematisiert worden: ..."). Falls die Schüler Irritationen geäußert haben oder ein Dissens zwischen Äußerungen erkennbar wurde, dann sollte das aufgegriffen werden.

Das Ergebnis der Hypothesenbildung / Frageentwicklung soll nach Möglichkeit eine zentrale, verallgemeinernde Hypothese / Leitfrage sein, die ggf. durch die Angabe von Teilaspekten präzisiert wird; es können aber auch mehrere Hypothesen / Fragen zu verschiedenen Textelementen formuliert werden. Für die Hypothesenbildung im Unterrichtsgespräch hinreichend sind alltagssprachliche (knappe) Formulierungen wie „In diesem Text zeichnet sich die Figur durch eine merkwürdige Passivität im Umgang mit ihrer schwierigen Situation aus" oder „Bei diesem Text stellt sich für uns die Frage, weshalb Figur x in der Situation y nicht handelt".

Die oben genannten zentralen Impulse lassen sich auch für eine strategieorientierte Hypothesenbildung in schriftlicher Form nutzen: Schüler können mit den folgenden beiden Varianten eines Strategiesets zur Hypothesenbildung, so hat eine empirische Untersuchung (vgl. Leubner / Saupe 2014) gezeigt, ergiebige Hypothesen selbstständig bilden:

1. Wie gefällt dir die Erzählung? Warum gefällt sie dir / gefällt sie dir nicht?
2. Worum (= um welches Thema) geht es in der Erzählung? Formuliere das Thema nach Möglichkeit in einem Satz. *Alternativ:* Um welches Problem geht es in der Erzählung vor allem? Formuliere das Problem in knapper Form.
3. Was könnte uns die Erzählung sagen (z.B. über Menschen und ihr Verhalten)?

Abbildung 35: Hilfen für die Entwicklung von Fragestellungen / Hypothesen

Übersicht: Phasenmodelle in der literaturdidaktischen Forschung

In dem Phasenmodell von Jürgen Kreft aus seinem Standardwerk *Grundprobleme der Literaturdidaktik* (1982) werden vier Hauptphasen des Literaturunterrichts unterschieden, für die das Merkmalspaar „Subjektivität – Objektivität" von zentraler Bedeutung ist: Eine erste – textimmanente – Phase dient der „bornierten Subjektivität"; auf der Grundlage dieser Phase folgen dann folgende Phasen: (2) Phase der Objektivierung – wahrheitsbezogen, textbezogen, texttranszendierend, (3) Phase der Aneignung und der reflektierten Subjektivität und (4) Phase der Applikation (vgl. Kreft 1982, S. 379).

Joachim Fritzsche hat in seiner Didaktik aus den 1990er-Jahren das Phasenmodell von Kreft übernommen und dessen Terminologie teilweise modernisiert. Die einführende Phase dient bei ihm der ‚Verhakung': „Verhakung im Text: Was löst der Text in mir aus?". Auf dieser Grundlage folgen drei Phasen: (2) „Rückfragen an den Text: Was steht da?", (3) „Aneignung: Was folgt aus dem verstandenen Text für mich?" und (4) „Applikation: Was folgt aus dem verstandenen Text für uns?" (vgl. Fritzsche 1996, S. 213–222).

Von Günther Waldmann ist eine Alternative zum Modell von Kreft vorgelegt worden. Waldmann betont den Aspekt einer Einstimmung auf Texte und fasst die dritte und vierte Phase von Kreft zusammen (vgl. Waldmann 2007, S. 26).

Abbildung 36: Übersicht über Modelle für die Phasierung von Literaturunterricht

11.2 Die Erarbeitung mit Fokus Texterschließung

Phase II: Texterschließung

Auf die Hinführung mit einer Textrezeption, Einstimmung und Fragestellung/Hypothesenbildung folgt eine Phase der Texterschließung. Diese Phase besteht in der Regel aus den beiden Teilphasen des Erkennens von zentralen Textelementen und ihren Zusammenhängen und der Deutung (zu den entsprechenden Teilleistungen → KAPITEL 3.2, 3.3). Alternativ ließe sich auch von einer ‚Makro-Phase' mit zwei eigenen Phasen Erkennen von Textelementen und Deutung sprechen.

(Teil-)Phase Erkennen von Textelementen

Das Erkennen von Textelementen und ihren Zusammenhängen zeigt Möglichkeiten und Grenzen des (auch) subjektiven Textverstehens auf. Eine Erarbeitung von zentralen Textelementen und ihren Beziehungen, in der Regel durch die textanalytische Methode, ist so zumeist eine notwendige Voraussetzung der Deutung. Nur in Ausnahmefällen – falls wahrscheinlich ist, dass die Schüler die zentralen Elemente eines Textes intuitiv erfassen können – ist ein Verzicht auf diese Teilphase sinnvoll. Während die Fragestellung/Hypothesenbildung häufig im Unterrichtsgespräch erfolgt, bietet sich für die Phase des Erkennens von Textelementen in der Regel Einzel-, Partner- oder Gruppenarbeit an. Diese Phase kann für die Arbeit mit Ganzschriften eine Reihe von Unterrichtsstunden in Anspruch nehmen.

Überleitung zum Erkennen von Textelementen

Der Überleitung von der Hinführung zum Erkennen von Textelementen kommt entscheidende Bedeutung für das Gelingen eines schülerorientierten Unterrichts zu. Dazu ist eine ‚Transformationsleistung' zu erbringen: Die Hypothesen / Fragestellungen aus der Phase der Hinführung müssen in Aufgaben für das Erkennen von Textelementen überführt werden – soweit möglich durch die Schüler selbst. Sie sollen auf diese Weise entscheiden, welche Aspekte eines Textes sie untersuchen bzw. welche Analysekategorien sie anwenden wollen, damit sie ihre Leitfragen beantworten oder ihre Hypothesen überprüfen können.

Formulierung von Aufgaben

Für die Formulierung von Aufgaben können erstens – und relativ problemlos – von den Schülern entwickelte Fragen genutzt werden. Auch aus einer von den Schülern geäußerten Irritation oder einem Dissens zwischen Schüleräußerungen lassen sich in der Regel gut Aufgaben ableiten („Wie verhält es sich denn tatsächlich mit dem irritierenden Sachverhalt? Untersucht ...“ oder „Für welche der unterschiedlichen Annahmen bietet der Text stärkere Indizien?“). Es können aber auch weitere von den Schülern entwickelte Hypothesen zu Fragen umformuliert werden („Nach eurem Eindruck stellt der Text dar, dass ... Prüft den Text auf Indizien, die diese Annahme bestätigen oder infrage stellen.“).

Es können – je nach der Anzahl von vorliegenden Fragen und Hypothesen – eine Aufgabe (mit Teilaufgaben) oder mehrere Aufgaben für die Texterschließung formuliert und ggf. arbeitsteilig bearbeitet werden.

Lenkung

Wenngleich die Schüler bei der Entwicklung von Aufgaben möglichst selbstständig arbeiten sollen, wird der Lehrer dennoch häufig lenkende Hilfen bieten müssen. In manchen Fällen wird auch ein ‚Aushandeln' zwischen den von den Schülern vorgeschlagenen und den vom Lehrer als sinnvoll erachteten Untersuchungsaspekten notwendig sein. Keinesfalls sollen die Schüler jedoch in der zweiten Phase des Unterrichts vom Lehrer mit nichtmotivierten textanalytischen Aufgaben ‚überschüttet' werden oder vorgegebene Kataloge von Analysekategorien automatisch ‚abklappern'.

Beispiel „Damenherbst“

Eine ergiebige Frage, die die Schüler zur weiteren Arbeit an *Damenherbst* stellen können, richtet sich auf die Faktoren für die Komplikation bzw. die Gründe für das Handeln einer Figur: „Bietet der Text Hinweise auf Gründe für das Abreisen der einen alten Dame? Berücksichtigt Figureneigenschaften und den Ort des Geschehens.“ Lohnend wären außerdem die Fragen nach der Zeitgestaltung, der Syntax und den Erzählerkommentaren der Erzählung. Doch werden Schüler solche Fragen, die sich auf eine Analyse von Form und Sprache richten, vermutlich nur unter deutlicher Lenkung durch den Lehrer stellen.

Phase	Aufgaben	Methode
Hinführung	(a) Wie hat euch der Text gefallen? (b) Wovon handelt der Text? (c) Welche Frage wirft der Text auf?	Unterrichtsgespräch
Erarbeitung I: Texterschließung / Erkennen von Textelementen und ihren Beziehungen	Bietet der Text Hinweise auf Gründe für das Abreisen der einen alten Dame? Berücksichtigt Figureneigenschaften und den Ort des Geschehens.	Textanalyse
Erarbeitung II: Texterschließung / Deutung (Einzelelemente)	Schreibt einen Tagebucheintrag in der Rolle der einen (oder der anderen) alten Dame. Vergleicht anschließend eure Texte.	Handlungs- / Produktionsorientierung
Erarbeitung III: Texterschließung / Deutung (Gesamttext)	Welches Bild von Beziehungen legt der Text uns nahe?	Unterrichtsgespräch
Anwendung: Wirklichkeitsbezug	Nehmt in der Rolle eines Beziehungsberaters Stellung zu der Trennung der beiden alten Damen.	Handlungs- / Produktionsorientierung
Vertiefung: Kontextualisierung	Schreibt Heißenbüttel ein Antimärchen? Vergleicht den Text von Heißenbüttel mit einem Märchen der Brüder Grimm.	

Abbildung 37: Verlauf von Unterricht nach dem vorgestellten Phasierungsmodell

(Teil-)Phase Deutung

Auf der Grundlage des Erkennens von Textelementen und ihren Beziehungen sollen die Schüler in der nächsten (Teil-)Phase eine zugleich persönlich bedeutsame und textangemessene Deutung entwickeln, die auf die in der ersten Textbegegnung formulierten Fragen/Hypothesen bezogen ist. In der Deutung muss das literarische Werk durch Weltwissen ergänzt werden. Dazu sollen in dieser Phase der Texterschließung vor allem allgemein verfügbares Wissen sowie persönliche Erfahrungen, Vorstellungen und Wünsche genutzt werden. Mitunter kann darüber hinaus die Einbeziehung von speziellerem Wissen notwendig sein (das bereits in der Phase der Hinführung aktiviert oder erworben wurde); das ist vor allem dann der Fall, wenn bestimmte Textelemente ohne die Anwendung von (sprach)historischem Wissen oder Wissen über intertextuelle Bezüge nicht angemessen verstanden werden könnten. Weiteres spezielleres oder spezielles Wissen, etwa über die Biografie des Autors, soll dagegen in dieser Phase in der Regel noch nicht herangezogen werden, um vorschnelle Vereindeutigungen zu vermeiden und die Möglichkeit einer persönlich bedeutsamen Deutung nicht zu verstellen.

Deutung einzelner Textelemente

In der (Teil-)Phase der Deutung ist es meistens zunächst notwendig, einzelne Textelemente in den Blick zu nehmen, wobei die Grenzen zwischen Textanalyse und Deutung fließend sein können; häufig bietet es sich an, die Auswertung einer textanalytischen Einzel-, Partner- oder Gruppenarbeit mit einer entsprechenden Deutung zu verbinden. Es sollen Elemente des Inhalts deutend ergänzt werden, die in der Textanalyse nicht eindeutig oder nicht tiefgehend genug rekonstruiert werden konnten. Im Fall von *Damenherbst* sind das vor allem die Faktoren für die Komplikation bzw. die Gründe für das Handeln einer Figur (die plötzliche Beziehungsflucht der einen alten Dame). Außerdem ist die Funktion von zentralen Elementen der Form zu bestimmen. Da sich die Fragen oder Hypothesen der Schüler häufig auf einzelne Textelemente richten, kann eine Deutung erfolgen, indem diese Fragen beantwortet oder die Hypothesen überprüft werden. In der Regel bietet sich dazu das Unterrichtsgespräch an. Es können aber auch zusätzliche – etwa handlungs- oder produktionsorientierte – Aufgaben gestellt werden. So kann es in der Arbeit mit *Damenherbst* für die Schüler sinnvoll sein, den Gründen für das Handeln einer Figur noch weiter nachzugehen, indem sie die Aufgabe bearbeiten: „Schreibt einen Tagebucheintrag in der Rolle der einen (oder der anderen) alten Dame. Vergleicht anschließend Eure Texte".

Deutung Gesamttext

Anschließend an die Bestimmung und Deutung zentraler Textelemente soll der Gesamttext gedeutet werden, indem die Schüler die Sicht von Wirklichkeit entfalten, die er ihnen nahelegt. Das kann geschehen, indem eine allgemeinere Frage/Hypothese aus der Phase der Hinführung überprüft wird. Es können aber auch zusätzliche Impulse hilfreich sein: So die Frage, welches Welt- und Menschenbild oder welches Bild von einem Wirklichkeitsbereich der Text zum Ausdruck bringen könnte. Für die Gesamtdeutung von *Damenherbst* bietet sich etwa die Frage an: „Welches Bild von Beziehungen legt der Text uns nahe?" Die Schüler sollen, in der Regel im Unterrichtsgespräch, ihre Deutungen miteinander abgleichen und auf diese Weise weiter entwickeln.

Ergebnissicherung

Die Ergebnisse einer Texterschließung werden gewöhnlich abschließend zusammengefasst. Zu diesem Zweck bietet sich das Erstellen eines Tafelbildes an; das Tafelbild kann jedoch auch parallel zur Texterschließung entwickelt werden. Eine schriftliche oder mündliche Ergebnissicherung durch die Schüler kann eine sinnvolle Alternative zur Ergebnissicherung durch den Lehrer darstellen.

11.3 Die Anwendung mit Fokus Wirklichkeitsbezug

Wirklichkeitsbezug als eigene Phase

Die auf der Grundlage des ‚objektiven' Erkennens von Textelementen in der (auch) subjektiven Deutung entfaltete Wirklichkeitssicht sollen sich die Schüler schließlich aneignen und für ihre Lebenswirklichkeit nutzen (zur Teilleistung Wirklichkeitsbezug → KAPITEL 3.4). Die Trennung dieser Phase von der Phase der Texterschließung soll dazu beitragen, dass der literarische Text für das Leben der Schüler tatsächlich bedeutsam werden kann, ohne nur als Auslöser von Assoziationen oder zur Bestätigung von konventionellen Sichtweisen genutzt zu werden. Für die Arbeit mit Ganzschriften soll in der Regel mindestens eine Unterrichtsstunde für den Wirklichkeitsbezug reserviert werden. Allerdings ist der Wirklichkeitsbezug einerseits nicht in der Arbeit mit jedem Text in expliziter Weise notwendig oder sinnvoll. Andererseits soll er nicht auf den Unterricht beschränkt bleiben, sondern – im Idealfall über lange Zeiträume – im Privatleben wirksam werden.

Wirklichkeitsbezug und Methoden

Für den Wirklichkeitsbezug bieten sich handlungs- oder produktionsorientierte Aufgaben oder Aufgaben, mit denen sich Schüler an der Grenze zwischen Fiktion und Lebenswirklichkeit bewegen, besonders an (→ KAPITEL 10.4). Für die Arbeit mit *Damenherbst* können die Schüler beispielsweise in der Rolle eines Beziehungsberaters zu den dargestellten Geschehnissen Stellung nehmen.

Für den Wirklichkeitsbezug kann jedoch auch das Gespräch genutzt werden. So ist beispielsweise ein gleitender Übergang eines Unterrichtsgesprächs, das auf die Textdeutung zielt, zu einem Gespräch möglich, das der Herstellung eines Wirklichkeitsbezugs dient. Das bietet sich insbesondere an, falls die Schüler im Rahmen ihrer Textdeutung bereits den Wunsch erkennen lassen, sich wertend mit Figuren und ihren Handlungen auseinanderzusetzen. Der Lehrer kann jedoch auch explizit zu einem Wirklichkeitsbezug auffordern, etwa indem er nach einer entsprechenden Wertung oder nach der Aktualität eines Textes fragt. Zudem kann auch ein hypothesengeleitetes Vorgehen gewählt werden, indem der Lehrer beispielsweise eine These zur Aktualität eines Textes bzw. des von ihm vermittelten Bildes von der Welt vorgibt.

11.4 Die Vertiefung mit Fokus Kontextualisierung

Auch in der Phase der Texterschließung müssen schon in gewissem Maße Kontexte für das Textverstehen einbezogen werden.

Phase IV: Kontextualisierung

Die Kontextualisierung soll sich aber in dieser Phase im Regelfall auf allgemein verfügbares Wissen, persönliche Erfahrungen und eventuell für das Textverstehen notwendiges spezielleres Wissen beschränken, damit die Schüler den Text möglichst selbsttätig erschließen können und nicht vorschnell zu einer ‚Spezialdeutung' gedrängt werden.

Spezielle Kontexte

Wenn sie ein persönlich bedeutsames Textverstehen erreicht haben, können insbesondere Schüler höherer Alters- und Schulstufen auch (ergänzende) speziellere und spezielle Kontexte einbeziehen (→ KAPITEL 3.3, 9.3), sofern sie für das Textverstehen ergiebig erscheinen. Die Schüler können beispielsweise mit Hilfe von speziellen literaturhistorischen Kontexten, von weniger bekannten Werke, auf die ein Text intertextuell Bezug nehmen könnte, der Biographie des Autors oder von literaturtheoretischen bzw. wissenschaftlichen Modellen eine enger geleitete Deutung vornehmen, um sie dann mit ihrer ursprünglichen zu vergleichen. Das Wissen für die Kontextualisierung können die Schüler in manchen Fällen selbst aktivieren oder eigenständig recherchieren. Falls das nicht möglich ist, dann sind durch den Lehrer entsprechende Materialien zur Verfügung zu stellen (→ KAPITEL 15.1).

Für die Arbeit mit *Damenherbst* können die Schüler ihr Wissen zur Gattung Märchen als Folie nutzen, um zentrale Besonderheiten des Textes genauer in den Blick zu nehmen – vor allem seine ‚Abstraktheit', die anders als die Abstraktheit im Volksmärchen ein hohes Maß an Vieldeutigkeit bewirkt, und sein eher pessimistisches Aussagepotenzial. Ein möglicher Impuls dazu lautet: „Schreibt Heißenbüttel ein Antimärchen? Vergleicht den Text von Heißenbüttel mit einem Märchen der Brüder Grimm".

Wissenserwerb

Wissenserwerb und Phasierung von Unterricht

Unterricht zum Wissenserwerb folgt dem Prinzip des entdeckenden Lernens oder dem des darbietenden Lehrens. Für diese beiden Prinzipien lassen sich Lernwege wie folgt strukturieren:

EINSTIEG: Das entdeckende Lernen zielt auf die (möglichst) selbstständige Erarbeitung von Sachverhalten durch die Schüler. Der Einstieg dient der Entdeckung einer Problem-/Fragestellung: Schüler entdecken – an ausgewählten Textauszügen – beispielsweise das Phänomen der (unterschiedlich gestalteten) Wiedergabe von Gedanken und Gefühlen in Erzähltexten. – Das Verfahren des darbietenden Lernens, das insgesamt weniger anspruchsvoll ist und die Selbstständigkeit der Schüler nicht fördert, nutzt die Hinführungsphase zur Vorstellung des zu behandelnden Themas und des nun folgenden Lernweges.

ERARBEITUNG: Die Erarbeitungsphase dient der Entdeckung von Lösungswegen und Lösungen: Die Schüler nutzen erste Erkenntnisse aus dem Einstieg für die Formulierung von Untersuchungsfragen. Mithilfe dieser Fragen werden ausgewählte Texte bzw. Textpassagen untersucht und beispielsweise Typen der Darstellung von Gedanken und Gefühlen erarbeitet. Für die Entdeckung neuen Wissens bietet sich vor allem der Textvergleich an: Der Vergleich unterschiedlicher Texte bzw. Textpassagen ermöglicht das Erkennen von Textmerkmalen. – Beim darbietenden Verfahren wird das neue Wissen dagegen – nach Möglichkeit an ausgewählten Textbeispielen – den Schülern präsentiert.

ANWENDUNG: Es folgt eine Phase der selbstständigen Anwendung: Die Schüler untersuchen beispielsweise im Anschluss an die Erarbeitung von Analysekategorien ausgewählte weitere Texte unter Nutzung der entsprechenden Kategorien.

VERTIEFUNG: Auf die Anwendungsphase kann eine Phase der Vertiefung folgen. So können die Schüler beispielsweise mit den neu erworbenen Kategorien einen literarischen Text untersuchen, der die von diesen Kategorien erfassten Textmerkmale für besondere Effekte nutzt. Zudem ist ein selbstständiger Transfer möglich: Die Schüler untersuchen beispielsweise ausgewählte Sequenzen aus Spielfilmen, indem sie prüfen, ob es möglich ist, ihr neu erworbenes Wissen über Kategorien für die Analyse von Filmen zu nutzen.

Abbildung 38: Übersicht über Wissenserwerb und Phasierung

Lektüreempfehlungen

- **Joachim Fritzsche: Zur Didaktik und Methodik des Deutschunterrichts.** Bd. 1: Grundlagen, Bd. 3: Umgang mit Literatur, Stuttgart 1994. *Differenzierte Vorschläge zur methodischen Gestaltung der einzelnen Phasen nach Jürgen Krefts Modell (siehe nächste Empfehlung).*
- **Jürgen Kreft: Grundprobleme der Literaturdidaktik,** Heidelberg 1982. *Entwicklung des ‚klassischen' Phasenmodells für den Literaturunterricht, auf das sich alle neueren Vorschläge implizit oder explizit beziehen.*
- **Günter Waldmann: Produktiver Umgang mit Literatur im Unterricht. Grundriss einer produktiven Hermeneutik. Theorie – Didaktik – Verfahren – Modelle,** Baltmannsweiler 2007. *Modell mit zahlreichen Vorschläge für handlungs- und produktionsorientierte Verfahren.*

12 Lernwege und Aufgaben

Herr Keuner und die Flut
Bertolt Brecht

Herr Keuner ging durch ein Tal, als er plötzlich bemerkte, daß seine Füße in Wasser gingen. Da erkannte er, daß sein Tal in Wirklichkeit ein Meeresarm war und daß die Zeit der Flut herannahte. Er blieb sofort stehen, um sich nach einem Kahn umzusehen, und solange er auf einen Kahn hoffte, blieb er stehen. Als kein Kahn in Sicht kam, gab er diese Hoffnung auf und hoffte, dass das Wasser nicht mehr steigen möchte. Erst als ihm das Wasser bis ans Kinn ging, gab er auch diese Hoffnung auf und schwamm. Er hatte erkannt, daß er selbst ein Kahn war.

1 Zeichnet eine einfache Skizze von der Situation (Meeresarm, Herr Keuner, die Flut).

2 Erklärt die Begriffe Ebbe und Flut.

3 Herr Keuner gerät in Gefahr. Erklärt, wie es dazu kommt.

4 Herr Keuner hofft zweimal vergeblich auf etwas. Sucht die passenden Stellen und ergänzt:

Herr Keuner hofft zuerst auf ... .
Aber das ist nicht sinnvoll, weil ...

Dann hofft Herr Keuner, dass ... .
Aber das ist nicht sinnvoll, weil ... .

5 Menschen sind Lebewesen, Kähne sind Gegenstände. Trotzdem heißt es „... daß er selbst ein Kahn war." Was ist damit gemeint?

6 Der Text erzählt an zwei Stellen, dass Herr Keuner etwas erkennt. Sucht diese Stellen heraus und entscheidet euch für die Antwort, die am besten passt. Begründet eure Entscheidung:

1. Stelle:
- Er erkennt, dass er nicht gut auf die Situation vorbereitet ist.
- Er erkennt seinen Irrtum und die Gefahr.
- Er erkennt den Zusammenhang von Ebbe und Flut.

2. Stelle:
- Er erkennt die Lösung.
- Er erkennt, dass man sich selbst helfen muss.
- Er erkennt, dass man sich nur selten auf andere verlassen kann.

7 Schreibt eine veränderte Geschichte, die dieselbe Aussage hat. Beginnt so:

Frau Neumann saß im Sand, als sie plötzlich bemerkte, dass der Sand heiß wurde.
Da erkannte sie, dass ihr Sand in Wirklichkeit eine Wüste war und dass die Zeit ...

Abbildung 39: Aufgabenbeispiel zu Bertolt Brecht: *Herr Keuner und die Flut* (1929), Aufgabenset für neunte Klassen (2007)

Brechts Keuner-Geschichte „Herr Keuner und die Flut" wird durch ein Aufgabenset erschlossen, das auf das ‚schrittweise' Verstehen des Textes zielt. Unter den Aufgaben gibt es ganz unterschiedliche Typen: Teils Textanalyseaufgaben, teils Aufgaben mit Nutzung handlungs- und produktionsorientierter Verfahren. Augenfällig sind die Vorgaben, die das Aufgabenset macht: Die Schüler müssen teilweise nur unter vorgegebenen Varianten wählen bzw. Sätze zu Ende führen.

Aufgaben steuern Lern- und Arbeitsprozesse der Schüler in hohem Maße und spielen deshalb für Unterricht und Prüfungen eine zentrale Rolle. Auch für das Verstehen literarischer Texte sind Aufgaben von großer Bedeutung.

Zwei Aspekte stehen bei der didaktischen Reflexion von Aufgaben im Mittelpunkt: Format und Lenkung. Unter dem Aspekt Lenkung wird beispielsweise danach gefragt, ob in Leistungssituationen oder in Lernsituationen eine starke Lenkung etwa in Form von Interpretationshypothesen für die Schüler eine angemessene Hilfeleistung ist.

Die Diskussion zum Format von Aufgaben zielt darauf, wie das weite Spektrum von Multiple Choice-Aufgaben bis zu Aufgaben, die das Schreiben eines längeren Textes verlangen, für Lern- und Arbeitsprozesse genutzt werden kann. Vor allem wird das Potenzial von unterschiedlichen Aufgabenformaten für das Textverstehen reflektiert: Welche Chancen und Gefahren, so ist zu klären, bieten die Formate für die Förderung und Überprüfung von Verstehensleistungen? Zugleich werden die unterschiedlichen Formate daraufhin betrachtet, welche Art und welches Maß an lenkenden Hilfen sie den Schülern für das Textverstehen bieten.

Zu diesen beiden Aspekten kommt der Aspekt des Schwierigkeitsgrades hinzu. Er wurde in der Literaturdidaktik bislang meist übergangen, betrifft aber eine grundlegende Frage: Was macht Aufgaben eigentlich leicht oder schwer?

12.1 Aufgaben konstruieren
12.2 Texterverstehen lenken
12.3 Aufgabenformate nutzen
12.4 Zum Schwierigkeitsgrad von Aufgaben

12.1 Aufgaben konstruieren

Aufgaben haben für die Gestaltung von Unterricht eine herausragende Bedeutung. Durch Aufgaben werden didaktische und methodische Entscheidungen in konkrete Handlungsanweisungen oder -vorschläge für die Schüler umgewandelt.

Was sind Aufgaben?

Vor allem die folgenden, eng miteinander verbundenen Elemente bestimmen die Aufgabenkonstruktion und -analyse für den Unterricht zum Textverstehen:

(1) Didaktisch-methodische Grundsatzentscheidungen: Aufgaben – wie beispielsweise „Verfasse einen Tagebucheintrag in der Rolle des Protagonisten“ – sind stets Umwandlungen von Entscheidungen über (a) angestrebte (Teil-)Leistungen bzw. Ziele, (b) Methoden und (c) die Phasierung des Textverstehens (→ KAPITEL 3, 10, 11). So dient die genannte Aufgabe der Deutung, folgt der produktionsorientierten Methode und ist in der Phase der Texterschließung angesiedelt.

Die genannten Grundsatzentscheidungen sind für Lern- und Leistungssituationen zum Textverstehen maßgeblich. Sie sind jedoch nicht aufgabenspezifisch, weil sie nicht für Aufgaben jeglicher Art relevant sind.

Lenkung mittels Aufgaben

(2) Ein aufgabenspezifisches Elemente, also eines, das Aufgaben aller Art definiert, ist der Lenkungsgrad: Jede Aufgabe weist einen bestimmten Lenkungsgrad auf. Das heißt, Aufgaben verlangen von den Schülern in unterschiedlichem Maße ein selbstständiges Vorgehen für die Aufgabenlösung – oder andersherum betrachtet: sie bieten den Schülern mehr oder weniger große Hilfen dazu an. Beispielsweise ist die Aufgabe „Untersucht die Ursachen für die schwierige Lage des Protagonisten“ durch die Angabe einer Analysekategorie eine mäßig lenkende Aufgabe (→ KAPITEL 12.2).

Aufgabenformat

(3) Ein zweites aufgabenspezifisches Element ist das Aufgabenformat: Jede Aufgabe ist in einem bestimmten Format gehalten, dem offenen, halboffenen oder geschlossenen. So gehören beispielsweise Multiple Choice-Aufgaben zu den Aufgaben im geschlossenen Format (→ KAPITEL 12.3).

Schwierigkeitsgrad

(4) Die Elemente Format und Lenkungsgrad stehen in einem engen Zusammenhang mit einem wichtigen übergreifenden Aspekt der Aufgabenanalyse und -konstruktion, dem Schwierigkeitsgrad. Aber natürlich ist für den Schwierigkeitsgrad von Aufgaben zum Textverstehen zunächst einmal der zu bearbeitende Text maßgeblich, genauer: die Komplexität bzw. der Schwierigkeitsgrad des zu bearbeitenden Textes (→ KAPITEL 12.4).

Operatoren

(5) Formulierung / Operatoren: Die für die Aufgabenstellung getroffenen Grundsatzentscheidungen müssen schließlich durch die Aufgabenformulierung ‚materialisiert' werden. Aufgaben müssen so formuliert sein, dass deutlich wird, welche Verstehensleistung mit welcher Methode erbracht werden soll. Eine wichtige Rolle bei der Formulierung spielt die Nutzung der sogenannten Operatoren wie ‚darstellen', ‚erläutern' und ‚erörtern'. Sie sind relativ klar definiert (vgl. z. B. IQB 2016a) und können so auch klare Handlungsanweisungen geben.

(1) Operatoren für die Strukturerkennung:

untersuchen, (be-)nennen, beschreiben, darstellen / wiedergeben, zusammenfassen, analysieren, charakterisieren, einordnen / zuordnen / in Beziehung setzen, erschließen / herausarbeiten, vergleichen / gegenüberstellen

Beispiele für Aufgaben mit Operatoren für die Strukturerkennung:
- „Untersucht die Perspektivierung der Erzählung und erörtert mögliche Funktionen der Perspektivierung."
- „Stellt dar, wie der Protagonist auf seine schwierige Lage reagiert."

(2) Operatoren für die Deutung:

interpretieren, diskutieren, erörtern, begründen, beurteilen, kritisch Stellung nehmen, prüfen / überprüfen, sich auseinandersetzen mit, erläutern, gestalten / entwerfen

Beispiele für Aufgaben mit Operatoren für die Deutung:
- „Diskutiert darüber, wie ihr den Titel der Erzählung versteht."
- „Lessings ‚Nathan der Weise' gilt als mustergültiges Werk der Aufklärung. Erörtert diese Einschätzung."

(3) Operatoren für den Wirklichkeitsbezug:

diskutieren, erörtern, beurteilen, kritisch Stellung nehmen, prüfen / überprüfen, gestalten / entwerfen (identisch mit Operatoren für die Deutung; die geforderte Teilleistung des Verstehens hängt von der Aufgabenformulierung ab.)

Beispiele für Aufgaben mit Operatoren für den Wirklichkeitsbezug:
- „Beurteilt das Verhalten des Protagonisten unter der Frage, ob es (auch) für unsere Zeit angemessen sein könnte."
- „Nehmt kritisch Stellung zu dem Verhalten des Protagonisten in der Situation x."

Abbildung 40: Operatoren für Aufgaben für das Textverstehen

Lern- und Leistungssituationen

Bei der Konstruktion von Aufgaben muss die grundlegende Unterscheidung von Lern- und Leistungssituationen berücksichtigt werden. Lernsituationen (Situationen des ‚normalen' Unterrichts) dienen dem Erwerb von Kompetenzen, Wissen und Haltungen, Leistungssituationen dagegen dem Nachweis von Kompetenzen oder von Wissen (etwa in Klassenarbeiten). So sind manche Methoden (wie das Unterrichtsgespräch) nur in Lernsituationen nutzbar. Dagegen sind für Leistungssituationen (zumindest für jüngere Schüler) halboffene und geschlossene Aufgabenformate und stärkere Lenkungen gängig und oft auch sinnvoll, deren häufige Nutzung für Lernsituationen problematisch wäre.

12.2 Textverstehen lenken

Die folgende kurze Erzählung *Der Eintritt* von Lutz Rathenow bietet sich für den Unterricht in den oberen Jahrgangsstufen der Sekundarstufe I an:

Beispieltext

Der Eintritt

Er zögerte zum zweiten Mal. Es war gar nicht so leicht, das Richtige zu tun. Vor dem Eintritt in das Zimmer musste natürlich geklopft werden. Aber er durfte nicht zu laut klopfen, weil das herrisch und aufdringlich wirkte, und der da drinnen ihm zum Trotz (um zu zeigen, wer hier die Macht hat) nicht öffnen würde. Aber er durfte auch nicht zu leise klopfen, weil das überhört werden konnte oder auf jeden Fall einen ungünstigen Eindruck, ja den Anschein von Schüchternheit hinterließ, sodass der da drinnen erst recht nicht (schon aus Bequemlichkeit) öffnen würde. Es durfte nicht anmaßend, durfte nicht unterwürfig wirken: die goldene Mitte galt es zu treffen. Da er noch neu war im Haus, musste man besonders aufpassen, keinen Fauxpas zu begehen.

Er hörte auf die Geräusche im Zimmer. Er hörte nichts. Vor allem nicht ungeduldig werden, sagte er sich. Aber er durfte auch nicht zu lange stehen bleiben, denn wenn einer ihn plötzlich entdeckte, könnte es aussehen, als ob er horchen wollte. Oder sich nicht getraute anzuklopfen. Am besten sein Anliegen vortragen und in die Kamine frühstücken gehen, überlegte er. Vielleicht fand sich dort einer, der auch hierher wollte, und er könnte dann gleich mitgehen.

Ziele für den Unterricht

Für eine Behandlung von *Der Eintritt* im Unterricht bietet sich auf der Grundlage einer Sachanalyse die Festlegung von folgenden Zielen an:

Die Schüler können die Erzählung *Der Eintritt* textangemessen und persönlich bedeutsam verstehen; im Einzelnen können sie

- die Erzählung auf zentrale Strukturelemente hin (Komplikation und ihre Faktoren, Auflösung, Perspektivierung ‚Erzähler sagt genauso viel wie die Hauptfigur weiß‘) untersuchen,

- textangemessene Deutungsmöglichkeiten einzelner Textelemente (v. a. Faktoren für die Komplikation, Perspektivierung) sowie des Gesamttextes entwickeln und dabei sein hohes Maß an Vieldeutigkeit erkennen,
- die Erzählung auf ihre eigene Lebenswirklichkeit (z.B. die Schule) beziehen,
- die Erzählung in die Gattung Kurzgeschichte einordnen.

Für das Erreichen der Ziele auf der Ebene der Strukturerkennung soll die Methode der Textanalyse genutzt werden. Die Deutung lässt sich durch handlungs- und produktionsorientierter Verfahren sowie das Unterrichtsgespräch erbringen; für den Wirklichkeitsbezug bieten sich ebenfalls handlungs- und produktionsorientierte Verfahren an. Die Phasierung des Lernwegs: Auf eine Hinführung mit Hypothesenbildung folgt die Texterschließung mit Strukturerkennung (einschließlich von Deutungen einzelner Textelemente) und Gesamtdeutung. Es schließen sich der Wirklichkeitsbezug und eine Kontextualisierung an.

Auf der Basis der genannten didaktisch-methodischen Grundsatzentscheidungen müssen nun für die Unterrichtsplanung Aufgaben konstruiert werden, die für den Unterricht leitend sein können – mit der Option, dass sie je nach Unterrichtsverlauf auch ggf. abzuwandeln sind. Das folgende Aufgabenset nutzt dazu durchgängig das offene Format und lenkt insgesamt in relativ zurückhaltender Weise. Für die Aufgabenformulierung werden jeweils Operatoren genutzt:

Aufgabenset zu ***Der Eintritt***

1. Lest den Text. – Wie hat euch die Erzählung gefallen? Sprecht darüber in der Klasse.
2. Stellt erste Vermutungen an: Was könnte uns die Erzählung über Menschen und Gesellschaft sagen?
3. Untersucht den Text: Wie ist die schwierige Lage des Protagonisten beschaffen? Erörtert, welche Gründe für diese Lage maßgeblich sein könnten.
4. Untersucht auch den Schluss der Erzählung: Gelingt dem Protagonisten eine Auflösung seiner schwierigen Lage?
5. Untersucht den Text unter dem Aspekt ‚Perspektivierung'. Sprecht darüber, welche Folgen die gewählte Form der Perspektivierung für das Verstehen der Erzählung bzw. für Schwierigkeiten beim Verstehen haben könnte.
6. Stellt euch vor, dass der Protagonist tatsächlich die Kantine aufsucht und mit einem Kollegen über seine ‚Eintritts-Schwierigkeiten' redet. Skizziert mit euren Sitznachbarn einen entsprechenden Dialog und spielt ihn der Klasse vor.

7. Diskutiert, welches Bild von Menschen und Gesellschaft der Text euch nahelegt. Berücksichtigt dabei eure Vermutungen aus Aufgabe 2.
8. Schreibt eine Erzählung, in der ein Jugendlicher aus eurer Schule vor dem Büro einer wichtigen Person (z.B. des Schulleiters ...) steht und unsicher ist, ob er anklopfen soll.
9. Diskutiert die Frage, ob der Text von Lutz Rathenow eine Kurz- oder Kürzestgeschichte ist.

Lenkung im Aufgabenset

Von besonderer Wichtigkeit sind für das Aufgabenset die Entscheidungen über das Maß bzw. die Art der Lenkung. Für eine relativ leistungsstarke Lerngruppe wurden Aufgaben mit einem insgesamt eher geringen Maß an Lenkung gewählt. Solche Aufgaben werden mitunter auch als ‚offene' Aufgaben bezeichnet. Die Aufgaben 3 bis 5 zur Strukturerkennung lenken jeweils in geringem Maße durch eine Angabe von Analysekategorien, die die Schüler nutzen sollen. In Aufgabe 4 kommt eine etwas stärkere Lenkung durch die Nennung einer besonders zu beachtenden Textstelle hinzu. Ebenfalls in höherem Maße lenkend ist Aufgabe 9, weil ein für das Textverstehen zu berücksichtigender Kontext – zumindest in Auswahl – vorgegeben wird. Die beiden handlungs- bzw. produktionsorientierten Aufgaben 6 und 8 können dagegen als nichtlenkend gelten. Zwar wird den Schülern ein bestimmter Rahmen für ihre Aufgabenlösung vorgegeben, doch bietet er keine konkrete Hilfe für das Textverstehen, wie sie beispielsweise durch die Angabe „berücksichtigt dabei die Unschlüssigkeit und Skrupelhaftigkeit des Protagonisten" möglich wäre. Die Aufgaben 2 und 8 zur Hypothesenbildung und zur Überprüfung der Deutungshypothesen sind ebenfalls kaum lenkend, weil die Angabe „über Menschen und Gesellschaft" so allgemein bleibt, dass sie wenig Orientierung für den Bezug der Deutungen auf bestimmte Aspekte des Textes bietet.

Typen von Lenkung mittels Aufgaben

Für eine Lerngruppe, die stärkere Hilfen benötigt, könnten noch weitere Arten der Lenkung eingesetzt werden. Die möglichen Lenkungen für die Strukturerkennung und die Deutung von literarischen Texten lassen sich in Typen zusammenfassen) (→ ABBILDUNG 41). Ihre Reihenfolge entspricht (tendenziell) dem Maß der Lenkung, das durch sie geleistet wird.

Lenkung mittels Aufgaben

Lenkung mittels Aufgaben (schriftlich oder mündlich)			
	Prinzip	**Beispiel**	**Teilleistungen**
1	Angabe von Analysekategorien	Untersucht den Text: Wie ist die schwierige Lage des Protagonisten beschaffen? Untersucht den Text unter dem Aspekt ‚Perspektivierung'. Sprecht darüber, welche Folgen die gewählte Form der Perspektivierung für das Verstehen der Erzählung bzw. für Schwierigkeiten beim Verstehen haben könnte.	Strukturerkennung (ggf. mit Übergängen zur Deutung)
2	Eingrenzung von Ergebnissen der Strukturerkennung	Charakterisiert die Hauptfigur. Nennt dazu drei Eigenschaften, die für die Handlung besonders wichtig sind.	Strukturerkennung (ggf. mit Übergängen zur Deutung)
3	Hinweis auf (besonders) zu berücksichtigende Textelemente bzw. Textstellen	Sammelt wichtige Informationen über die Hauptfigur und charakterisiert sie. Bezieht dazu auch die letzten beiden Sätze der Erzählung ein.	Strukturerkennung und / oder Deutung
4	Hinweis auf für das Textverstehen notwendige / ergiebige Kontexte	Der Autor Lutz Rathenow hat zu seiner Erzählung *Der Eintritt* das Folgende angemerkt: [...]. Diskutiert, ob und inwiefern sich eure Deutung der Erzählung verändert, wenn ihr diese Aussage berücksichtigt.	v. a. Deutung
5	Sonderfall: Textvergleich	Analysiert und interpretiert den Text *Der Eintritt* von Lutz Rathenow. Vergleicht ihn dabei mit Franz Kafkas *Vor dem Gesetz*.	Strukturerkennung und / oder Deutung
6	Vorgabe von (Teil-) Ergebnissen	Der Protagonist von *Der Eintritt* ist in einer schwierigen Lage: Er möchte – offenbar an seinem Arbeitsplatz – ein wichtiges Anliegen vortragen. Doch traut er sich nicht, an die Tür der zuständigen Person zu klopfen. Erörtere mit Bezug auf den Text, welche Gründe dafür maßgeblich sein könnten.	Strukturerkennung und / oder Deutung
7	Konzeptuelle Vorgaben: Hypothesen für eine Überprüfung	Ein Schüler einer neunten Klasse hat zur Erzählung *Der Eintritt* behauptet: „Die Hauptfigur muss sich mit einer unmenschlichen bürokratischen Macht auseinandersetzen." Nimm begründet Stellung zu dieser Aussage.	Strukturerkennung und / oder Deutung

Abbildung 41: Typen der Lenkung in Aufgaben für das Textverstehen

Lenkung mittels Nachsteuerung (zumeist mündlich)			
	Prinzip	**Beispiele**	**Teilleistung**
1	Hinweis auf Gemeinsamkeiten und / oder Unterschiede von Schülerbeiträgen	Niklas sagt, dass die Bürokratie in dem Text als ganz schrecklich dargestellt wird. Emilia meint aber, dass die Hauptfigur einfach ein Problem mit sich selber hat. Könnt ihr sagen, wer von beiden Recht hat?	v.a. Deutung im UG, auch Auswertung von Strukturerkennung oder HPLU
2	Hinweis auf besonders interessante (ergiebige) Beiträge einzelner Schüler	Luisa meinte vorhin, dass wir ja gar nicht wissen, ob die Person hinter der Tür tatsächlich so abweisend ist. Passt das zu dem, was ihr gerade gesagt habt?	s.o.
3	Hinweis auf Unvereinbarkeit von Schülerbeiträgen mit Textelementen / -strukturen	Karl meint, dass die Hauptfigur schließlich ihr Anliegen aufgibt und stattdessen frühstücken geht. Steht das so im Text?	s.o.
4	Hinweis auf noch zu berücksichtigende Textelemente bzw. Textstellen, auch auf Ergebnisse einer zuvor geleisteten Textuntersuchung	Wir haben aber die beiden letzten Sätze noch gar nicht in unsere Überlegungen einbezogen. Wie versteht ihr die?	s.o.
5	Hinweis auf noch offene Fragen	Wir haben also festgestellt, dass der Protagonist ein Problem hat: Er will – vermutlich einem Vorgesetzten – ein Anliegen vortragen, schafft es aber nicht. Jetzt müssen wir noch überlegen, woran das liegen könnte …	s.o.
6	Hinweis auf für das Textverstehen notwendige / ergiebige Kontexte	Lutz Rathenow hat zu seiner Erzählung Folgendes gesagt […]. Passt das zu dem, was ihr über den Text herausgefunden habt?	s.o.
7	Konzeptuelle Vorgaben: Hypothesen für eine Überprüfung, auch ‚spielerisch' vorgebrachte (einseitige, zugespitzte) Behauptungen der Lehrkraft	Also ich meine, dass diese merkwürdige Figur nur unter einer Art von Verfolgungswahn leidet …	s.o.

Abbildung 42: Typen der ‚Nachsteuerung'

Lenkung mittels Nachsteuerung

In der Durchführung des Unterrichts sind zudem weitere Typen der Lenkung möglich. Sie stellen Formen der Nachsteuerung dar: Im Laufe der Arbeit mit einzelnen – mehr oder weniger lenkenden – Aufgaben kann der Lehrer falls es nötig erscheint mit zusätzlichen lenkenden Impulsen ‚nachhelfen'. Das ist im Unterrichtsgespräch zu literarischen Texten der Normalfall, kann aber auch in der Auswertung von Aufgaben zur Strukturerkennung oder von Aufgaben des HPLU sinnvoll sein (→ ABBILDUNG 42). Auch eine Auswahl von möglichen nachsteuernden Aufgaben sollte schon in der Unterrichtsplanung erfolgen; ihr Einsatz ist jedoch in der Regel sehr flexibel zu handhaben.

12.3 Aufgabenformate nutzen

Aufgabenformat: Definition

Das Aufgabenformat ist ein ‚aufgabenspezifisches' Element von Aufgaben; die Entscheidung über das Aufgabenformat kann nicht auf der Grundlage anderer didaktischer und methodischer Reflexionen getroffen werden. Das Format legt fest, ob und in welchem Maße zur Lösung einer Aufgabe ein Text produziert werden soll (vereinfachend: welche Textmenge gefordert ist). Drei Formate werden unterschieden:

Die Formattypen

- Geschlossenes Format: Die Aufgaben verlangen keine Textproduktion, sondern ‚nur' die Auswahl oder Zuordnung von Aussagen (durch Markierung in Multiple-Choice-Aufgaben o. ä.).
  Im Aufgabenbeispiel zu Bertolt Brechts *Herr Keuner und die Flut* (→ ABBILDUNG 39) weist die Aufforderung in Aufgabe 4, die Schüler mögen sich für eine Antwortmöglichkeit entscheiden, das geschlossene Format auf. Eine Besonderheit dieser Aufgabe besteht darin, dass die Schüler nicht eine richtige Antwort unter falschen heraussuchen sollen, sondern „die Antwort, die am besten passt".
- Halboffenes Format: Die Aufgaben erfordern das Formulieren von Stichpunkten, von einem oder mehreren kurzen Sätzen oder das Ausfüllen eines Lückentextes.
  Im Aufgabenbeispiel ist die Aufgabe 2 eindeutig im halboffenen Format gehalten. Die Aufgaben 1 und 3 sowie die in Aufgabe 4 geforderte Begründung können ebenfalls diesem Format zugeordnet werden, auch wenn es den Schülern hier freisteht, einen längeren Text zu schreiben.
- Offenes Format: Die Aufgaben zielen auf die Produktion eines mehr oder weniger umfangreichen Textes.

Ein Beispiel für eine Aufgabenreihe, die unterschiedliche Formate nutzt (zu einer der bekannten Keuner-Geschichten von Bertolt Brecht aus dem Lehrwerk *deutsch.kombi 5* (2003) für neunte Klassen): (→ ABBILDUNG 39).

Den drei Aufgabenformaten lassen sich zentrale Aufgabentypen zuordnen (→ ABBILDUNG 43).

Aufgabenformate und -typen

Aufgaben im geschlossenen Format
Richtig-Falsch-Aufgabe Auswahl aus zwei Antwortalternativen (ja / nein oder richtig / falsch)
Multiple-Choice-Aufgabe Auswahl aus mehr als zwei Antwortalternativen
Matching- / Zuordnungs-Aufgabe Zuordnung zweier Elemente verschiedener Kategorien zueinander (z. B. Autoren und literarische Werke, Figuren und Figureneigenschaften)
Umordnungs-Aufgabe Bestimmung der ursprünglichen / richtigen Reihenfolge sprachlicher Einheiten (z. B. Teile eines Textes)
Markierungs-Aufgabe Kennzeichnung bestimmter Teile in einem Text oder Markierung räumlicher Beziehungen in einer Skizze
Aufgaben im halboffenen Format
Kurzantwort-Aufgabe Vervollständigung eines Satzes bzw. Angabe einzelner Wörter/Formulierung von einzelnen Sätzen
Lückentext-Aufgabe Auffüllung von Lückentexten (selbstständig oder mithilfe von vorgegebenen Optionen in Listenform)
Korrektur- / Verbesserungsaufgabe Korrektur von fehlerhaften Texten (für die Arbeit mit Literatur kaum genutzt)
Aufgaben im offenen Format
‚Ganztext-Aufgabe' Produktion eines eigenen Textes

Abbildung 43: Aufgabenformate und -typen: Übersicht

Format und Lenkungsgrad

Das Element ‚Format' ist aus didaktischer Perspektive vor allem deshalb interessant, weil er eng mit dem Element ‚Lenkungsgrad' von Aufgaben verbunden ist (→ KAPITEL 12.2). Aufgaben im offenen Format können mehr oder weniger lenkend ausfallen, Aufgaben im geschlossenen Format sind jedoch (fast immer) stark lenkend.

Offenes Format und Erkennen von Textelementen

Aufgaben im offenen (oder halboffenen) Format können sich auf alle Teilkompetenzen der Texterschließung richten. Beispiele für Aufgaben im halboffenen Format, mit deren Hilfe die Schüler Textelemente erkennen sollen, sind die Aufgaben 1 und 2 im Aufgabenset zu *Herr Keuner und die Flut*. Eine Aufgabenreihe, die stärker zum offenen Format tendiert und alle zentralen Aspekte der Handlung berücksichtigt, könnte lauten:

1. Zu Beginn der Erzählung wird dargestellt, dass Herr Keuner in eine bedrohliche Lage gerät. Welche Ursachen sind dafür entscheidend?
2. Auf welche Lösungen für seine bedrohliche Lage hofft Herr Keuner? Warum gibt er diese Hoffnungen jeweils auf?
3. Auf welche Weise kann er sich schließlich retten?

Offenes Format und Deutung

Aufgabe 3 im Set aus *deutsch.kombi* richtet sich dagegen auf die Teilleistung der Deutung, und zwar auf die Deutung eines Textelementes auf der Ebene der sprachlichen Gestaltung. Eine Aufgabe im offenen Format, die von den Schülern eine Deutung des gesamten Textes verlangt, wäre etwa: Was könnte uns der Text über Menschen in schwierigen Situationen sagen?

Lenkende und nicht lenkende Aufgaben

Der Lenkungsgrad von Aufgaben im offenen Format kann beliebig reguliert werden. Aufgaben im offenen Format können in dem Maße Lenkung einsetzen bzw. auf Lenkung verzichten, das dem Leistungsvermögen der Schüler angemessen ist.

Eine Alternative für alle oben genannten Aufgaben wäre so die ‚klassische' offene Aufgabenstellung im Literaturunterricht: „Analysiere und interpretiere den Text". Die erfolgreiche Bearbeitung dieser Aufgabe setzt jedoch einen fortgeschrittenen Kompetenzerwerb voraus und wird deshalb häufig durch Teilaufgaben wie die oben genannten ergänzt oder ersetzt. Diese Art von Aufgaben tendieren oft zum halboffenen Format. Sie bieten den Schülern Hilfen für das Textverstehen, indem sie lenkende Vorgaben für das Erkennen von Textelementen oder die Deutung machen (→ KAPITEL 12.2).

Chancen des offenen Formats

Aufgaben im offenen Format sind für einen Unterricht, in dem Kompetenzen der Texterschließung gefördert werden sollen, unbedingt notwendig: Sofern sie auf Vorgaben verzichten, fordern sie die Schüler zu einer selbständigen Arbeit mit Texten auf. Nicht oder kaum lenkende Aufgaben können nach wie vor als ein Ideal des Literaturunterrichts gelten, weil sie den selbstständigen Schüler voraussetzten. Wenn eine weniger selbstständige Leistung verlangt werden soll, können die Aufgaben im offenen Format den Schülern aber auch die jeweils angemessenen Hilfestellungen bieten.

Offenes Format in Leistungssituationen

Für Leistungssituationen bietet sich die klassische nichtlenkende Aufgabe „Analysiere und interpretiere den Text" insofern an, als sie konsequent eine selbstständige Anwendung von Kompetenzen zur Texterschließung einfordert. Fraglich ist allerdings, ob diese Aufgabe schwächere Schüler nicht grundsätzlich überfordert. Voraussetzung für die Bewältigung dieser Aufgabe ist zudem, dass die Schüler die Kompetenz zur selbständigen Texterschließung und außerdem zum Schreiben von Interpretationsaufsätzen erworben haben (→ KAPITEL 13.3). Weil in der Schulpraxis bislang kaum Übereinstimmung über das dazu notwendige Wissen herrscht, ist die Verwendung der klassischen nichtlenkenden Aufgabe in zentralen Abschlussprüfungen zur Zeit problematisch. In der Regel bietet es sich an, diese Aufgabe durch lenkende Teilaufgaben zu differenzieren.

Geschlossenes Format und Textelemente erkennen

Auch Aufgaben im geschlossenen Format können sich prinzipiell auf alle Teilleistungen des Textverstehens richten. Allerdings werden sie besonders häufig eingesetzt, um das Erkennen von Textelementen einzufordern. Beispielsweise können im Rahmen einer Figurenanalyse Eigenschaften von Figuren vorgegeben werden, die als zutreffend oder nicht zutreffend einzuschätzen sind. Sinnvolle Aufgaben im geschlossenen Format, die auf die Handlungs- und Darstellungsanalyse zielen, sind zu *Herr Keuner und die Flut* beispielsweise:

Kreuze die zutreffende Antwort an:
Die Gefahr, in die Herr Keuner geraten ist, wird bewältigt, indem

- er Hilfe von außen erhält
- die Gefahr von selbst abnimmt
- er sofort aktiv wird
- er in letzter Minute aktiv wird.

Der Text stellt

- die Innen- und Außensicht von Herrn Keuner dar
- nur die Innensicht von Herrn Keuner dar
- nur die Außensicht von Herrn Keuner dar
- nur Erzählerkommentare dar.

Geschlossenes Format und Deutung

Aufgaben im geschlossenen Format können aber auch auf die Teilkompetenz der Deutung zielen, und zwar indem sie Deutungshypothesen zur Auswahl stellen. Ein Beispiel sind die Hypothesen in den Teilaufgaben der Aufgabe 4 zu *Herr Keuner und die Flut* „Er erkennt die Lösung", „Er erkennt, dass man sich selber helfen muss" und „Er erkennt, dass man sich nur selten auf andere verlassen kann". Wie im vorliegenden Fall sollen entsprechende Aufgaben jedoch das geschlossene Format mit dem halboffenen oder offenen verbinden, damit die Schüler die Möglichkeit erhalten, die von ihnen gewählte Interpretationshypothese zu begründen oder auch zu modifizieren.

Geschlossenes Format und Lenkung

Aufgaben im geschlossenen Format enthalten (fast) immer lenkende Vorgaben, zumeist (im Fall von Multiple-Choice-Aufgaben) konzeptuelle. Die Aufgaben sind damit (in hohem Maße) lenkend.

Nachteile des geschlossenen Formats / der konzeptuellen Vorgaben

Aufgaben mit konzeptuellen Vorgaben stehen in der deutschen Aufgabentradition „unter dem Verdacht des Deduktiven, also damit auch des nicht Originellen, des nicht selbst Gefundenen" (Köster 2003, S. 4). Tatsächlich weisen konzeptgeleitete Aufgaben einen entscheidenden Nachteil auf: Die Schüler können nur ‚Vorgedachtes nachdenken'. Auf diese Weise können sie kaum die Fähigkeit entwickeln, selbstständig Textstellen und Wissen auszuwählen, um einen Text zu erschließen. Außerdem wird die Möglichkeit zur subjektiven Deutung in der Regel eingeschränkt, wenn die Schüler ‚Vorgedachtes nachdenken'.

Chancen des geschlossenen Formats / der konzeptuellen Vorgaben

Allerdings bieten die konzeptgeleiteten Aufgaben auch didaktische Chancen. Solche Aufgaben können von den Schülern durchaus komplexe Verstehensleistungen einfordern; denn um eine Vorgabe zu überprüfen, müssen die Schüler einen Verstehensprozess sozusagen rückwärts durchlaufen. Zugleich können die konzeptuellen Vorgaben den Schülern für ihr Textverstehen eine wichtige Orientierungshilfe bieten, etwa indem sie Hypothesen für die Deutung eines Gesamttextes zur Verfügung stellen. Diese Chancen lassen sich unter Vermeidung der genannten Nachteile besonders gut nutzen, wenn eine Lerngruppe auf der Basis der Textuntersuchung bereits eigene Deutungen entwickelt hat und sich dann mit Deutungen anderer, kompetenter Leser auseinandersetzt (→ KAPITEL 11.3).

Trennung von Textverstehen und Schreiben

Aufgaben im geschlossenen Format erlauben zudem eine Trennung von Verstehens- und Schreibleistung, die jedenfalls für Schüler mit gering ausgeprägter Schreibkompetenz wichtig sein kann.

Geschlossenes Format in Leistungssituationen

Aufgaben im geschlossenen Format haben in den letzten Jahren vor allem deshalb an Bedeutung gewonnen, weil sie häufig in Leistungssituationen – vor allem in Vergleichs- und Abschlussarbeiten der Sekundarstufe I – verwendet werden. Die Vorteile dieser Art von Aufgaben sind hier von besonderer Bedeutung: Sie bieten den Schülern Entlastungen und ermöglichen schreibschwächeren Schülern, ihre Leistungen im Bereich des Textverstehens zu zeigen. Zudem bringt die Nutzung des geschlossenen Formates eine zeitsparende Korrektur und eine objektive Bewertung mit sich. Allerdings ermöglichen Aufgaben im geschlossenen Format den Schülern nicht, ihre Kompetenz zur selbstständigen Texterschließung zu zeigen.

12.4 Zum Schwierigkeitsgrad von Aufgaben

Von entscheidender Bedeutung für den Schwierigkeitsgrad einer Aufgabe – also für das Maß an kognitiver Leistung, das für eine Aufgabenlösung erbracht werden muss – ist der Schwierigkeitsgrad des zu bearbeitenden Textes. Darüber hinaus stehen aber auch die Elemente ‚Format' und ‚Lenkungsgrad' nicht nur untereinander, sondern auch mit dem Aspekt ‚Schwierigkeitsgrad' in einem engen Zusammenhang.

Schwierigkeitsgrad und offenes Format

Der Schwierigkeitsgrad von Aufgaben im offenen Format hängt außer von der Textschwierigkeit auch von dem Maß an Lenkung ab, das von einer Aufgabe geboten wird. Je differenzierter die lenkenden Vorgaben ausfallen, desto leichter ist die Aufgabe.

Schwierigkeitsgrad und geschlossenes Format

Aufgaben im geschlossenen Format sind – trotz der Entlastung, die ihre lenkenden Vorgaben bieten – aber keineswegs unbedingt leichter als Aufgaben im offenen Format. Vielmehr können Aufgaben im geschlossenen Format (in Abhängigkeit von der Textschwierigkeit) sozusagen stufenlos auf einer Skala von leicht bis schwer reguliert werden. Leicht sind solche Aufgaben im geschlossenen Format dann, wenn die falschen Antwortoptionen (Distraktoren) leicht als solche zu erkennen sind. Das ist beispielsweise dann der Fall, wenn es im Text keine Informationen gibt, an die die Distraktoren anknüpfen könnten, wenn ihnen im Text explizit widersprochen wird oder wenn sie gängigen Annahmen über die Lebenswirklichkeit oder über Textsorten widersprechen. Die Aufgaben im geschlossenen Format werden umso schwieriger, je weniger leicht die Distraktoren als solche zu erkennen sind.

Schwierigkeitsgrad und Teilleistungen

Weitere Aufgabenelemente können dagegen nicht herangezogen werden, um den Schwierigkeitsgrad einer Aufgabe zu bestimmen. Die Frage, ob die Verstehensleistungen des Erkennen von Textelementen, der Deutung und des Wirklichkeitsbezuges grundsätzlich einen unterschiedlichen Schwierigkeitsgrad aufweisen, ist völlig ungeklärt. Die Wahl der Methoden und die Phasierung des Unterrichts haben keinen Einfluss auf das Maß einer geforderten Verstehensleistung. Sie können den Schülern das Erbringen dieser Leistung lediglich erleichtern.

Schwierigkeitsgrad von literarischen Texten

Der Schwierigkeitsgrad von literarischen Texten, der für die Schwierigkeit einer Aufgabe zum Textverstehen von zentraler Bedeutung ist, wird in der Praxis häufig mithilfe von Erfahrungswissen eingeschätzt. Tatsächlich sind die Möglichkeiten, diesen Schwierigkeitsgrad systematisch zu bestimmen, (bislang) begrenzt. Das Maß an kognitiven Leistungen, das für das Textverstehen notwendig ist, muss auf den Ebenen der Teilkompetenzen ‚Erkennen von Textelementen', ‚Deutung' und ‚Wirklichkeitsbezug' festgelegt werden. Die Leistungen auf diesen Ebenen ergeben sich jeweils aus einem Zusammenwirken von Textmerkmalen und Eigenschaften des Lesers – seinen Wissensbeständen, Kompetenzen sowie weiteren Dispositionen. Sowohl die Besonderheiten des Lesers als auch die des Textes sind jedoch sehr komplex sowie von Fall zu Fall verschieden. Nur die Ebene des Erkennens von Textelementen ist weniger individuell geprägt und deshalb zumindest in grundlegender Weise systematisch einzuschätzen: So kann die Schwierigkeit von epischen Texten (relativ zu den angenommenen oder empirisch überprüften Kompetenzen von Schülergruppen) auf unterschiedlichen strukturellen Teilebenen durch die Kriterien Uneindeutigkeit, Komplexität, Abstraktheit, Rekonstruktion mithilfe von speziellerem Wissen und Abweichung von Darstellungskonventionen (des traditionellen Erzählens) bestimmt werden (vgl. Leubner / Saupe 2016, S. 289–294; → KAPITEL 4.3).

Schwierigkeiten Handlungsebene

1. Schwierigkeiten auf der Handlungsebene
   - Uneindeutigkeit: das Gut der Hauptfigur, die Faktoren für die Komplikation oder Auflösung bzw. die Auflösung selbst können nicht eindeutig rekonstruiert werden.
   - Komplexität: die Handlung umfasst mehrere zentrale Komplikationen, Komplikation oder Auflösung werden durch mehrere Faktoren verursacht.
   - Abstraktheit: das Gut der Hauptfigur oder die Faktoren für Komplikation bzw. Auflösung sind in hohem Maße abstrakt.
   - Rekonstruktion mithilfe von speziellerem Wissen: das Gut der Hauptfigur, die Faktoren für die Komplikation oder Auflösung bzw. die Auflösung können nur unter Heranziehung von speziellerem – z. B. historischem – Wissen angemessen geklärt werden.

Schwierigkeiten Figurenebene

2. Schwierigkeiten auf der Figurenebene
   - Uneindeutigkeit: die Informationen über die Figuren sind unzuverlässig oder in hohem Maße indirekt.
   - Komplexität: die Figuren sind mehrdimensional bzw. dynamisch.

Schwierigkeiten Darstellungsebene

3. Schwierigkeiten auf der Ebene des Erzählers
   - Uneindeutigkeit: Erzählerkommentare, die die Handlung uneindeutig werden lassen, unzuverlässiger Erzähler.
   - Komplexität: Komplexe Erzählerkommentare, extradiegetische Erzählungen (narrative Darstellungen des Erzählaktes, der eine Erzählung hervorbringt) oder metadiegetische Erzählungen (Erzählungen, die innerhalb einer Erzählung mitgeteilt werden).
   - Abweichung von Darstellungskonventionen: Nutzung von erlebter Rede oder innerem Monolog.
4. Schwierigkeiten auf der Ebene der Perspektivierung
   - Tendenz zur Uneindeutigkeit: der Erzähler sagt weniger als die Hauptfigur weiß, Beschränkung auf Außen- oder Innensicht, subjektiv verzerrte Außensicht einer Figur.
5. Schwierigkeiten auf der Ebene der Zeitgestaltung
   - Abweichung von Darstellungskonventionen: ein hohes Maß an Rückwendungen oder Vorausdeutungen, deutliches Übergewicht von Zeitraffung oder Zeitdeckung, zeitdehnendes Erzählen, repetitives Erzählen (einmalige Geschehnisse werden mehrfach darstellt) oder iteratives Erzählen (wiederholte Geschehnisse werden einmal zusammenfassend dargestellt).
6. Schwierigkeiten auf der Ebene der sprachlichen Gestaltung:
   - Abweichung von Darstellungskonventionen: z. B. veraltete / ungebräuchliche Wörter, Wortneubildungen, innovative sprachliche Bilder, in hohem Maße komplexer, ungewöhnlicher oder grammatisch falscher Satzbau.

Lektüreempfehlungen

- **Dietlinde Granzer / Katrin Böhme / Olaf Köller: Kompetenzmodelle und Aufgabenentwicklung für die standardisierte Leistungsmessung im Fach Deutsch,** in: Albert Bremerich-Vos / Dietlinde Granzer / Olaf Köller (Hg.), Lernstandsbestimmung im Fach Deutsch, Weinheim 2008, S. 10–28. *Einführung in die Aufgabenkonstruktion für Leistungssituationen.*

- **Juliane Köster: Aufgaben im Deutschunterricht. Wirksame Lernangebote und Erfolgskontrollen.** Stuttgart 2016. *Grundlegende Systematisierung von Aufgaben im Deutschunterricht.*

- **Martin Leubner / Anja Saupe: Textverstehen im Literaturunterricht und Aufgaben,** 2. Auflage, Baltmannsweiler 2016. *Umfassende Erörterung von Prinzipien der Aufgabenkonstruktion und -analyse.*
- **Iris Winkler: Aufgabenpräferenzen für den Literaturunterricht. Eine Erhebung unter Deutschlehrkräften.** Wiesbaden 2011. *Empirische Untersuchung zur Nutzung von Methoden im Literaturunterricht auf der Grundlage eines Modells für die Aufgabenanalyse.*

13 Schreiben

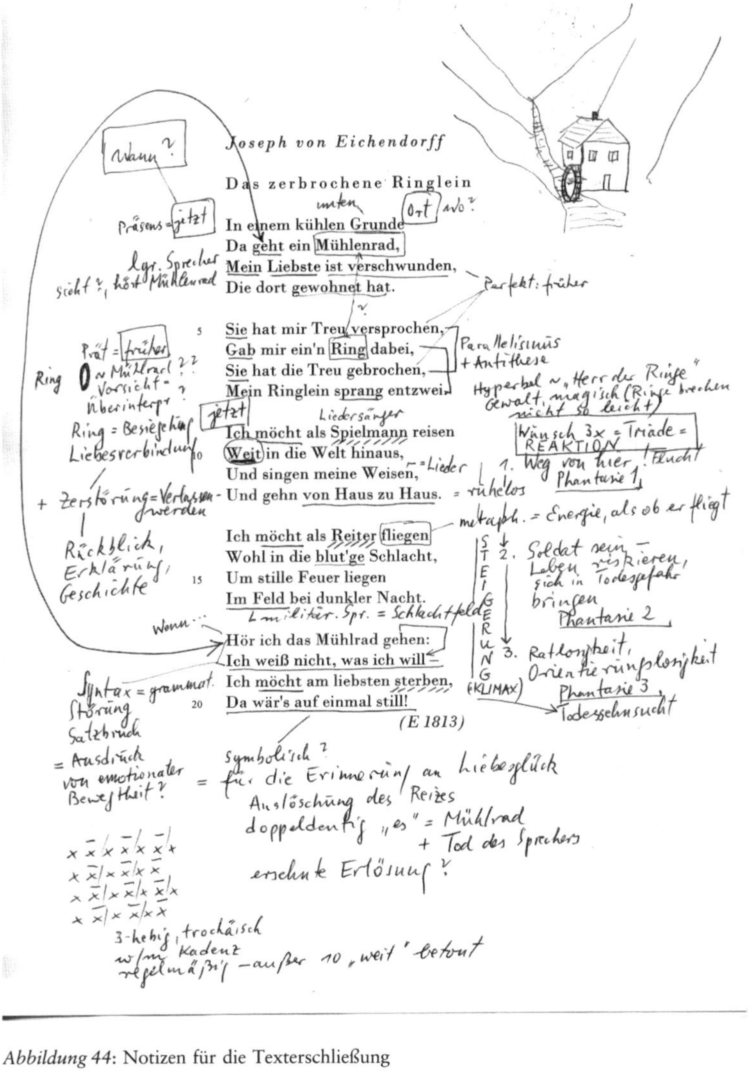

Abbildung 44: Notizen für die Texterschließung

Die Notizen zu „Das zerbrochene Ringlein“ von Joseph von Eichendorff dienen dem Textverstehen: Sie dokumentieren Ergebnisse einer Beschäftigung mit dem Text mittels des Textnahen Lesens oder auch der Textanalyse und stellen ein frühes Stadium der Auseinandersetzung mit Texten im Rahmen eines Interpretationsaufsatzes dar: Zunächst erfolgt eine Texterschließung, die auch schreibend – siehe die Notizen – vor sich geht, bevor anschließend ein zusammenhängender Text mit den Ergebnissen von Analyse und Interpretation des Textes erfolgt.

Schüler sollen in der schulischen Beschäftigung mit literarischen Texten nicht nur sprechen, sondern auch schreiben. Von besonderer Bedeutung, allerdings für viele Schüler auch besonders problematisch, ist das Schreiben von Texten, die das literarische Verstehen fördern sollen – und in denen die Schüler in Leistungssituationen dokumentieren müssen, ob und wie sie einen literarischen Text verstanden haben.

Der Schwerpunkt entsprechender Schreibaufgaben liegt für jüngere Schüler auf der wiedergebenden, rekonstruierenden Darstellung der Inhaltsebene von erzählenden Texten (durch Nacherzählung oder Inhaltsangabe). Mit zunehmender Kompetenzentwicklung in der Auseinandersetzung mit Literatur treten Schreibaufgaben aus dem Bereich des Analysierens und Interpretierens sowie des Erörterns hinzu. Im gymnasialen Bildungsgang sollen am Ende der Sekundarstufe I der kategoriengeleitete und argumentierende Interpretationsaufsatz und zudem die literarische Erörterung eingeübt sein. In begrenztem Rahmen kommen dazu gestaltende Aufgaben im Rahmen des produktionsorientierten Umgangs mit Literatur sowie Aufgaben des kreativen Schreibens. Vor allem die Interpretation literarischer Texte ist nach der aktuell geltenden Abiturverordnung bis auf Weiteres die zentrale Aufgabe der Abiturprüfung im Bereich des literarischen Lernens. Sie wird in Form eines geschlossenen Aufsatzes bearbeitet. Dazu müssen „alle Teilaufgaben ein sinnvolles zusammenhängendes Ganzes ergeben“ (KMK 2012, S. 24).

13.1 Schreiben im Literaturunterricht
13.2 Nacherzählung und Inhaltsangabe
13.3 Interpretationsaufsatz und literarische Erörterung
13.4 Gestaltendes Erschließen und kreatives Schreiben

13.1 Schreiben im Literaturunterricht

Grundsätze für das Schreiben im Literaturunterricht

Im Deutschunterricht wird viel geschrieben: Schüler verfassen beispielsweise in der 5. und 6. Klasse Geschichten, sie schreiben Klassenzeitungen oder gestalten ein Jahrbuch und sie schreiben Szenen für ein eigenes Theaterstück oder ein Hörspiel. Wie für das Schreiben im Deutschunterricht insgesamt gilt auch für das im Literaturunterricht grundsätzlich die Prozessorientierung. Das Schreiben soll demnach in bestimmten Phasen erfolgen, das sind v.a. Planung, Durchführung und Überarbeitung. Diese Phasen wiederum lassen sich differenzieren: so die Planungsphase in Sammlung, Ziel- und Adressatenplanung, Inhaltsplanung und Schreibplanung (vgl. Becker-Mrotzek/Böttcher 2012). Für diese Phasen – insbesondere für die Phase der Planung – sollen den Schülern besondere Hilfen zur Verfügung gestellt werden. Zudem sollen den Schülern Bewertungskriterien für ihre Texte dargelegt oder noch besser: mit ihnen zusammen erarbeitet werden. Nach Möglichkeit ist nicht nur das Ergebnis, sondern auch der Prozess des Schreibens in die Bewertung einzubeziehen (vgl. Fix 2008).

Zentrale Funktion des Schreibens im Literaturunterricht

Das Schreiben erfüllt unterschiedliche Funktionen; im Literaturunterricht steht freilich eine Funktion im Zentrum, die ‚epistemische'. Das heißt, dass das Textschreiben für die Schüler erkenntnisfördernd sein soll. Die Integration des Schreibens in den Literaturunterricht zielt insgesamt auf eine wechselseitige Förderung von Schreibkompetenzen und Fähigkeiten im Bereich der literarischen Bildung.

Formen des verstehensorientierten Schreibens

Von besonderer Wichtigkeit ist das Schreiben von Texten, die dem Verstehen dienen. Durch sie sollen Erkenntnisse vor allem im Bereich des Erkennens von Textelementen und der Deutung nicht nur zum Ausdruck gebracht, sondern auch angeregt oder vertieft werden (vgl. Menzel 1984, S. 14). Zwei Arten des Schreibens sind hier von Bedeutung:

Formen der Textwiedergabe

(1) Das reproduzierende Schreiben: Das verstehensorientierte Schreiben umfasst ab Klasse 5 die schriftliche Nacherzählung und für die folgenden Jahrgangsstufen – zumeist ab Klasse 7 – die Inhaltsangabe, zunächst für einzelne kürzere Texte, dann auch für Auszüge aus Ganzschriften.

Erschließendes Schreiben (analytisch, erörternd, gestaltend)

(2) Das erschließende Schreiben: Drei Typen lassen sich hier unterscheiden: das analytische, das erörternde und das gestaltende Erschließen. Das analytische Erschließen umfasst den Interpretationsaufsatz (mit Textanalyse) einschließlich ‚Vorstufen': Ab der fünften Klasse erfolgt schrittweise mittels lenkender Erschließungsfragen die

Hinführung zum kategoriengeleiteten Analysieren und der textbezogenen und argumentierenden Deutung in schriftlicher Form, bevor in den höheren Schulformen ab Klasse 9 oder 10 der Interpretationsaufsatz (einschließlich einer schriftlichen Textanalyse) eingeführt wird. Zu den ‚Vorstufen' zum Interpretationsaufsatz gehört auch die Figurencharakterisierung. Parallel dazu werden Fähigkeiten der Erörterung erworben, die schließlich zu literarischen Erörterungen führen. Zusätzlich zu den metasprachlichen Textsorten des Interpretationsaufsatzes und der Erörterung werden ab Beginn der Sekundarstufe I unterschiedliche Formen des produktionsorientierten Schreibens mit dem Ziel der Texterschließung (in einer anderen Bezeichnung: des ‚gestaltenden Schreibens') eingesetzt: Schüler verfassen innere Monologe etc. als Ergänzung zu literarischen Texten oder schreiben sie um (→ KAPITEL 10.4, 13.4). In Leistungssituationen sollen die so entstandenen fiktionalen Texte durch eine kommentierende Reflexion ergänzt werden. – Neben den verstehensorientierten Formen des Schreibens spielt auch das ‚kreative Schreiben' im Literaturunterricht eine Rolle (→ KAPITEL 13.4).

Textproduktion in Leistungssituationen

Die beiden genannten Arten des Schreibens dominieren in Klassenarbeiten und Klausuren zum Literaturunterricht. Es sind auch Mischformen möglich, insbesondere eine Integration von reproduzierendem oder gestaltendem Schreiben in den Interpretationsaufsatz. So kann zu Beginn des Interpretationsaufsatzes eine Inhaltsangabe erfolgen oder es kann eine auf die Textanalyse folgende Deutung durch eine gestaltende Teilaufgabe erbracht werden. In den neuen Vorgaben für die Abiturprüfung in den ‚Bildungsstandards im Fach Deutsch für die Allgemeine Hochschulreife', die ab 2017 in allen Bundesländern gelten, erfolgt eine Fokussierung auf den Interpretationsaufsatz und die literarische Erörterung (vgl. KMK 2012, S. 24).

Problematik der Verbindung Schreiben und Verstehen

Die traditionell enge Verbindung von Schreiben und literarischem Verstehen im Deutschunterricht ist seit einiger Zeit auch deutlich kritisiert worden. Die für das Verstehen genutzten Textsorten erfordern bereits in hohem Maße Schreibkompetenzen, die bei vielen Schülern nicht hinreichend ausgeprägt sind. Für sie ist zu befürchten, dass sie schreibend gerade nicht zu einer Vertiefung ihres Textverstehens gelangen, sondern im Gegenteil noch nicht einmal in der Lage sein könnten, ihr eventuell durchaus vorhandenes Textverstehen zum Ausdruck zu bringen. Die fehlende Trennung von Schreib- und Verstehensleistungen könnte so zu einer Benachteiligung der schreibschwächeren Schüler führen, zumal der Lernenden mit Deutsch als Zweitsprache.

Aus diesem Grund werden in Abschlussarbeiten und Tests zunehmend auch Aufgabenformate verwendet, für deren Bearbeitung kaum Schreibkompetenzen notwendig sind (→ KAPITEL 12.3). Das gilt aber nicht für die Abiturprüfung, in der bis auf Weiteres ein geschlossener Aufsatz verlangt wird. Im Unterricht müssen die Schüler natürlich auf die jeweils anstehenden Formen der Leistungsüberprüfung angemessen vorbereitet werden. Auf jeden Fall soll der Lehrer aber darauf achten, dass die Schüler auch die Möglichkeit zu einer Darlegung und Vertiefung von literarischem Verstehen durch mündliche Kommunikation erhalten.

Alternativ: Trennung von Schreiben und Verstehen

13.2 Nacherzählung und Inhaltsangabe

Textwiedergabe und Textsorten

Die (mündliche oder schriftliche) Sprechhandlung ‚Texte wiedergeben' wird im Literaturunterricht häufig genutzt. So kann es beispielsweise in manchen Fällen durchaus sinnvoll sein, sich zu Beginn einer näheren Auseinandersetzung mit einem Text kurz (mündlich) über seinen Inhalt zu verständigen (→ KAPITEL 11.1). Im weiten Bereich der Textwiedergabe haben sich im Deutschunterricht zwei Schreibformate etabliert, die auch Gegenstand von Leistungsüberprüfungen sind: die Nacherzählung und die Inhaltsangabe. Diese beiden unterschiedlichen Formen der Textreproduktion zielen in der Regel (vor allem) auf die Wiedergabe von Handlungen in Erzähltexten. Im Literaturunterricht richtet sich diese Wiedergabe traditionell auf epische Texte, Dramen und erzählende Gedichte. Dazu treten zunehmend Spielfilme und auch andere erzählende Medienproduktionen mit künstlerischem Anspruch.

Zentrale Funktion der Wiedergabe von Handlungen

Mit der Wiedergabe sollen die Schüler ein mentales Modell einer Handlung (einschließlich ‚Rahmen' und Figuren) aufbauen (vgl. Zabka 2010, S. 62) und dementsprechend wesentliche Leistungen im Bereich der Strukturerkennung erbringen.

Vergleich mit der Textanalyse

Im Unterschied zum Erkennen durch die Textanalyse werden dazu aber – zumindest explizit – keine Kategorien eingesetzt (wie ‚Hauptfigur', ‚schwierige Lage', ‚Auflösung' etc.). Stattdessen sollen die Schüler die Abfolge von Geschehnissen so wie sie auf der Darstellungsebene erscheint (die ‚Textchronologie') als Orientierungshilfe nutzen. In der Regel dürfte die Textanalyse deshalb eine bessere Hilfe für die Strukturerkennung und dementsprechend auch eine bessere Grundlage für eine Deutung bieten als die Textwiedergabe: Für die Textanalyse können die Schüler ein sinnvoll zusammengestelltes System von Kategorien nutzen, die sozusagen als ‚Brille' für die Betrachtung von zentralen Strukturen dienen. Bei der Textwiedergabe fehlen solche Hilfen zu einer Fokussierung.

Entwicklung von Fähigkeiten

Schüler sollen ihre Fähigkeit, Texte wiederzugeben, von der fünften bis zehnten Klassenstufe kontinuierlich entwickeln und dazu stetig steigende Anforderungen bewältigen: von der mündlichen Nacherzählung zur schriftlichen, von der schriftlichen Nacherzählung zur Inhaltsangabe von kürzeren Texten, von solchen Inhaltsangaben zur Wiedergabe von Teilen aus Ganzschriften (→ ABBILDUNG 46).

Begriff der Nacherzählung

Die Nacherzählung gibt es in mündlicher und schriftlicher Form. Es handelt sich um eine nichtverkürzende und nichtversachlichende Form der Reproduktion von Erzähltexten (zu einer Kategorisierung von Textreproduktionen durch die Merkmale verkürzend / nichtverkürzend und versachlichen / nichtversachlichend vgl. Abraham 1994). Die Schüler können also eine literaturnahe Darstellung beibehalten. Es besteht jedoch Einigkeit darüber, dass eine vollständige Wiedergabe der ‚Textoberfläche' wenig sinnvoll wäre; die Reproduktion soll grundsätzlich durch eine Reformulierung („in eigenen Worten") erfolgen.

Merkmale der schriftlichen Nacherzählung

1) Erfassung der zentralen, im Original ausdrücklich genannten Elemente der Handlung; – Ergänzungen der Handlung sind möglich oder sogar wünschenswert, sofern sie nicht im Widerspruch zum Ausgangstext stehen bzw. sofern es sich um sinnvolle Hinzufügungen ‚verdeckter' Handlungselemente handelt
2) Reformulierung des Textes grundsätzlich in eigenen Worten; literaturnahe Darstellung kann beibehalten werden
3) grundsätzlich keine Textverkürzung
4) ggf. Vorgaben für die sprachliche und formale Gestaltung: Beibehaltung oder Veränderung von Zeitgestaltung, Perspektivierung, Erzählerkommentaren, Stil

Abbildung 45: Schriftliche Nacherzählung

Leistungen der Nacherzählung: Strukturerkennung Handlung

Mit einer solchen Reformulierung sollen die Schüler alle zentralen Elemente der Handlung und ihre Zusammenhänge erfassen, zumindest sofern diese Elemente ausdrücklich genannt sind, also in der Regel die besonders wichtigen Figuren, ihre Probleme, die Lösungsversuche und die Lösungen der Probleme, für viele Texte auch Handlungsort und -zeit sowie die Gründe für die Probleme und die Mittel der Problemlösung.

Mit der Aufgabenstellung, den Text „in eigenen Worten" wiederzugeben, ist noch nicht festgelegt, in welchem Maße die Schüler die Darstellungsverfahren des Originals nutzen oder durch andere ersetzen sollen. Diese Frage kann offengelassen werden, es können – für schriftliche Nacherzählungen in etwas höheren Jahrgangsstufen – jedoch auch Vorgaben gemacht werden. Als besonders ergiebig kann die Aufgabe gelten, einen Teil der Darstellungsverfahren beizubehalten und einen anderen Teil – beispielsweise die Zeitgestaltung, die Perspektivierung, die Erzählerkommentare oder den sprachlichen Stil – zu verändern (vgl. Zabka 2010, S. 64f.). Eine solche Nacherzählung kann fließende Übergänge zum kreativen oder produktionsorientierten Schreiben aufweisen. Insbesondere die Nacherzählung aus einer veränderten Perspektive (die wegen der erforderlichen kognitiven Fähigkeit des Perspektivwechsels in der Regel erst ab Klasse 6 sinnvoll ist) erlaubt eine sinnvolle Vertiefung von Verstehensleistungen.

Leistungen der Nacherzählung: Strukturerkennung Darstellung

Darüber hinaus kann die schriftliche Nacherzählung durch Aufgaben der genannten Art eine vertiefende Beschäftigung mit der Darstellung eines literarischen Textes anregen. Wenn die Schüler Aspekte der Sprache und Form nach bestimmten Vorgaben verändern, aber auch, wenn sie bewusst darauf achten, sie beizubehalten, nutzen sie Begriffe und vertiefen zugleich ihre Kenntnisse über die entsprechenden Darstellungsverfahren und ihre Funktionen.

In neueren Lehrwerken sind die folgenden Hilfen für die Planungsphasen von (schriftlichen) Nacherzählungen gängig:

Hilfen: Textgliederung und ‚W-Fragen'

a) Häufig soll zunächst der Text in Abschnitte gegliedert und dann sollen „W-Fragen" (z. B. Wer? Wo? Wann? Was? Warum? Mit welchem Ergebnis?) beantwortet werden. Auf Grundlage solcher Fragen nähert sich die Nacherzählung der strategieorientierten Textanalyse. Sie können den Schülern tatsächlich eine Hilfe sein, allerdings nur, wenn deutlich gemacht wird, dass die Reihenfolge der Textabschnitte nicht unbedingt der Abfolge der Fragen entspricht und dass auch nicht jeder Text alle Fragen (eindeutig) beantwortet (so bleiben beispielsweise Ort und Zeit der Handlung für viele Erzählungen vage).

weitere Hilfen: Adressatenorientierung

b) Authentische oder fiktive ‚lebensnahe' Schreibsituationen und damit eine klarere Adressatenorientierung können eine weitere Hilfe bieten. So können Schüler (in Lernsituationen) für ihre Mitschüler Nacherzählungen zu Texten schreiben, die den anderen noch nicht bekannt sind (vgl. Zabka 2010, S. 62) oder (auch in Leistungssituationen) die Aufgabe erhalten, eine Nacherzählung für einen (fiktiven) Freund zu schreiben, der den Text noch nicht kennt.

Aufgabenstellungen für die Nacherzählung

Die Grundform von Aufgaben für die schriftliche Nacherzählung lautet:

- „Lies den Text xx aufmerksam. Erzähle ihn dann in eigenen Worten schriftlich nach."

Sie kann entsprechend den genannten Varianten der Nacherzählung abgewandelt werden, beispielsweise zu

- „[...] Erzähle ihn dann schriftlich nach. Nutze dazu deine eigenen Worte, aber achte darauf, ebenfalls aus der Sicht der Figur x zu erzählen",
- „[...] Nutze deine eigenen Worte, um die Geschehnisse wiederzugeben, verwende aber ähnlich wie das Original wörtliche Rede, die zur Figur x passt",
- „[...] Erzähle ihn dann in eigenen Worten schriftlich nach. Lass dabei die Figuren so sprechen wie heutige Jugendliche",
- „[...] Erzähle ihn dann in eigenen Worten schriftlich nach. Verwende dazu statt der Er- die Ich-Form".

Bewertung der Nacherzählung

Für die Bewertung von Nacherzählungen ist das folgende Kriterium maßgeblich: (1) In welchem Maße werden die Merkmale für eine Nacherzählung beachtet und ggf. weitere Vorgaben erfolgreich umgesetzt? Sinnvolle Ergänzungen können positiv bewertet werden. (2) Zusätzlich ist die sprachliche Korrektheit (maßvoll) zu bewerten.

Entwicklung von Fähigkeiten zur Textwiedergabe in den Klassen 5–10
Kl. 5 / 6 mündliche Nacherzählung
Kl. 5 / 6 schriftliche Nacherzählung (zunächst ohne, dann ggf. mit Vorgaben zur Veränderung von Darstellungsverfahren)
Kl. 7 / 8 Inhaltsangabe eines kürzeren Textes (Texte zunächst mit Übereinstimmung, dann mit Auseinanderfallen von Text- und Handlungschronologie)
Kl. 9 / 10 Inhaltsangabe eines Auszuges aus einer Ganzschrift (mit Einbettung in die Gesamthandlung)

Abbildung 46: Leistungen der Textwiedergabe im Überblick

Begriffsbestimmung Inhaltsangabe

Die Inhaltsangabe ist eine verkürzende und versachlichende Form der Textreproduktion. Die Schüler sollen – ausschließlich – die zentralen Elemente der Handlung und ihre Zusammenhänge darstellen, und zwar in ‚sachlichem Stil'. Dazu sollen sie die Handlungs- von der Darstellungsebene des Originals trennen und auch keine alternative literarische bzw. emotional wirkende Gestaltung vornehmen.

Merkmale der Inhaltsangabe

1) einleitender ‚Basis-Satz'
2) Wiedergabe der zentralen Handlungselemente und ihrer (kausalen und zeitlichen) Zusammenhänge
3) verkürzend (zu ausführliche Textreproduktionen sind nicht zulässig); - Textergänzungen sind jedoch akzeptabel bzw. notwendig, wenn es sich um sinnvolle Ergänzungen ‚verdeckter' Handlungselemente handelt
4) versachlichend (Trennung von Handlungs- und Darstellungsebene)
5) formale Vorgaben: (a) Präsens, (b) Er-Form, (c) Vermeidung von wörtlicher Rede und von emotional konnotierten Ausdrücken,(d) Nutzung von Ausdrücken, die Abstraktionen bzw. logische Zusammenhänge zum Ausdruck bringen

Erweiterte Inhaltsangabe: ergänzende Ausführungen mit Deutung etc.

Abbildung 47: Merkmale der Inhaltswiedergabe

Merkmale der Inhaltsangabe

Leistungen der Inhaltsangabe: Strukturerkennung Handlung

Die Schüler sollen also – ohne die entsprechenden Kategorien bewusst zu nutzen – Ort und Zeit der (Haupt-)Handlung, die Hauptfigur(en) und ihre Komplikation(en) mit den Faktoren, ggf. erfolglose Lösungsversuche und die Lösung(en) der Komplikation(en) mit ihren Faktoren erkennen, sofern der literarische Text das ermöglicht. Anders als für die Nacherzählung sollen dazu weniger wichtige Aspekte des Inhalts, also beispielsweise Nebenhandlungen, weggelassen werden, während ggf. zentrale ‚verdeckte' Handlungselemente (→ KAPITEL 3.2) zu ergänzen sind. Die Inhaltsangabe wird in der Regel – zumeist in Klasse 7 – an Texten eingeführt, bei denen ‚Textchronologie' und die Chronologie der Handlung zusammenfallen. Ab Klasse 8 wird den Schülern dann zumeist auch nahegelegt, zentrale Handlungselemente aus den Zusammenhängen der ‚Textchronologie' zu isolieren und in ihren grundlegenden zeitlichen und kausalen Verknüpfungen darzustellen. Die Inhaltsangabe von Teilen einer Ganzschrift ab Klasse 9 ist insofern mit dem höchsten Anspruch verbunden, als die Schüler hier einen Textteil auch gezielt in die Gesamthandlung einbetten (und dazu ihre für das Verstehen dieses Teiles nicht notwendigen Aspekte ‚ausblenden') sollen.

Inhaltsangabe und Deutung

Angesichts der Leistungen der Inhaltsangabe ist häufig betont worden, dass sie auch immer schon eine Deutung darstellt (vgl. z.B. Zabka 2010, S. 68). Allerdings ist es sinnvoll, für die Inhaltsangabe die genannten Reduktionen und Ergänzungen nur dann zu fordern, wenn sie vom Text relativ eindeutig nahegelegt werden und dementsprechend noch als Leistungen der Strukturerkennung gelten können (→ KAPITEL 3.2). Als vieldeutig erkannte Textelemente sollten dagegen von den Schülern als solche markiert werden, durch modale Schattierungen wie „vielleicht“, „offenbar“, „wohl kaum“ oder durch Formulierungen wie: „Die Erzählung lässt offen, ob noch weitere, persönliche Gründe für die Entscheidung der Figur xx maßgeblich sind ...“ oder „Der Ausgang der Auseinandersetzung bleibt unklar ...“.

Leistungen der Inhaltsangabe: ‚implizite‘ Strukturerkennung Darstellung

Um die genannten Leistungen in der Inhaltsangabe zu erbringen, müssen die Schüler auch die zentralen Darstellungsverfahren einschließlich der Perspektivierung erkannt haben, allerdings ‚implizit‘ ohne diese Verfahren und ihre Funktionen bewusst zu reflektieren.

Hilfen für die Inhaltsangabe: ‚W-Fragen‘

Das Schreiben der Inhaltsangabe kann durch die folgenden Hilfen für die Planungsphase erleichtert werden, die auch schon für die Nacherzählung zum Einsatz kommen:

a) Die reflektierte Nutzung von „W-Fragen“ (→ KAPITEL 13.1). Die Inhaltsangabe weist dann fließende Übergänge zur Handlungsanalyse auf.

... und Gliederung in Abschnitte; Problematik des Vorgehens

b) Als Arbeitsschritt vor der Beantwortung der ‚W-Fragen‘ oder auch als alleinige Hilfe die Einteilung des Ausgangstextes in Abschnitte und das Bilden von ‚Makropropositionen‘ (= zusammenfassenden Aussagen) zu diesen Abschnitten (vgl. von der Kammer 2004, S. 94). Häufig wird von den Schülern dazu die Formulierung von ‚Zwischenüberschriften‘ gefordert, was allerdings irreführend ist, weil Überschriften oft eine appellative Funktion haben. Besser geeignet ist das Notieren von ‚Handlungsstichworten‘, das als eine Vorstufe für das Formulieren von Makropropositionen in Satzform dienen kann. Zudem ist grundsätzlich zu bedenken, dass die Handlung vieler literarischer Texte eben nicht in chronologischer und linearer Abfolge dargestellt wird und eine der ‚Textchronologie‘ folgende Aneinanderreihung von Makropropositionen nicht mit der Struktur der Handlung identisch sein muss.

Formale Vorgaben

Eingeleitet wird die Inhaltsangabe durch einen ‚Basissatz‘, der Autor, Titel und Erscheinungsdatum des literarischen Textes nennt und darüber hinaus in der Regel Ort und Zeit der Handlung sowie das Thema der Erzählung angibt. Allerdings verlangt die sinnvolle Formulierung eines Themas ein hohes Maß an Abstraktionsvermögen und fällt den meisten Schülern in Klasse 7/8 sehr schwer. Ferner erfordert die Inhaltsangabe zumeist das Einhalten strenger formaler Vorgaben (→ ABBILDUNG 47). Diese Vorgaben und der Basissatz sollen den Schülern offenbar die Konzentration auf das ‚Wesentliche‘ erleichtern. Tatsächlich dürften sie aber in vielen Fällen als Erschwernisse wirken, so dass häufig – beispielsweise als Teil von Interpretationsaufsätzen – auch eine Inhaltszusammenfassung ‚in wenigen Sätzen‘ ohne weitere Vorgaben gefordert wird.

Bewertung der Inhaltsangabe

Die Bewertung der Inhaltsangabe folgt dem Einhalten der Merkmale für diese Textsorte. Verstöße gegen ihre formalen Vorgaben sollten allerdings keinesfalls zu streng gewertet werden, weil sie ja als Hilfen zum Erbringen von Textverstehensleistungen dienen sollen. Die sprachliche Korrektheit soll bewertet, aber nicht überbewertet werden.

Kritik an der Inhaltsangabe

Die Inhaltsangabe ist von der Fachdidaktik deutlich kritisiert worden, und zwar vor allem mit den Argumenten, dass die Inhaltsangabe die subjektiven und emotionalen Aspekte einer Textbegegnung verhindere und die Handlung eines literarischen Textes unzulässig von seinen besonderen Formen der Darstellung trenne.

Funktion der Inhaltsangabe für das Textverstehen

Diese Kritik gilt allerdings uneingeschränkt nur, sofern die Inhaltsangabe als Selbstzweck oder isoliert als Mittel des Textverstehens eingesetzt wird. Sie kann tatsächlich in manchen Fällen – falls ein Text relativ einfach aufgebaut ist – sinnvoll für das Erkennen von Handlungen genutzt werden. Doch soll auf eine solche Nutzung nach Möglichkeit eine explizite Beschäftigung mit zentralen Aspekten der Darstellung und in jedem Fall eine Deutung folgen (vgl. Zabka 2010). Es kann dann von einer ‚erweiterten Inhaltsangabe' oder auch von einem Übergang zum Interpretationsaufsatz gesprochen werden. Zumindest für Lernsituationen soll zudem vor einer ggf. sinnvollen Inhaltszusammenfassung eine Hinführung erfolgen, die eine auch emotionale Annäherung an den Text ermöglicht (→ KAPITEL 11.1).

Inhaltsangabe als Hinführung zum Textverstehen

Auch als erster Schritt des Textverstehens – als Hinführung zu oder Ersatz einer Hypothesenbildung – ist eine Inhaltsangabe nur in eingeschränktem Maße sinnvoll. Eine empirische Studie hat gezeigt, dass eine Inhaltszusammenfassung als Vorbereitung für die Hypothesenbildung signifikant schlechtere Ergebnisse erbringt als andere Formen der Hinführung zu einer ersten Deutung (vgl. Leubner/Saupe 2014, S. 234–243).

13.3 Interpretationsaufsatz und literarische Erörterung

Begriff Interpretationsaufsatz

Im Interpretationsaufsatz sollen die Schüler traditionell die anspruchsvolle Leistung „Analysieren und interpretieren Sie den Text xx" in selbstständiger Weise erbringen. Vor allem werden auf diese Weise literarische Texte aller Gattungen behandelt, dazu kommen zunehmend Medienproduktionen mit künstlerischem Anspruch, insbesondere Spielfilme. Die Schüler sollen auf der Grundlage einer

Strukturerkennung eine zugleich textangemessene und persönlich bedeutsame Deutung von einzelnen vieldeutigen Textelementen und eine Deutung des Gesamttextes vornehmen. Für die Deutung müssen Textstrukturen durch Weltwissen und in manchen Fällen auch durch spezielleres Kontextwissen ergänzt werden, wobei die Schüler einen mehr oder weniger großen subjektiven Spielraum haben (→ KAPITEL 3.3). Anders als für einen Lehrer, der seinen Unterricht durch eine Sachanalyse vorbereitet, ist es jedoch für die Schüler nicht notwendig, den gesamten Deutungsspielraum eines literarischen Textes auszuschöpfen. In der Regel genügt es, wenn sie eine sinnvolle Möglichkeit der Deutung erproben.

Die Planung des Interpretationsaufsatzes: Strategienutzung

Die Phase der Planung ist für den Interpretationsaufsatz von besonderer Bedeutung. Lehrwerke und Handreichungen für die Abiturvorbereitung machen für die Gestaltung dieser Phase auch gegenwärtig noch sehr unterschiedliche Vorschläge. Als besonders sinnvolle Hilfen für die Planung bieten sich jedoch Strategien an, die auch für das Textverstehen in Lernsituationen genutzt werden können und die natürlich zuvor im Unterricht nach und nach eingeführt und angewandt werden müssen. Die Strategien sollen grundlegend dem Phasenmodell für den Literaturunterricht (→ KAPITEL 11) folgen und den Schülern helfen, das häufig beklagte ‚Auseinanderfallen' von Textanalyse und Interpretation zu vermeiden. Sie sollen die folgenden Arbeitsschritte umfassen:

1. Entwicklung von Fragen an den Text oder einer ersten Deutungshypothese, anschließend die Auswahl von Aspekten für eine Textuntersuchung.
2. Untersuchung des Inhalts (für erzählende Texte in der Regel: Handlungs- und Figurenanalyse) sowie Analyse von ausgewählten Verfahren von Form und Sprache. Eine ggf. notwendige Deutung von Textelementen kann gleich im Anschluss an ihre Untersuchung stattfinden.
3. Deutung des Gesamttextes auf Grundlage der Textuntersuchung, unter Bezug auf die Ausgangsfragen bzw. die erste Deutungshypothese (die ggf. auch verworfen oder modifiziert wird).
4. Evtl. im Anschluss Wirklichkeitsbezug, beispielsweise durch die ‚Beurteilung' einer Figur oder durch eine Einschätzung, welche Aktualität eine Handlung in der heutigen Zeit hat.

Bereits empirisch erprobt wurden konkrete Strategien für die Hinführung zur Hypothesenbildung und für die Handlungsanalyse. Als empfehlenswert für Erzähltexte können die folgenden gelten: Ein Strategieset zur Erschließung der Komplikationsstruktur sowie ein Strategieset für die Hypothesenbildung, in dem die Bestimmung des

‚Themas' oder ‚Problems' einer Erzählung als Grundlage für die Hypothesenbildung genutzt werden (→ KAPITEL 3.3). Diese Sets wären miteinander zu verbinden und durch Strategien für die Analyse von Form und Sprache zu ergänzen. Insbesondere für die Erschließung von lyrischen Texten kann jedoch für eine Untersuchung des Inhalts statt eines kategoriengeleiteten Vorgehens auch die Nutzung von ‚textnahem Lesen' sinnvoll sein (→ KAPITEL 3.2).

Für die Nutzung der Strategien gilt, dass sie stets reflektiert erfolgen soll, und zwar so, dass die Schüler (entsprechend ihrer Fragen- oder Hypothesenbildung) aus den angebotenen Fragen bzw. Aufgaben eine Auswahl treffen. Die Fragen- oder Hypothesenbildung und die Auswahl können nach der ersten oder zweiten, ggf. schon von Anstreichungen und Randnotizen begleiteten Textlektüre erfolgen. Eine Beantwortung der Fragen/Aufgaben kann dann auf Grundlage eines erneuten, fokussierten Lesens in Form von Stichpunkten vorgenommen werden.

Planung des Interpretationsaufsatzes: Gliederung

Die Schüler sollen im Anschluss an die Strategienutzung eine Gliederung ihres Interpretationsaufsatzes festlegen. Auch weil Bildungspolitik Ländersache ist, gibt es hier eine Vielzahl von Traditionen; die Diskussion über mögliche Vereinheitlichungen im Zuge der Erarbeitung länderübergreifender Abituraufgaben steht erst am Anfang. Aus guten Gründen enthalten sich die offiziellen Erwartungshorizonte zu den zentralen Abituraufgaben bislang entsprechender Vorgaben, etwa über den Ort von Deutungshypothesen innerhalb des Aufsatzes. Nach der maßgeblichen Formulierung in den Bildungsstandards „ist das Ziel des Interpretationsaufsatzes", bei der Interpretation literarischer Texte „ein eigenständiges Textverständnis zu entfalten und textnah sowie plausibel zu begründen" (KMK 2012, S. 24). Ein Vorschlag zur Gliederung ist, die durch ein Strategieset grundlegend vorgegebene Gliederung zu übernehmen. Es ist jedoch auch möglich, eine andere zu nutzen, insbesondere die folgende: Die Deutung, die auf Grundlage der Textuntersuchung entwickelt werden konnte, wird dem Interpretationsaufsatz als Hypothese vorangestellt. Diese Hypothese wird dann mit sinnvoll geordneten ‚Argumenten' der Textuntersuchung gestützt.

Durchführung des Schreibens

Die Durchführung des Schreibens kann für den Interpretationsaufsatz grundlegend in einer Ausformulierung von bereits geordneten, in Form von Stichpunkten vorliegenden Untersuchungsergebnissen bestehen. Allerdings können durch die Arbeit des Formulierens manche Ergebnisse und insbesondere ihre Zusammenhänge auch eine Vertiefung oder sogar eine Korrektur erfahren.

Hilfen durch lenkende Aufgaben

Hilfen für den Interpretationsaufsatz sind auch schon durch die Aufgabenstellung möglich, sofern sie lenkend ausfällt (→ KAPITEL 12.2). Sie kann in diesem Fall eine stark reduzierte Strategienutzung oder auch einen Verzicht auf Strategien nahelegen, führt jedoch zu einem weniger selbstständigen Vorgehen der Schüler.

Typen der Lenkung für Interpretationsaufsätze

Lenkung 1: Vorgabe von Aspekten der Deutung

1. Die Schüler werden auf zentrale Aspekte des Textes hingewiesen, die in der Strukturerkennung und Deutung vorrangig beachtet werden sollen (vgl. Menzel 1984, S. 19). Je nach Text bieten sich dazu unterschiedliche Schwerpunkte an (z.B. Verhältnis der Hauptfigur zu Gesellschaft / Natur, ihr Konflikt mit moralischen Normen, die Beziehung bestimmter Figuren / die Entwicklung dieser Beziehung). Die Aufgabe zur Fokussierung eines bestimmten Aspektes wird in der Regel mit der Aufforderung verbunden, ihn in den Textzusammenhang einzuordnen. So beispielsweise durch die Aufgabe „Stelle die schwierige Entscheidung der Figur x dar. Erörtere anschließend, welche Folgen diese Entscheidung vermutlich haben wird. Berücksichtige dabei die Normen der im Text dargestellten Gesellschaft".

Lenkung 2: Vorgabe von Deutungshypothesen

2. Es werden eine (oder mehrere) Deutungshypothese(n) vorgegeben, die von den Schülern durch eine Textuntersuchung ähnlich wie eine eigene Hypothese überprüft und anschließend bestätigt, verworfen oder modifiziert werden soll(en). Ein solches hypothesengeleitetes Vorgehen ist insbesondere dann anspruchsvoll, wenn den Schülern Interpretationen von Literaturwissenschaftlern und anderen Fachleuten des Literaturbetriebes, ggf. in gekürzter Form, zur Prüfung vorgelegt werden.

Lenkung 3: Textvergleich

3. Der Vergleich von (in der Regel zwei) themenähnlichen literarischen Texten hat ebenfalls eine lenkende Funktion. Denn auffällige Gemeinsamkeiten und Unterschiede der Texte sind zugleich zentrale Aspekte für die Strukturerkennung und Deutung. Aufgaben zum Textvergleich können mit der Vorgabe von Untersuchungsaspekten oder von Hypothesen verbunden werden, so durch die Aufgabe: „In den Erzählungen x und y wird jeweils ein Identitätskonflikt dargestellt. Erörtere, welche Gemeinsamkeiten und Unterschiede sie dabei zeigen" oder „Überprüfe, ob die beiden Gedichte x und y als typische Gedichte der Romantik gelten können."

Lenkung 4: Vorgabe von Kontextwissen

4. Den Schülern wird vorgegeben, welches Kontextwissen sie an einen Text herantragen sollen – also beispielsweise im Unterricht erarbeitete Konzeptionen von Gattungen oder Epochen. Eine erhöhte Anforderung ergibt sich, wenn zusätzlich zu einem literarischen Text beispielsweise biographische, historische, sozialwissenschaftliche oder tiefenpsychologische Texte (in Ausschnitten) präsentiert werden, die die Schüler zunächst verstehen und dann für eine Deutung nutzen sollen.

Abbildung 48: Typen der Lenkung in Interprationsaufsätzen

Figurencharakterisierung als „Vorstufe"

Für eine Vorstufe des Interpretationsaufsatzes, die Figurencharakterisierung, sollen sich die Schüler auf die Analyse und die interpretierende Ergänzung von Merkmalen einer oder mehrerer Figuren beschränken. Dazu werden die Figuren häufig nach den Kategorien äußere Merkmale, soziale Merkmale und innere Merkmale (Charakter, Fähigkeiten, Einstellungen) untersucht, evtl. soll zudem die Lebensgeschichte einer Figur rekonstruiert werden. Die Schüler sollen als Grundlage ihrer Untersuchung direkte und indirekte (explizit von

Erzähler oder Figuren genannte vs. durch Handlungen, Rede und Gedanken einer Figur erschließbare) sowie zuverlässige und unzuverlässige (durch zuverlässigen Erzähler vs. durch Figuren gegebene) Informationen über eine Figur berücksichtigen.

Bewertung des Interpretationsaufsatzes

Entgegen einer verbreiteten Auffassung ist es durchaus möglich, Interpretationsaufsätze von Schülern sinnvoll und gerecht zu bewerten, auch wenn die entsprechenden Entscheidungen in manchen Fällen schwierig sein können.

Bewertung der Textanalyse

Die Bewertung der Textanalyse bzw. Textuntersuchung kann relativ objektiv auf der Grundlage einer fachwissenschaftlichen Analyse erfolgen. Allerdings ist es in der Regel wenig sinnvoll, von den Schülern eine vollständige Strukturerkennung zu erwarten. Stattdessen sollte insbesondere für die Ebene von Form und Sprache eine Fokussierung auf besonders bedeutsame Textelemente als sinnvolle Leistung gelten.

Grundlegende Bewertung von Deutungen

Für die Entwicklung einer guten Deutung ist es entgegen einer verbreiteten Auffassung keinesfalls hinreichend, dass ein Schüler seine Deutung am Text durch eine möglichst komplexe Argumentation bzw. mit Zitaten ‚belegt' – auf diese Weise können durchaus auch abwegige Textauffassungen ‚belegt' werden. Vielmehr können die folgenden Kriterien als grundlegend für die Bewertung von Deutungen gelten:

- (Gesamt-)Deutung ist mit dem literarischen Text vereinbar;
- (Gesamt-)Deutung erfolgt mit Bezug auf zentrale Textelemente;
- Gesamtdeutung (von erzählenden Texten) ist eine (vorsichtige) Abstraktion von der Handlung, z.B. von Erfahrungen einer Figur;
- ggf.: passendes spezielleres Weltwissen wird mit dem Text verbunden (→ KAPITEL 3.3).

Offene Frage

Nicht erfasst wird von dem vorgeschlagenen Bewertungssystem allerdings die Frage, wie differenziert das allgemein verfügbare Weltwissen und die persönlichen Erfahrungen sind, die Schüler an einen Text herantragen. Komplexe und originelle Textergänzungen erscheinen häufig besser als einfachere und eher an verbreiteten Normen orientierte. Es ist aber fraglich, inwiefern solche Unterschiede benotet werden dürfen. Denn die Erfahrungen, die Schüler mit der Welt machen durften, ihre Kenntnisse in bestimmten Bereichen der Wirklichkeit und ihre Einstellungen sind ja nicht Teil der Leistung im Deutschunterricht. Die Erwartungshorizonte zu den Abituraufgaben behelfen sich in aller Regel mit einer Öffnungsklausel; in der Beispielsammlung von Abituraufgaben für das Fach Deutsch vom Institut für Qualitätsentwicklung im Bildungswesen (IQB) etwa so: „Andere als im Erwartungshorizont ausgeführte Lösungen werden bei der Bewertung der Prüfungsleistung gewürdigt, wenn sie der Aufgabenstellung entsprechen, sachlich richtig, nachvollziehbar und als gleichwertig anzusehen sind". (IQB 2016b)

Ein sinnvoller Aufbau des Interpretationsaufsatzes soll in die Bewertung einbezogen werden. Allerdings müssen die Schüler ihnen ggf. vermittelte Vorgaben für die Gliederung nicht in starrer Weise einhalten. Die sprachliche Richtigkeit und das – allerdings sehr problematische – Kriterium des sprachlichen Stils sollen (in moderater Weise) ebenfalls einbezogen werden.

Formen der Erörterung im Deutschunterricht

Ab Klasse 6: Mündliches Argumentieren (mit Unterscheidung von These, Argument und Beispiel)
Ab Klasse 8: Steigernde Erörterung (schriftlich, These gestützt durch sinnvolle Abfolge schwächerer und stärkerer Argumente)
Ab Klasse 9: Dialektische Erörterung (schriftlich, These gestützt durch sinnvoll strukturierte Abwägung von Pro- und Kontraargumenten)
Ab Klasse 9/10: Textgebundene Erörterung (schriftlich, Stellungnahme zu einem vorliegenden argumentativen Text mit Bestätigung bzw. Entkräftung von dessen Argumenten
Ab Klasse 10: Literarische Erörterung (schriftlich, Variante der textgebundenen Erörterung, die eigene Stellungnahme soll ggf. auf der Grundlage der Untersuchung eines literarischen Textes erfolgen

Hinzu kommt neuerdings in allen Klassenstufen (und natürlich in altersgerechter Modellierung) die Form des materialgestützten argumentierenden Schreibens, die den Schülern mit Hilfe eines Materialpools (z. B. 3 – 5 kurze Materialien – Texte, Grafiken, auch Bilder) das für eine Erörterung nötige Wissen bereitstellt.

Abbildung 49: Formen der Erörterung

Literarische Erörterung

Im Bereich des verstehensorientierten Schreibens kann auch die literarische Erörterung genutzt werden. In den Bildungsstandards für die Allgemeine Hochschulreife erscheint diese Textsorte sogar als gleichberechtigt neben dem Interpretationsaufsatz, wird jedoch seltener verwendet. Auch die literarische Erörterung wird von Beginn der Sekundarstufe I an vorbereitet, und zwar durch die zunehmend anspruchsvollen Formen der Erörterung (→ ABBILDUNG 49). Für die literarische Erörterung sollen sich Schüler mit einem argumentierenden (wissenschaftlichen oder essayistischen) Text zu einem Thema aus dem Bereich der Literatur auseinandersetzen. Verstehensorientiert ist die literarische Erörterung dann, wenn dieser Text nicht allgemeine Fragen des Handlungsfeldes Literatur, sondern konkrete literarische Texte beispielsweise unter dem Aspekt ihrer Rezeption und Wertung oder ihrer Einordnung in das literarische Leben bzw. in literaturgeschichtliche Epochen behandelt. Die Schüler müssen dann als Grundlage für ihre eigene Argumentation den behandelten Text selbst untersuchen. Sie müssen dazu nicht eigenständig ‚von unten herauf' eine Deutung entwickeln, sondern können sich an den vorgegebenen Auffassungen orientieren. Dennoch entsteht auf diese Weise ein sehr hoher Anspruch: Es ist sowohl ein Sach-/Gebrauchstext als auch ein literarischer Text zu erschließen und beide sind in Beziehung zueinander zu setzen.

Um die Schüler nicht zu überfordern sind die Aufgaben für die literarische Erörterung allerdings häufig so angelegt, dass aus dem Sachtext statt einer komplexen Argumentation lediglich Thesen herauszuarbeiten sind, die an einem literarischen Text oder auch nur an vorgegebenen Textausschnitten überprüft werden sollen. Die literarische Erörterung nähert sich dann stark dem Interpretationsaufsatz mit vorgegebenen Hypothesen an. So in dem folgenden Beispiel, das sich im Anhang zu den *Bildungsstandards im Fach Deutsch für die Allgemeine Hochschulreife* findet:

Fließende Grenzen zum Interpretationsaufsatz

„Erörtern Sie, auch vor dem Hintergrund ihres literaturhistorischen Wissens, den Interpretationsansatz des Regisseurs Michael Thalheimer zu Schillers ‚Kabale und Liebe', indem Sie die beiden folgenden Teilaufgaben in einem strukturierten zusammenhängenden Text bearbeiten: (1) Stellen Sie die Interpretationshypothesen Thalheimers dar, die er in einem Interview (Textvorlage) anlässlich seiner Inszenierung am Thalia-Theater ausführt. (2) Überprüfen Sie mithilfe einer Analyse der Szene III, 4 aus ‚Kabale und Liebe' (vgl. Anhang), inwieweit die Thesen Thalheimers zutreffen." (KMK 2012, S. 56).

13.4 Gestaltendes Erschließen und kreatives Schreiben

Gestaltendes Schreiben und kreatives Schreiben

Das gestaltende bzw. produktionsorientierte Schreiben umfasst das Ergänzen und Umschreiben literarischer Texte sowie das Verfassen von Paralleltexten. Das Ergänzen erfolgt beispielsweise durch die Hinzufügung innerer Monologe zu Erzählungen oder die Weiterführung von erzählenden Texten, das Umschreiben beispielsweise durch das Formulieren eines alternativen Schlusses oder das Erzählen aus einer anderen Perspektive. Paralleltexte entstehen, wenn Texte verfasst werden, die ähnliche Strukturen (aber evtl. ein anderes Aussagepotenzial) wie ein Ausgangstext aufweisen; beispielsweise wenn Schüler zu Herbert Grönemeyers Lied *Männer* einen analogen Text

Frauen schreiben. Die Schüler sind so ‚quasi-literarisch' schreibend an einem vorliegenden literarischen Text tätig. Beim kreativen Schreiben sollen die Schüler selbst einen literarischen Text verfassen, beispielsweise eine Erzählung oder ein Gedicht. Dieser Text dient anders als eine Produktion im Rahmen der handlungs- und produktionsorientierten Methode nicht dem Verstehen eines Originals, sondern vornehmlich der eigenen Entwicklung von (neuen) Sichtweisen der Wirklichkeit.

Gestaltendes Schreiben als Methode

Das gestaltende Schreiben kann für die Strukturerkennung, die Deutung und den Wirklichkeitsbezug genutzt werden (zu Funktionen und Typen produktionsorientierten Schreibens → KAPITEL 10.4.). Die Schüler sollen das gestaltende Schreiben als Methode für das Textverstehen lernen und in Leistungssituationen erfolgreich anwenden.

Gestaltendes Schreiben und Leistungssituationen

Für Leistungssituationen bieten sich vor allem produktionsorientierte Aufgaben an, die einen vorliegenden literarischen Text mit der Darstellung von Figuren und einer Handlung deutend ergänzen: das Schreiben eines inneren Monologs, eines Tagebucheintrags, eines Briefs etc. Weniger geeignet ist vor allem das weiterführende Schreiben, weil sich hier kaum differenzierte Kriterien für eine Benotung finden lassen. In den aktuellen Bestimmungen zur Abiturprüfung sind gestaltende Aufgaben deutlich begrenzt worden: „‚Gestaltendes Schreiben' im Sinne fiktionalen Schreibens sollte in erster Linie der Unterrichtsarbeit vorbehalten bleiben und entfällt als ausschließliche Aufgabenstellung in der schriftlichen Abiturprüfung." Sie können allenfalls weiterführende Teilaufgaben im Anschluss an eine andere Aufgabe sein und müssen als „Textproduktion im Anschluss an eine literarische Vorlage [...] auf einem überprüfbaren Textverständnis basieren." (KMK 2012, S. 24).

... und Problematik einer Bewertung

Wenn Schüler gestaltend schreiben, entstehen häufig sehr persönliche Texte. In solchen Fällen kann eine Bewertung eine problematische Angelegenheit werden, vor allem, wenn die Texte als eher schwach einzuschätzen sind. Dennoch sind eine Bewertung und auch eine Benotung produktionsorientierter Texte erforderlich, damit sie im Unterricht und in Leistungssituationen vollgültig neben anderen schriftlichen Leistungen stehen können.

Aspekte der Bewertung

Für die Bewertung von produktionsorientierten Texten zur deutenden Ergänzung bietet sich die Nutzung der folgenden Aspekte an:

Verhältnis zum Ausgangstext:

1. ‚Inhalt' / ‚Gehalt': Die (deutende) Verstehensleistung gegenüber dem Ausgangstext: Wird eine textangemessene, differenzierte und komplexe Deutungsleitung erbracht? Dieser Aspekt ist von ent-

scheidender Bedeutung für das Gelingen der Schülertexte. Für ihre Beurteilung gelten die auch für den Interpretationsaufsatz zu nutzenden Kriterien für das Gelingen von Deutungen (→ KAPITEL 13.2 UND 3.3).

2. ‚Form': Darstellungsverfahren und Stil: Werden Darstellungsverfahren und sprachlicher Stil des Ausgangstextes angemessen aufgegriffen oder in ergiebiger Weise variiert (falls nicht z.B. die sprachliche Komplexität der ‚Ziel-Textsorte' einem solchen Aufgreifen entgegensteht)? Und: Ist das Verhältnis von ‚Form' und ‚Inhalt' angemessen?

Verhältnis zur ‚Ziel-Textsorte':

3. Eigenarten der ‚Ziel-Textsorte': Werden Eigenarten der vorgegebenen ‚Textsorte' für das gestaltende Schreiben (Tagebuch etc.) angemessen oder sogar in origineller Weise berücksichtigt? Dafür können auch grundlegende Merkmale des epischen, dramatischen und lyrischen Schreibens eine Rolle spielen (z.B. beim Schreiben im Bereich der Kurzgeschichte: sprachliche und Ökonomie / Sparsamkeit der Mittel (vgl. Abraham 2010, S. 104).

Als weitere Kriterien werden in der fachdidaktischen Literatur häufig die Eigenständigkeit, der Ideenreichtum oder die Originalität der Schülerproduktionen genannt; doch sind diese Kriterien nur schwer für eine objektive Bewertung zu nutzen.

Verbindung produktionsorientiertes Schreiben mit schriftlicher Reflexion

Ebenso wie für Lernsituationen bietet sich für Leistungssituationen eine Verbindung von produktionsorientiertem Schreiben und einer Reflexion über die Produktion bzw. ihre Beziehung zum Ausgangstext an. Ein Beispiel: „Erfinden Sie eine mögliche Fortsetzung … Erläutern Sie Ihre inhaltlichen und sprachlichen Gestaltungsabsichten." (Aufgabenbeispiel nach Spinner 2005, S. 118)

Lernsituationen und Vorbereitung Leistungssituationen

In Lernsituationen sind zudem weitere Verfahren der Auswertung möglich, die weniger auf eine Bewertung oder gar Benotung als auf eine Anregung zur Überarbeitung von Ergebnissen des gestaltenden Schreibens zielen. So können die Schüler beispielsweise in Schreibkonferenzen ihre Texte untereinander besprechen und selbstständig verändern. Im Unterricht sollen die Schüler zudem die Kriterien, nach denen produktionsorientierte Texte bewertet werden, erarbeiten und dann gezielt bei der Abfassung ihrer Texte berücksichtigen.

Kreatives Schreiben

Für das kreative Schreiben erhalten die Schüler zumeist einen Impuls, der Schreibideen anregen soll – häufig ist das eine künstlerische Produktion wie beispielsweise ein Gedicht, ein Bild oder ein Musikstück. In der Regel erfolgt durch diesen Impuls zugleich eine thematische Eingrenzung der zu verfassenden Texte (z.B. konkretisiert durch die Aufgabe: „Schreibt einen Text, der ebenfalls zum Herbst passt").

Nutzung von Textsorten

Es kann den Schülern freigestellt werden, ob sie für ihre Darstellung eine bestimmte literarische Textsorte – oder auch eine Mischform unterschiedlicher Genres – wählen wollen. Es ist aber auch möglich, eine Textsorte vorzugeben, deren Merkmale natürlich zuvor mit den Schülern zu erarbeiten sind. Auf diese Weise tritt für das kreative Schreiben zu dem Ziel einer Entwicklung von neuen Sichtweisen der Wirklichkeit das Ziel einer Vertiefung bzw. Anwendung von Merkmalen einer literarischen Gattung oder eines Genres und damit auch der Förderung von entsprechenden Rezeptionskompetenzen. Häufig wird so von den Schülern (in Klasse 7–9) die Nutzung bestimmter einfacher Gedichtformen wie des Elfchens oder des Haikus verlangt.

Schreiben von Erzählungen

Von besonderer Bedeutung ist jedoch für das kreative Schreiben das Schreiben literarischen Erzählungen, das zugleich einen Teil der – auch mündliches Erzählen und das Schreiben von Alltagserzählungen umfassenden – Erzähltextproduktion im Deutschunterricht bildet.

Das ‚Höhepunkt'-Schema in der Kritik

Als Grundlage für die Planung von Erzählungen aller Art wird den Schülern traditionell und teilweise bis heute das ‚Höhepunkt'-Schema vermittelt: Sie sollen äußeres Geschehen so strukturieren, dass sie von einer ‚Einleitung' ausgehen, im ‚Hauptteil' stringent auf einen ‚Höhepunkt' hinarbeiten und mit einem ‚Schluss' enden. Bestimmte Verfahren der Darstellung sollen die so erzeugte ‚Spannung' noch steigern, etwa Detailgenauigkeit, die Wiedergabe von Gedanken und Gefühlen und eine expressive Wortwahl in der Gestaltung des ‚Höhepunktes'; außerdem werden in der Regel eine explizite (‚anschauliche', ‚klare') Darstellung und die Beachtung hochsprachlicher Normen verlangt.

Seit den achtziger Jahren wird allerdings in der Fachdidaktik (vgl. Klein 1980, Ludwig 1981, Wagner 1986) deutliche Kritik an diesem Schema geübt: Es entspricht eher der Form ‚klassischer' Dramas als der epischer Texte. So bleibt für die Schüler unklar, was den ‚Höhepunkt' einer Erzählung eigentlich ausmacht, und zugleich werden die vielfältigen Möglichkeiten zu einer Strukturierung von Erzähltexten unangemessen reduziert.

Alternative: Schema Komplikation und Auflösung

In Anlehnung an einen schon von Otto Ludwig eingebrachten Vorschlag für ein ‚Muster' schulischer Erzählungen (vgl. Ludwig 1981) kann dagegen die (um einen ‚Rahmen' ergänzte) Folge von Komplikation und Auflösung als ein grundlegendes Handlungsschema gelten, das eine Vielzahl unterschiedlicher Konkretisierungen ermöglicht. Es kann dementsprechend nicht nur für die Analyse von Erzähltexten, sondern ebenso für die Förderung der produktiven Erzählkompetenz genutzt werden.

Variabilität des Schemas

Doch soll den Schülern auf jeden Fall vermittelt werden, dass dieses Schema variabel ist: Es legt eine Abfolge seiner Elemente in der Erzählung nicht fest und lässt zu, dass mehrere Komplikationen (und Auflösungen) miteinander verbunden und dass einzelne der Elemente nur angedeutet oder auch ganz ausgelassen werden (vgl. Leubner/Saupe 2012, S. 48–54). Für unterschiedliche Genres der (Kurz-)Prosa wie Fabel, Parabel, Märchen und Kurzgeschichte (→ KAPITEL 5). kann das Schema Komplikation und Auflösung spezifiziert bzw. durch Vorgaben für die Darstellung ergänzt werden.

Förderung von Texterschließungs- und Schreibkompetenzen

Vor allem für die Produktion von Erzählungen unterschiedlicher Genres ist zudem von Bedeutung, dass die Schüler Vorbilder nutzen. So soll Erzählkompetenz anhand einer Analyse von Strukturen epischer Texte ausgebildet werden: Die Schüler sollen Handlungs- und Darstellungsmuster der Literatur kennenlernen, je nach den eigenen Intentionen und der kulturellen Bedeutsamkeit dieser Muster auswählen und in ihre Erzähltextproduktion übernehmen (vgl. Karg 1999).

Hilfen für die Planung

Ob es nun um Erzählungen allgemein oder um Erzählungen eines bestimmten Genres geht: Eine Aufgabe, die schlichtweg lautet, auf der Grundlage von erarbeiteten Merkmalen einen eigenen Text zu schreiben, überfordert die Schüler häufig und kann zum Gegenteil des erhofften Motivationsschubes führen. Sinnvoll können Aufgaben dieser Art dagegen sein, wenn sie genauere Anleitungen für den Schreibprozess umfassen und wenn erste Schritte der Planung zunächst mit Hilfe von Lerngruppe und Lehrer erfolgen.

Lektüreempfehlungen

- **Helmuth Feilke/Thorsten Pohl (Hrsg.): Schriftlicher Sprachgebrauch – Texte verfassen.** Baltmannsweiler 2014. *Zahlreiche Aufsätze zu grundlegenden Aspekten des Themas „Schreiben“.*
- **Thomas Zabka: Texte über Texte als Formate schriftlicher Leistungsprüfung: Nacherzählung, Inhaltsangabe, Analyse, Interpretation und benachbarte Aufgaben.** In: Michael Kämper-van den Boogaart/Kaspar Spinner (Hrsg.): Lese- und Literaturunterricht. Teil 3, Baltmannsweiler 2010, S. 60–88. *Grundlegende Ausführungen.*

14 Unterrichtseinheiten

Abbildung 50: Peter Stamm: *Agnes* (1998, S. Fischer Verlage)

„Agnes ist tot. Eine Geschichte hat sie getötet. Nichts ist mir von ihr geblieben als diese Geschichte. Sie beginnt an jenem Tag vor neun Monaten, als wir uns in der Chicago Public Library zum erstenmal trafen." Dieser Beginn von Peter Stamms Roman „Agnes" aus dem Jahr 1998 vermittelt bereits etwas von der irritierenden, vielleicht auch verstörenden Wirkung, die dieser Roman entfalten kann und die eine nähere Betrachtung lohnend erscheinen lässt. Der Roman gehört zu den wenigen Romanen der Gegenwartsliteratur, die sich im Deutschunterricht etabliert haben. Eine Fülle von didaktischen Materialien zu diesem Werk ist ein Indiz für diesen Erfolg. Der Roman wird in der gymnasialen Oberstufe in literaturgeschichtlich orientierten Unterrichtseinheiten gelesen. Die Anlage entsprechender Einheiten orientiert sich an den Eigenarten des Romans, aber zugleich auch an ‚Gesetzmäßigkeiten' der Gestaltung von Unterrichtseinheiten allgemein und im Besonderen von Unterrichtseinheiten, in denen Ganzschriften behandelt werden.

Unterrichtseinheiten sind eine zentrale Größe für die Planung von Unterricht. Zwar wird Unterricht in der Regel auf der Grundlage von ausgearbeiteten Planungen von Einzel- und Doppelstunden gehalten, aber die entsprechenden Planungen sind stets bezogen auf Unterrichtseinheiten als ‚übergreifende' Größe. Die Planung von Unterrichtseinheiten folgt insgesamt vergleichbaren Prinzipien wie die von Einzelstunden. Zugleich gibt es jedoch wichtige Spezifika der Planung von Unterrichtseinheiten, die beachtet werden müssen. Eine eigene Betrachtung verdienen Einheiten zu Ganzschriften, denn die Behandlung von Ganzschriften prägt die Anlage von Unterrichtseinheiten in hohem Maße. Ergänzt werden die allgemeinen und auf Ganzschriften bezogenen Prinzipien für die Gestaltung von Unterrichtseinheiten durch Prinzipien, die sich auf unterschiedliche Typen von Unterrichtseinheiten beziehen. An erster Stelle sind hier Unterrichtseinheiten zu Gattungen bzw. Genres sowie zur Literaturgeschichte zu nennen.

14.1 Unterrichtseinheiten: Grundlagen
14.2 Ganzschriften in Unterrichtseinheiten
14.3 Unterrichtseinheiten zu Gattungen / Genres
14.4 Unterrichtseinheiten zur Literaturgeschichte

14.1 Grundlagen

Definition, Stellenwert und Umfang von Unterrichtseinheiten

Unterrichtseinheiten dienen der Erarbeitung eines Themengebietes. Das entsprechende Thema ist so komplex, dass dazu eine Folge von Unterrichtsstunden erforderlich ist. Diese Folge von Unterrichtsstunden kann häufig in Blöcke mit unterschiedlichen Teilaspekten des übergeordneten Themas unterteilt werden.

Sequenz	Unterrichtseinheiten	Einzelstunden, ggf. mit ‚Blöcken' von Stunden
Erzählungen in Literatur und Medien	Kleine und große Helden. Erzählende Texte untersuchen	1 Hinführung: Erzählen
		Bewährungsproben: Erzählungen erschließen
		2 *Die Kreidestadt*
		3 *Belgische Riesen*
		Sagenhafte Texte: Sagen untersuchen
		4 Herakles befreit Prometheus
		5 Odysseus und Polyphem
		Tierisch menschlich: Fabeln untersuchen
		9 Äsop: *Die Teilung der Beute*; Lessing: …
		10 …
	Mit allen Sinnen erleben. Bücher, Hörbücher und Verfilmungen entdecken	1 Hinführung
		Literatur für die Ohren: Hörbücher untersuchen
		2 …

Abbildung 51: Sequenzen, Einheiten und Einzelstunden *(deutsch.kompetent 6)*

Sequenz – Einheit – Unterrichtsstunde

Unterrichtseinheiten bilden eine Organisationseinheit des Unterrichts auf ‚mittlerer Ebene', denn sie sind zwischen der einzelnen Unterrichtsstunde und übergeordneten Unterrichtssequenzen angesiedelt. Allerdings ist die Terminologie für die genannten Einheiten uneinheitlich (oft werden die Termini ‚Unterrichtseinheit', ‚Sequenz' oder ‚Modul' auch synonym gebraucht).

Ein Beispiel für den Zusammenhang von Sequenzen und Einheiten aus dem niedersächsischen Oberstufenlehrplan: Im ersten Jahr des Deutschunterrichts der (abiturvorbereitenden) Qualifikationsstufe soll eine umfangreiche Unterrichtssequenz dem sogenannten ‚Rahmenthema' „Drama und Kommunikation" gewidmet sein. Innerhalb dieser Sequenz werden zwei Unterrichtseinheiten durchgeführt, die (in der Regel von der Fachgruppe einer Schule) aus einer Reihe von Vorschlägen gewählt werden, z. B. „Familie im Drama" oder „Jugendliche Protagonisten". An konkreten Texten aus diesen thematischen Bereichen sollen die Texterschließungskompetenzen der Dramenanalyse weiterentwickelt werden.

Unterrichtseinheiten sind ein zentrales Strukturelement des Unterrichts und prägen den Unterricht aller Jahrgangsstufen. Pro Schuljahr werden in der Regel vier bis sechs Unterrichtseinheiten zu literarischen Texten durchgeführt, wobei von Fall zu Fall auch nichtliterarische Texte in die entsprechenden Einheiten aufgenommen werden. Die herausragende Bedeutung von Unterrichtseinheiten wird auch durch Lehrwerke für den Deutschunterricht deutlich: Sie sind fast durchgängig in Kapitel unterteilt, die als Unterrichtseinheiten konzipiert sind.

Typen von Unterrichtseinheiten

Unterrichtseinheiten lassen sich nach Typen unterscheiden; Kriterien der Unterscheidung sind die genutzten Kontexte für das Textverstehen, aber auch die thematische Ausrichtung und die Fokussierung auf den Kompetenzerwerb. Die folgenden zentralen Typen sind zu nennen:

- Einheiten mit Fokus auf Gattungen / Genres,
- Einheiten mit Fokus auf literaturgeschichtlichen Epochen,
- Einheiten mit Fokus auf einzelnen Autoren,
- thematisch orientierte Einheiten.

Diese Typen können miteinander verbunden werden: So können Einheiten beispielsweise auf einen Vergleich von Dramen der Aufklärung und des Sturm und Drang zielen, sich dazu thematisch auf die von diesen Texten nahegelegten Menschenbilder konzentrieren und zudem systematisch Wissen über die Analyse und Interpretation von Dramen vermitteln.

Textverstehen und Wissenserwerb

In der Regel dienen Unterrichtseinheiten dem Textverstehen und zugleich dem Wissenserwerb. Es kann jedoch eine Spannweite von der Konzentration auf das Textverstehen (z.B. bei der Erschließung eines Jugendbuchs) bis hin zur Konzentration auf den Wissenserwerb (z.B. Erwerb von literaturgeschichtlichem Kontextwissen bei der Behandlung eines Dramas des Sturm und Drang) genutzt werden. Das Verhältnis der beiden Schwerpunkte Textverstehen und Wissenserwerb zueinander ist ein weiteres Unterscheidungskriterium für Unterrichtseinheiten.

Zudem ist das Kriterium des Umfangs bzw. der Anzahl der behandelten Texte zu beachten. Im Mittelpunkt steht hier die Frage: Werden Ganzschriften gelesen oder eine Gruppe kürzerer Texte? Unterrichtseinheiten zu Ganzschriften weisen spezifische Merkmale auf (→ KAPITEL 14.2).

Für die Planung sowie die Durchführung und Reflexion von Unterrichtseinheiten sind die Aspekte von Belang, die auch die Planung von Einzelstunden prägen: Es müssen Ziele festgelegt werden, bevor anschließend Verfahren für die Gestaltung des Unterrichts bestimmt werden.

Ziele und Phasierung einer Einheit

Für die Unterrichtseinheiten gibt es zwei markante Eigentümlichkeiten: Es müssen ‚übergreifende', zentrale Ziele einer Unterrichtseinheit bestimmt werden, die dann für einzelne Unterrichtsstunden zu präzisieren sind. Für die Transformation der ‚übergreifenden' Ziele ist dann auch eine ‚übergreifende' Phasierung und eine ebensolche Reflexion von Methoden erforderlich.

Beispiel: Ziele einer Unterrichtseinheit

Ziele für eine Unterrichtseinheit zu Kurzgeschichten

Die Schüler können Kurzgeschichten unter Nutzung von Genre- und historischem Kontextwissen selbstständig erschließen und auf ihre Wirklichkeit beziehen; im Einzelnen können sie:

- Kurzgeschichten unter Berücksichtigung der Aspekte Handlung (Komplikationsstruktur), Figur (Eigenschaften von Figuren) und Darstellung (Perspektivierung, Stil) erschließen;
- Merkmale der Kurzgeschichte nennen, mit Blick auf ihren Betrag für das Textverstehen erörtern und gezielt für die Texterschließung nutzen;
- historische Kontexte (v.a. die Zeit nach dem Zweiten Weltkrieg) für die Erschließung von Kurzgeschichten nutzen;
- Kurzgeschichten im historischen Wandel beschreiben;
- Kurzgeschichten bzw. deren Deutung unter dem Aspekt ihrer Aktualität erörtern.

Abbildung 52: Ziele für eine Unterrichtseinheit zu Kurzgeschichten

Ziele von Unterrichtseinheiten

Für die Ordnung von Zielen für Unterrichtseinheiten und ebenso für ihre Formulierung gibt es keine festen Regeln. Die extrem ausdifferenzierten Zieltaxonomien der 1970er Jahre (mit ihren kognitiven, sozialen, affektiven und psychomotorischen Lernzieldimensionen) sind wegen ihrer Unhandlichkeit weitgehend wieder aufgegeben worden. Im Interesse einer Konzentration auf den Kern der Sache bietet es sich an, ein ‚Hauptziel' oder wenige ‚Hauptziele' zu bestimmten und so durch ‚Teilziele' zu differenzieren, dass die Schwerpunkte der Einheit deutlich werden. Diese Schwerpunkte sind zugleich die Ziele für die einzelnen Blöcke bzw. Unterrichtsstunden der Einheit. Die weitere Differenzierung dieser Ziele kann auf der Ebene der Zielfindung für einzelne Unterrichtsstunden geleistet werden.

Die Ziele werden auf Grundlage der curricularen Vorgaben, der Sachanalyse, der fachdidaktischen Analyse und einer Analyse der Lerngruppe (v. a. hinsichtlich der Lernvoraussetzungen) bestimmt, und zwar für das ‚Hauptziel' und zentrale ‚Teilziele' so, dass sich eine Konkretisierung von übergeordneten Zielen des Literaturunterrichts (nach einem fachdidaktischen Zielmodell) (→ KAPITEL 2) ergibt. So bietet sich die Orientierung an den zentralen Zielen Textverstehen, Wissen und Lesemotivation an; im Bereich des Textverstehens sind die Teilleistungen Erkennen von Textelementen, Deutung und Wirklichkeitsbezug von besonderer Bedeutung. Allerdings müssen in einer Unterrichtseinheit nicht unbedingt alle Ziele des Zielmodells berücksichtigt werden. Ein sinnvolles ‚Teilziel' für eine Einheit wäre so beispielsweise „Die Schüler benennen die zentrale Komplikation der Figur x; sie erörtern auf der Basis des Erkennens von Textelementen mögliche Gründe für diese Komplikation" oder „Die Schüler erklären die Bedeutung reimloser, metrisch freier Verse als typisches Gestaltungsmittel von Lyrik des Sturm und Drang". Dagegen wären Zielangabe wie „Die Schüler sollen den Text erschließen" oder „Die Schüler sollen literaturgeschichtliches Wissen erwerben" sogar als ‚Hauptziele' einer Unterrichtseinheit zu allgemein.

Haupt- und Teilziele

Beispiel für Grobplanung

Std.	Thema / Ziel
1	Hinführung: *Die Kirschen* (Borchert): Hypothesen zu Merkmalen von Kurzgeschichten
2–3	Kurzgeschichte *Das Brot* (Borchert): Texterschließung auf Grundlage einer Handlungs- und Figurenanalyse; historische Kontextualisierung
4–5	Kurzgeschichte *Nachts schlafen die Ratten doch* (Borchert): Texterschließung; historische Kontextualisierung
6–7	Kalendergeschichte *Das wohlbezahlte Gespenst* (Hebel): Vergleich mit Kurzgeschichte 1 – 3 zur Erarbeitung von Kurzgeschichten-Definition
8–9	Kurzgeschichte 4: Nutzung von Merkmalen der Kurzgeschichte für die Texterschließung (inkl. Reflexion dieses Vorgehens)
11	Kurzgeschichte 5: *Ein netter Kerl* (Wohmann) aus den 1970er Jahren: Texterschließung und Vergleich mit Borchert-Erzählungen
12–13	Kurzgeschichte 5: *Am Eisweiher* (Stamm): Texterschließung und Erörterung der Aktualität von Kurzgeschichten
14	Klausur

Abbildung 53: Grobplanung für eine Unterrichtseinheit zu Kurzgeschichten

Eine Hilfe für die Gewinnung von Zielen

Eine sinnvolle Hilfe für die Gewinnung der genannten Ziele ist der Weg über die fachdidaktische Begründung für die Behandlung eines Textes bzw. Themas im Unterricht. Es wird danach gefragt, inwiefern sich ein Text / Thema besonders dazu eignet, den Schülern einer bestimmten Lerngruppe ein Erreichen von ausgewählten Zielen des Literaturunterrichts (im Bereich des Textverstehens mit seinen Teilbereichen und / oder in den Bereichen Wissen und Lesefreude / -motivation) zu ermöglichen. Die so gefundenen Begründungen können dann mit Hilfe von passenden Operatoren (→ KAPITEL 12.1) zu Zielen umformuliert werden. Ziele im Bereich des Sozialverhaltens oder der methodischen Fähigkeiten können ergänzend zu den genannten Zielen hinzutreten; mitunter stehen sie auch gleichberechtigt im Zentrum einer Einheit, v. a. wenn es um die Einübung komplexer Texterschließungsverfahren oder Schreibformate geht.

Grobplanung einer Unterrichtseinheit

Auf der Grundlage von Zielen einer Einheit und Prinzipien für die Strukturierung von Lernprozessen ergibt sich dann die Grobplanung einer Einheit. Grobplanungen transformieren die Ziele in eine Abfolge von Unterrichtsstunden; sie (a) weisen allen Zielen der Einheit einen Ort innerhalb einer Einheit zu bzw. schaffen durch die Lernwegsstrukturierung eine Abfolge für die Erarbeitung der Ziele; (b) legen den zeitlichen Umfang fest, der für das Erreichen der einzelnen Ziele zur Verfügung steht; (c) bestimmen ggf. zudem die Texte bzw. Textpassagen, die für den Unterricht zu einzelnen Zielen geeignet sind.

Grobplanung und Phasierung

Für die Lernwegsstrukturierung von Unterrichtseinheiten bietet die Grundstruktur der Phasierung, die für Einzelstunden zu literarischen Texten maßgeblich ist, einen guten Ansatzpunkt für die Planung: Hinführung, Texterschließung, Wirklichkeitsbezug und Kontextualisierung (→ KAPITEL 11).

Wichtig ist ein hinreichender Raum für die Hinführung; sie umfasst häufig eine eigene Stunde. In der Hinführung soll eine schülerorientierte Hinwendung zum Thema der Einheit erfolgen, wobei die Entwicklung von Fragen und Hypothesen der Schüler eine entscheidende Rolle spielt. Eine entsprechend gestaltete Hinführung ist die Grundlage für die Schülerbeteiligung in der folgenden Unterrichtseinheit.

Auf die Hinführung folgen in der Regel mehrere größere ‚Blöcke' für die Texterschließung (die gegebenenfalls arbeitsteilig bearbeitet werden) bzw. für den Wissenserwerb. In welchem Maße zum Schluss der Einheit Bezüge auf die Wirklichkeit und / oder Kontextualisierungen mit Hilfe von speziellerem Wissen sinnvoll sind, ist von Fall zu

Fall verschieden. Abweichungen von der oben genannten Grundstruktur können sich vor allem bei der Behandlung einer Folge von kürzeren (z.B. lyrischen) Texten ergeben: Sie erlauben ggf. einen je eigenen Wirklichkeitsbezug und ihre Erschließung ist ggf. in unterschiedlicher Weise auf die Nutzung von Kontextwissen angewiesen, so dass die Elemente ‚Wirklichkeitsbezug' und ‚Kontextualisierung' nicht geschlossen an den Schluss einer Unterrichtseinheit rücken müssen.

Umfang von Unterrichtseinheiten

Für den Umfang von Unterrichtseinheiten zu literarischen Texten gibt es keine festen Vorgaben. In der Regel umfassen sie zwischen knapp zehn und 15 Unterrichtsstunden. Für die Festlegung des Umfangs ist das Thema einer Einheit von zentraler Bedeutung: Wie hoch, so ist zu fragen, ist der Schwierigkeitsgrad eines Themas? Zudem ist die Textmenge von Bedeutung: Unterrichtseinheiten zu Ganzschriften bedürfen eine hinreichende Menge an Unterrichtsstunden, um unterschiedlichen Aspekten des Textes gerecht zu werden. Neben thematischen Fragen ist allerdings auch der Spielraum relevant, der sich aus der Gesamtzahl der geplanten und zum Teil institutionell vorgegebenen Einheiten für ein Schuljahr ergibt. Die Terminkorridore für Leistungsüberprüfungen und vor allem die Ferien stecken ‚natürliche' Grenzen ab, die beachtet werden müssen. Ergänzend kommt ein lernpsychologischer Aspekt hinzu: Bei Unterrichtseinheiten, die länger als einen Monat dauern, besteht erfahrungsgemäß die Gefahr, dass das Interesse der Schüler spürbar nachlässt.

Für die Darstellung von Grobplanungen bieten sich tabellarische Übersichten an, in den Themen/Ziele einzelner Stunden aufgelistet werden (→ ABBILDUNG 53).

Methoden und Sozialformen

Als Grundlage für die Planung der einzelnen Stunden und die Formulierung von konkreten Aufgabenstellungen ist außer der Zielfindung und der Lernwegsstrukturierung eine ‚übergreifende' Reflexion der Methoden sowie der Sozialformen und Arbeitstechniken notwendig, die in der Einheit genutzt werden sollen. Auch wenn in der Regel eine Mischung der drei zentralen Methoden des Literaturunterrichts – Unterrichtsgespräch, Textanalyse sowie handlungs- und produktionsorientierter Unterricht (→ KAPITEL 10.4) – möglich und sinnvoll ist, kann je nach den Besonderheiten der zu bearbeitenden Texte und der Lerngruppe auch eine Methode vorherrschen.

Die Methoden sollen auf jeden Fall so eingesetzt werden, dass sie umfassendere Leistungen durch die selbstständige Tätigkeit der Schüler ermöglichen. Im Bereich des Wissenserwerbs ist das entdeckende Lernen nach Möglichkeit zu berücksichtigen. Das entdeckende Lernen ist deshalb von besonderer Bedeutung für den Literaturunterricht, weil es die Fähigkeiten zur selbstständigen Lösung von Aufgaben bzw. Herausforderungen fördert.

Leistungsüberprüfung

Ein weiteres wichtiges Merkmal von Unterrichtseinheiten ist, dass sie zumeist mit Leistungsüberprüfungen in Form von Test, Klassenarbeiten oder Klausuren abgeschlossen werden. Bei der Gestaltung der Einheiten ist dann von Anfang an das geforderte ‚Text-Format' (v.a. Inhaltsangabe, Interpretationsaufsatz, gestaltendes Schreiben, literarische Erörterung) unter Anpassung an das aktuelle Thema und seine Schwierigkeiten (wiederholend) einzuüben (→ KAPITEL 13). Zudem müssen geeignete Themen für die Leistungsüberprüfungen bestimmt werden. Dies geschieht so früh wie möglich, um das für eine erfolgreiche Bearbeitung erforderliche Wissen und Können konsequent aufzubauen und passende analoge Übungsmöglichkeiten zu schaffen.

Vorschläge für Unterrichtseinheiten von Schulbuchverlagen

Bei der Planung von Unterrichtseinheiten empfiehlt sich die kritische Auseinandersetzung mit vorliegenden Vorschlägen in diversen Publikationsreihen der Schulbuchverlage. Die oft kopierfertig ausgearbeiteten Unterrichtsmaterialien verlocken – zumal bei hoher Arbeitsbelastung – zu einer direkten Übernahme. Meist sind sie aber nicht passgenau für die eigene Unterrichtssituation, und häufig weisen sie auch deutliche Mängel auf. Dennoch können sie bei reflektiertem Umgang eine sinnvolle Hilfe sein, und durchaus lassen sich eigene Ideen gut vor der Folie eines alternativen (und sei es weniger gut gelungenen Entwurfs) entwickeln. Unerlässliche Grundlage einer solchen kritischen Nutzung von vorliegenden Unterrichtsvorschlägen ist allerdings, dass die Lehrkraft eine eigene Sachanalyse des zu bearbeitenden Textes vorgenommen hat.

Schriftlicher Unterrichtsentwurf

Die Vorbereitung von Unterrichtseinheiten in schriftlichen Entwürfen (→ KAPITEL 16.3) orientiert sich an den oben genannten Merkmalen von Unterrichtseinheiten: Auf der Grundlage einer Analyse der Lernvoraussetzungen der Lerngruppe, einer didaktischen Analyse (einschließlich der curricularen Voraussetzungen und einer (auf zentrale Aspekte fokussierten) Sachanalyse werden die Ziele für eine Unterrichtseinheit bestimmt. Anschließend erfolgen eine Grobplanung und eine Reflexion zur methodischen Gestaltung der Einheit. Eine differenzierte Ausarbeitung von Einzelstunden ist den entsprechenden Unterrichtsentwürfen vorbehalten.

14.2 Ganzschriften in Unterrichtseinheiten

Ganzschriften spielen für den Literaturunterricht und die Gestaltung von Unterrichtseinheiten eine wichtige Rolle: In der Sekundarstufe I werden ein bis zwei Ganzschriften je Klassenstufe gelesen, in der Sekundarstufe II in der Regel noch mehr. Sie gelten für das literarische Lernen als besonders ertragreich und machen einen wesentlichen Teil der ‚schul-kanonischen' Literatur aus, etwa die Dramen Lessings oder die Romane von Fontane.

Textverstehen als Ziel

In den entsprechenden Unterrichtseinheiten steht das Textverstehen im Mittelpunkt des Unterrichts, allerdings spätestens ab der neunten Klassenstufe ergänzt durch die – stärkere oder schwächere – Beschäftigung mit Kontexten und gegebenenfalls durch die Einführung von Wissen zum Textverstehen. Ganzschriften sind auf diese Weise zumeist entweder Teil einer Gattungs- und / oder Literaturgeschichts-Einheit (s.u.).

Bei der Planung von Einheiten zu Ganzschriften sind zwei ganzschriftenspezifische Aspekte zu berücksichtigen:

Lektüre von Ganzschriften

... vor der Unterrichtsdurchführung

Zum Ersten die Lektüre des Textes: Soll sie vor Durchführung der Einheit erfolgen (ggf. mit gemeinsamen Beginn der Lektüre) oder während der Einheit? In der fachdidaktischen Diskussion wird zumeist die Lektüre vor der Unterrichtsdurchführung bevorzugt, v. a. aus zwei Gründen: Die Erarbeitung kann unter Einbeziehung des gesamten Textes erfolgen. So können Einsichten in textübergreifende Strukturen erarbeitet werden – z. B. in den Aufbau der Handlung, die Entwicklung der Figuren, textinterne Verweisstrukturen. Außerdem erhalten die Lernenden die Möglichkeit, sich vergleichsweise unbefangen einen eigenen Leseeindruck und erste Fragen und Deutungshypothesen zu bilden. Vorablektüren müssen gut geplant werden: Eine gemeinsame Textausgabe muss bereitstehen (bei älteren Texten erfordert das eine sorgfältige Sichtung unterschiedlich kommentierter Ausgaben); die Zeitvorgaben müssen realistisch sein (zwei bis drei Wochen; in vielen Bundesländern dürfen Ferien hinzugezogen werden); empfehlenswert ist ein lektürebegleitender Arbeitsauftrag (Lesetagebuch nach genau besprochenem Muster oder spezielle Textsicherungsaufgaben mit (auch grafischen) Zusammenfassungen und Formulierung von Fragen und Deutungsideen; beides ist bei einer Ferienlektüre allerdings nicht zulässig!).

... während der Unterrichtsdurchführung

In manchen Fällen kann aber auch eine Lektüre ‚nach und nach' sinnvoll sein, vor allem bei ungeübten Leserinnen und Lesern, etwa bei der ersten gemeinsamen Lektüre eines längeren Jugendbuchs. Manchmal lässt auch der Schwierigkeitsgrad eines Textes eine sequentielle Erarbeitung geraten erscheinen. Ein Beispiel ist Georg Büchners Drama *Dantons Tod*. Hier stellen die Menge an vorausgesetztem Wissen über die Französische Revolution, die offene Struktur und die hochverdichtete künstlerische Sprache eine sehr hohe Lesehürde dar. In solchen Fällen dürfte es geradezu zwingend erforderlich sein, durch Lernaktivitäten ‚vor der Lektüre' eine Wissensbasis zu schaffen und mit Hilfe einer gemeinsamen Lektüre und Erschließung des Textanfangs überhaupt erst die Möglichkeit für die weitere Beschäftigung mit dem Text zu schaffen. Eine Formulierung von Hypothesen und Fragen zum Text erfolgt in diesem Fall auf der Grundlage einer gemeinsamen Auseinandersetzung mit dem Werkbeginn. Die weitere Lektüre kann dann selbstständig ‚am Stück' oder auch von Stunde zu Stunde erfolgen.

„Kernstellen"

Zum Zweiten ist für den Unterricht zu Ganzschriften eine Auswahl von Textpassagen zu treffen: Es sind in der Regel – nach Möglichkeit unter Beteiligung der Schüler – Textpassagen auszuwählen, die besondere Beachtung verdienen (‚Kernstellen'). Ohne eine solche Konzentration auf Teile – und Aspekte – eines Textes würde die Behandlung einer Ganzschrift den Rahmen einer Unterrichtseinheit sprengen. Wer sich z.B. entschließt, tatsächlich Schillers *Wilhelm Tell* in einer 8. Klasse zu lesen, wird sicherlich den (meisterhaften, hollywoodreifen) Aufbau der Gesamthandlung erarbeiten. Aber in aller Regel ist es dann nötig, sich in der Folge auf (vier bis fünf) Hauptaspekte und Kernstellen zu beschränken, an denen das Ineinander von Handlung, Figurengestaltung, Gedankenreichtum und Sprachgebung exemplarisch erarbeitet werden kann.

Ziele einer Unterrichtseinheit zu *Agnes*:

Die Schüler nennen und erläutern auf der Grundlage eines Erkennens von zentralen Textelementen sowie unter Einbeziehung von Kontextwissen eine Gesamtdeutung von *Agnes* und beziehen die Erzählung auf ihre Lebenswirklichkeit.
Sie
- nennen wesentliche Figurenmerkmale (Agnes und Ich- Erzähler);
- erklären die Romanhandlung mithilfe des Modells von Komplikation und Auflösung und erläutern den Zusammenhang von Figurenmerkmalen und Handlung;
- benennen mögliche Gründe dafür, dass eine positive Auflösung der Komplikation scheitert (Verhalten des Erzählers, ‚Todesbestimmtheit' von Agnes, Erzählung in der Erzählung über Agnes) und erörtern deren Gewichtung untereinander;
- beschreiben als wesentliches Merkmal der Erzählweise die Perspektivierung und erörtern mögliche Wirklungen dieser Perspektivierung;
- nennen und erläutern Gesamtdeutungen und diskutieren sie im Vergleich;
- beziehen Kontextwissen für eine Differenzierung ihrer Deutungen ein und erörtern den Nutzen dieses Wissens für ihr Textverstehen (insbesondere der Kontexte ‚Autor', ‚Rezeptionsgeschichte', ‚intertextuelle Bezüge', v. a. auf Max Frischs *Homo faber*);
- beurteilen das Verhalten Agnes' und des Erzählers unter Berücksichtigung von Handlungsalternativen.

Abbildung 54: Ziele einer Unterrichtseinheit mit Erschließung einer Ganzschrift

Ziele einer Einheit zu Ganzschriften

Bei der Bestimmung von Zielen sollte die Texterschließung im Zentrum stehen. Ein Beispiel für die Formulierung von Haupt- und Teilzielen ist die Bestimmung von Zielen einer Einheit zu Peter Stamms Roman *Agnes*.

Für die Grobplanung von Einheiten zu Ganzschriften ist darüber hinaus natürlich eine Orientierung an allgemeinen Prinzipien für die Phasierung von Unterricht zu literarischen Texten grundlegend (→ KAPITEL 11). Für die Beschäftigung mit Ganzschriften können diese Prinzipien wie folgt konkretisiert werden:

Hinführung

(1) Hinführung mit Problemstellung / Hypothesenbildung / Frageentwicklung. Die Hypothesen, Fragen etc. sind für den folgenden Unterricht zu nutzen. Ein Beispiel für ein Verfahren, das zu einem ergiebigen Einstieg in die Arbeit mit Ganzschriften führen kann, ist das Schreibgespräch. Die Schüler können etwa in Dreier- / Vierergruppen ein Plakat mit der folgenden Struktur bearbeiten:

Erzähler		Agnes
	Ich	
Louise		Herbert

Beispiel: Hinführung mittels Schreibgespräch

Jeder Schüler (auf dem Plakat: „Ich") notiert auf dem Plakat an passender Stelle Fragen bzw. Hypothesen, die er sich selbst bei der Lektüre gestellt hat, die ihm wichtig erscheinen etc.; dabei spricht er nicht mit den anderen Mitgliedern seiner Gruppe. In einem zweiten Schritt werden die so entstandenen Plakate ausgewertet: die Schüler treten in ein Schreibgespräch ein, indem sie die Notizen ihrer Mitschüler auf dem Plakat schriftlich kommentieren; evtl. kann nach einiger Zeit auch eine Phase des mündlichen Austausches angefügt werden. Alle Schüler erhalten dann jeweils drei Zettel, auf denen sie nach der Durchführung des Schreibgesprächs drei für sie zentrale Aspekte für die folgende Textarbeit notieren. Im Klassenverband wird versucht, alle Aspekte – in Form eines Clusters – zu ordnen (indem die Zettel in der Mitte des Klassenraums ausgelegt werden). Das entstandene Schema wird abfotografiert und für die weitere Nutzung verfügbar gemacht (vgl. den entsprechenden Vorschlag für eine *Faust*-Unterrichtseinheit in Frederking 2010).

Texterschließung und weitere Phasen

(2) Texterschließung zunächst mit dem Fokus auf dem Erkennen von Textelementen und ihren Zusammenhängen (und deutenden Aspekten, beispielsweise bei der Figurencharakterisierung),

(3) Texterschließung (vorläufig) abschließend mit einer Gesamtdeutung des Textes,

(4) Wirklichkeitsbezug (Aktualisierung),

(5) Kontexte (v.a. Gattung, Epoche/Zeit, Autor, andere künstlerische Werke).

Für eine Berücksichtigung von spezielleren Kontexten erst nach einer möglichst selbstständigen Texterschließung spricht, dass sie in diesem Fall den Blick der Schüler auf den Text nicht ‚verstellen' können. Von Fall zu Fall kann jedoch eine Abweichung von diesem Prinzip geraten erscheinen. Notwendig ist eine frühere Berücksichtigung von Kontexten in jedem Fall, wenn Schüler ohne sie einzelne Textelemente nicht verstehen können.

Ein Beispiel einer Grobplanung einer Unterrichtseinheit zu *Agnes*:

Std.	Thema / Ziel
1	Einstieg (mit Entwicklung von Fragen / Hypothesen)
2	Agnes und der Erzähler: Die glücklichen Anfänge der Beziehung
3	Das Scheitern der Beziehung Agnes – Erzähler (Faktor Auflösung)
4	Darstellung: Was (nicht) erzählt wird (Perspektivierung / Innensicht)
5	Agnes ‚Todesneigung' (Faktor für die negative Auflösung)
6 7	„Eine Geschichte hat sie getötet": Die Erzählung in der Erzählung (Faktor für die negative Auflösung der Handlung)
8	Intertextuelle Bezugnahmen (Texte und Bilder)
9 10	Gesamtdeutung und Wirklichkeitsbezug unter Bezug auf Hypothesen / Fragen (Einstiegsphase) und Kontext Rezeptionsgeschichte
11	Kontext Autor und Vertiefung Gesamtdeutung
11	*Agnes* als repräsentatives Werk der Gegenwartsliteratur
12	Kontext *Homo faber* von Max Frisch
13	Ebenso
14	Klausur

Abbildung 55: Grobplanung einer Unterrichtseinheit zu *Agnes*

Methoden

Bei der Wahl der Methoden bietet sich zumeist eine ausgewogene Nutzung der zentralen Methoden für das Textverstehen an, die auf der Ebene der konkreten Arbeitsorganisation in jedem Fall die aktive Lerntätigkeit des einzelnen Lernenden in den Mittelpunkt stellen soll (→ KAPITEL 10). In der Regel ist eine textanalytische Arbeit sinnvoll, um eine grundlegende Erkennung von Textelementen und ihren Zusammenhängen zu leisten. Die vertiefende, deutende Betrachtung einzelner Elemente kann dann auch durch handlungs- und produktionsorientierte Aufgaben erfolgen. Für die Deutung einzelner Elemente sowie für die Gesamtdeutung bietet sich jedoch ebenso das Unterrichtsgespräch an. Grundsätzlich gilt: Der gemeinsame, deutende Austausch im Unterrichtsgespräch ist von wesentlicher Bedeutung für eine lebendige und ergiebige Einheit zu Ganzschriften: Über die Figuren und ihre Handlungen müssen die Schüler reden, diskutieren und unter Umständen auch streiten. Für den Wirklichkeitsbezug sind ebenfalls das Unterrichtsgespräch und die handlungs- und produktionsorientierten Verfahren sinnvoll.

Leistungssituationen

Für Klassenarbeiten bzw. Klausuren können – je nach curricularen Vorgaben – insbesondere Interpretationsaufsätze (ggf. mit lenkenden Fragen) sowie das gestaltende Schreiben genutzt werden (→ KAPITEL 13.3 UND 13.4).

14.3 Unterrichtseinheiten zu Gattungen / Genres

Die Beschäftigung mit Gattungen bzw. Genres spielt nach wie vor eine wesentliche Rolle im Literaturunterricht: Von Beginn der Sekundarstufe I an werden in der Regel in jeder Jahrgangsstufe Unterrichtseinheiten zu den drei Gattungen Epik, Lyrik und Drama durchgeführt (wobei in den unteren Jahrgangsstufen das szenische Spiel die Auseinandersetzung mit Dramen ersetzt). Es werden zumeist einzelne Genres einer Gattung thematisiert und von Fall zu Fall auch die Hauptgattungen selbst. In den Lehrplänen haben sich Konventionen für die Berücksichtigung von Genres entwickelt. So werden beispielsweise im Bereich der Epik zumeist die folgenden Genres in der folgenden Reihenfolge behandelt: Märchen (5. Klasse), Fabeln (6. Klasse), Kalendergeschichten (7. Klasse), Anekdoten (8. Klasse), Kurzgeschichten (9. Klasse) und Parabeln (10. Klasse).

‚Merkmalsdidaktik' vs. ‚Prototypendidaktik'

In der Gattungsdidaktik werden unterschiedliche Wege zur Behandlung von Genres im Unterricht favorisiert. In der Praxis dominiert häufig (noch) eine ‚Merkmals-Nachweis-Didaktik': Die Schüler erhalten in Form von Listen Wissen über Merkmale von Genres wie beispielsweise dem Märchen; anschließend weisen sie diese Merkmale in ausgewählten Texten nach. Dieses ‚Nachweis-Modell' wird in der fachdidaktischen Diskussion aus guten Gründen kritisiert: Der bloße Nachweis von Genremerkmalen trägt nicht zum Textverstehen bei – und ‚verkommt' auf diese Weise zu einer Art Geschicklichkeitsübung (vgl. Köster 2015b). Als radikale Alternative hat Kaspar Spinner eine ‚Prototypen-Didaktik' vorgeschlagen: Die Fokussierung auf Merkmale von Gattungen bzw. Genres behindere das ‚unmittelbare', produktive Verstehen von Literatur; aus diesem Grund sei ein Verzicht auf Merkmale und eine Orientierung an Prototypen sinnvoll. Die Schüler sollen Prototypen im Sinne von typischen Beispielen eines Genres kennenlernen und auf dieser Grundlage entscheiden, ob weitere, neue Texte „ein gutes Beispiel, ein typischer Vertreter" der jeweiligen Gattung sind (Spinner 2012, S. 65), z.B.: „Entscheide, ob es sich bei dem Text um ein typisches Märchen handelt."

Alternative

Als Alternative zu diesen beiden Konzeptionen bietet sich eine Didaktik an, die das ‚Zuschütten' der Schüler durch Genremerkmale verhindert und zugleich die Arbeit mit Genremerkmalen für das Textverstehen nutzt.

Textverstehen und Wissenserwerb

Unterrichtseinheiten zu Gattungen bzw. Genres sind in diesem Fall durch ihre Doppelorientierung am Wissenserwerb und am Textverstehen gekennzeichnet. Der Wissenserwerb erschöpft sich nicht in der Darbietung von Merkmalsbündeln, sondern setzt auf eine eigenständige Erarbeitung von Merkmalen durch die Schüler. Das Textverstehen zeichnet sich durch die Berücksichtigung von Genremerkmalen aus: Den Schülern soll ihr neu erworbenes Wissen als eine Art Brille dienen, die den Blick auf Texte von Fall zu Fall schärfen kann.

Abfolge Wissenserwerb – Textverstehen

Der Wissenserwerb und das Textverstehen stehen hier in einer Spannung zueinander: Wenn die Schüler das entdeckende Lernen nutzen, um Merkmale von Gattungen und Genres zu entdecken, dann können sie diese nicht zugleich gezielt als Mittel für das Textverstehen einsetzen; wenn sie hingegen für das Textverstehen auf ihr Wissen über Gattungs- bzw. Genremerkmale zurückgreifen, dann können sie die entsprechenden Merkmale nicht zugleich entdecken.

Da der Unterricht bei der Behandlung von einzelnen Texten nicht zugleich die Erarbeitung von Merkmalen eines Genres und ihre Anwendung leisten kann, ist eine Zweiteilung von Unterrichtseinheiten sinnvoll. Eine Erarbeitung von Genremerkmalen und ihre Anwendung für das Textverstehen sollen aufeinander folgen.

Verfahren für das entdeckende Lernen

Als Verfahren für das entdeckende Lernen, das für die Erarbeitung maßgeblich sein soll, bietet sich der Vergleich an: Die Schüler vergleichen Texte eines bestimmten Genres mit einem oder mehreren Texten eines anderen Genres und stellen Gemeinsamkeiten fest, die den Texten der ersten Gruppe zukommen.

Genremerkmale als typische Merkmale

Bei der Erarbeitung von Genremerkmalen sollen spätestens in der Ergebnissicherung diese Merkmale als ‚typische' markiert werden, von denen Texte im Einzelfall abweichen können. Zudem ist für manche Genres (wie beispielsweise die Kurzgeschichte) auch die Feststellung von lediglich ‚häufig auftretenden' Merkmalen sinnvoll.

Nutzung von Gattungsmerkmalen für das Textverstehen

Für die Anwendung von Gattungs- bzw. Genremerkmalen ist zu bedenken, dass nicht alle Merkmale tatsächlich für das Textverstehen ergiebig sind. Das gilt häufig für Merkmale der Form; so ist beispielsweise das Merkmal von Kurzgeschichten ‚(relative) Kürze' für die Erschließung eines konkreten Textes kaum hilfreich. Das Merkmal ‚offener Schluss' dagegen kann für die Erkenntnis hilfreich sein, dass der Schluss eines Textes zu deuten ist und sich ggf. auch in besonderer Weise durch Bedeutungsoffenheit auszeichnet. Bei der Identifikation von Merkmalen, die für das Textverstehen ergiebig sind, bietet sich nach Köster die Berücksichtigung einer weiteren Unterscheidung an: Genremerkmale „finden sich sowohl auf lokaler Ebene (Orts- und Zeitangaben, Eingangs- und Schlussformeln, eingebettete Sprüche, Verse, Zaubersprüche, die Drei- und Siebenzahl) als auch globaler Ebene (z.B. Konkretisierung der textspezifischen Misslichkeit und der sie aufhebenden Gerechtigkeit im Märchen)" (Köster 2015b, S. 67). Die Merkmale auf globaler Ebene leisten vermutlich in der Regel einen besonderen Beitrag für das Textverstehen, indem sie auf Handlungsstrukturen oder Deutungsmuster (z.B. Kritik menschlicher Verhältnisse in der Fabel) abzielen. Es ist jedoch zu beachten, dass die Anwendung von Genre- bzw. Gattungswissen literarische Texte nicht auf Schemata reduzieren soll, die ihren Eigenheiten häufig nur teilweise und in manchen Fällen kaum gerecht werden.

Beispiel: Unterrichtseinheit zu Kurzgeschichten

Ein Beispiel für die Struktur einer Unterrichtseinheit zu Kurzgeschichten: Die Schüler erschließen zunächst zwei bis drei Kurzgeschichten und vergleichen diese Texte anschließend auf Gemeinsamkeiten hin – in Abgrenzung zu einem Text einer anderen Textsorte (beispielsweise einer Fabel mit abschließender Lehre). Im Anschluss werden zwei bis drei weitere Kurzgeschichten erarbeitet. Jetzt nutzen die Schüler die erarbeiteten Merkmale der Kurzgeschichte, um zentrale Merkmale der betreffenden Texte und ihre Bedeutung für das Textverstehen gezielt in den Blick zu nehmen.

Neben einem umfassenden Zugriff auf Genres durch den Vergleich mehrerer Texte kann sich auch die schrittweise Erarbeitung von Genremerkmalen anbieten. So zeichnen sich Sequenzen zu Fabel zumeist durch die Erarbeitung von Genremerkmalen in einem Dreischritt aus: Es werden nacheinander die Handlungsstrukturen von Fabeln, die fabeltypischen Figuren sowie die Deutung von Fabeln (mit und ohne explizite Lehre) erarbeitet.

Erwerb von Wissen über die Hauptgattungen

Unterrichtseinheiten zu Genres einer Gattung werden häufig auch zur Erarbeitung von Merkmalen der Hauptgattungen Lyrik, Drama und Epik bzw. der erzählenden Texte genutzt (→ KAPITEL 5, 6, 7). Auch auf diese Weise erwerben die Schüler zugleich Wissen für die Texterschließung. So können in Einheiten zu Kurzgeschichten Typen der Perspektivierung von epischen Texten bestimmt werden. Einheiten zu Märchen und Fabeln bieten sich insbesondere an, um die Schüler Handlungsmuster von Erzähltexten erkennen zu lassen. Die Schüler erarbeiten in den genannten Fällen gattungsspezifische Merkmale und nähern sich zugleich einem allgemeinen Modell für die Darstellungs- bzw. Handlungsanalyse.

Unterrichtseinheiten zu Epik, Lyrik, Drama

Neben Unterrichtseinheiten, die sich auf Genre- und oft zusätzlich auf Gattungsmerkmale richten, gibt es Einheiten, die sich vor allem auf die Erarbeitung von Gattungsmerkmalen konzentrieren. Auch diese Einheiten zielen zumeist zugleich auf die Vermittlung von Wissen und Können für das Textverstehen unter Einschluss der Textdeutung. Die Schüler erwerben in entsprechenden Einheiten also beispielsweise Wissen über die Hypothesenbildung, Merkmale epischer Texte auf der Handlungs- und Darstellungsebene sowie Prinzipien für die Gesamtdeutung auf der Basis des Erkennens von Textelementen und ihrer Zusammenhänge. Die entsprechende Erarbeitung wird zumeist am Beispiel ausgewählter kürzerer Erzähltexte geleistet.

14.4 Unterrichtseinheiten zur Literaturgeschichte

Die Berücksichtigung literaturgeschichtlicher Fragen oder auch ganze Unterrichtseinheiten zur Literaturgeschichte gehören spätestens ab der neunten Jahrgangsstufe zum Lehrplan. Der Unterricht in der Sekundarstufe II ist dann so angelegt, dass die meisten Unterrichtseinheiten stärker oder schwächer literarhistorisch orientiert sind oder jedenfalls literaturhistorische Aspekte einbeziehen.

Thematischer Zugriff

Entsprechende Unterrichtseinheiten gelten einzelnen literaturgeschichtlichen Epochen bzw. ‚Makroepochen' (→ KAPITEL 9.4) oder verschiedenen Epochen im Vergleich. In beiden Fällen wird häufig ein thematischer Zugriff gewählt. So geht es zumeist um Bilder vom Menschen bzw. anthropologische Grundfragen und ihre Beantwortung im Wandel der Zeit (→ KAPITEL 9).

Beispiel für einen thematischen Zugriff

Das folgende Beispiel aus dem niedersächsischen Kerncurriculum Deutsch für die gymnasiale Oberstufe nennt Themen für Unterrichtseinheiten zur Erarbeitung einer ‚Makroepoche'; die Themen sind dem Rahmenthema „Literatur und Sprache um 1900 – neue Ausdrucksformen der Epik" zugeordnet und zeigen Möglichkeiten eines Unterrichts zur Literaturgeschichte, der auf Bilder vom Menschen ausgerichtet ist und zugleich epochenspezifische Veränderungen im Repertoire der erzählerischen Darstellungsmöglichkeiten in den Blick nimmt. Der auf die epischen Darstellungsweisen bezogene Pflichtaspekt „Krise und Erneuerung des Erzählens" kann an einer Reihe von Themen erarbeitet werden, aus denen – in der Regel vom Fachkollegium einer Schule – ausgewählt wird, z. B. „Die Großstadt als literarisches Thema", „Frauenbilder von Effi bis Else", „Künstler, Außenseiter, gebrochene Helden" oder auch – mit Blick auf einen herausgehobenen Repräsentanten nicht-realistischen modernen Erzählens – „Die Welt Kafkas".

Ziele

Die Ziele literaturgeschichtlich orientierter Unterrichtseinheiten ergeben sich aus Spezifizierungen von grundlegenden Zielen des literaturgeschichtlichen Unterrichts: Kenntnisse über Epochen bzw. ‚Makroepochen' der Literaturgeschichte mithilfe von Texten zu erwerben und zu reflektieren und Texte mithilfe von Epochenwissen oder auch spezielleren Kontexten verstehen können (vgl.: Schüler „beziehen literaturhistorische […] Kenntnisse in die Deutung von Texten ein", ebd., S. 18; vgl. auch → KAPITEL 9). Eine solche Spezifizierung ist beispielsweise der Erwerb von „Kriterien zur Unterscheidung von realistischen und modernen Darstellungsweisen" (vgl. ebd., S. 29).

Bei der Festlegung von Zielen für Unterrichtseinheiten ist eine Konzentration auf drei bis fünf (Teil-) Ziele angebracht. So können sich entsprechende Ziele für eine Unterrichtseinheit „Krise und Erneuerung des Erzählens (um 1900)" auf die folgenden Aspekte beziehen: ‚Widerspiegelung' von Wirklichkeit als Prinzip des poetischen Realismus, z. B. bei Fontane, und seine Weiterentwicklung unter Verwendung von Verfahren, die die Subjektivität betonen (innerer Monolog), z. B. bei Schnitzler, versus Abkehr von der Realismuskonvention, z. B. bei Kafka.

Bei der Bestimmung der Ziele ist auf eine angemessene Kompetenzorientierung zu achten: Im Mittelpunkt sollen die Fähigkeiten des Umgangs mit Texten auf der Grundlage von (literaturhistorischen) Kenntnissen stehen. Natürlich ist – ähnlich wie für den Umgang mit Genrewissen – darauf zu achten, dass das literaturgeschichtliche Wissen nicht schematisch auf literarische Texte angewandt wird.

Textauswahl

Literaturgeschichtlich orientierte Unterrichtseinheiten nutzen häufig Ganzschriften; möglich ist jedoch auch die Nutzung von Gruppen kürzerer Texte, darunter gegebenenfalls Auszüge aus Ganzschriften. Für die genannte Unterrichtseinheit „Krise und Erneuerung des Erzählens (um 1900)" etwa werden im niedersächsischen Kerncurriculum „Anfänge oder Ausschnitte von Romanen und längeren Prosatexten des Realismus und der Moderne im Vergleich" vorgeschlagen (und namentlich Fontane und Döblin genannt) (Kerncurriculum 2009, S. 29). Literarische Texte werden in der Regel ergänzt durch programmatische Texte (hier: zum Begriff des Realismus und zu literarischen Strömungen der Moderne). Hinzu kommen nach Möglichkeit charakteristische Beispiele der Bildenden Kunst und musikalische Zeugnisse, zudem zeitgenössische Texte aus der Philosophie und anderen Wissenschaften (→ KAPITEL 15.1).

Grobplanung und Nutzung von Kontexten

Für die Grobplanung von literaturgeschichtlich ausgerichteten Unterrichtseinheiten ist die Frage entscheidend, zu welchem Zeitpunkt literaturgeschichtliche Kontexte bzw. Epochenmerkmale behandelt werden sollen. Es gibt zwei Grundmuster: Die Schüler erschließen sich Texte zunächst ohne Kontexte bzw. vergleichen Texte mit dem Ziel, Gemeinsamkeiten und Unterschiede zu bestimmen; erst im Anschluss werden pragmatische Texte herangezogen bzw. Epochenmerkmale bestimmt. Diese Variante wird in einem Unterricht bevorzugt, der auf die Selbstständigkeit von Schülern setzt.

Alternativ können Sach- und Gebrauchstexte als Kontexte erarbeitet bzw. Epochenmerkmale präsentiert und im Anschluss auf literarische Texte angewendet werden. Dieses Verfahren sollte nicht den Regelfall darstellen, aber im begründeten Einzelfall kann es eine sinnvolle Alternative zum oben genannten Verfahren darstellen. Diese Alternative sollte auf jeden Fall dann genutzt werden, wenn Texte ohne spezifisches historisches Wissen nicht angemessen zu verstehen sind (z.B. ist eine Lektüre von Remarques *Im Westen nichts Neues* ohne erworbenes Wissen über den Ersten Weltkrieg, das der Autor 1929 bei seinen Lesern selbstverständlich vorausgesetzt hat, wenig sinnvoll).

Methoden: Entdeckendes Lernen

In Entsprechung zu dem gewählten Typ von Grobplanung sind die Methoden für den Wissenserwerb zu wählen. Seit jeher ist der

Vergleich zeittypischer literarischer Gestaltungen aus dem gleichen Themenbereich als ergiebig beurteilt worden. Dabei werden etwa zwei geeignete Gedichte zum Thema Liebe aus der Zeit um 1770 und 1815 miteinander verglichen. Mit Hilfe dieses Vergleichs können abstrakte Epochenbegriffe wie Aufklärung und Romantik spezifiziert, zugleich aber auch die Epochenbegriffe zur heuristischen Annäherung, gleichsam als Sehhilfe, an die Texte genutzt werden: ‚Die der Aufklärung zugeschriebene Vernunftorientierung zeigt sich darin, dass …'.

Das folgende Beispiel aus einem Lehrwerk zeigt, wie Lernende in einer Erarbeitungsphase mittels Textvergleich und unter Heranziehung pragmatischer Texte Hypothesen über typische Merkmale von literarischen Texten einer Epoche oder über Unterschiede zwischen Texten unterschiedlicher Epochen formulieren und überprüfen: Die Lernenden erhalten – in einer Unterrichtseinheit zum „Ich in der Krise" – vier literarische Texte bzw. Textauszüge aus der Literatur nach 1900 und zusätzlich vier programmatische Texte aus dieser Zeit. Die Aufgaben:

Beispiel für entdeckendes Lernen

1. Vergleichen Sie die Texte von Thomas Mann, Arthur Schnitzler, Georg Heym und Franz Kafka in Bezug auf die Kapitelüberschrift ‚Das Ich in der Krise'. Formulieren Sei für jeden der vier Protagonisten einen Satz, der prägnant ausdrückt, worunter er oder sie leidet.
2. Erarbeiten Sie auf der Grundlage der Texte von Pinthus, Nietzsche, Freud und Musil Merkmale des Epochenumbruchs um 1900 und stellen Sie diese in einem Lernplakat dar. Klären Sie, wie diese Umbrüche mit der Krise des Ich zusammenhängen.
3. Betrachten Sie die Bilder zum Thema Wahnsinn auf der Seite 288 und vergleichen Sie sie in Hinblick auf die Darstellung des Themas. Beschreiben Sie den Wandel des Menschenbildes und der Kunstauffassung, die in den Bildern zum Ausdruck kommt.
4. Erschließen Sie die Kontexte, indem Sie Leitbegriffe des Umbruchs auffinden und im Zusammenhang klären. Verfassen Sie einen kurzen Überblickstext zur Epoche der Moderne.
5. Erschließen Sie mithilfe der Kompetenzbox in den Textausschnitten Zusammenhänge zwischen der Thematik und der Erzählweise. Beurteilen Sie aus Ihrer Sicht die Modernität der Texte. (*deutsch. kompetent. Oberstufe.* S. 296)

Abbildung 56: Aufgabenset zur Erarbeitung von literaturgeschichtlichem Wissen (vgl. *deutsch.kompetent. Oberstufe.* 2012, S. 296)

Wenngleich es teilweise lenkende Elemente gibt – wie den Hinweis auf die Krise des Ichs in der ersten Aufgabe – zielen die Aufgaben insgesamt auf das entdeckende Lernen: Die Schüler sollen auf der Grundlage von literarischen und programmatischen Texten einen eigenen Text über die Moderne verfassen.

Um Hinführungen so zu gestalten, dass die Schüler Hypothesen zu einer Epoche, einem Gegensatz zwischen Epochen etc. formulieren können, bietet sich die Nutzung unterschiedlicher Materialien an. Neben kurzen literarischen Texten oder Textauszügen können auch Werke der bildenden Kunst und Musik sowie Auszüge aus Filmen bzw. Screenshots mit Filmbildern verwendet werden. In Sequenzen zur ‚Krise des Ichs' um 1900 werden etwa Bilder von Claude Monet, Max Liebermann und George Grosz eingesetzt, ergänzt um Screenshots aus Fritz Langs *Metropolis* (vgl. *deutsch.kompetent. Oberstufe.* S. 301).

Hinführung mit Hypothesenbildung

Lektüreempfehlungen

- **Christian Dawidowski: Gegenwartsliteratur und Postmoderne im Literaturunterricht.** Hohengehren 2012. *Diskussion auch von Ganzschriften als Thema des Literaturunterrichts und Vorschläge für Unterrichtseinheiten.*
- **Christian Dawidowski / Dieter Wrobel (Hrsg.): Kritik und Kompetenz. Die Praxis des Literaturunterrichts im gesellschaftlichen Kontext.** Hohengehren 2013. *Einzelne Beiträge mit Vorschlägen zu Unterrichtseinheiten zur Gegenwartsliteratur.*
- **Ricarda Dreier: Literatur der 90er-Jahre in der Sekundarstufe II. Judith Hermann, Benjamin Stuckrad-Barre und Peter Stamm.** Hohengehren 2012. *Vorschläge zu Unterrichtseinheiten zu Ganzschriften von den im Titel genannten Autoren.*
- **Juliane Köster: Merkmalslisten, Prototypen, Exemplare. Wege zur Didaktisierung von Gattungs- und Genrewissen.** In: Leseräume 2015. *Erhellende Erörterung von grundlegenden Fragen der Gattungs- / Genredidaktik im Kontext grundlegender Konzeptionen für den Literaturunterricht.*
- **Sabine Pfäfflin: Auswahlkriterien für Gegenwartsliteratur im Deutschunterricht.** Hohengehren 2010. *Mit Vorschlägen für die Gestaltung von Unterrichtseinheiten zur Gegenwartsliteratur.*

15 Ergänzungen und Herausforderungen

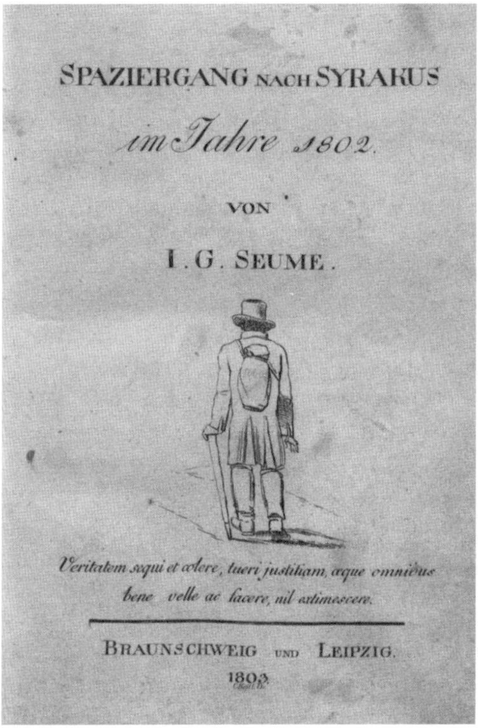

Abbildung 57: Johann Gottfried Seume: *Spaziergang nach Syrakus im Jahre 1802*. – Emine Sevgi Özdamar: *Die Brücke vom goldenen Horn*

Die beiden Titelseiten verweisen auf unterschiedliche Weisen auf Fremdes: Das eine Titelbild zeigt einen Wanderer, den Wanderer Johann Gottfried Seume. Es ziert den Titel von Seumes in Buchform erschienenem Reisebericht „Spaziergang nach Syrakus im Jahre 1802“. In diesem Reisebericht dokumentiert Seume seine Wanderung, seinen „Spaziergang“ nach Syrakus. Durch seinen eigenwilligen Blick auf fremde Gegenden und Menschen ist der Reisebericht inzwischen zu einem Klassiker der deutschen ‚Reiseliteratur‘ und gilt nach Goethes „Italienischer Reise“ als bedeutendster Bericht einer Italienreise eines Deutschen.

Der zweite Titel verweist auf einen Handlungsort in der Fremde. Es handelt sich bei diesem Werk um einen Roman aus der ‚interkulturellen Gegenwartsliteratur‘, verfasst von Emine Sevgi Özdamar.

Beide Texte gehören Textgruppen an, die nicht zu den gängigen Gegenständen des Literaturunterrichts gehören – noch nicht?

Die Literaturdidaktik steht immer wieder vor der Aufgabe, ihre Konzeptionen kritisch zu überprüfen und wenn nötig zu verändern. In diesem Zusammenhang steht auch die Frage nach dem Gegenstandsbereich: Welche Texte gehören in den Unterricht? Als Ergänzung zu den im Unterricht kanonischen Gattungen Epik, Lyrik und Drama stehen beispielsweise Sach- und Gebrauchstexte zur Diskussion.

Aktuelle Herausforderungen ergeben sich besonders aus gesellschaftlichen und schulischen Wandlungsprozessen. Eine entsprechende Herausforderung ergibt sich dadurch, dass die Zusammensetzung unserer Gesellschaft und Schule inzwischen polykulturell ist. Darum muss sich auch der literaturdidaktische Blick auf andere Kulturen und das Zusammenleben von Menschen mit unterschiedlichen kulturellen Hintergründen ausweiten. Interkulturell orientierte Literatur könnte so zum Gegenstand des Unterrichts werden.

Weitere grundlegende Herausforderungen betreffen die Themen ‚Inklusion und Deutschunterricht‘ sowie ‚selbstorganisiertes Lernen‘ im Unterricht: Beide Herausforderungen stellen zentrale Elemente des bisherigen Deutschunterricht auf die Probe.

15.1 Sach- und Gebrauchstexte im Literaturunterricht
15.2 Interkultureller Literaturunterricht
15.3 Inklusion als Herausforderung
15.4 Heterogenität und selbstorganisiertes Lernen

15.1 Sach- und Gebrauchstexte im Literaturunterricht

Sach- und Gebrauchstexte spielen eine erhebliche Rolle im Literaturunterricht. Drei Typen von Texten sind hier von besonderer Bedeutung:

Literaturnahe Sach- und Gebrauchstexte

(1) Literaturnahe Sach- und Gebrauchstexte: Diese Gruppe von Texten kann als eine vierte Gattung der Literatur neben der Dramatik, Lyrik und Epik aufgefasst werden. Sie gelten als literaturnah, weil sie zwar nicht-fiktional Sachverhalte abhandeln, jedoch in besonders gestalteter, poetischer Sprache. Die entsprechende Sprachgestaltung zielt aber keineswegs auf das sprachliche Ornament; gerade stilistisch schlicht gehaltene Texte können durch ihre gedankliche Dichte überzeugen und als sprachlich gelungen gelten.

Vor allem unter den drei folgenden Textsorten lassen sich literaturnahe Texte finden:

Brief

- Brief: Als Verfasser von Briefen sind beispielsweise Goethe, Kleist und Kafka ‚unterrichtsklassisch'; zu bestimmten Epochen lassen sich Teilsequenzen mit Briefen gestalten, beispielsweise „Briefe der Romantik". Aber auch die Integration in thematisch ausgerichtete Einheiten ist möglich; so lässt sich in eine Einheit: „Das Abenteuer Liebe" eine Teilsequenz „Schreiben über die Liebe: Liebesbriefe" einfügen (vgl. „Deutsch S II").

Reisebericht

- Reisebericht: ‚Klassische' Beispiele sind Goethes *Italienische Reise*, Seumes *Reise nach Syrakus* und Fontanes *Wanderungen durch die Mark Brandenburg* (die in Auszügen gelesen werden können). Reiseberichte können die Besonderheiten einer Epoche ‚einfangen' und zugleich beeindruckendes Zeugnis einer sensiblen und originellen Wahrnehmung von Wirklichkeit sein.

Autobiografie und Tagebuch

- Autobiografie und Tagebuch: ‚Klassische' Beispiele sind Goethes *Dichtung und Wahrheit* und das Tagebuch von Anne Frank. Die entsprechenden Texte zeichnen sich durch die Authentizität aus, mit der das Leben der jeweiligen Personen dokumentiert wird; sie können auch Zeugnis von besonderen Lebensläufen geben, mit denen eine Auseinandersetzung lohnend ist.

Diese drei Textsorten lassen sich ergänzen durch die Abhandlung, den Essay und die Streitschrift. Beispiele sind Heinrich von Kleists *Über das Marionettentheater*, literaturkritische und satirische Essays von Karl Kraus und Georg Büchners *Der Hessische Landbote*.

Die genannten Textsorten könnten auch ‚für sich' im Unterricht bestehen. Doch sind sie im Regelfall in Unterrichtssequenzen integriert, in denen sie literarische Texte der Gattungstrias ergänzen und auch dazu dienen, deren Verstehen zu vertiefen.

‚Dokumentarische' Primärtexte

(2) Sach- und Gebrauchstexte als ‚dokumentarische' Primärtexte aus bestimmten literarischen Epochen, die keine kunstvolle sprachliche Gestaltung aufweisen müssen, aber sinnvoll als Kontexte für das Verstehen literarischer Texte herangezogen werden können. Die entsprechenden Texte geben Auskunft über ihre Zeit, über poetologische Reflexionen und Konzeptionen, über gesellschaftliche Verhältnisse sowie über private (und häufig zugleich zeittypische) Verhältnisse. Die folgenden Textsorten lassen sich unterscheiden:

- programmatische Texte zur Literatur (auch von Schriftstellern): Zu nennen sind beispielsweise Auszüge aus der „Hamburgischen Dramaturgie" von Lessing, die *Rede zum Shakespeares-Tag* von Goethe; zudem Friedrich Schillers *Über die ästhetische Erziehung des Menschen* und Bertolt Brechts *Anmerkungen zur Oper ‚Aufstieg und Fall der Stadt Mahagonny'* mit der Gegenüberstellung der dramatischen und der epischen Form des Theaters.
- wissenschaftliche, essayistische und journalistische Texte: Bekannte Beispiele für den Unterricht sind Immanuel Kants *Beantwortung der Frage: Was ist Aufklärung* (1784) und Auszüge aus Sigmund Freuds *Vorlesungen zur Einführung in die Psychoanalyse* (in Sequenzen zur Literatur der Moderne). Die entsprechenden Texte können genutzt werden, um geistesgeschichtliche Entwicklungen zu erfassen und mit der von einem literarischen Werk nahegelegten Wirklichkeitssicht abzugleichen. Unter den essayistischen Texten können solche von Nietzsche und als journalistischer Text beispielsweise die Rezension zu Goethes *Werther* von Christian Friedrich Daniel Schubert genannt werden.
- Texte (beispielsweise Briefe und Autobiografien) mit der Dokumentation privater Ansichten und Lebensverhältnisse (vgl. z.B. Christian Graf zu Stolberg an Johann Heinrich Voß am 31.12.1774 über Goethes *Werther*).

Entsprechende Texte werden im Unterricht vor allem eingesetzt, um den Schülern in der Phase der Kontextualisierung ein vertieftes Verstehen literarischer Texte nahezulegen Zudem können die genannten Textsorten auch für die Erarbeitung von Wissen über eine Epoche etc. genutzt werden.

Sekundärliteratur

(3) Sach- und Gebrauchstexte in Form von zeitgenössischer wissenschaftlicher oder feuilletonistischer Sekundärliteratur: aktuelle

Texte von Journalisten und Literaturwissenschaftlern vor allem über literarische Werke, Epochen, Gattungen und Autoren.

Im Literaturunterricht dienen sie der Auseinandersetzung mit schon bestehenden Auffassungen von Literatur und ihren Kontexten. Diese Auffassungen können insbesondere für einen Abgleich mit selbstständig erarbeiteten Deutungen in der Phase der Kontextualisierung genutzt werden. Im Einzelfall können sie auch für die Vorgabe von Deutungshypothesen zum Einsatz kommen. Sie werden zudem mitunter zur Erarbeitung von Wissen über Epochen etc. genutzt; eine entsprechende Erarbeitung sollte allerdings erst im Anschluss an die Erschließung von literarischen Werken der jeweiligen Epochen erfolgen und nicht die Grundlage ihrer Erschließung darstellen, um die Schüler nicht unnötig in ihrer Rezeption zu lenken. In Klausuren in der Oberstufe werden Texte der Sekundärliteratur als Grundlage literarischer Erörterungen genutzt (→ KAPITEL 13).

Das Verstehen von Gebrauchstexten

Das Verstehen von literaturnahen und anderen Sach- und Gebrauchstexten unterscheidet sich vom Verstehen literarischer Texte der Gattungstrias: Das Erkennen von Textelementen und ihren Zusammenhängen spielt eine zentrale Rolle, die Deutung im Sinne einer subjektiven Ergänzung hingegen häufig eine geringere (im Fall von literaturnahen Sach- und Gebrauchstexten) oder keine (im Fall der anderen Sach- und Gebrauchstexte); die Frage nach dem Wirklichkeitsbezug stellt sich in vielen Fällen gar nicht (z.B. im Fall von wissenschaftlicher Literatur).

Verstehensmodelle für Sachtexte

Dementsprechend werden für das Verstehen von Sach- und Gebrauchstexten Kompetenzmodelle diskutiert, die die für literarische Texte so wichtige Unterscheidung zwischen den Teilleistungen ‚Erkennen von Textelementen' und ‚Deutung' nicht deutlich treffen. Allerdings werden diese Modelle zugunsten eines integrativen Vorgehens von der Deutschdidaktik teilweise auch für die gemeinsame Betrachtung von Sach- / Gebrauchs- und literarischen Texten empfohlen.

PISA-Modell

An erster Stelle ist hier das PISA-Modell zu nennen, das zwischen den folgenden Teilkompetenzen unterscheidet und für diese Teilkompetenzen jeweils fünf Niveaustufen festlegt: a) Informationen ermitteln, b) textbezogenes Interpretieren und c) Reflektieren und Bewerten.

Von Bettina Hurrelmann ist das PISA-Modell um die Aspekte Emotion, Motivation und Anschlusskommunikation ergänzt worden (vgl. Hurrelmann 2002).

Das kognitionspsychologisch fundierte Modell

Die Unterscheidung der drei Teilleistungen, die das PISA-Modell vornimmt, ist allerdings auch in der kognitionspsychologischen Leseforschung umstritten. So bleibt beispielsweise unklar, was genau ‚textbezogenes Interpretieren' bedeutet. Im Kontext deutschdidaktischer Konzeptionen wird alternativ das Modell der Kognitionspsychologen Kintsch und van Dijk diskutiert und fortentwickelt. Es liegt beispielsweise der IGLU- / PIRLS-Studie zu Grunde, in deren Rahmen 2001 und 2006 die Lesekompetenz von Grundschülern im internationalen Vergleich überprüft wurde. Grundlegend für die kognitionspsychologisch fundierten Modelle ist die Annahme, dass der Leser eine mentale Repräsentation der in einem Text dargestellten Sachverhalte bildet; das Ergebnis dieses Prozesses ist ein mentales Modell zu einem Text. Zur Frage, wie dieses mentale Modell genau aussieht, gibt es in der Kognitionspsychologie allerdings keinen Konsens.

Kohärenzbildung

Für die Konstruktion mentaler Modelle gilt die erfolgreiche Kohärenzbildung während des Leseprozesses als entscheidend. Unterschieden wird zwischen lokaler und globaler Kohärenzbildung: Die lokale Kohärenzbildung richtet sich auf ‚lokale' Verstehensleistungen vor allem durch die Rekonstruktion von plausiblen Beziehungen zwischen einzelnen Aussagen (Mikropropositionen); die globale Kohärenzbildung betrifft die Rekonstruktion von plausiblen Beziehungen zwischen einer größeren Menge von Aussagen (Makropropositionen) auf unterschiedlichen Stufen der Abstraktion und umfasst auf einer höchsten Stufe das Verstehen des gesamten Textes (vgl. Schwarz-Friesel / Consten 2014). Ergänzt werden diese Aspekte durch weitere Leistungen auf unterschiedlichen Ebenen des Verstehens. Kintsch und van Dijk nehmen so insgesamt die folgenden Leistungen an: a) Wort- und Satzidentifikation (als basale Verstehensleistung), b) lokale Kohärenzbildung, c) globale Kohärenzbildung, d) Superstrukturen erkennen (z. B. Gattungsmuster), e) Darstellungsstrategien identifizieren.

Eine auf den Spuren von Hurrelmann konzipierte Ergänzung dieses Modells haben Cornelia Rosebrock und Daniel Nix vorgelegt: Sie fügen eine „Subjektebene: Selbstkonzept als (Nicht-)Leser / in" mit den Elementen „Wissen, Beteiligung, Motivation" und eine „soziale Ebene: Anschlusskommunikation" mit den Elementen „Familie, Schule, Peers, kulturelles Leben" hinzu (Rosebrock / Nix 2008, S. 16).

In neueren Konzeptionen deutet sich dagegen eine Ergänzung der Leistungen lokale und globale Kohärenzbildung durch die Leistung der Deutung an (vgl. Zabka 2010; Winkler 2010).

Für eine Beantwortung der Frage, inwiefern sich die oben skizzierten kognitionspsychologischen Modelle eignen, um das Verstehen literarischer Texte zu beschreiben, ist die Annahme der Kohärenzbildung von besonderem Interesse:

Kognitionspsychologischer Modelle und Literatur

Die Unterscheidung von lokaler und globaler Kohärenzbildung ist plausibel und lenkt die Aufmerksamkeit auf die Tatsache, dass Textverstehen sich auf Teile eines Textes und auf den gesamten Text beziehen kann. Zu fragen ist allerdings, was genau unter Kohärenzbildung zu verstehen ist: Bietet sie nur die Grundlage für die Deutung von literarischen Texten und erfordert eine Ergänzung durch ‚Sinnzuschreibungen'? Dann wäre die Teilleistung Kohärenzbildung gleichbedeutend mit der oben beschriebenen Teilleistung des Erkennens von Textelementen und ihren Zusammenhängen und auch für den Umgang mit literarischen Texten unproblematisch. Oder umfasst die Kohärenzbildung auch Prozesse, die in literaturwissenschaftlichen Modellen der Deutung von Texten zugewiesen werden? Dann würde die Teilleistung der Deutung wie im PISA-Modell nicht deutlich von anderen Leistungen abgegrenzt, was für eine Reflexion von Verstehensleistungen gegenüber literarischen Texten problematisch wäre (→ KAPITEL 3.1).

Lesestrategien für Sachtexte

Für das Erschließen von Sach- und Gebrauchstexten gibt es eigene Strategien. Sie zielen in erster Linie auf die Erfassung von Makropropositionen und deren Beziehungen untereinander. Diese Strategien sind vor allem für die Erschließung von gedanklich komplexen Texten bzw. Argumentationen hilfreich. Die Schüler sind mit den entsprechenden Strategien zumeist durch eigene Unterrichtssequenzen zur Erschließung von (nicht literaturnahen) Sach- und Gebrauchstexten vertraut. Als Beispiel für ein entsprechendes Set von Strategien sei der „Lesenavigator" genannt (der auf den Internetseiten des Landesinstituts für Schule und Medien Berlin-Brandenburg für Lehrkräfte zur Verfügung steht).

15.2 Interkultureller Literaturunterricht

Begründung und Ziele interkulturellen Lernens

Nicht nur die Pädagogik, sondern auch die (Fach-)Didaktik steht heutzutage vor besonderen Herausforderungen, weil sich die kulturelle Herkunft der Schüler im Lauf der letzten Jahrzehnte erheblich verändert hat. Mittlerweile haben ca. 25% aller Schüler in Deutschland einen Migrationshintergrund, das heißt sie sind selbst eingewandert oder stammen aus Migrationsfamilien. Die erste Herausforderung besteht in der Notwendigkeit, diese Schüler zu fördern: Sie gehören – wie die PISA-Studie ergeben hat – zu einem überproportional großen Teil zu einer ‚Risikogruppe', die erhebliche Defizite im Bereich der Lesekompetenz aufweist (vgl. Artelt u. a. 2001, S. 120). Darüber hinaus ist der Erwerb von schriftsprachlichen Kompetenzen insgesamt wohl für einen größeren Teil der Schüler mit Migrationshintergrund problematisch. Das bedeutet, dass ihr Schulerfolg gefährdet ist.

Die zweite Herausforderung ist zugleich eine Chance für alle Schüler mit und ohne Migrationshintergrund: Die Notwendigkeit des interkulturellen Lernens im Sinne einer „Umstrukturierung selbstorganisierter Ich- und Weltentwürfe anhand einer Neuinterpretation kultureller Repräsentationen, die durch den Rückgriff auf den Verstehenshorizont des Anderen […] initialisiert wird." (Dawidowski 2006, S. 25). Das übergreifende Bildungsziel eines solchen interkulturellen Lernens ist das konstruktive (Zusammen-)Leben in einer polykulturell geprägten Gesellschaft – zunächst in den gesellschaftlichen Teilbereichen Lerngruppe und Schule. Das für Erziehung und Unterricht leitende Bildungsziel einer Entwicklung der Individualität und der Fähigkeit zur sozialen Interaktion kann dementsprechend ergänzt werden durch den Zusatz „in einer polykulturell geprägten Gesellschaft".

Die beiden genannten Herausforderungen können für den Literaturunterricht folgendermaßen spezifiziert werden:

Bildungsziele des interkulturellen Literaturunterrichts

Die Schüler mit Migrationshintergrund sollen in besonderem Maße in ihrer Auseinandersetzung mit literarischen Texten gefördert werden – auch deshalb, weil so die Leseflüssigkeit, die allgemeine Lesekompetenz und die Schreibkompetenzen entscheidend beeinflusst werden können (→ KAPITEL 13.1). Darüber hinaus sollen alle Schüler anhand der Lektüre literarischer Texte ihre eigenen, kulturell geprägten Selbst- und Weltbilder mit solchen aus anderen Kulturen abgleichen, als relative erkennen und eventuell auch verändern (vgl. ähnlich Dawidowski / Wrobel 2006, S. 3, 5). Das für den interkulturellen Literaturunterricht spezifizierte übergreifende Bildungsziel kann dementsprechend lauten: Entwicklung der Individualität und der Fähigkeit zur sozialen Interaktion in der polykulturell geprägten Gesellschaft durch Teilhabe am Handlungsfeld Literatur.

Der interkulturelle steht damit zum ‚normalen' Literaturunterricht (→ KAPITEL 2.4) keinesfalls in einem Gegensatz. Vielmehr kann der interkulturelle Literaturunterricht als ein Teilbereich des sonstigen Literaturunterrichts gelten und weist überdies fließende Grenzen zu ihm auf.

Wie auch für den Literaturunterricht insgesamt ist die Förderung von Textverstehenskompetenz für den interkulturellen Literaturunterricht das zentrale Ziel innerhalb des Ziels der literarischen Bildung und wird durch die Ziele ergänzt, die Lesemotivation und den Erwerb von Wissen über Literatur und ihre Kontexte zu fördern.

Zentrales Ziel: Textverstehenskompetenz

Für den interkulturellen Literaturunterricht ist besonders deutlich, dass als das hierarchiehöchste Teilziel des Zieles Textverstehenskompetenz die Kompetenz zum Wirklichkeitsbezug gelten muss: Die Schüler sollen neue Sichtweisen von Wirklichkeit, die ein literarischer Text ihnen nahelegt, entfalten, sich aneignen und für ihre Lebenswirklichkeit nutzen. Diese Nutzung kann in einer veränderten Wahrnehmung von Wirklichkeit, insbesondere in einem vertieften Fremdverstehen, ggf. auch in einer Veränderung von Einstellungen und Verhalten bestehen. Es ist für den interkulturellen Literaturunterricht allerdings besonders zu betonen, dass die ‚neuen' Sichtweisen von Wirklichkeit nicht absolut neu, sondern nur für die Kultur des Lesers ungewohnt sein sollen.

Wirklichkeitsbezug

Auch im interkulturellen Literaturunterricht beruht der Wirklichkeitsbezug auf einer Deutung von Texten, die wiederum auf der Grundlage eines Erkennens von Textelementen und ihren Beziehungen erfolgen soll; und auch hier werden diese Teilkompetenzen durch die Vorstellungsbildung und die emotionale Beteiligung am Text ergänzt. Für den interkulturellen Literaturunterricht sind die genannten Teilkompetenzen und Fähigkeiten deshalb besonders wichtig, weil hier verstärkt darauf zu achten ist, die Literatur nicht „zu einem bloßen Medium für erzieherische Zwecke herabzuwürdigen" (Dawidowski / Wrobel 2006, S. 9) und etwa nur als Anlass für pädagogisch und politisch korrekte Diskussionen zu benutzen.

Für den interkulturellen Literaturunterricht bieten sich auf den ersten Blick vor allem Texte an, die eine Auseinandersetzung (ihrer Protagonisten) mit kulturell unterschiedlichen Entwürfen von Ich und Welt darstellen; insbesondere sind das Texte der sogenannten Migrationsliteratur, die sich mit Themen wie Heimatlosigkeit und -suche, Mehrsprachigkeit und Ausgrenzung beschäftigt. Außerdem erscheint die Wahl von solchen Werken der modernen Kinder- und Jugendliteratur als sinnvoll, die sich mit interkulturellen Themen befassen und Umgangsweisen mit ‚dem Anderen' oder ‚dem Fremden' darstellen (vgl. Chiellino 2000; Büker / Kammler 2003; Dawidowski / Wrobel 2006, S. 5f.).

Textauswahl

Zu Recht wird aber darauf hingewiesen, dass sich die Texte für den interkulturellen Literaturunterricht keinesfalls auf die Migrationsliteratur und die Kinder- und Jugendliteratur beschränken sollen. Ertragreich können auch Werke der Kanonliteratur sein, die das Zusammentreffen von unterschiedlichen Kulturen darstellen, (übersetzte) Texte anderer Sprachen und Kulturen, Texte vergangener Epochen, die Figuren in sozialen Kontexten und mit Werten darstellen, die heute ungewohnt erscheinen, und vor allem Texte, die den „Blick auf die eigene Kultur aus der Perspektive eines wie auch immer gestalteten Außen" ermöglichen (Dawidowski/Wrobel 2006, S. 6). Allerdings ergeben sich durch eine solche Textauswahl wiederum fließende Grenzen zum Literaturunterricht insgesamt: Traditionell werden hier zumindest in höherem Klassenstufen Werke vergangener Epochen gelesen und auf ihre zeitgenössischen Kontexte bezogen. Außerdem werden Werke der modernen Hochliteratur erarbeitet, die eine durch Distanz, wenn nicht durch unüberwindliche Fremdheit gekennzeichnete Beziehung von Ich und Welt gestalten.

15.3 Inklusion und Individualisierung als Herausforderungen

Inklusion als Herausforderung

Gegenwärtig hat sich die Deutschdidaktik der Herausforderung ‚Inklusion' zu stellen: Das Schulsystem wird schrittweise auf einen inklusiven Unterricht umgestellt und für den Deutschunterricht spielen künftig inklusive Lerngruppen eine wesentliche Rolle. Hintergrund dieser Entwicklung ist die bildungspolitische Entscheidung, als Folge der deutschen Ratifizierung der UN-Behindertenrechtskonvention eine Ausgrenzung von Schülern mit Behinderungen aus dem ‚normalen' Unterricht nach Möglichkeit zu überwinden – und damit auch die bisherigen spezifischen Angebote für die betreffenden Schüler in eigenen Lerngruppen weitgehend aufzugeben. Allerdings ist noch keineswegs geklärt, was unter „nach Möglichkeit" zu verstehen ist bzw. in welchem Maße Schüler mit Behinderungen welcher Art am Unterricht an Regelschulen teilnehmen sollen.

Eine ‚inklusive Fachdidaktik Deutsch'?

In der Fachdidaktik Deutsch wird seit einigen Jahren über eine inklusive Deutschdidaktik nachgedacht. Bislang sind jedoch noch keine überzeugenden inklusiven Gesamtkonzeptionen für den Deutschunterricht entwickelt worden – und darüber hinaus ist noch unklar, ob solche Konzeptionen überhaupt möglich sind. Die vorliegenden Vorschläge für einzelne Unterrichtsprojekte beziehen sich stärker auf die Primarstufe als auf die Sekundarstufen. Anzumerken ist zudem, dass gerade in der Primarstufe durch das Engagement einzelner Lehrkräfte in vielen (Einzel-)Fällen bereits Erstaunliches geleistet worden ist.

Inklusion und Individualisierung

Konsequente Ansätze des inklusiven Lernens zielen auf eigene, individuelle Lernwege für alle Schüler – eben auch für Schüler mit Behinderungen –, und darüber hinaus auf die Möglichkeit unterschiedlicher Ergebnisse. Inklusion bedeutet nicht, dass „alle Kinder einer Lerngruppe das Gleiche lernen, sondern dass der Unterricht so gestaltet wird, dass alle Kinder ihren Voraussetzungen entsprechend in einer Lerngruppe gemeinsam lernen können." (Hennies/Ritter 2013, S. 7f.) Inklusiver Unterricht ist also nicht kompensatorischer Unterricht.

Dieser Anspruch ist unter den drei für Unterricht zentralen Aspekten näher zu erörtern: Ziele, Gegenstände und Verfahren des Unterrichts.

Ziele des Unterrichts

(1) Zu den Zielen: Die Bildungsstandards für das Fach Deutsch, die gegenwärtig den Unterricht zunehmend prägen, zielen darauf, Schüler (zumindest eines gemeinsamen Schultyps) zur Bewältigung von gemeinsamen Standards zu befähigen; auf diese Weise sollen gleiche grundlegende Ziele erreicht werden (wenngleich selbstverständlich Niveauunterschiede zwischen den Leistungen der Schüler bestehen bleiben). Inklusive Konzeptionen können mit diesem Anspruch nicht viel anfangen; vielmehr kann hier nur verlangt werden, dass jeder Schüler die Ziele erreicht, die seinen Möglichkeiten entsprechen. In der unterrichtlichen Konsequenz kann das dazu führen, dass in einer Lerngruppe völlig unterschiedliche Ziele bzw. Niveaustufen eines Ziels erreicht werden. Zu klären bleibt, ob und ggf. wie „die Balance zwischen curricularer Normierung und der förderplanorientierten Perspektive auf einzelne SchülerInnen" gelingen kann (Hölzner 2013, S. 49).

Gegenstände des Unterrichts

(2) Zu den Gegenständen: In der allgemein- und fachdidaktischen Diskussion zur Inklusion wird die Frage erörtert, ob das gemeinsame Lernen auch an gemeinsamen Unterrichtsgegenständen wünschenswert und möglich sei. So ist der Anspruch auf gemeinsame Lerngegenstände als Ideal formuliert worden: Gefordert wird eine Unterrichtssituation, in der „alle Kinder und Schüler in Kooperation miteinander auf ihrem jeweiligen Entwicklungsniveau nach Maßgabe ihrer momentanen Wahrnehmungs-, Denk- und Handlungskompetenzen in Orientierung auf die ‚nächste Zone ihrer Entwicklung' an und mit einem Gegenstand spielen, lernen und arbeiten" (Feuser 1995, S. 173f.). Möglich und durchaus angemessen ist im Rahmen dieses Ansatzes eine Binnendifferenzierung. Als Alternative ist eine

„Theorie der gemeinsamen Lernsituationen" entworfen worden (Wocken 1998, S. 40): Die Schüler arbeiten in gemeinsamen Lernsituationen, aber nicht unbedingt an gemeinsamen Lerngegenständen.

Falls auf einen gemeinsamen Lerngegenstand verzichtet werden soll, ist aber eventuell auch die Nutzung ‚gemäßigt' unterschiedlicher Gegenstände möglich. Ein Beispiel dafür stammt aus dem Literaturunterricht zu Ganzschriften. In einer inklusiven Lerngruppe wird mit zwei Ausgaben von *Kleider machen Leute* gearbeitet; während ein Teil der Schüler mit dem Original (in einer Reclam-Ausgabe) arbeitet, nutzen andere Schüler eine vereinfachte, mit Illustrationen angereicherte Ausgabe (vgl. Dannecker 2013, 213).

Verfahren des Unterrichts

(3) Zu den Verfahren: Die gängige Forderung nach individuellen Lernwegen für Schüler in inklusiven Lerngruppen wird zumeist mit einer Forderung nach individualisierten Lernmaterialien verbunden: Schüler sollen mit solchen Materialien arbeiten, die besonders auf ihre Fähigkeiten zugeschnitten sind. In der Praxis ist diese Forderung bislang schon aus praktischen Gründen kaum umzusetzen, weil es an entsprechenden vorgefertigten Materialien weitgehend fehlt und eine eigene Erstellung Lehrer allein vom Arbeitsumfang her überfordern dürfte. Von größerer Bedeutung ist jedoch ein grundsätzliches Problem: Falls die individuelle Arbeit an Materialien den wesentlichen Teil von Unterricht einnimmt, dann bleibt nur wenig Zeit für ein gemeinsames Vorgehen im Plenum und – gravierender noch – ein solcher gemeinsamer Unterricht ist auch kaum noch möglich, weil es keine gemeinsame Grundlage für ihn gibt. Die Forderung nach einer Fokussierung auf individuelle Lernmaterialien führt also – ähnlich wie die nach einer Nutzung von unterschiedlichen Lerngegenständen – in ihrer Konsequenz zu einem Verzicht auf die Phasen von Unterricht, in denen Lerngruppe und Lehrer im Gespräch gemeinsam arbeiten.

Das Prinzip des individuellen Lernwegs kann allerdings ebenfalls in ‚gemäßigter' Form angewendet werden, und zwar durch die Beschränkung auf wenige unterschiedliche Aufgaben. So werden in der oben genannten Unterrichtseinheit zu *Kleider machen Leute* drei alternative Aufgaben mit dem – denkbar vagen – Ziel „Inhalt verstehen" zur Verfügung gestellt: (1) Es „sollen drei wichtige Sätze der Lektüre aufgeschrieben werden"; (2) es sollen „die Stadt Goldbach beschrieben und die Verwechslung von Strapinski erklärt" werden; und (3) es soll „die Verwechslung erläutert und begründend dargestellt [?] und zudem ein Transfer geleistet [werden], indem die Frage beantwortet werden soll, ob es auch heutzutage zu einer Verwechslung kommen könnte" (Dannecker 2013, S. 213).

Die genannten Folgen der Individualisierung von Unterricht haben zu der Forderung geführt, dass Individualisierung und Gemeinsamkeit von Lerngruppen in einer angemessenen Balance gehalten werden müssten.

Balance Individualisierung – Gemeinsamkeit von Lerngruppen

Diese Forderung würde sicherlich erfüllt, wenn Schüler – wie es bereits praktiziert wird – an gemeinsamen Gegenständen arbeiten und die Differenzierung mittels Zusatzaufgaben erfolgt. Es ist jedoch fraglich, ob dieses Verfahren für alle inklusiven Lerngruppen ausreichend ist. Ob eine Nutzung von ‚gemäßigt' unterschiedlichen Unterrichtsgegenständen und ‚gemäßigt' individuellen Lernwegen einerseits den Bedürfnissen aller Schüler entsprechen und andererseits ein hinreichendes Maß an Gemeinsamkeit sichern kann, ist ebenfalls nicht geklärt.

15.4 Heterogenität und selbstorganisiertes Lernen

In der allgemeindidaktischen und zunehmend auch in der fachdidaktischen Diskussion wird das Thema ‚Heterogenität' intensiv reflektiert. Schule soll zunehmend die Heterogenität von Lerngruppen berücksichtigen und die einzelnen Schüler individuell gemäß ihren je eigenen Fähigkeiten fördern. Eine maßvolle Reaktion auf diese Zielvorgabe ist die Binnen-Differenzierung von Unterricht: Schüler erhalten im Unterricht teilweise unterschiedliche Aufgabenstellungen zur Auswahl, ggf. ‚nur' im Rahmen von Zusatzaufgaben, so dass eine gemeinsame Basis für den Unterricht durch gemeinsam bearbeitete Aufgaben garantiert ist.

Heterogenität als Herausforderung

Eine radikale Lösung zum Umgang mit Heterogenität besteht dagegen in der Abschaffung von Unterricht als einer Veranstaltung, die unter Leitung eines Lehrers in einer Lerngruppe stattfindet. Schüler arbeiten selbstständig an Aufgaben und organisieren zusätzlich auch ihren gesamten Lernprozess selbstständig.

Das kann so aussehen: Ein Schüler geht morgens für einen bestimmten Zeitraum in ein sogenanntes Lernbüro, entscheidet sich – in einem bestimmten Rahmen, weil die Lehrplankonformität ja gewahrt bleiben muss – für einen Lerngegenstand, besorgt sich ein entsprechendes Lernmaterial mit einem für ihn angemessenen Niveau und bearbeitet dieses Material. Die Bearbeitung kann an einem Tag abgeschlossen werden oder mehrere Tage andauern; falls Schwierigkeiten bei der Arbeit an den Materialien auftauchen, kann sich der Schüler an einen Lehrer wenden. Die Ergebnisse der Arbeit werden

Schüler im Lernbüro

bei einem Lehrer eingereicht, von ihm begutachtet und beispielsweise in einem Lernlogbuch verzeichnet.

Diese Konzeption des sogenannten selbstorganisierten Lernens als Form des individualisierten Lernens (alternativ wird auch vom individualisierten Lernen gesprochen) hat in der nicht-gymnasialen Sekundarstufe I mittlerweile deutlich an Boden gewonnen und prägt in einigen Bundesländern bisweilen bereits das Lernen im Fach Deutsch.

Wissenschaftliche Debatte

Die Vertreter des selbstorganisierten Lernens verweisen darauf, dass diese Konzeption auf die besonderen Bedürfnisse und insbesondere die Fähigkeiten der einzelnen Schüler Rücksicht nehme und auf diese Weise eine angemessene Antwort auf die Heterogenität von Schülern sei. Zugleich erlaube es die Förderung von Fähigkeiten, die sich auf die selbstständige Organisation von Lernprozessen richten, und fördere insgesamt die Selbstständigkeit, aber auch die Motivation der Schüler. In allgemeindidaktischer Sicht ist gegen diesen Standpunkt eingewandt worden, dass die ‚Makroebene' des selbstorganisierten Lernens an und für sich noch keine positiven Auswirkungen auf individuelle Lernprozesse haben muss. Vielmehr sollen Ausprägungen des selbstorganisierten ebenso wie des traditionellen Lernens auf der ‚Mikroebene' unter der Frage betrachtet werden, was sie zu einer (individuellen) Förderung der Schüler beitragen (vgl. Hallitzky 2010).

Empirische Befunde

Empirische Befunde stellen jedoch genau diese individuelle Förderung von Schülern durch das selbstorganisierte Lernen infrage. Die Selbstständigkeit der Schüler bestehe in der Praxis, so erste Ergebnisse eines umfassenden Forschungsprojektes des Erziehungswissenschaftlers Breidenstein, „in der Abarbeitung von stark vorstrukturierten Lern-Materialien" mit „Aufgaben mit eindeutigen Lösungen". Dieses Abarbeiten von Aufgaben führe zu einer „Standardisierung der Schülertätigkeiten"; dabei sind die Schüler oft „weniger an den Inhalten der zu bearbeitenden Aufgaben orientiert als dem Primat des ‚Beschäftigt-Seins' und der Darstellung ihres Tuns als ‚Arbeit'." Mit Blick auf die didaktischen Effekte des selbstorganisierten Lernen formuliert Breidenstein folgende Befunde: Die Folge der skizzierten Beschäftigung mit Lern-Materialien scheine „der Vorrang praktischen Tuns vor kognitiven Anforderungen zu sein". Insgesamt stehe „deutlich ein übendes und auf Routinen abzielendes Lernen im Zentrum der Schülertätigkeiten"; ein „nachvollziehendes Lernen, das stärker auf Demonstration und Erklärung angewiesen wäre, und ein entdeckendes Lernen, das stärker auf ergebnisoffenen Prozessen beruhen würde", scheinen demgegenüber vernachlässigt. Breidensteins Resümee: Es stehe zu befürchten, dass „die Struktur und Organisation individualisierten Unterrichts das Risiko impliziert, dass zu Gunsten der praktischen Operationalisierung und Standardisierung von Lernprozessen ein an Verstehen und Verständigung orientiertes Lernen vernachlässigt" werde; mit einer entsprechenden Tendenz gehe die „Trivialisierung der Inhalte" einher (vgl. Breidenstein 2015, S. 1f).

Aus literaturdidaktischer Perspektive ist zunächst zu ergänzen, dass der ‚herkömmliche' Literaturunterricht bereits vielfältige Möglichkeiten für das selbstständige Arbeiten von Schülern bietet. So können Teile einer Ganzschrift arbeitsteilig erschlossen und die Ergebnisse können anschließend im Plenum vorgestellt und erörtert werden.

Verstehen und Verständigung im Literaturunterricht

Der entscheidende Unterschied des selbstorganisierten Lernens zum herkömmlichen Literaturunterricht ist jedoch die Tendenz zur Vernachlässigung von Verstehen und Verständigung im Unterricht, denn die Beachtung dieser Aspekte ist von herausragender Bedeutung für das Gelingen von Literaturunterricht. Guter Literaturunterricht, so der Konsens der fachdidaktischen Diskussion, zielt auf einen strukturierten Lernprozess mit Hinführung, Erarbeitung und gemeinsamer Auswertung im Plenum. Insbesondere die Hinführung spielt dabei eine zentrale Rolle für die selbstständige Auseinandersetzung von Schülern mit einem Text, denn in der Hinführung kommen nicht nur subjektive Aspekte der Textbegegnung zum Ausdruck, sondern es werden auch Hypothesen oder Fragen für die folgende Textarbeit entwickelt (→ KAPITEL 11.1).

Das Gespräch im Literaturunterricht

Von besonderer Bedeutung ist zudem, dass die Konzeption des selbstorganisierten Lernens den Verzicht auf das Unterrichtsgespräch als Sozialform und als Methode für das Textverstehen mit sich bringt, denn der Lehrer ist nur für die punktuelle Kommunikation mit einzelnen Schülern bzw. die Unterstützung einzelner Schüler beim Abarbeiten ihrer Lernmaterialien zuständig. Im herkömmlichen Literaturunterricht spielt das Gespräch in allen Teilen eines strukturierten Lernprozesses eine zentrale Rolle: in der Hinführung und in der folgenden Texterschließung mit dem Erkennen von Textelementen und der Textdeutung. Das Gespräch als Sozialform wird zur Strukturierung des Lernprozesses, zur Initiierung einzelner Aktivitäten der Schüler sowie zum Austausch über Arbeitsergebnisse (beispielsweise einer in Gruppenarbeit vorgenommenen Textanalyse) genutzt. Insbesondere erfüllt das Gespräch jedoch als Methode eine entscheidende Aufgabe, und zwar für die Entwicklung von Deutungen, die die Schüler durch einen Abgleich ihrer unterschiedlichen Deutungsansätze vornehmen können (→ KAPITEL 10.2).

Vor allem durch den Verzicht auf das Unterrichtsgespräch, aber auch durch die mangelnde Strukturierung des Lernprozesses und insbesondere den Verzicht auf die Hinführung ist die Konzeption des selbstorganisierten Lernens für den Literaturunterricht in hohem Maße fraglich. Sie dürfte gerade nicht mit dem zentralen Anliegen eines selbstständigen Textverstehens im Unterricht zu vereinbaren sein.

Lektüreempfehlungen

- **Georg Breidenstein: Die Individualisierung des Lernens unter den Bedingungen der Institution Schule.** In: Bärbel Kopp u.a. (Hrsg.): Individuelle Förderung und Lernen in der Gemeinschaft. Jahrbuch Grundschulforschung (Band 17). Wiesbaden 2014, S. 35–50. *Kritische Erörterung von Folgen des individualisierten Lernens für das schulische Lernen (auf Basis einer empirischen Studie).*
- **Christian Dawidowski / Dieter Wrobel (Hg.): Interkultureller Literaturunterricht: Konzepte – Modelle – Perspektiven,** Baltmannsweiler 2006. *Aufsätze zu grundlegenden Konzeptionen und konkreten Anregungen für die Gestaltung von interkulturellem Literaturunterricht.*
- **Johannes Hennies / Michael Ritter: Auf dem Weg zu einer inklusiven Deutschdidaktik,** Stuttgart 2014. *Aufsätze mit Vorschlägen zur Gestaltung von inklusivem Unterricht.*
- **Cornelia Rosebrock / Daniel Nix: Grundlagen der Lesedidaktik und der systematischen schulischen Leseförderung.** 7. Auflage, Baltmannsweiler 2014. *Übersicht über Verfahren des selbstorganisierten Lernens in der Schule (mit einem weiten Verständnis von Selbstorganisation).*

16 Serviceteil

16.1 Allgemeine bibliografische Hilfsmittel

Lexika und Handbücher

- **Lese- und Literaturunterricht,** hg. v. Michael Kämper-van den Boogaart und Kaspar H. Spinner, 3 Bde.: Teil 1: Geschichte und Entwicklung, konzeptionelle und empirische Grundlagen; Teil 2: Kompetenzen und Unterrichtsziele; Teil 3: Erfolgskontrollen und Leistungsmessung – exemplarische Unterrichtsmodelle, Baltmannsweiler 2010. *Zuverlässige Übersicht über literaturdidaktische Konzeptionen und Forschungsmethoden.*
- **Lexikon Deutschdidaktik,** hg. v. Heinz-Jürgen Kliewer und Inge Pohl, 2 Bde., Baltmannsweiler 2006. *In über 400 Artikeleinträgen werden Themen der Deutschdidaktik (vor allem Gegenstände des Unterrichts, Methoden) unter Berücksichtigung von Forschungsdebatten abgehandelt.*
- **Literatur für die Schule. Ein Werklexikon zum Deutschunterricht,** hg. v. Marion Bönnighausen und Jochen Vogt, Paderborn 2014. *Das Lexikon stellt in gut 500 Artikeln kanonische und andere Werke (die im Deutschunterricht gelesen werden bzw. für den Deutschunterricht empfohlen werden) und berücksichtigt dabei sowohl aktuelle Literatur wie auch Kinder- und Jugendliteratur. Die einzelnen Artikel stellen Werke vor, bieten Perspektiven für ihre Interpretation und behandeln abschließend Fragen zur Aktualität der Werke für heutige (jugendliche) Leser.*
- **Metzler Literatur Lexikon,** hg. v. Dieter Burdorf, Christoph Fasbender und Burkhard Moennighoff, Stuttgart/Weimar 3. Auflage 2007. *Klar strukturiertes, ergiebiges Nachschlagewerk mit über 4 000 stark komprimierten Einträgen.*
- **Reallexikon der deutschen Literaturwissenschaft,** hg. v. Klaus Weimar, 3 Bde., Berlin 2007 [zuerst 1997–2003]. *Grundlegendes Lexikon zu zentralen Begriffen der Literaturwissenschaft mit rational-analytischer Ausrichtung.*
- **Taschenbuch des Deutschunterrichts,** Bd. 1–3: Sprach- und Mediendidaktik, Literatur- und Mediendidaktik, Aktuelle Fragen der

Deutschdidaktik, hg. v. Volker Frederking, Hans W. Huneke, Axel Krommer und Christel Meier, Baltmannsweiler 2010–2014. *Informative und teils grundlegende Artikel zu Zielen, Gegenständen und Verfahrensweisen im Literatur- und Medienunterricht.*

Zeitschriften und Periodika

- **Praxis Deutsch – Zeitschrift für den Deutschunterricht,** Heft 1ff., Seelze 1973ff. *Themenhefte zu ausgewählten fachdidaktischen Fragen mit einleitendem Basisartikel und einer Folge von Unterrichtsmodellen von der Primarstufe bis zur Sekundarstufe II.*
- **Didaktik Deutsch,** Halbjahresschrift für die Didaktik der deutschen Sprache und Literatur, Baltmannsweiler 1996ff. *Zeitschrift des Symposions Deutschdidaktik mit Forschungs- und Diskussionsbeiträgen zu unterschiedlichen Themen.*
- **Deutsch – Unterrichtspraxis für die Klassen 5 bis 10. Friedrich:** Seelze. Unterrichtsvorschläge für die Klassenstufen 5 bis 10 mit beiliegenden Unterrichtsmaterialien.
- **Deutschunterricht,** Zeitschrift für den Deutschunterricht in Sek. I und Sek. II, Braunschweig 1948ff. *Themenhefte zu ausgewählten deutschdidaktischen Fragen mit Vorschlägen für den Unterricht.*
- **Der Deutschunterricht,** Beiträge zu seiner Praxis und wissenschaftlichen Grundlegung, Seelze 1948ff. *Themenhefte zu ausgewählten deutschdidaktischen Fragen.*
- **Ide (Informationen zur Deutschdidaktik) – Zeitschrift für den Deutschunterricht in Wissenschaft und Schule,** Klagenfurt 1975ff. *Deutschdidaktische Zeitschrift aus Österreich mit praxisorientierten Themenheften.*
- **Kjl&m – forschung.schule.bibliothek,** 2007ff. *Themenhefte zur Kinder- und Jugendliteratur und Medienproduktionen für Kinder und Jugendliche in fachwissenschaftlicher und –didaktischer Perspektive.*
- **Literatur im Unterricht – Texte der Gegenwartsliteratur für die Schule,** hg. v. Jan Standke, Trier 2001ff. *Aufsätze mit didaktischer Reflexion von ausgewählten Werken und Themen sowie Unter-*

richtsvorschläge („Unterrichtsimpulse") zu einzelnen literarischen Texten und Gattungen.

- **Leseräume. Zeitschrift für Literalität und Lesen in Schule und Forschung,** hg. v. Iris Kruse u.a. 2014ff. Web-Adresse: leseraeume.de. – *Die Ausgaben der Zeitschrift erscheinen ein- bis zweimal jährlich ausschließlich in digitaler Form. Die Zeitschrift versteht sich als Diskussionsforum für sprach-, literatur- und mediendidaktische Forschung und Reflexion; die einzelnen Ausgaben sind übergeordneten Themen gewidmet.*

16.2 Institutionen und Verbände

- **Deutscher Bildungsserver,** Web-Adresse: www.bildungsserver.de. *Der Deutsche Bildungsserver bietet grundlegende Informationen zum deutschen und internationalen Bildungswesen; besonders empfehlenswert: das „Link-Lexikon".*
- **Bildungsserver der Länder,** Web-Adresse: www.bildungsserver.de/landesbildungsserver.html. *Die Bildungsserver der Bundesländer bieten grundlegende Informationen zum Fach Deutsch in ihren Ländern (Schulorganisation, Lehrpläne, Prüfungen, Einstellung von Referendaren und Lehrern etc.).*
- **Symposion Deutschdidaktik,** Web-Adresse: www.symposion-deutschdidaktik.de. *Verband der Deutschdidaktiker in Deutschland, Österreich und der Schweiz; veranstaltet alle zwei Jahre die internationale Tagung Symposion Deutschdidaktik (für Wissenschaftler, Lehrer und Studierende).*
- **Fachverband Deutsch im Deutschen Germanistenverband,** Web-Adresse: www.fachverband-deutsch.de. *Organisation von Deutschlehrern im Deutschen Germanistenverband; beteiligt sich mit eigenen praxisorientierten Schwerpunkten am Germanistentag, der alle drei Jahre stattfindet.*
- **Internationaler Deutschlehrerverband (IDV),** Web-Adresse: www.idvnetz.org. *Dachverband für national organisierte Deutschlehrerverbände mit eigenem Mitteilungsblatt („IDV-Magazin").*
- **VdS Bildungsmedien e. V.,** Web-Adresse: www.vds-bildungsmedien.de. *Verband der Schulbuchverlage und Hersteller von Bildungsmedien. Über die Homepage des Verbandes lassen sich be-*

quem die für den Deutschunterricht relevanten Verlage ansteuern. Die einzelnen Verlage bieten im Internet zumeist ausführliche Informationen über ihr Angebot an Lehrmaterialien.

- **Institut zur Qualitätsentwicklung im Bildungswesen,** Web-Adresse: www.iqb.hu-berlin.de. *Von den Bundesländern getragene wissenschaftliche Einrichtung zur Weiterentwicklung, Operationalisierung, Normierung und Überprüfung der von der Kultusministerkonferenz (KMK) verabschiedeten Bildungsstandards. Über die Homepage des Instituts sind aktuelle Materialien zu Tests und Vergleichsarbeiten im Fach Deutsch abrufbar.*

16.3 Unterrichtsentwürfe für Unterrichtseinheiten

Modelle Für die Planung einer Unterrichtseinheit sind didaktische und unterrichtsorganisatorische Entscheidungen zu treffen, und zwar auf der Grundlage einer Darstellung der Ausgangsbedingungen, die für den Unterricht maßgeblich sind, und einer Sachanalyse des Themas. Der schriftliche Unterrichtsentwurf fasst alle zentralen Aspekte der Planung zusammen. Vorliegende Modelle für Unterrichtsentwürfe unterscheiden sich in vielen Einzelheiten; grundsätzlich sind sie jedoch nach demselben Strukturprinzip konstruiert: Auf die Darstellung der Ausgangsbedingungen folgt eine didaktische Reflexion unter Bezug auf eine Sachanalyse des Themas, anschließend wird der geplante Unterrichtsverlauf unter Berücksichtigung methodischer Entscheidungen dargestellt. Diese einzelnen Elemente des Unterrichtsentwurfes stehen in Wechselwirkung miteinander.

Beispiel Beispiel für den Aufbau eines Entwurfs für Unterrichtseinheiten:

1. Thema der Unterrichtseinheit
2. Lerngruppe/Lernvoraussetzungen
3. Didaktische Reflexion
   - 3.1 Begründung/Ziel
   - 3.2 Sachanalyse
   - 3.3 Didaktische Reduktion
   - 3.4 Lernziele
4. Verlaufsplanung
   - 4.1 Grobplanung
   - 4.2 Methodische Planung
5. Literaturverzeichnis
6. Anlage

Zu den einzelnen Elementen eines Entwurfes für eine Einheit:

1. Thema

Einleitend wird – neben den Rahmenbedingungen: Klasse? Schule? – das Thema der Unterrichtseinheit so präzise wie möglich benannt. Es soll nicht etwa nur aus der Angabe eines literarischen Textes bestehen.

2. Lerngruppe/Lernvoraussetzungen

Die Lerngruppe wird vorgestellt, immer unter der Frage, welche Konsequenzen sich aus ihren Besonderheiten für den Unterricht ergeben: Anzahl von Jungen und Mädchen, Alter der Schüler/Angabe der Klassenstufe, Leistungsstärke sowie Sozialverhalten der Lerngruppe und ggf. einzelner Schüler. Zudem erfolgen Angaben zu den Vorkenntnissen und Fähigkeiten der Lerngruppe, die für den geplanten Unterricht relevant sind (z. B. vorhandene Kompetenzen der Figurencharakterisierung).

3. Didaktische Reflexion

In der didaktischen Reflexion werden die Ziele für die Sequenz bestimmt. Die folgenden Schritte bieten sich für die Ermittlung der Ziele an:

3.1 Begründung der Themenwahl

Zunächst erfolgt eine Beantwortung der Frage, warum ein Thema für eine Einheit ausgewählt worden ist. Dafür spielen allgemeine Bildungsziele und fachspezifische zentrale Ziele, die durch Lehrpläne vorgegeben oder durch fachdidaktische Modelle vorgeschlagen werden, eine zentrale Rolle. Außerdem sind Interessen der Schüler von Bedeutung. Es genügt aber nicht, die erwähnten Ziele und Interessen einfach zu nennen. Sie sind unter Bezug auf die zuvor dargestellten Lernvoraussetzungen der Schüler zu spezifizieren. Auf dieser Grundlage ist zu überlegen, inwiefern sich das gewählte Thema besonders eignet, damit die Schüler die Ziele erreichen und der Unterricht für sie interessant ist.

3.2 Sachanalyse

In der Sachanalyse wird das Thema der Einheit fachwissenschaftlich erschlossen. In der Regel erfolgt hier eine Analyse und Interpretation von literarischen Texten unter den Aspekten, die für den Unterricht von Bedeutung sind: Sollen beispielsweise (historische) Kontexte nicht einbezogen werden, müssen sie höchstens in knapper Form genannt werden. Die Sachanalyse steht mit der Begründung des Themas in enger Wechselwirkung. Falls die Bedeutung, die einzelne Aspekte des Themas für den Unterricht haben, aus der Sachanalyse besonders klar hervorgeht, kann die Sachanalyse auch vorgezogen werden.

3.3 Didaktische Reduktion

Ein Unterrichtsthema bietet in der Regel eine Fülle von wichtigen und weniger wichtigen Aspekten für eine mögliche Erarbeitung. In der didaktischen Reduktion wird die Frage beantwortet, welche von ihnen tatsächlich im Unterricht behandelt werden sollen. Kriterien dafür sind die ins Auge gefassten Ziele und Schülerinteressen sowie organisatorische Gegebenheiten, vor allem die zur Verfügung stehende Zeit. Im Rahmen der didaktischen Reduktion soll auch die Frage nach Textstellen, die für den Unterricht besonders relevant sind (Kernstellen), sowie nach etwaigen Zusatzmaterialien zu den Texten beantwortet werden.

3.4 Lernziele

Aus den bisherigen didaktischen Erörterungen ergeben sich die Lernziele für den Unterricht. Lernziele sind in der Regel auf die zur Begründung des Themas genutzten Bildungsziele und zentralen fachspezifischen Lernziele bezogen – also beispielsweise auf das Ziel des Textverstehens – und differenzieren diese Ziele unter Bezugnahme auf die Sachanalyse.

Die Lernziele werden nach Haupt- und Feinlernzielen unterschieden. Nach Möglichkeit sollen nur wenige Hauptlernziele angegeben werden, damit der Unterricht nicht ‚überfrachtet' wird. Die Feinlernziele dienen einer Differenzierung der Hauptlernziele. Auch die Anzahl der Feinlernziele muss jedoch überschaubar gehalten werden. In manchen Modellen findet zusätzlich eine Differenzierung der Lernziele nach den sogenannten Sach-, Methoden-, Sozial- und Selbstkompetenzen statt. Hierbei besteht aber die Gefahr, dass das zentrale Ziel des Unterrichts nicht deutlich als solches herausgestellt wird.

4. Methodische Planung/Phasierung

Nach der Klärung grundlegender didaktischer Fragen beginnt die Verlaufsplanung einer Einheit. Die Verlaufsplanung umfasst eine Grobplanung der Einheit und eine methodische Planung.

In der Grobplanung werden die geplanten Einzelstunden der Einheit mit Themen und Terminen angegeben. In der methodischen Planung wird reflektiert, welche Methoden, Sozialformen, Medien und Arbeits-/Kommunikationstechniken für die Einheit aus welchen Gründen hauptsächlich genutzt werden sollen. Für die Einzelstunden der Einheit ist eine Planung in Kurz- oder Langform möglich (→ KAPITEL 15.4).

5. Literaturverzeichnis
6. Anlage

Den Abschluss von Unterrichtsentwürfen bilden ein Literaturverzeichnis sowie eine Anlage mit den genutzten Materialien.

16.4 Unterrichtsentwürfe für Einzelstunden

Lang- und Kurzform

Schriftliche Unterrichtsentwürfe für Einzelstunden gibt es in Lang- und Kurzform. Die Kurzform konzentriert sich auf eine Angabe von Lernzielen und eine knappe Übersicht über den Unterrichtsverlauf. Diese Konzentration ist sinnvoll, wenn Überlegungen zur Begründung und Sachanalyse des Themas im Rahmen einer Sequenzplanung bereits erfolgt sind. Die Kurzform bewährt sich zudem im alltäglichen Unterricht. Die Langform stellt die Aspekte der Planung dar, die für die Stunde relevant sind und in der Sequenzplanung noch nicht berücksichtigt wurden. Die Langform kann in besonderen Fällen auch getrennt von einer Sequenzplanung verfasst werden, so für Stunden mit Unterrichtshospitation im Rahmen von Schulpraktika und in Prüfungssituationen im Referendariat. Solche Unterrichtsentwürfe berücksichtigen alle relevanten Aspekte der Planung einer Einzelstunde einschließlich eines knappen Überblicks über die Unterrichtssequenz. Bei diesem Entwurfstyp handelt es sich zweifellos um eine institutionalisierte Kunstform der Planung, die im Unterrichtsalltag nicht mehr vorkommt. Gleichwohl können durch das Anfertigen solch komplexer Entwürfe Kompetenzen zur Unterrichtsplanung vertieft und ‚automatisiert' werden.

Beispiel

Ein Unterrichtsentwurf für Einzelstunden kann beispielsweise wie folgt aufgebaut sein:

1. Thema der Unterrichtsstunde
2. Lerngruppe
3. Einordnung in die Unterrichtseinheit, Lernvoraussetzungen
4. Didaktische Reflexion
   - 4.1 Begründung / übergeordnete Ziele
   - 4.2 Sachanalyse
   - 4.3 Didaktische Reduktion
   - 4.4 Lernziele
5. Methodische Planung / Phasierung (mit Verlaufsplanung)
6. Literaturverzeichnis
7. Anlage

Für die Planung einer Unterrichtsstunde gelten grundsätzlich die gleichen Prinzipien wie für die Planung einer Sequenz. Ebenso wie für die Sequenzplanung ist es auch für die Stundenplanung sowohl möglich, die didaktische Begründung des Themas vor der Sachanalyse vorzunehmen, als auch, die Sachanalyse der Begründung voranzustellen. Die Elemente eines Entwurfes werden im Folgenden an einem konkreten Beispiel dargestellt, das Johannes Thiele, zu der entsprechenden Zeit Studienreferendar aus Niedersachsen, für eine Klasse im Jahrgang 10 entwickelt hat (Stundenentwurf 2015). Die Planungsschritte werden jeweils erläutert und kommentiert.

Einleitend werden – im Anschluss an Angaben zu den Rahmenbedingungen des Unterrichts: Klasse? Schule? Ort und Zeit? – das Thema der Unterrichtsstunde und der Sequenz-Kontext der Stunde genannt, z. B.:

1. Thema

„Thema der Unterrichtssequenz: Umgang mit politischen Texten
Thema der Unterrichtseinheit: Politische Lyrik
Thema der Unterrichtsstunde: *700 Intellektuelle beten einen Öltank an* (Brecht) – Technikgläubigkeit im 20. Jahrhundert und heute"

2. Lerngruppe

Die Vorstellung der Lerngruppe soll präzise und kompakt die Arbeitsbedingungen in der Klasse wiedergeben; Angaben zu Auffälligkeiten wie etwa Lernschwächen, motivationalen Defiziten etc. erfolgen nur sofern sie für die Planung relevant werden könnten:

> „Ich unterrichte die Klasse seit einem Schuljahr im eigenverantwortlichen Unterricht. Die Lerngruppe setzt sich aus fünfzehn Schülern und zehn Schülerinnen zusammen. Das Arbeitsverhalten der Lerngruppe ist von einem freundlichen und respektvollen Klima geprägt, was zu einer konstruktiven Lernatmosphäre beiträgt. Insgesamt sind Leistungsbereitschaft und Leistungsniveau der Gruppe gut bis sehr gut. Die Schülerinnen und Schüler sind das Arbeiten in kooperativen Lernarrangements gewohnt und können hier in der Regel angemessene Ergebnisse erreichen. Den Unterrichtsinhalten des Lernbereichs begegnen sie mit Interesse und Kreativität."

Die konkreten Leistungsstände der einzelnen Schüler können in einem kommentierten Sitzplan ausgewiesen werden, der auch Angaben zu ihrer quantitativen und qualitativen Mitarbeit macht.

3. Einordnung in die Unterrichtseinheit und Lernvoraussetzungen

Es folgt eine tabellarische Einordnung in die Unterrichtseinheit. Zusätzlich werden besonders wichtige Informationen zum Unterrichtszusammenhang in Form eines Fließtextes gegeben. Hier werden auch die Lernvoraussetzungen beschrieben, insofern sie für die konkrete Stunde relevant sind:

Std.	Thema der Unterrichtsstunde
1/2	Welchen Nutzen hat Gedichtanalyse für das Textverstehen? (Bertolt Brecht Über das Zerpflücken von Gedichten vs. Iris Radisch Nie wieder Versfüßchen)
3/4	Appellfunktion politischer Lyrik I: Wolf Biermann Die hab' ich satt
5/6	Appellfunktion politischer Lyrik II: Justinus Kerner Der Zopf im Kopf
7/8	Vom historisch-politischen Kontext zur Deutung: Heinrich Heine Die schlesischen Weber
9/10	Gedicht-Werkstatt: Montagegedichte zum Thema Mauerbau und -fall verfassen
11/12	Wirklichkeitsbezug: Kurt Tucholsky Rosen auf den Weg gestreut
13	Vorbereitende Kontextuierung: Das goldene Stierbild
14	Bertolt Brecht 700 Intellektuelle beten einen Öltank an. Technikgläubigkeit im 20. Jahrhundert und heute
15	700 Intellektuelle beten einen Öltank an. Sprachliche Analyse.

„Die Unterrichtseinheit schließt an eine Einheit zum Thema politische Reden an. Inhaltlich weist das neue Thema also deutliche Parallelen zu dem vorangehenden auf, richtet allerdings den Fokus auch auf eine stärker poetisierte und verdichtete Formgebung. Die Einheit wurde so angelegt, dass ausgehend von diesem formalen ‚Registerwechsel' zunächst allgemeinere gattungsspezifische Fragen (Was ist das Besondere politischer Lyrik im Gegensatz etwa zu politischen Reden? Wie kann man Gedichte verstehen?) betrachtet wurden. Als direkte Voraussetzung für die Stunde des gemeinsamen Unterrichtsbesuchs dient zudem der zuvor thematisierte Aspekt der Aktualisierbarkeit von politischer Lyrik. Die Lernenden wissen also bereits, dass die Texte über ihr durch die Textstrukturen bestimmtes Deutungspotenzial und einen engeren, durch den jeweiligen Entstehungskontext vorgegebenen Deutungsrahmen hinaus auch immer Möglichkeiten zur Übertragung auf aktuelle politische, kulturelle oder persönliche Fragen bieten. Methodisch sind die Schülerinnen und Schüler im Umgang mit Gedichten als versiert zu bezeichnen. Im Zuge der Einheit haben sie gelernt, eigenständig Schwerpunkte für die Auseinandersetzung mit lyrischen Texten zu entwickeln und auf Grundlage einer Textanalyse gezielt zu sinnstiftenden Interpretationen zu gelangen. Dazu verfügen sie bereits über ein breites Repertoire an Analysekategorien.
Besonders wichtig ist die der Stunde vorgeschaltete Kontextuierung des Brecht-Gedichtes durch eine Erarbeitung des zentralen biblischen Prätextes. In der Regel soll zwar auf zu starke Kontextuierungen vor der eigentlichen Texterschließung verzichtet werden, um die Schüler nicht zu stark in ihrer Deutung zu lenken. Doch kann eine vorgeschaltete Klärung von Kontexten sinnvoll oder sogar notwendig sein, falls die Schüler zentrale Textelemente ohne eine solche Klärung kaum angemessen verstehen könnten. Brecht konnte zur Entstehungszeit des Gedichts davon ausgehen, dass die meisten Leser seine intertextuellen Anspielungen verstehen und entsprechend in ihr Textverstehen einbeziehen würden. Bei einer heutigen Schulklasse kann von diesen Voraussetzungen aber nicht mehr ausgegangen werden. Insbesondere eine Unkenntnis der biblischen Erzählung vom goldenen Stierbild könnte bei der Erarbeitung des Brecht-Gedichtes zu Ratlosigkeit oder Fehldeutungen der Schüler führen."

4. Didaktische Reflexion
4.1 Begründung / übergeordnete Ziele

Ausgehend von den Angaben zur Lerngruppe und zu den Lernvoraussetzungen wird das Thema der Stunde begründet. Dazu werden – unter Berücksichtigung von curricularen Rahmenbedingungen und fachdidaktischen Zielmodellen – übergreifende Ziele (zumeist:

zentrale zu fördernde Kompetenzen) festgelegt. Im Anschluss wird begründet, warum sich das gewählte Thema besonders anbietet, damit die Lerngruppe diese Ziele erreichen kann. Eine Begründung des Themas unter pädagogischen bzw. entwicklungspsychologischen Aspekten kann ergänzend hinzutreten.

„Das gewählte Stundenthema beruht auf den Vorgaben des Niedersächsischen Kerncurriculums im Fach Deutsch. Dieses fordert für den Umgang mit literarischen Texten die exemplarische Erarbeitung von „Gedichten unterschiedlicher Epochen" (Kerncurriculum Niedersachsen 2006, S. 25) mit Hilfe von „textimmanenten Analyse- und Interpretationsverfahren" sowie mit Hilfe von Kontextwissen, wobei die Lernenden Bezüge zwischen fiktionaler Welt und eigener Lebenswelt herstellen sollen (ebd., S. 26). In dieser Stunde sollen vor allem die Deutungskompetenz und die Kompetenz zum Wirklichkeitsbezug der Schülerinnen und Schüler gefördert werden. Damit soll ihnen die Möglichkeit eröffnet werden, neue Sichtweisen der Wirklichkeit kennen zu lernen und mit den eigenen abzugleichen. Das Gedicht *700 Intellektuelle beten einen Öltank an* von Bertolt Brecht ist geeignet, diese Kompetenzen besonders zu fördern, da die Schüler erstens erfahren, inwiefern Kontexte als Hilfen für mögliche Textdeutungen auf der Grundlage einer Textuntersuchung dienen können. Zweitens lässt sich die im Text kritisierte Technikgläubigkeit auch auf die Lebenswirklichkeit der Schüler übertragen. Die insgesamt leistungsstarke Lerngruppe hat bislang Geschick auch im Umgang mit komplexeren Texten bewiesen. Deshalb wurde das vorliegende, mit Ironie und Perspektivenwechsel arbeitende Gedicht ausgewählt. Das Anforderungsniveau wird über die Textauswahl an die Lernenden angepasst.

Aus entwicklungspsychologischer Sicht bietet sich die Behandlung von Lyrik für die Lerngruppe in besonderer Weise an, da die Lernenden sich in der Phase der mittleren Adoleszenz befinden (Schneider/Lindenberger 2012, S. 241f.) und nach Selbstentwürfen suchen, die sie mit den in der Lyrik offerierten Entwürfen von Wirklichkeit vergleichen können. Die besondere pädagogische Relevanz des Stundenthemas ergibt sich daraus, dass die Jugendlichen ihre eigene Haltung zu modernen technischen Errungenschaften (z. B. Smartphones, sozialen Netzwerken etc.) kritisch hinterfragen und Stellung dazu beziehen können. Auf Grundlage ihres kognitiven Entwicklungsstandes verfügen die Lernenden in hinreichendem Maße über Fähigkeiten des abstrakten Denkens, um die ironische und indirekte Darstellung des Textes zu verstehen."

Sachanalyse

Die Sachanalyse dokumentiert die fachwissenschaftliche Durchdringung des Gegenstandes durch den Lehrer. Sie ist in der Regel auf einem höheren Niveau angesiedelt, als die Texterschließung, die von den Schülern erwartet werden kann. In der Sachanalyse werden – auch unter (ausgewiesener) Zuhilfenahme der Sekundärliteratur – die möglichen Analyse- und Deutungsschwerpunkte für den Gegenstand dargelegt:

„Das Gedicht *700 Intellektuelle beten einen Öltank an* wurde von Bertolt Brecht erstmals 1928 im *Prisma im Zenith* und ein Jahr später im *Simplicissimus* veröffentlicht (GBFA, S. 355). Es ist Teil der Gedichtsammlung *Aus dem Lesebuch für Städtebewohner* (ebd.). Der Text thematisiert die zunehmende Technikgläubigkeit in der modernen Welt. Diese Technikgläubigkeit wird durch die Anbetung, die eine Gruppe von Intellektuellen einem Öltank zuteilwerden lässt, symbolisch und hyperbolisch dargestellt. Bereits der kuriose Titel signalisiert eine satirische Lesart und lässt das Gedicht als ironisch-zynischen Kommentar zu Deformationen der ‚Städtebewohner' erscheinen (Hinderer 2010, S. 465). Außerdem kritisiert Brecht en passant die Literatur der ‚Neuen Sachlichkeit', die „die neuen Wirklichkeiten, besonders die Technik, verherrlicht" (GBFA, S. 355), indem er den modernen Ölgötzen als „Du Sachlicher" (V.23) bezeichnet.

Formal gliedert sich das 49 Verse zählende Gedicht in neun Strophen unterschiedlicher Länge. Auch die Verslänge variiert zum Teil stark. Besonders zu betonende oder sinntragende Worte stehen für sich allein (vgl. V. 11, 17, 29, 45). Ein einheitliches Metrum oder ein Reimschema sind nicht vorhanden. Auffällig ist der sakrale Sprachduktus des Gedichts, den Brecht auch in anderen Texten (etwa in Form von Psalmen, Liturgien, Exerzitien oder Bittgesängen) häufig verwendet. Hier persifliert er einen Gebetstext, indem er einerseits einen biblischen Ton nachahmt, was sich an Inversionen, Ausrufen, Archaismen, „rhetorischen Figuren der Wiederholung" und „logisch verknüpfte[n], häufig negierte[n] Satzverbindungen" (GBFA, S. 350) zeigt. Andererseits werden mit abgewandelten Zitaten aus Kreuzzeichen („Im Namen der Elektrifizierung, / des Fordschritts und der Statistik!") und Vaterunser („Darum erhöre uns / und erlöse uns von den Übeln des Geistes") zentrale Grundgebete aufgegriffen. Diese „Gebetskontrafaktur" mit ihrer „hyperbolischen und affektischen Rede" (Meyer 2010,

S. 296) zeichnet eine moderne Version des Götzendienstes um das goldene Stierkalb in 2.Mose 32 nach. So wie die Israeliten sich einen materiellen Götzen schaffen und als ihren Gott verehren, erscheint der Öltank den Intellektuellen als das „unangefochten zeitgemäß[e] Symbol des Mammons" (Wilfinger 2008, 38), das die „Kopf-Arbeiter" (ebd.) als Reinkarnation Gottes feiern. Sie ziehen dabei die Eigenschaften des Öltanks (Materialität, Sichtbarkeit, Berechenbarkeit, Rationalität) denen des „alten Gottes" vor und fordern ihn auf, sie „kollektiv [zu] mache[n]" (V.25) und sie vom „Übel des Geistes" (V.47) zu befreien. In dieser fehlgeleiteten Selbstaufgabe zugunsten einer technischen Chimäre präsentiert sich das Paradoxe der intellektuellen Selbstauflösung (Wilfinger 2008, 52). Die aus dem Intellekt hervorgegangene Technik, die ein Mittel der Befreiung und des Fortschritts sein sollte, wird so zu einer die Subjektivität negierenden Fußfessel von Verstand und Gefühl. Statt nach Aufklärung im Sinne Kants, streben die Intellektuellen nach einer neuen, selbst verschuldeten Unmündigkeit. Dies lässt sich durch einen weiteren intertextuellen Verweis in der vorletzten Strophe („Was ist für Dich ein Gras?/Du sitzest darauf.") nur bekräftigen. Die Korrespondenzstelle findet sich im 1. Petrus 1:24, wo der Mensch mit Gras verglichen wird, das im Gegensatz zu Gott vergänglich ist. Das vom Öltank zerdrückte Gras, lässt sich so als der von der Technik unterworfene Mensch dechiffrieren.

Da das Gedicht aus der Perspektive eben jener 700 Intellektuellen gesprochen wird, muss der zur Reflexion aufgeforderte Leser eine Deutung beziehungsweise einen möglichen Appell des Gedichts selbstständig entwickeln. Ein solcher Appell könnte lauten: Der Mensch soll nicht zum Instrument der Technik werden, sondern selbst die Oberhand behalten und seine Mündigkeit bewahren. Das bedeutet nicht, dass Technik per se kritisiert wird, sondern viel mehr der unkritische Umgang mit ihr.

Diese allgemeinere Deutung lässt sich unter Heranziehung von Brechts gesellschaftspolitischer Haltung noch spezifizieren. So ist der kritisch-ironische Gestus des Gedichts nach Intention des Verfassers nicht grundsätzlich antizivilisatorisch ausgerichtet, sondern antikapitalistisch (Vaßen 1994, 170). Der technische Fortschritt ist für Brecht nämlich auch die Grundlage für sozialen Fortschritt (ebd.), insofern die Werktätigen einen der modernen Technik entsprechenden gesellschaftlichen Wandel in Gang setzen und alte – kapitalistische – Herrschaftsformen überwinden sollen. Ein nur technischer Fortschritt hingegen ist fatal, vielleicht sogar unmöglich. Schon in der ersten Strophe wird so in bildlicher Weise darauf hingewiesen, dass die Intellektuellen einer sozialen Ordnung entstammen, die sich überlebt hat. Der „Ast, auf dem ihr sitzet" und durch die technikgläubigen Intellektuellen selbst „abgesägt" wird, (V. 16) ist dann als Metapher für diese Ordnung zu lesen, der eine neue folgen muss, wenn sie mit dem technischen Fortschritt Schritt halten will."

4.3 Didaktische Reduktion

Ausgehend von dieser umfassenden sachanalytischen Durchdringung müssen im Folgenden begründete Auswahlentscheidungen getroffen werden: Welche Aspekte der Sachanalyse sind mit Blick auf entwicklungspsychologische Bedingungen sowie die durch die Einheit angestrebte Lernprogression in der Stunde zu behandeln, welche müssen vernachlässigt werden? Im Zuge dessen sind auch ggf. Veränderungen am Material (durch Annotationen, Kontextinformationen, Kürzungen etc.) zu erläutern:

„Im Zentrum der Stunde stehen die inhaltliche Analyse, die Deutung (mit dem Schwerpunkt Technikgläubigkeit) und der Wirklichkeitsbezug von Brechts Gedicht *700 Intellektuelle beten einen Öltank an*. Aufgrund der Komplexität des Textes und der begrenzten Bearbeitungszeit kann die Analyse nicht bis ins Detail vorgenommen werden. Im Rahmen der didaktischen Reduktion wird daher auf den literaturhistorischen Bezug zur Kritik an der ‚Neuen Sachlichkeit' verzichtet. Sprachliche Gestaltungsmittel und Auffälligkeiten sowie intertextuelle Bezüge – mit Ausnahme 2.Mose 32 – sind Gegenstand der folgenden Stunde und sollen daher ebenfalls noch nicht eingehender untersucht werden. Eine Deutung des Textes, die die Beziehung von technischer und sozialer Entwicklung umfasst, soll nach Möglichkeit berücksichtigt werden. Sie kann aber vermutlich nicht vertiefend erfolgen und muss die spezielle Auffassung des Autors vom gesellschaftlichen Fortschritt vernachlässigen, weil eine Erarbeitung des entsprechenden biographischen Kontextes und seine Anwendung auf komplexe sprachliche Bilder zeitlich nicht möglich wären.

Der Gedichttext stellt die Materialgrundlage dar und wird hier in der Fassung der Erstveröffentlichung wiedergegeben. Der durchaus komplexe Text lässt auf der lexikalischen Ebene kaum Schwierigkeiten vermuten. Die bewusst verwendete Schreibung „Fordschritts" (V. 49) wird in einer Fußnote erklärt. Auf weitere Erläuterungen – etwa der intertextuellen Bezüge zum Kreuzzeichen oder Vaterunser – wird in der ersten Stunde verzichtet, um die

Lernenden nicht vorzeitig die sprachliche Verfasstheit des Textes fokussieren zu lassen. Ggf. wird zusätzlich ein Zitat aus Brechts „Leben des Galilei" („[...] und eure neuen Maschinen mögen nur neue Drangsale bedeuten. Ihr mögt mit der Zeit alles entdecken, was es zu entdecken gibt, und euer Fortschritt wird doch nur ein Fortschritt von der Menschheit weg sein." [Brecht 1988, S. 125f.]) genutzt."

4.4 Lernziele

Aus den vorangegangenen Überlegungen zur Begründung der Textauswahl, zur Sache und zu einer auf die Lerngruppe zugeschnittenen didaktischen Reduktion werden schließlich konkrete Lernziele abgeleitet. Es bietet sich an, diese Ziele mit Hilfe von wenigen Operatoren so zu formulieren, dass ihr Erreichen im Unterricht überprüfbar bleibt. Nach Möglichkeit sind alle Anforderungsbereiche (AFB) abzudecken:

„Aus den didaktischen Überlegungen ergibt sich folgender angestrebter Lernerfolg: Die Schülerinnen und Schüler benennen die Kritik an der Technikgläubigkeit als Thema des Gedichts (AFB I), sie erläutern auf der Grundlage einer Textuntersuchung und unter Nutzung eines zentralen Prätextes Deutungsmöglichkeiten des Gedichtes (AFB II) und sie bewerten die Aktualität des Textes für ihre eigene Lebenswirklichkeit (AFB III). Die Schülerinnen und Schüler entwickeln damit ihre Kompetenzen für ein Textverstehen unter Nutzung von Kontexten und für den Wirklichkeitsbezug weiter."

5. Methodische Planung / Phasierung

In einer Verlaufsplanung werden die Methoden und die Phasierung des Unterrichts vorgestellt. Mit Bezug auf die Lernziele der Stunde und die Lernvoraussetzungen der Schüler werden die gewählten Phasen für den Unterricht genannt und die für die Phasen vorgesehenen Inhalte aufgeführt. Dazu kann es sinnvoll sein, Schüler- und Lehrerhandlungen getrennt anzugeben und Impulse (Leitfragen, Aufgaben, Überleitungen) zu formulieren. Zudem werden die gewählten Methoden, Sozialformen, Medien und Arbeitstechniken genannt und es wird begründet, inwiefern sie sich eignen, um die gesteckten Ziele zu erreichen. Zusätzlich sind mögliche Verläufe des Unterrichts, vor allem erwartbare Schwierigkeiten, zu antizipieren und Alternativen zum geplanten Lernweg zu planen:

„Als Einstieg wird das Gedicht ausdrucksstark von der Lehrkraft vorgelesen, um durch die sinngestaltende Rezitation das Textverständnis zu erleichtern. Es ist zu beachten, dass eine Vortragsfassung immer auch eine gewisse (lenkende) Interpretation des Textes vornimmt. Alternativ könnten auch eine Tonaufnahme oder ein

vorbereiteter Schüler eingesetzt werden. Beim Vortrag werden die Lernenden dazu angeregt, den vorher ausgeteilten Text mitzulesen, um auch die formal-ästhetischen Besonderheiten wahrzunehmen. Die Rezitation wird visuell durch die Projektion eines Öltanks per OHP unterstützt. Auf eine zweite Rezitation wird aus Zeitgründen verzichtet.
Die Schülerinnen und Schüler werden anschließend durch den Impuls *Beschreibt eure ersten Assoziationen und Ideen* zu einem offenen Austausch über ihre ersten Zugänge zum Text angeregt. Es ist darauf zu achten, auch leistungsschwächere und introvertiertere Lernende von Anfang an miteinzubeziehen, während sich die Lehrkraft mit Kommentaren zurücknimmt. Im Anschluss an diesen Austausch werden die ersten Deutungsangebote an der Tafel fixiert. Es ist zu erwarten, dass die Lernenden die Technikgläubigkeit der Intellektuellen, die Ironie des Textes und möglicherweise seine religiösen Bezüge einbringen. Sollten die Schülerinnen und Schüler einen Bezug zum biblischen Prätext hier noch nicht selbstständig leisten, wird mit einem entsprechenden Impuls darauf hingelenkt. Leistungsstärkere Schülerinnen und Schüler könnten durchaus auch elaboriertere Deutungen und einen spontanen Vergleich mit der Referenzstelle leisten. Dies muss von der Lehrkraft als Überleitungsmöglichkeit zur folgenden Erarbeitung genutzt werden.
In der Erarbeitung überprüfen die Lernenden die im Einstieg formulierten Deutungsansätze. Voraussichtlich soll dazu insbesondere die Frage beantwortet werden, was die Technikgläubigkeit der Intellektuellen genau ausmacht und wie sie durch den Text bewertet wird. Dazu sollen die Schüler das Gedicht inhaltlich untersuchen und mit der Geschichte vom goldenen Stierbild vergleichen. Sie können so feststellen, dass sich eine Äquivalenzbeziehung zwischen dem Stiergötzen und dem Öltank ergibt. Mit Hilfe der Erkenntnis, dass die biblische Geschichte als Kritik an der Götzenanbetung zu verstehen ist, kann die Textuntersuchung in eine Deutung übergehen. Die Schüler können die naheliegende Auffassung entwickeln, dass Brechts Gedicht eine fehlgeleitete Technikgläubigkeit kritisiert. Es wird erwartet, dass sich im Rahmen dieser Deutung unterschiedliche Schwerpunktsetzungen der Schüler ergeben, indem sie beispielsweise eher die Aufgabe von Subjektivität oder die Negierung des Gottesgedankens fokussieren.
Die Schüler sollen die Untersuchung in Partnerarbeit leisten. Dafür wurde die Sitzordnung so angeglichen, dass nach Möglichkeit im-

mer leistungsstärkere und -schwächere Schülerinnen und Schüler zusammenarbeiten. Für die sich anschließende Sicherungsphase wird eine Dokumentenkamera eingesetzt. Das ist einer Foliensicherung vorzuziehen, um flexibler auf den Verlauf der Erarbeitungsphase in den einzelnen Lernpaaren reagieren zu können. In der Sicherung präsentieren zwei Schülerpaare ihre Ergebnisse, wobei auch hier zunächst leistungsschwächere Schülerinnen und Schüler einzubeziehen sind. Die anderen Lernenden kommentieren und ergänzen die Ausführungen nach Bedarf. Für den Fall, dass das inhaltlich noch nicht hinlänglich durch die Lernenden erfolgt ist, wird an der Tafel ein Zwischenfazit festgehalten.
In der anschließenden Vertiefung wird den Schülern durch den Impuls *Formuliert einen Appell an den Leser, der sich aus Brechts Gedicht ergeben* könnte die Möglichkeit gegeben, ihre Deutungen in Form von positiven Handlungsanweisungen explizit zu machen. Die Formulierung erfolgt je nach zeitlichem Fortschritt mündlich oder schriftlich in einigen Sätzen. Die Schülerinnen und Schüler sind mit diesem Aufgabentyp aus einer vorhergehenden Stunde vertraut. Sollten bereits in der Sicherung Vorgriffe auf die im Gedicht impliziten Appelle erfolgt sein, genügt es möglicherweise, sie durch Tafelanschrieb zu sichern, ohne eine weitere Arbeitsphase einzuschalten.
Alternativ oder ergänzend zu der ersten Vertiefung kann mit einem kurzen Zitat aus Brechts *Leben des Galilei* eine auf die gesellschaftspolitischen Implikationen des Gedichtes zielende Deutung angeregt werden: „[...] und eure neuen Maschinen mögen nur neue Drangsale bedeuten. Ihr mögt mit der Zeit alles entdecken, was es zu entdecken gibt, und euer Fortschritt wird doch nur ein Fortschritt von der Menschheit weg sein." (Brecht 1988, S. 125f.) Dieses Zitat soll auf Folie präsentiert werden. Anhand des Impulses „Ihr seht hier eine Textstelle aus einem weiteren Werk von Brecht, aus ‚Leben des Galilei'. Passt diese Textstelle auch zu dem Gedicht, das ihr untersucht habt?" sollen die Schüler ihre bislang vorgenommenen Deutungen differenzieren, indem sie erwägen, inwiefern die im Gedicht dargestellte Technikgläubigkeit für alle Menschen / die Gesellschaft schädliche Folgen haben könnte. Falls es zeitlich möglich ist, können die Schüler durch den Zusatzimpuls „Gibt uns die Lektüre des Gedichts Hoffnung darauf, dass sich die moderne Gesellschaft zum Guten verändern könnte?" zudem eine Anregung erhalten, um die Möglichkeit der Verbindung von technischem und gesellschaftlichem Fortschritt in ih-

re Deutung einzubeziehen. Dazu könnten sie eventuell die entsprechenden Andeutungen des Textes entdecken oder sich auch lediglich darauf beziehen, dass eine radikal negative Sicht in einem literarischen Text den Leser zu einer positiveren Gestaltung der Lebenswirklichkeit aufrufen kann.

Eine Anwendung erfolgt schließlich mit dem Impuls *Beurteilt, inwiefern Brechts Gedicht heute immer noch aktuell ist.* Die Schülerinnen und Schüler erbringen hier ausgehend von dem zuvor erarbeiteten Textverständnis eine Transferleistungen, indem sie den Text auf ihre Lebenswirklichkeit beziehen. Dazu ist zunächst möglichst phänomenologisch zu klären, ob es ähnliche Mechanismen der Technikabhängigkeit wie sie in dem Gedicht dargestellt werden auch in ihrem Alltag gibt und wie sie sich auswirken. Mit dem Zusatzimpuls *Hat sich eure Haltung gegenüber der Technik nach der Lektüre von Brechts Gedicht verändert?* Können die Lernenden zudem reflektieren, inwiefern die Auseinandersetzung mit dem Text ihre eigenen Sichtweisen von Technik differenziert hat. Um die Diskussion bei Bedarf anzuregen, wird eine Abbildung eines Apple Store bei einem Produkt-Release gezeigt und nach einer passenden Textstelle aus dem Gedicht gefragt (Es bieten sich die Verse 12–14 an: „Gestern warst Du noch nicht da / Aber heute / Bist nur Du mehr“ an).

Als didaktische Reserve bietet es sich an, auch mit Blick auf die folgende Stunde, weiterführende Fragen für die Bearbeitung zu sammeln. Dazu kann die Lehrkraft auch bereits auf die Bedeutung der sprachlichen Gestaltung hinweisen. Im Anschluss erhalten die Schülerinnen und Schüler folgende den neuen Untersuchungsaspekt vorbereitende Hausaufgabe: *Brechts Gedicht wird in der Forschung als „Gebetskontrafaktur“ (= unechtes Gebet) bezeichnet. Erläutere an vier selbst gewählten Stellen, inwiefern der Text sprachliche Parallelen zu einem Gebet aufweist.*“

Diese ausformulierte Verlaufsplanung ist der Übersicht halber auch in tabellarischer Form anzufügen:

Zeit / Phase / Unterrichtsschritte	Sozialform	Medien
Einstieg: 9.50–10.02 Uhr – Lehrer trägt das Gedicht vor, zeitgleich wird das Bild eines Öltanks projiziert Impuls: Beschreibt eure ersten Assoziationen und Ideen zu dem Gedicht. Hilfsimpuls: Nennt Parallelen zu dem Bibeltext um das goldene Stierbild. – Lehrer bündelt die ersten Deutungsansätze an der Tafel	Unterrichts-gespräch	M1 Overhead-Projektor, Tafel
Erarbeitung: 10.02 –10.14 Uhr – Stellen des Arbeitsauftrages, Zeitvorgabe für die Schüler – Schüler untersuchen den Gedichtinhalt und vergleichen ihn mit dem Bibeltext; Lehrer berät und gibt evtl. Hilfestellungen	Partnerarbeit	
Sicherung: 10.14–10.22 Uhr – Präsentation der Ergebnisse Impuls: Erklärt, inwiefern ihr eure ersten Ideen zu Brechts Text bestätigt oder verändert habt.	Schülervortrag Unterrichts-gespräch	Dokumenten-kamera
Vertiefung: 10.22–10.27 Uhr Impuls: Formuliert einen Appell an den Leser, der sich aus Brechts Gedicht ergeben könnte. Alternativ oder ergänzend: Deutung mit Hilfe eines Zitates aus „Leben des Galilei" Impuls: Passt diese Textstelle auch zu dem Gedicht, das ihr untersucht habt? Zusatzimpuls: Gibt uns die Lektüre des Gedichtes Hoffnung darauf, dass sich die moderne Gesellschaft zum Guten verändern könnte?	Unterrichts-gespräch	Tafel
Erstes mögliches Stundenende		
Anwendung: 10.27–10.35 Uhr Impuls: Beurteilt, inwiefern Brechts Gedicht heute immer noch aktuell ist. Hilfsimpuls: Erläutert, zu welchen Textstellen dieses Bild passen könnte. Hilfsimpuls: Hat sich eure Haltung zur Technik nach der Lektüre des Gedichts verändert?	Unterrichts-gespräch	M3
Geplantes Stundenende		
Didaktische Reserve Lehrer sammelt weiterführende Fragen und leitet auf die Hausaufgabe zur sprachlichen Analyse des Gedichts über.	Unterrichts-gespräch	

[M1–M3 = Material im Anhang]

Abbildung 58: Verlaufsplanung für eine Unterrichtsstunde, Beispiel (Stundenplanung 2015)

Bertolt Brecht: 700 Intellektuelle beten einen Öltank an (1928)

Ohne Einladung
Sind wir gekommen
Siebenhundert (und viele sind noch unterwegs)
Überall her,
Wo kein Wind mehr weht,
Von den Mühlen, die langsam mahlen, und
Von den Öfen, hinter denen es heißt,
Daß kein Hund mehr vorkommt.

Und haben Dich gesehen
Plötzlich über Nacht,
Öltank.

Gestern warst Du noch nicht da,
Aber heute
Bist nur Du mehr.

Eilet herbei, alle,
Die ihr absägt den Ast, auf dem ihr sitzet,
Werktätige!
Gott ist wiedergekommen
In Gestalt eines Öltanks.

Du Häßlicher,
Du bist der Schönste!
Tue uns Gewalt an,
Du Sachlicher!
Lösche aus unser Ich!
Mache uns kollektiv!
Denn nicht wie wir wollen,
Sondern wie Du willst.

Du bist nicht gemacht aus Elfenbein und Ebenholz, sondern aus
Eisen.
Herrlich, herrlich, herrlich!
Du Unscheinbarer!

Du bist kein Unsichtbarer,
Nicht unendlich bist Du!
Sondern sieben Meter hoch.
In Dir ist kein Geheimnis,
Sondern Öl,

Und Du verfährst mit uns
Nicht nach Gutdünken, noch unerforschlich,
Sondern nach Berechnung.

Was ist für Dich ein Gras?
Du sitzest darauf.
Wo ehedem ein Gras war,
Da sitzest jetzt Du, Öltank!
Und vor Dir ist ein Gefühl
Nichts.

Darum erhöre uns
Und erlöse uns von dem Übel des Geistes
Im Namen der Elektrifizierung,
Des Fordschritts und der Statistik!

„700 Intellektuelle beten einen Öltank an“, aus: Bertolt Brecht, Werke. Große kommentierte Berliner und Frankfurter Ausgabe, Band 11: Gedichte 1,

17 Anhang

17.1 Zitierte Literatur

Abraham 1994 Ulf Abraham: Lesarten – Schreibarten. Formen der Wiedergabe und Besprechung literarischer Texte. Stuttgart 1994.

Abraham 2001 Ulf Abraham: Den Blickwechsel üben. Grammatikunterricht und Literaturunterricht, in: Mitteilungen des deutschen Germanistenverbandes 48, H. 1, S. 30–43.

Abraham / Kammler 2005 Ulf Abraham / Clemens Kammler: Drama, Theater, Szenisches Spiel. Praxis Deutsch, Sonderheft, Seelze 2005.

Abraham / Kepser 2009 Ulf Abraham / Matthis Kepser: Literaturdidaktik Deutsch. Eine Einführung, 3. Auflage, Berlin 2009.

Abraham / Launer 2002 Ulf Abraham / Christoph Launer: Weltwissen erlesen, in: dies. (Hg.), Weltwissen erlesen. Literarisches Lernen im fächerübergreifenden Unterricht, Baltmannsweiler 2002, S. 6–58.

Andresen 2002 Helga Andresen: Interaktion, Sprache und Spiel. Zur Entwicklung des Rollenspiels für die Sprachentwicklung im Vorschulalter, Tübingen 2002.

Andringa 2004 Els Andringa: The interface between fiction and life, in: Poetics today 25 (2004), H. 2, S. 203–240.

Artelt u. a. 2001 Cordula Artelt / Petra Stanat / Wolfgang Schneider / Ulrich Schiefele: Lesekompetenz: Testkonzeption und Ergebnisse, in: Jürgen Baumert / Eckard Klieme / Michael Neubrand / Manfred Prenzel / Ulrich Schiefele / Wolfgang Schneider / Petra Stanat / Klaus-Jürgen Tillmann / Manfred Weiß. (Hg.), PISA 2000. Basiskompetenzen von Schülerinnen und Schülern im internationalen Vergleich. Opladen 2001, S. 69–137.

Asmuth 2009 Bernhard Asmuth: Einführung in die Dramenanalyse, 7., aktual. u. erw. Auflage, Stuttgart 2009.

Barthes 1988 Roland Barthes: Einführung in die strukturale Erzählanalyse, in: ders., Das semiologische Abenteuer, Frankfurt a. M. 1988, S. 102–143.

Becker-Mrotzek/Böttcher 2012 Michael Becker-Mrotzek/Ingrid Böttcher: Schreibkompetenz entwickeln und beurteilen, 5., überarbeitete Auflage, Berlin 2012.

Bekes 2005 Peter Bekes: Vor der Sprechanlage. Entfremdung und Isolation in einer von Medien geprägten Welt: „Groß und klein“ von Botho Strauß, in: Ulf Abraham / Clemens Kammler (Hg.), Drama, Theater, Szenisches Spiel. Praxis Deutsch, Sonderheft 2005, S. 77–81.

Bertschi-Kaufmann 2000 Andrea Bertschi-Kaufmann: Lesen und Schreiben in einer Medienumgebung. Die literalen Aktivitäten von Primarschulkindern, Aarau 2000.

Bertschi-Kaufmann 2007 Andrea Bertschi-Kaufmann (Hg.): Lesekompetenz, Leseleistung, Leseförderung. Grundlagen, Modelle und Materialien, Seelze 2007.

Bildungsstandards 2003 Bildungsstandards im Fach Deutsch für den Mittleren Schulabschluss (Jahrgangsstufe 10). Beschluss der Kultusministerkonferenz vom 4.12.2003, hg. v. Sekretariat der Ständigen Konferenz der Kultusminister der Länder in der Bundesrepublik Deutschland, München 2004.

Bittner 2006 Stefan Bittner: Das Unterrichtsgespräch. Formen und Verfahren des dialogischen Lehrens und Lernens. Bad Heilbrunn 2006.

Bogdal 2002 Klaus-Michael Bogdal: Literaturdidaktik im Spannungsfeld von Literaturwissenschaft, Schule und Bildungs- und Lerntheorien, in: ders. / Hermann Korte, Grundzüge der Literaturdidaktik, München 2002, S. 9–29.

Bogdal / Kammler 2002 Klaus-Michael Bogdal / Clemens Kammler: Dramendidaktik, in: Klaus-Michael Bogdal / Hermann Korte (Hg.), Grundzüge der Literaturdidaktik, München 2002, S. 177–189.

Bonfadelli 1999 Heinz Bonfadelli: Medienwirkungsforschung 1, Grundlagen und theoretische Perspektiven, Konstanz 1999.

von Borries 2003 Bodo von Borries: Nicht-nur-kognitive Motive des Literaturunterrichts?, in: Der Deutschunterricht 2003, H. 6, S. 12–22.

Branigan 1992 Edward Branigan: Narrative Comprehension and Film, London / New York 1992.

Bräuer 2000 Gerd Bräuer: Schreiben als reflexive Praxis. Tagebuch, Arbeitsjournal, Portfolio, Freiburg i. Br. 2000.

Breidenstein 2014 Georg Breidenstein: Die Individualisierung des Lernens unter den Bedingungen der Institution Schule, in: Bärbel Kopp / Sabine Martschinke / Meike Munser-Kiefer / Michael Haider / Eva-Maria Kirschhock / Gwendo Ranger / Günter Renner (Hg.): Individuelle Förderung und Lernen in der Gemeinschaft. Jahrbuch Grundschulforschung (Band 17), Wiesbaden, S. 35-50.

Breidenstein 2015 Georg Breidenstein (i. E.): Vincent und die „Apotheke“ – oder: die Didaktik des Materials, in: Zeitschrift für interpretative Schul- und Unterrichtsforschung (ZISU), Heft 1/2015, 4. Jg., S. 15-30.

Bremer Kollektiv 1974 Bremer Kollektiv (Hg.): Grundriß einer Didaktik und Methodik des Deutschunterrichts in der Sekundarstufe I und II, Stuttgart 1974.

Brüggemann 2009 Jörn Brüggemann: Literarisches Lesen – Historisches Verstehen. Zur Explikation einer unterbewerteten Komponente literarischer Rezeptionskompetenz, in: Didaktik Deutsch 2009, H. 26, S. 12–30.

Budde / Riegler / Wiprächtiger-Geppert 2012 Monika Budde / Susanne Riegler / Maja Wiprächtiger-Geppert: Sprachdidaktik, 2., aktualisierte Auflage, Berlin 2012.

Büker / Kammler 2003 Petra Büker / Clemens Kammler: Das Fremde und das Andere in der Kinder- und Jugendliteratur, in: dies. (Hg.), Das Fremde und das Andere. Interpretationen und didaktische Analysen zeitgenössischer Kinder- und Jugendbücher, Weinheim / München 2003, S. 7–29.

Burdorf 2015 Dieter Burdorf: Einführung in die Gedichtanalyse, 3. Auflage, Stuttgart 2015.

Chatman 1978 Seymour Chatman: Story and Discourse. Narrative Structure in Fiction and Film, Ithaka / New York 1978.

Chatman 1990 Seymour Chatman: Coming to Terms. The Rhetoric of Narrative in Fiction and Film, Ithaca / New York 1990.

Chiellino 2000 Carmine Chiellino: Interkulturelle Literatur in Deutschland. Ein Handbuch, Stuttgart 2000.

Cohn 1978 Dorrit Cohn: Transparent Minds. Narrative Modes for Presenting Consciousness in Fiction, Princeton 1978.

Conrady 1983 Karl Otto Conrady: Illusionen der Literaturgeschichte, in: Thomas Cramer (Hg.), Literatur und Sprache im historischen Prozess, Band 1: Literatur. Tübingen 1983, S. 18–29.

Dahms 1968 Dahms, Günter: Von der Nacherzählung zur Inhaltsangabe. In: Die Pädagogische Provinz 22 (1968), S. 169–178.

Dannecker 2014 Wiebke Dannecker: Literaturunterricht inklusiv gestalten – individuelle Zugänge zu einem literarischen Text ermöglichen. Ergebnisse eines empirischen Unterrichtsprojekts zu Kellers „Kleider machen Leute“. In: Johannes Hennies / Michael Ritter (Hrsg.): Deutschunterricht in der Inklusion. Auf dem Weg zu einer inklusiven Deutschdidaktik, Stuttgart: 2014, S. 209–220.

Dawidowski 2006 Christian Dawidowski: Theoretische Entwürfe zur interkulturellen Literaturdidaktik. Zur Verbindung pädagogischer und deutschdidaktischer Interkulturalitätskonzepte, in: ders. / Dieter Wrobel (Hg.), Interkultureller Literaturunterricht. Konzepte – Modelle – Perspektiven, Baltmannsweiler 2006, S. 18–36.

Dawidowski / Wrobel 2006 Christian Dawidowski / Dieter Wrobel Einführung: Interkulturaliät im Literaturunterricht, in: dies. (Hg.), Interkultureller Literaturunterricht. Konzepte – Modelle – Perspektiven, Baltmannsweiler 2006, S. 1–17.

Denk / Möbius 2008 Rudolf Denk / Thomas Möbius: Dramen- und Theaterdidaktik. Eine Einführung, Berlin 2008.

deutsch.ideen 9 2006 Günter Graf / Hans Stammel: deutsch.ideen 9 Lese- und Sprachbuch, Braunschweig 2006.

deutsch.kombi 5 2007 Hans Werner Huneke u. a.: deutsch.kombi 5. Sprach- und Lesebuch, Stuttgart / Leipzig 2007.

deutsch.punkt 6 2009 Jutta Biesemann u. a.: deutsch.punkt 6. Zugänge zur Oberstufe, Stuttgart / Leipzig 2009.

deutsch.werk 5 2007 Maximilian Nutz (Hg.): deutsch.werk 5. Sprach- und Lesebuch, Stuttgart / Leipzig 2007.

deutschzeit 5 2015 Anja Fandel u.a.(Hg.): Deutschzeit 5, Berlin 2015.

van Dijk 1980 Teun A. van Dijk: Textwissenschaft. Eine interdisziplinäre Einführung, München 1980.

Domin 1967 Hilde Domin: Wozu Lyrik heute? Dichtung und Leser in der gesteuerten Gesellschaft, München 1967.

Droysen 1972 Johann Gustav Droysen: Texte zur Geschichtstheorie [1857], hg. v. Günter Birtsch und Jörn Rüsen, Göttingen 1972.

Ehlers 1998 Swantje Ehlers: Lesetheorie und fremdsprachliche Lesepraxis aus der Perspektive des Deutschen als Fremdsprache, Tübingen 1998.

Ehlers 2003 Swantje Ehlers: Der Umgang mit dem Lesebuch. Analyse – Kategorien – Arbeitsstrategien, Baltmannsweiler 2003.

Ehlich 1980 Konrad Ehlich: Der Alltag des Erzählens, in: ders. (Hg.), Erzählen im Alltag, Frankfurt a. M. 1980, S. 11–25.

Eibl 1979 Karl Eibl: Mythenpflege oder Aufklärung? Zu Funktion und Aufgaben des Literaturunterrichts, in: Herbert Mainusch (Hg.), Literatur im Unterricht, München 1979, S. 68–80.

Enzensberger 2004 Andreas Thalmayr [d. i. Hans-Magnus Enzensberger]: Lyrik Nervt! Erste Hilfe für gestresste Leser, München 2004.

EPA 2002 Einheitliche Prüfungsanforderungen in der Abiturprüfung Deutsch. Beschluss der Kultusministerkonferenz vom 01.12.1989 in der Fassung vom 24.05.2002.

Essen 1956 Erika Essen: Methodik des Deutschunterrichts, Heidelberg 1956.

Essen 2002 Erika Essen: Die Kurzgeschichte als Beispiel dichterischer Gestaltung im Deutschunterricht der Oberstufe, in: dies., Bildung durch Sprachbewusstsein und sprachliches Gestalten. Ausgewählte Schriften, hg. v. Ortwin Beisbart und Helga Bleckwenn, Frankfurt a. M. 2002, S. 307–314.

Fingerhut 1985 Karlheinz Fingerhut: Der subjektive Faktor im neuen Literaturunterricht, in: Diskussion Deutsch 1985, H. 84, S. 349–359.

Fingerhut 1987 Karlheinz Fingerhut: Kann „Handlungsorientierung" ein Paradigma der Literaturdidaktik sein?, in: Diskussion Deutsch 1987, H. 98, S. 581–600.

Fingerhut 1996 Karlheinz Fingerhut: Kafka in der Schule, Berlin 1994.

Fingerhut 1997 Karlheinz Fingerhut: L-E-S-E-N: Fachdidaktische Anmerkungen zu „produktivem Literaturunterricht“ in Schule und Hochschule, in: Michael Kämper-van den Boogaart (Hg.), Das Literatursystem der Gegenwart und die Gegenwart der Schule, Hohengehren 1997, S. 98–125.

Fingerhut 2002 Karlheinz Fingerhut: Didaktik der Literaturgeschichte, in: Klaus-Michael Bogdal / Hermann Korte, Grundzüge der Literaturdidaktik, München 2002, S. 147–165.

Fix 2008 Martin Fix: Texte schreiben – Schreibprozesse im Deutschunterricht, 2. Auflage, Stuttgart 2008.

Frank 1973 Horst Joachim Frank: Geschichte des Deutunterrichts. Von den Anfängen bis 1945, München 1973.

Frank 2003 Horst Joachim Frank: Wie interpretiere ich ein Gedicht? Eine methodische Anleitung, 6. Auflage, Stuttgart 2003.

Frederking 2010 Volker Frederking: Johann Wolfgang von Goethe. Faust. Der Tragödie erster Teil. Informationen für Lehrerinnen und Lehrer. [= Texte.Medien] 2010.

Frederking / Wieser 2015 Volker Frederking / Dorothee Wieser: Sich mit Texten und Medien auseinandersetzen. In: Michael Becker-Mrotzek u. a. (Hg.): Bildungsstandards aktuell: Deutsch in der Sekundarstufe II, Braunschweig 2015, S. 176–235.

Fritzsche 1996 Joachim Fritzsche: Zur Didaktik und Methodik des Deutschunterrichts, Bd. 3: Umgang mit Literatur, Stuttgart 1996.

Frommer 1984 Harald Frommer: Die Fesseln des Odysseus. Anmerkungen zu den Stilnormen der Inhaltsangabe, in: Deutschunterricht 36, H. 2, 1984, S. 37–47.

Fuchs 1992 Jürgen Fuchs / Gerhard Hiecke: Dummgeschult? Ein Schüler und sein Lehrer, Berlin 1992.

Gadamer 1965 Wahrheit und Methode. Grundzüge einer philosophischen Hermeneutik, Tübingen 1965.

Garbe 2003 Christine Garbe: Warum lesen Mädchen besser als Jungen? Zur Notwendigkeit einer geschlechterdifferenzierenden Leseforschung und Leseförderung, in: Ulf Abraham u. a. (Hg.), Deutschdidaktik und Deutschunterricht nach PISA, Freiburg i. Br. 2003, S. 69–89.

Garbe 2009 Christine Garbe: Lesesozialisation, in: dies. / Karl Holle / Tatjana Jesch, Texte lesen. Textverstehen – Lesedidaktik – Lesesozialisation, Paderborn 2009, S. 167–222.

Garbe / Holle 2006 Christine Garbe / Karl Holle (zusammen mit Mari von Salisch): Entwicklung und Curriculum. Grundlagen einer Sequenzierung von Lehr- / Lernzielen im Bereich des (literarischen) Lesens, in: Norbert Groeben / Bettina Hurrelmann (Hg.), Empirische Unterrichtsforschung in der Literatur- und Lesedidaktik: Ein Weiterbildungsprogramm, Weinheim 2006, S. 115–154.

Gattermeier 2003 Klaus Gattermeier: Literaturunterricht und Lesesozialisation. Eine empirische Untersuchung zum Lese- und Medienverhalten von Schülern und zur lesesozialisatorischen Wirkung ihrer Deutschlehrer, Regensburg 2003.

Genette 2010 Gérard Genette: Die Erzählung, übers. v. Andreas Knop [deutsche Erstausgabe 1994], 3. Auflage, München 2010.

Gernhardt 2002 Robert Gernhardt: Im Glück und anderswo, Gedichte, Frankfurt a. M. 2002.

Gidion / Bahrdt 1973 Jürgen Gidion / Hans Paul Bahrdt: Praxis des Deutschunterrichts. Überlegungen und Materialien, Göttingen 1973.

Göbel 1992 Reinhard Göbel: Wozu Literatur im Unterricht? Zu wesentlichen Orientierungen und Tendenzen der konzeptionellen Ausrichtung des Literaturunterrichts in der DDR ab 1946, in: Kurt Abels (Hg.), Deutschunterricht in der DDR. Beiträge zu einem Symposion in der Pädagogischen Hochschule Freiburg, Frankfurt a. M. 1992, S. 53–67.

Goethe 1993 Johann Wolfgang von Goethe: Werke, Hamburger Ausgabe, Bd. 1: Gedichte und Epen I, hg. v. Erich Trunz, 15., durchges. Auflage, München 1993.

Gold 2004 Andreas Gold: Textdetektive lesen strategisch, in: Ada Sasse / Renate Valtin (Hg.), Lesen lernen, Berlin 2004, S. 13–30.

Graf 1983 Werner Graf: Jugend und Literatur, in: Ernst-Günther Skiba u. a. (Hg.), Enzyklopädie Erziehungswissenschaft, Bd. 8, Stuttgart 1983, S. 471–476.

Graf 1995 Werner Graf: Fiktionales Lesen und Lebensgeschichte. Lektürebiographien der Fernsehgeneration, in: Cornelia Rosebrock (Hg.), Lesen im Medienzeitalter. Biographische und historische Aspekte literarischer Sozialisation, Weinheim / München 1995, S. 97–125.

Graf 1998 Werner Graf: Das Schicksal der Leselust, in: Christine Garbe u. a. (Hg.), Lesen im Wandel. Probleme der literarischen Sozialisation, Lüneburg 1998, S. 101–124.

Graf 2002 Werner Graf: Literarische Sozialisation, in: Klaus-Michael Bogdal / Hermann Korte (Hg.), Grundzüge der Literaturdidaktik, München 2002, S. 49–60.

Graf 2004 Werner Graf: Der Sinn des Lesens. Modi der literarischen Rezeptionskompetenz, Münster 2004.

Graf 2007 Werner Graf: Lesegenese in Kindheit und Jugend. Einführung in die literarische Sozialisation, Baltmannsweiler 2007.

Greimas 1972 Algirdas Julien Greimas: Elemente einer narrativen Grammatik, in: Heinz Blumensath (Hg.), Strukturalismus in der Literaturwissenschaft, Köln 1972, S. 47–67.

Groeben / Schröder 2004 Norbert Groeben / Sascha Schröder: Versuch einer Synopse. Sozialisationsinstanzen – Ko-Konstruktion, in: Norbert Groeben / Bettina Hurrelmann (Hg.), Lesesozialisation in der Mediengesellschaft. Ein Forschungsüberblick, Weinheim 2004, S. 306–348.

Grotjahn 1997 Rüdiger Grotjahn: Strategiewissen und Strategiegebrauch. Das Informationsverarbeitungsparadigma als Metatheorie der L2-Strategieforschung, in: Ute Rampilion / Günter Zimmermann (Hg.), Strategien und Techniken beim Erwerb fremder Sprachen, Ismaning 1997, S. 33–76.

Haas 1990 Gerhard Haas: Märchen heute, in: Praxis Deutsch, H. 103, Seelze 1990, S. 11–17.

Hallitzky 2010 Maria Hallitzky: (Was) Lernen Schülerinnen und Schüler in Phasen offenen Unterrichts? In: Jutta Mägdefrau (Hg.): Schulisches Lehren und Lernen – Pädagogische Theorie an Praxisbeispielen, Bad Heilbrunn 2010, S. 141-155.

Härle / Steinbrenner 2003 Gerhard Härle / Marcus Steinbrenner: „Alles Verstehen ist … immer zugleich ein Nichtverstehen“. Grundzüge einer verstehensorientierten Didaktik des literarischen Unterrichtsgesprächs, in: Literatur im Unterricht 2003, H. 2, S. 139–162.

Härle / Steinbrenner 2004 Gerhard Härle / Marcus Steinbrenner: Das literarische Gespräch im Unterricht und in der Ausbildung von Deutschlehrerinnen und -lehrern. Eine Einführung, in: ders. / ders. (Hg.), Kein endgültiges Wort. Die Wiederentdeckung des Gesprächs im Literaturunterricht, Baltmannsweiler 2004, S. 1–24.

Harmgarth 1997 Friederike Harmgarth (Hg.): Lesegewohnheiten – Lesebarrieren. Schülerbefragung im Projekt „Öffentliche Bibliotheken und Schule – neue Formen der Partnerschaft“, Gütersloh 1997.

Hegel 1970 Georg Wilhelm Friedrich Hegel: Werke, Bd. 15: Vorlesungen über die Ästhetik III, Frankfurt a. M. 1970.

Heimann 1970 Paul Heimann: Unterricht. Analyse und Planung, Hannover 1970.

Heine 1979 Heinrich Heine: Werke. Historisch-kritische Gesamtausgabe, hg. v. Manfred Windfuhr. Bd. 8: Die romantische Schule in Deutschland, Hamburg 1979.

Heißenbüttel 1978 Helmut Heißenbüttel: Eichendorffs Untergang und andere Märchen. Projekt 3/1, Stuttgart 1978.

Helmers 1971 Hermann Helmers: Didaktik der deutschen Sprache. Einführung in die Theorie der muttersprachlichen und literarischen Bildung, 6., erneut bearb. u. erw. Auflage, Darmstadt 1971.

Hennies / Ritter 2014 Johannes Hennies / Michael Ritter: Zur Einführung: Deutschunterricht in der Inklusion. In: dies. (Hg.): Deutschunterricht in der Inklusion. Auf dem Weg zu einer inklusiven Deutschdidaktik, Stuttgart 2014, S. 7–20.

von Hentig 1996 Hartmut von Hentig: Bildung. Ein Essay, München 1996.

von Hentig 2004 Hartmut von Hentig: Einführung in den Bildungsplan 2004. Im Auftrag des Bildungsrates Baden-Württemberg, Stuttgart 2004. Web-Adresse: www.bildung-staerkt-menschen.de/service/downloads/Sonstiges/Einfuehrung_BP.pdf [Zugriff vom 4.6.2010].

Hiecke 1842 Robert Heinrich Hiecke: Der deutsche Unterricht auf den deutschen Gymnasien. Ein pädagogischer Versuch, Leipzig 1842.

Höfer / Steffens 2011 Dieter Höfer / Ulrich Steffens: Was ist das Wichtigste beim Lernen? Die pädagogisch-konzeptionellen Grundlinien der Hattieschen Forschungsbilanz aus über 50 000 Studien, in: SchulVerwaltung. Ausgabe Hessen / Rheinland Pfalz 16 (2011), H. 11, S. 294–298.

Hölzner 2014 Matthias Hölzner: Inklusive Deutschdidaktik in der Sekundarstufe I zwischen gemeinsamen Lernsituationen und einem gemeinsamen Lerngegenstand. In: Johannes Hennies / Michael Ritter: (Hrsg.): Deutschunterricht in der Inklusion. Auf dem Weg zu einer inklusiven Deutschdidaktik. Stuttgart: 2014, S. 47–60.

Horaz 1986 Horaz: Ars Poetica. Die Dichtkunst. Lateinisch / Deutsch, Ditzingen 1986.

Hüppauf 1974 Bernd Hüppauf: Über Literaturgeschichte im Deutschunterricht, in: Reinhard Dithmar (Hg.), Literaturunterricht in der Diskussion. Teil II, 2. Auflage Kronberg / Ts. 1974, S. 97–128.

Hurrelmann 1994 Bettina Hurrelmann: Leseförderung, in: Praxis Deutsch 1994, H. 127. S. 17–26.

Hurrelmann 1995 Bettina Hurrelmann (zusammen mit Michael Hammer und Ferdinand Nieß): Leseklima in der Familie. 2. Auflage Gütersloh 1995.

Hurrelmann 2002 Bettina Hurrelmann: Leseleistung – Lesekompetenz. Folgerungen aus PISA, mit einem Plädoyer für ein didaktisches Konzept des Lesens als kultureller Praxis. Basisartikel, in: Praxis Deutsch 29 (2002), H. 176 (Themenheft Leseleistung – Lesekompetenz), S. 6–18.

Hurrelmann 2004 Bettina Hurrelmann: Sozialisation der Lesekompetenz, in: Ulrich Schiefele u. a. (Hg.), Struktur, Entwicklung und Förderung von Lesekompetenz. Vertiefende Analysen im Rahmen von PISA 2000, Wiesbaden 2004, S. 39–60.

Hurrelmann 2006 Bettina Hurrelmann: Lesen nach PISA. Kompetenzerwerb zwischen Schulleistung und kultureller Teilhabe, in: Herbert Buchen / Leonhard Horster / Gerhard Pantel / Hans-Günter Rolff (Hg.), Unterrichtsentwicklung nach PISA, Stuttgart 2006, S. 19–31.

Iser 1994 Wolfgang Iser: Der Akt des Lesens. Theorie ästhetischer Wirkung, 4. durchges. u. verb. Auflage, München 1994.

IQB 2015a Institut für Qualitätsentwicklung (IQB): Aufgaben für das Fach Deutsch. Grundstock von Operatoren. www.iqb.hu-berlin.de/bista/abi/deutsch/dokumente/aufgabensammlung_1.pdf [Zugriff vom 5.01.2016]

IQB 2016b Institut für Qualitätsentwicklung im Bildungswesen (IQB): Bildungsstandards: Aufgabensammlung – Aufgaben für das Fach Deutsch. https://www.iqb.hu-belin.de/bista/abi/bista/abi/deutsch/aufgaben/Aufgabensammlung_9.pdf, S. 3) [Zugriff vom 5.01.2016]

Ivo 1994 Hubert Ivo: Muttersprache, Identität, Nation. Sprachliche Bildung im Spannungsfeld zwischen einheimisch und fremd, Opladen 1994.

Jannidis 2004 Fotis Jannidis: Figur und Person. Beitrag zu einer historischen Narratologie, Berlin / New York 2004.

Jesch 2015 Tatjana Jesch: Das implizite Verstehen: Didaktische Denkanstöße aus der rezeptionsorientierten kognitiven Literaturwissenschaft. In: Didaktik Deutsch 39 (2015), S. 23-41.

Jolles 1982 André Jolles: Einfache Formen. Legende, Sage, Mythe, Rätsel, Spruch, Kasus, Memorabile, Märchen Witz, 6. unveränd. Auflage, Tübingen 1982.

Kämper-van den Boogaart 2014 Michael Kämper-van den Boogaart: Der Deutschunterricht des Staates, in: ders. (Hg.), Deutsch-Didaktik. Leitfaden für die Sekundarstufe I und II. 5., überarbeitete Neuauflage, Berlin 2014, S. 12–45.

Kant 1956 Immanuel Kant: Kritik der reinen Vernunft [1781], unveränd. Neudr. d. von Raymund Schmidt besorgten Ausgabe, Hamburg 1956.

Karg 1999 Ina Karg: Erleben und erzählen? Ein Schulaufsatz im Kreuzverhör. In: Literatur und Sprache – didaktisch. H. 12, S. 114–147.

Karst 1998 Theodor Karst: Für einen fächerverbindenden Deutschunterricht interdisziplinär studieren – Erfahrungen und Vorschläge, in: Volker Frederking (Hg.), Verbessern heißt Verändern. Neue Wege, Inhalte und Ziele der Ausbildung von Deutschlehrer(inne)n in Studium und Referendariat, Baltmannsweiler 1998, S. 157–166.

Kästner 1999 Erich Kästner: Gesang zwischen den Stühlen. Mit Zeichnungen von Erich Ohser. 6. Auflage, München 1999.

Kern 1996 Christoph Peter Kern: Wo laufen sie denn ..., ja wo laufen sie denn? Eine filmische Sehschule im Deutschunterricht, in: Der Deutschunterricht 1996, H. 4, S. 100–104.

Klafki 1963 Wolfgang Klafki: Studien zur Bildungstheorie und Didaktik, Weinheim 1963.

Klein 1980 Klaus-Peter Klein: Erzählen lehren? Anmerkungen zum Stand der Erzähldidaktik. In: Jahrbuch der Deutschdidaktik, S. 47–56.

Klieme 2003 Eckhard Klieme: Zur Entwicklung nationaler Bildungsstandards. Eine Expertise, hg. v. Bundesministerium für Bildung und Forschung, Berlin 2003.

Kliewer 2002 Heinz-Jürgen Kliewer: Gedichte im Unterricht: Grundschule und Orientierungsstufe, Baltmannsweiler 2002.

Klotz 1976 Volker Klotz: Geschlossene und offene Form im Drama [1962], 8. Auflage, München 1976.

KMK 2012 Kultusministerkonferenz (Hg.): Bildungsstandards im Fach Deutsch für die Allgemeine Hochschulreife. 2012. Online unter: http://www.kmk.org/fileadmin/veröffentlichungen_beschluesse/2012/20.

Korte 1996 Hermann Korte: Erinnerungsarbeit. Literaturgeschichte und Literaturunterricht, in: Literatur in Wissenschaft und Unterricht 29 (1996), H. 1, S. 41–52.

Korte 2002 Hermann Korte: Lyrik im Unterricht, in: Klaus-Michael Bogdal / Clemens Kammler (Hg.), Grundzüge der Literaturdidaktik, München 2002, S. 203–216.

Korte 2003 Hermann Korte: Ein schwieriges Geschäft. Zum Umgang mit Literaturgeschichte in der Schule, in: Der Deutschunterricht 2003, H. 6, S. 2–10.

Korte 2004 Hermann Korte: Deutschsprachige Lyrik seit 1945, 2., völlig neu bearb. Auflage Stuttgart 2004.

Köster 2003 Juliane Köster: Konstruieren statt Entdecken. Impulse aus PISA für die deutsche Aufgabenkultur, in: Didaktik Deutsch 2003, H. 14, S 4–20.

Köster 2008a Juliane Köster: Lesekompetenz im Licht von Bildungsstandards und Kompetenzmodellen, in: Albert Bremerich-Vos / Dietlinde Granzer / Olaf Köller (Hg.), Lernstandbestimmung im Fach Deutsch. Gute Aufgaben für den Deutschunterricht, Weinheim / Basel 2008.

Köster 2008b Juliane Köster: Kompetenzerwerb und Wissensnutzung im Literaturunterricht. Vortrag auf dem Landesfachtag Deutsch in Kiel am 9.5.2008, Web-Adresse: www.didaktikdeutsch.de/index.php/Prof._em._Dr._Juliane_Köster [Zugriff vom 15.12.2015].

Köster 2015a Juliane Köster: Lesen. In: Michael Becker-Mrotzek u.a. (Hg.): Bildungsstandards aktuell: Deutsch in der Sekundarstufe II, Braunschweig 2015, S. 120–175.

Köster 2015b Juliane Köster: Merkmallisten, Prototypen, Exemplare. Wege zur Didaktisierung von Gattungs- und Genrewissen. In: Leseräume. Zeitschrift für Literalität in Schule und Forschung. Ausgabe 2. 2015. Web-Adresse: http://leseräume.de/wp-content/uploads/2015/10/lr-2015-1-koester.pdf [Zugriff vom 15.12.2015].

Kreft 1982 Jürgen Kreft: Grundprobleme der Literaturdidaktik. Eine Fachdidaktik im Konzept sozialer und individueller Entwicklung und Geschichte, 2. verb. Auflage, Heidelberg 1982.

Kron 2008 Friedrich Wilhelm Kron: Grundwissen Didaktik. Mit 35 Abbildungen und 18 Tabellen, 5. Auflage, München / Basel 2008.

Kügler 1996 Hans Kügler: Die bevormundete Literatur. Zur Entwicklung und Kritik der Literaturdidaktik, in: Jürgen Belgrad / Hartmut Melenk (Hg.), Literarisches Verstehen – Literarisches Schreiben. Positionen und Modelle zur Literaturdidaktik, Baltmannsweiler 1996, S. 10–24.

Lämmert 1993 Eberhart Lämmert: Bauformen des Erzählens, 12. Auflage, Stuttgart 1993.

Leubner / Saupe 2008 Martin Leubner / Anja Saupe: „Crossing". Überlegungen zum didaktischen Potential narrativer Werbefilme, in: Bodo Lecke (Hg.), Mediengeschichte – Intermedialität und Literaturdidaktik. Frankfurt a. M. 2008, S. 379–394.

Leubner / Saupe 2012 Martin Leubner / Anja Saupe: Erzählungen in Literatur und Medien und ihre Didaktik, 3. Auflage, Baltmannsweiler 2012.

Leubner / Saupe 2014 Martin Leubner / Anja Saupe: Lesestrategien für die Hypothesenbildung und die Erschließung von Handlungen. Eine empirische Studie zum literarischen Textverstehen. Baltmannsweiler 2014.

Leubner / Saupe 2016 Martin Leubner / Anja Saupe: Textverstehen im Literaturunterricht und Aufgaben, 2., vollständig überarbeitete und ergänzte Auflage, Baltmannsweiler 2016.

Lindenhahn u. a. 1995ff. Reinhard Lindenhahn u. a.: Arbeitshefte zur Literaturgeschichte. Texte – Übungen, Berlin 1995–2010.

Lohmeier 1996 Anke-Marie Lohmeier: Hermeneutische Theorie des Films, Tübingen 1996.

Ludwig 1981 Otto Ludwig: Die Schulerzählung oder Erzählen in der Schule. In: Praxis Deutsch (1981), H. 49, S. 15–21.

Ludwig 1982 Hans-Werner Ludwig: Figur und Handlung, in: ders. (Hg.), Arbeitsbuch Romananalyse, Tübingen 1982.

Maiwald 2005 Klaus Maiwald: Wahrnehmung – Sprache – Beobachtung. Eine Deutschdidaktik bilddominierter Medienangebote, München 2005.

Martínez 1997 Matias Martínez: Episch, in: Klaus Weimar u. a. (Hg.), Reallexikon der deutschen Literaturwissenschaft, Bd. 1, Berlin / New York 1997, S. 465–468.

Martínez / Scheffel 2009 Matias Martínez / Michael Scheffel: Einführung in die Erzähltheorie, 9. Auflage, München 2009.

Mayer 2002 Dieter Mayer: Sichtweisen. Epochen, München 2002.

Meier 1992 Bernhard Meier: Erziehung zur sozialistischen Persönlichkeit im Literaturunterricht der DDR, in: Kurt Abels (Hg.), Deutschunterricht in der DDR 1949–1989. Beiträge zu einem Symposion in der Pädagogischen Hochschule Freiburg, Frankfurt a. M. 1992, S. 361–371.

Melenk/Knapp 2001 Hartmut Melenk/Werner Knapp: Inhaltsangabe – Kommasetzung. Schriftsprachliche Fähigkeiten in Klasse 8, Baltmannsweiler 2001.

Menzel 1984 Wolfang Menzel: Schreiben über Texte. Ein Kapitel zum Aufsatzunterricht. In: Praxis Deutsch 11 (1984), H. 65, S. 13–23.

Merkelbach 2000 Valentin Merkelbach: Hinführung zum frohen Lesen oder Vergnügen des Erkennens?, in: Didaktik Deutsch 2000, H. 8, S. 92–94.

Müller 1974 Günther Müller: Morphologische Poetik. Gesammelte Aufsätze, 2. Auflage, Darmstadt 1974.

Müller 1922 Lotte Müller: Vom Deutschunterricht in der Arbeitsschule, 2. Auflage, Leipzig 1922.

Müller-Michaels 1975 Harro Müller-Michaels: Dramatische Werke im Deutschunterricht [1971], 2., überarb. Auflage, Stuttgart 1975.

Müller-Michaels 1996 Harro Müller-Michaels: Denkbilder. Zu Geschichte und didaktischem Nutzen einer literarischen Kategorie, in: Deutschunterricht 1996, H. 49, S. 114–122.

Müller-Michaels 1999 Harro Müller-Michaels: Literarische Anthropologie in didaktischer Absicht. Begründung der Denkbilder aus Elementarerfahrungen, in: Deutschunterricht 1999, H. 52, S. 164–174.

Nickel-Bacon 2003 Irmgard Nickel-Bacon: Vom Spiel der Fiktion mit Realitäten, in: Praxis Deutsch 2003, H. 182, S. 4–12.

Nünning/Surkamp 2006 Ansgar Nünning/Carola Surkamp: Englische Literatur unterrichten, Seelze/Velber 2006.

Oerter/Montada 2002 Rolf Oerter/Leo Montada (Hg): Entwicklungspsychologie, 5. Auflage, Weinheim 2002.

Ohlsen 2011 Nele Ohlsen: „Zwischen Stolper- und Meilensteinen". Probleme und Chancen literarischer Gespräche in der Grundschule. In: Marcus Steinbrenner/Johannes Mayer/Bernhard Rank (Hg.): „Seit ein Gespräch wir sind und hören voneinander". Das Heidelberger Modell des literarischen Unterrichtsgesprächs in Theorie und Praxis, Baltmannsweiler 2011, S. 337–360.

Ossner 2006 Jakob Ossner: Kompetenzen und Kompetenzmodelle im Deutschunterricht, in: Didaktik Deutsch 2006, H. 21, S. 5–19.

Paefgen 2008 Elisabeth Paefgen: Textnahes Lesen und Rezeptionsdidaktik, in: Michael Kämper-van den Boogaart (Hg.), Leitfaden für die Sekundarstufe I und II. 3. Auflage, Berlin 2008, S. 199–215.

Payrhuber 1998 Franz-Josef Payrhuber: Dramen im Unterricht, in: Günter Lange/Karl Neumann/Werner Ziesensis (Hg.), Taschenbuch des Deutschunterrichts, Bd. 2: Literaturdidaktik, 6., vollständig überarb. Auflage, Baltmannsweiler 1998, S. 647–668.

Petersen 1993 Jürgen Petersen: Erzählsysteme. Eine Poetik epischer Texte, Stuttgart 1993.

Pfäfflin 2007 Sabine Pfäfflin: Auswahlkriterien für Gegenwartsliteratur im Deutschunterricht, Baltmannsweiler 2007.

Pfister 2001 Manfred Pfister: Das Drama. Theorie und Analyse, 11., erw. Auflage, München 2001.

Plumpe 1995 Gerhard Plumpe: Epochen moderner Literatur. Ein systemtheoretischer Entwurf, Opladen 1995.

Propp 1972 Vladimir Propp: Morphologie des Märchens, übers. v. Christel Wendt, München 1972.

Renk 1976 Herta-Elisabeth Renk: Dramatische Texte im Unterricht. Vorschläge, Materialien und Kursmodelle für die Sekundarstufe I und II, Stuttgart 1976.

Richter/Plath 2005 Karin Richter/Monika Plath: Lesemotivation in der Grundschule. Empirische Befunde und Modelle für den Unterricht, Weinheim/München 2005.

Ricœur 1978 Paul Ricœur: Der Text als Modell: hermeneutisches Verstehen, in: Hans-Georg Gadamer / Gottfried Boehm (Hg.), Die Hermeneutik und die Wissenschaften, Frankfurt a. M. 1978, S. 83–116.

Ricœur 1986 Paul Ricœur: Phénoménologie et herméneutique, in: ders., Du texte à l'action. Essais d'herméneutique II, Paris 1986, S. 39–73.

Ricœur 1992 Paul Ricœur: Rhétorique, poétique, herméneutique, in: ders., Lectures II. La contrée des philosophes, Paris 1992, S. 479–494.

Rimmon-Kenan 1983 Slomith Rimmon-Kenan: Narrative Fiction. Contemporary Poetics, London 1983.

von Rochow 1776 Friedrich Eberhard von Rochow: Der Kinderfreund. Ein Lesebuch zum Gebrauch in Landschulen, Leipzig 1776.

Rosebrock 2003 Cornelia Rosebrock: Lesesozialisation und Leseförderung – literarisches Leben in der Schule, in: Michael Kämper-van den Boogaart (Hg.), Deutschdidaktik. Leitfaden für die Sekundarstufe I und II, Berlin 2003, S. 153–174.

Rosebrock / Nix 2008 Cornelia Rosebrock / Daniel Nix: Grundlagen der Lesedidaktik und der systematischen schulische Leseförderung, 2. korr. Auflage, Baltmannsweiler 2008.

Rosenberg 2000 Rainer Rosenberg: Art. Kanon, in: Harald Fricke (Hg.), Reallexikon der deutschen Literaturwissenschaft, Bd. 2, Berlin u. a. 2000, S. 224–227.

Rosenblatt 1994 Louisa Rosenblatt: The Reader, The Text, The Poem: The Transactional Theory of the Literary Work, Carbonale, IL 1994.

Rötzer 2002 Hans Gerd Rötzer: Deutsche Literatur in Beispielen. Texte – Erläuterungen – Fragen, Bamberg 2002.

RRL 1990 Niedersächsisches Kultusministerium (Hg.): Rahmenrichtlinien für das Gymnasium. Gymnasiale Oberstufe. Deutsch, Hannover 1990.

Saupe 2005 Anja Saupe: Fiktions-Realitäts-Unterscheidung und Fiktions-Realitäts-Bezug: Was sollen Schüler an fiktionalen Werken lernen?, in: Jörn Stückrath / Ricarda Strobel (Hg.), Deutschunterricht empirisch. Beiträge zur Überprüfbarkeit von Lernfortschritten im Sprach-, Literatur- und Medienunterricht, Baltmannsweiler 2005, S. 131–148.

Scheller 1996 Ingo Scheller: Szenische Interpretation, in: Praxis Deutsch 1996, H. 136, S. 22–36.

Schmerberg 2004 Ralf Schmerberg: Poem. Ich setze den Fuß in die Luft und sie trug, Berlin 2004.

Schön 1996 Erich Schön: Zur aktuellen Situation des Lesens und zur biographischen Entwicklung des Lesens bei Kindern und Jugendlichen, Oldenburg 1996.

Schöne 2015 Albrecht Schöne: Der Briefschreiber Goethe, München 2015.

Schrader 1986 Monika Schrader: Epische Kurzformen. Theorie und Didaktik, 2. Auflage, Frankfurt a. M. 1986.

Schülein / Zimmermann 2002 Frieder Schülein / Michael Zimmermann: Spiel- und theaterpädagogische Ansätze, in: Klaus-Michael Bogdal / Clemens Kammler (Hg.), Grundzüge der Literaturdidaktik, München 2002, S. 258–271.

Schwarz-Friesel 2005 Monika Schwarz-Friesel: Kohärenz versus Textsinn: Didaktische Facetten einer linguistischen Theorie der texttuellen Kontinuität, in: Maximilian Scherner / Arne Ziegler (Hg.), Angewandte Textlinguistik. Perspektiven für den Deutsch- und Fremdsprachenunterricht, Tübingen 2005, S. 63–75.

Schwarz-Friesel / Consten 2014 Monika Schwarz-Friesel / Manfred Consten: Einführung in die Textlinguistik. Darmstadt 2014.

Spinner 1987 Kaspar H. Spinner: Interpretieren im Deutschunterricht, in: Praxis Deutsch 1987, H. 81, S. 17–23.

Spinner 1995 Kaspar H. Spinner: Die Entwicklung literarischer Kompetenz beim Kind, in: Cornelia Rosebrock (Hg.), Lesen im Medienzeitalter. Biographische und historische Aspekte literarischer Sozialisation, Weinheim 1995, S. 81–95.

Spinner 2000 Kaspar H. Spinner: Umgang mit Lyrik in der Sekundarstufe I, 4. Auflage, Baltmannsweiler 2000.

Spinner 2001 Kaspar H. Spinner: Zielsetzungen im Literaturunterricht, in: ders. (Hg.), Kreativer Deutschunterricht. Identität-Imagination-Kognition, Seelze 2001, S. 168–173.

Spinner 2004 Kaspar H. Spinner: Von der Filmerfahrung zur literarischen Textanalyse, in: Hartmut Jonas / Petra Josting (Hg.), Medien – Deutschunterricht – Ästhetik, München 2004, S. 199–206.

Spinner 2005 Kaspar H. Spinner: Kreatives Schreiben zu literarischen Texten. In: Ulf Abraham u. a. (Hrsg.): Schreibförderung und Schreiberziehung. Donauwörth 2005, S. 109-119.

Spinner 2006 Kaspar H. Spinner: Literarisches Lernen, in: Praxis Deutsch 2006, H. 200, S. 6–16.

Spree 1997 Axel Spree: Interpretation, in: Klaus Weimar u. a. (Hg.), Reallexikon der deutschen Literaturwissenschaft, Bd. 2, Berlin / New York 1997, S. 168–172.

Sprengel 1933 Johann Georg Sprengel: Vorschläge für die Neugestaltung des deutschen Unterrichts an höheren Schulen im nationalen Staat, in: Zeitschrift für Deutsche Bildung 1933, S. 575–590.

Stanzel 2008 Franz K. Stanzel: Theorie des Erzählens. 8. Auflage, Göttingen 2008.

Stundenentwurf 2015 Johannes Thiele: „700 Intellektuelle beten einen Öltank an“ (Bertolt Brecht) – Technikgläubigkeit im 20. Jahrhundert und heute. Unterrichtsentwurf Klassenstufe 10 im Rahmen einer Unterrichtseinheit „Politische Lyrik“ [Unveröffentlichtes Manuskript].

Terhart 2009 Ewald Terhart: Didaktik. Eine Einführung, Stuttgart 2009.

Thiele 1981 Hartmut Thiele: Lernen und Lehren im Gespräch. Gesprächsführung im Unterricht. Bad Heilbrunn 1981.

Titzmann 1983 Michael Titzmann: Probleme des Epochenbegriffs in der Literaturgeschichtsschreibung, in: Karl Richter / Jorg Schönert (Hg.), Klassik und Moderne. Die Weimarer Klassik als historisches Ereignis und Herausforderung im kulturgeschichtlichen Prozeß, Stuttgart 1983, S. 98–131.

Titzmann 1997 Michael Titzmann: Epoche, in: Harald Fricke (Hg.), Reallexikon der deutschen Literaturwissenschaft, Bd. 1, Berlin u. a. 1997, S. 476–480.

Ulshöfer 1952 Robert Ulshöfer: Methodik des Deutschunterricht, Stuttgart 1952.

Verstehen und Gestalten 9 2009 Konrad Notzon (Hg.): Verstehen und Gestalten. Arbeitsbuch für Gymnasien, Bd. 9, München 2009.

von der Kammer 2004 Marion von der Kammer: Wege zum Text. Sechzehn Unterrichtsmethoden für die Entwicklung von Lesekompetenz, Baltmannsweiler 2004.

Vogt 1997 Jochen Vogt: Grundlagen narrativer Texte, in: Heinz Ludwig Arnold / Heinrich Detering (Hg.), Grundzüge der Literaturwissenschaft, 2. Auflage, München 1997, S. 287–307.

Vygotskij 2002 Lev S. Vygotskij: Denken und Sprechen. Psychologische Untersuchungen, hg. und aus dem Russischen übersetzt v. Joachim Lompscher und Georg Rückriem, Weinheim 2002.

Wackernagel 1843 Philipp Wackernagel: Deutsches Lesebuch. Vierter Theil, für Lehrer. Der Unterricht in der Muttersprache, Stuttgart 1843.

Wagner 1886 Klaus R. Wagner, Klaus R.: Erzähl-Erwerb und Erzählungstypen. In: Wirkendes Wort, H. 2, S. 142–156.

Waldmann 1988 Günter Waldmann: Produktiver Umgang mit Lyrik, Baltmannsweiler 1988.

Waldmann 1999 Günter Waldmann: Produktiver Umgang mit dem Drama. Eine systematische Einführung in das produktive Verstehen traditioneller und moderner Dramenformen und das Schreiben in ihnen, 2. korr. Auflage, Baltmannsweiler 1999.

Waldmann 2007 Günter Waldmann: Produktiver Umgang mit Literatur im Unterricht. Grundriss einer Produktiven Hermeneutik. Theorie – Didaktik – Verfahren – Modelle (= Deutschdidaktik aktuell. Bd. 1), 7. Auflage Baltmannsweiler 2007.

Wapnewski 1982 Peter Wapnewski: Gedichte sind genaue Form, in: ders., Zumutungen. Essays zur Literatur des 20. Jahrhunderts, München 1982, S. 26–42.

Weimar 1980 Klaus Weimar: Enzyklopädie der Literaturwissenschaft, München 1980.

Weimar 2002 Klaus Weimar: Was ist Interpretation?, in: Mitteilungen des Deutschen Germanistenverbandes 49, 2002, S. 104–115.

Weinert 2001 Franz E. Weinert: Vergleichende Leistungsmessung in Schulen – eine umstrittene Selbstverständlichkeit, in: ders. (Hg.), Leistungsmessung in Schulen, Weinheim / Basel 2001, S. 17–31.

Wermke 1997 Jutta Wermke: Integrierte Medienerziehung im Fachunterricht. Schwerpunkt: Deutsch, München 1997.

Wieler 1997 Petra Wieler: Vorlesen in der Familie. Fallstudien zur literarisch-kulturellen Sozialisation von Vierjährigen, Weinheim / München 1997.

Wilken 2015 Wilken, Tanja A.: Deutsch an Stationen spezial. Literaturgeschichte 1: Renaissance bis Vormärz; Bd. 2: Realismus bis Moderne. Augsburg 2015.

Willenberg 2007 Heiner Willenberg: Der Lehrer als Meisterleser, in: ders. (Hg.), Kompetenzhandbuch für den Deutschunterricht, Baltmannsweiler 2007, S. 181–187.

Winkler 2010 Iris Winkler: Aufgabenpräferenzen für den Literaturunterricht: Eine empirische Erhebung unter Deutschlehrkräften, Wiesbaden 2010.

Winko 2000 Simone Winko: Textanalyse, in: Klaus Weimar u. a. (Hg.), Reallexikon der deutschen Literaturwissenschaft, Bd. 3. Berlin 2000, S. 597–601.

Woolf 1990 Virginia Woolf: Wie sollte man ein Buch lesen? Aus dem Englischen von Hannelore Faden, in: Virginia Woolf, Der gewöhnliche Leser. Essays, Bd. 2, gg. von Klaus Reichert, Frankfurt a. M. 1990, S. 306–321.

wortstark 6 2006 Reinhard Brauer u. a.: wortstark 6, erweiterte Auflage, Braunschweig 2006.

Zabka 2001 Thomas Zabka: Zum Symbolverstehen von Videoclips. Didaktische Reflexionen und Ratschläge, in: Jutta Wermke (Hg.), Hören und Sehen: Beiträge zu Medien- und ästhetischer Erziehung, München 2001, S. 109–124.

Zabka 2004 Thomas Zabka: Wie? Was?: Formanalyse und Inhaltsangabe als Bestandteile und Probleme ästhetischer Bildung, in: Hartmut Jonas / Petra Josting (Hg.), Medien – Deutschunterricht – Ästhetik, München 2004, S. 251–262.

Zabka 2007a Thomas Zabka: Literaturdidaktik, in: Metzler Literatur Lexikon, hg. von Dieter Burdorf, Christoph Fasbender und Burkhard Moennighoff, Stuttgart / Weimar 2007, S. 446–447.

Zabka 2007b Thomas Zabka: Diskursive und poetische Aufgaben zur Texterschließung, in: Heiner Willenberg (Hg.), Kompetenzhandbuch für den Deutschunterricht, Baltmannsweiler 2007, S. 199–209.

Zabka 2010 Thomas Zabka: Texte über Texte als Formate schriftlicher Leistungsüberprüfung: Nacherzählung, Inhaltsangabe, Analyse und Interpretation und benachbarte Aufgaben, in: Michael Kämper-van den Boogaart / Kaspar H. Spinner (Hg.), Lese- und Literaturunterricht, Bd. 3: Erfolgskontrollen und Leistungsmessung. Exemplarische Unterrichtsmodelle, Baltmannsweiler 2010, S. 60–88.

Zabka 2012 Thomas Zabka: Hinweise zum Aufbau literarischer Kompetenz in der Sekundarstufe II. In: Informationen zur Deutschdidaktik 36, H. 1, S. 108–118.

Zabka 2013 Thomas Zabka: Literarische Texte werten. In: Praxis Deutsch, H. 141, S. 4–12.

Zabka 2015 Thomas Zabka: Konversation oder Interpretation? Überlegungen zum Gespräch im Unterricht. In: Leseräume. Zeitschrift für Literalität in Schule und Forschung. Ausgabe 2. 2015, S. 169–187. Web-Adresse: http://leseräume.de/wp-content/uploads/2015/10/lr-2015-1-zabka.pdf [letzter Zugriff: 15.12.2015].

Ziesenis 2003 Werner Ziesenis: Fabel und Parabel im Unterricht, in: Günter Lange / Karl Neumann / Werner Ziesenis (Hg.), Taschenbuch des Deutschunterrichts. Grundfragen und Praxis der Sprach- und Literaturdidaktik, Bd. 2, 8. Auflage, Baltmannsweiler 2003.

17.2 Abbildungsverzeichnis

Abbildung 1: Bertolt Brecht. *Apfelböck oder Die Lilie auf dem Felde* (1919), Fotografie (Tafelanschrieb) (2010). Matthias Richter.
Abbildung 2: Johann Heinrich Wilhelm Tischbein: *Goethe lesend auf zurückgelehntem Stuhl*, Zeichnung (1786/86), Feder in Braun auf Bütten, 31 × 21,2 cm. 2010, akg-images.
Abbildung 3: Ziele des Literaturunterrichts. Drei-Säulen-Modell.
Abbildung 4: Kompetenzbereiche in den Bildungsstandards im Fach Deutsch für die Allgemeine Hochschulreife.
Abbildung 5: Schlüsselschaubild zur Analyse und Interpretation eines Gedichts. Illustration von Dorothee Mahnkopf (Berlin) (2007), aus: Konrad Notzon (Hg.): Verstehen und Gestalten. Arbeitsbuch für Gymnasien, H 9. Oldenbourg Schulbuchverlag GmbH, München/Düsseldorf/Stuttgart 2007, S. 110.
Abbildung 6: Kompetenzdimensionen.
Abbildung 7: Termini für die Benennung von Teilleistungen des Textverstehens.
Abbildung 8: Triadisches Kompetenzmodell.
Abbildung 9: Steve Joester: *Lesendes Mädchen (Girl with Book).* Steve Joester.
Abbildung 10: Daniela Kulot: Reim dich nett ins Bett (Gerstenberg 2013).
Abbildung 11: Lesesozialisation: Typische Verlaufsformen.
Abbildung 12: Jean de La Fontaine: *Die Grille und die Ameise* (17. Jh.). Mit einer Illustration von Jan Schmiede und einem Aufgabenset für die sechste Klasse nach: wortstark 6, Themen und Werkstätten für den Deutschunterricht (erweiterte Ausgabe), hg. v. August Busse und Ingrid Hintz. Bildungshaus Schulbuchverlage Westermann Schroedel Diesterweg Schöningh Winklers GmbH, Braunschweig 2003, S. 132.
Abbildung 13: Kategorien der Handlungsanalyse epischer Texte.
Abbildung 14: Kategorien der Darstellungsanalyse epischer Texte.
Abbildung 15: Eine Illustration von Hans Magnus Enzensberger. Aus: Andreas Thalmayr, *Lyrik nervt!* © 2014 Carl Hanser Verlag München.
Abbildung 16: Charakteristische Merkmale lyrischer Texte.
Abbildung 17: Kategorien für die Lyrikanalyse im Vergleich.
Abbildung 18: Kategorien für die Lyrikanalyse im Unterricht.
Abbildung 19: Der Anfang von Heinrich von Kleists Lustspiel *Der zerbrochne Krug* (1808), Standbild mit Schülern einer 11. Klasse, Fotografie (2010). Roland Kölzer 2010.
Abbildung 20: Fritz Lang: *M – Eine Stadt sucht einen Mörder* (1931), Szene mit Inge Landgut. Deutschland 1931, Regie: Fritz Lang, Buch: Thea von Harbou u. a. 2010, akg-images.
Abbildung 21: Medientypen: Übersicht.
Abbildung 22: Filmische Darstellung: Kategorien der Filmanalyse.
Abbildung 23: Florian Henckel von Donnersmarck: *Das Leben der Anderen* (2006). Szenenbild mit Martina Gedeck als Christa-Maria Sieland und Sebastian Koch als Georg Dreymann. Deutschland 2006, Regie: Florian Henckel von Donnersmarck. Mit freundlicher Genehmigung der Wiedemann und Berg Filmproduktion GmbH & Co. KG.
Abbildung 24: Florian Henckel von Donnersmarck: *Das Leben der Anderen* (2006). Szenenbild mit Ulrich Mühe als Gerd Wiesler. Deutschland 2006, Regie: Florian Henckel von Donnersmarck. Mit freundlicher Genehmigung der Wiedemann und Berg Filmproduktion GmbH & Co. KG.
Abbildung 25: Epochenübersicht mit Zetteln mit epochentypischen Gedichten. Gemeinschaftsarbeit von Schülern der 10. Klasse eines Gymnasiums in Uetze bei Hannover. Fotografie (2010). Matthias Richter.
Abbildung 26: Eine 11. Klasse eines Celler Gymnasiums im Unterrichtsgespräch. Fotografie (2010). Roland Kölzer 2010.
Abbildung 27: Impulse für die ‚Gesprächsvertiefung'.
Abbildung 28: Impulse für textspezifische Hilfen im Unterrichtsgespräch.
Abbildung 29: Textnahes Lesen und Textanalyse.
Abbildung 30: Strategien für die Handlungserschließung.
Abbildung 31: 5 gängige handlungs- und produktionsorientierte Aufgaben.

Abbildung 32: 5 Grundsätze für HPLU.
Abbildung 33: Eine Schülerin beim Tafelanschrieb (mit Bezug auf Helmut Heißenbüttels *Damenherbst*, 1978), Fotografie (2010). Martin Leubner.
Abbildung 34: Abgleich von Phasenmodellen.
Abbildung 35: Hilfen für die Entwicklung von Fragestellungen / Hypothesen.
Abbildung 36: Übersicht über Modelle für die Phasierung von Literaturunterricht.
Abbildung 37: Verlaufsplan von Unterricht nach dem vorgestellten Phasierungsmodell.
Abbildung 38: Übersicht über Wissenserwerb und Phasierung.
Abbildung 39: Aufgabenbeispiel zu Bertolt Brecht: *Herr Keuner und die Flut* (1929), Aufgabenset für neunte Klassen, aus: Hans Werner Huneke u. a.: deutsch.kombi 5. Sprach- und Lesebuch. Ernst Klett Verlags GmbH, Stuttgart / Leipzig 2007, S. 139. Text: Bertolt Brecht: Werke. Große Kommentierte Berliner und Frankfurter Ausgabe, Band 18: Prosa 3. Suhrkamp Verlag Frankfurt a. M. 1995.
Abbildung 40: Operatoren für Aufgaben für das Textverstehen.
Abbildung 41: Typen der Lenkung in Aufgaben zum Textverstehen.
Abbildung 42: Typen der ‚Nachsteuerung' mittels Aufgaben.
Abbildung 43: Aufgabenformate und -typen: Übersicht.
Abbildung 44: Notizen für die Texterschließung.
Abbildung 45: Kriterien für die Bewertung von Nacherzählungen.
Abbildung 46: Typen der Textwiedergabe.
Abbildung 47: Kriterien für die Bewertung von Inhaltsangaben.
Abbildung 48: Typen der Lenkung in Interprationsaufsätzen.
Abbildung 49: Formen der Erörterung.
Abbildung 50: Peter Stamm: Agnes (1998), S. Fischer Verlage.
Abbildung 51: Sequenzen, Einheiten und Einzelstunden (vgl. deutsch.kompetent 6).
Abbildung 52: Ziele einer Unterrichtseinheit zu Kurzgeschichten.
Abbildung 53: Grobplanung für eine Unterrichtseinheit zu Kurzgeschichten.
Abbildung 54: Ziele einer Unterrichtseinheit mit Erschließung einer Ganzschrift.
Abbildung 55: Grobplanung einer Unterrichtseinheit zu „Agnes".
Abbildung 56: Aufgabenset zur Erarbeitung von literaturgeschichtlichem Wissen; vgl: Günter Einecke u.a. (Hrsg.): deutsch.kompetent. Oberstufe. Stuttgart 2012, S. 296.
Abbildung 57: Johann Gottfried Seume: Spaziergang nach Syrakus im Jahre 1802. 1803. – Emine Sevge Özdamar: Die Brücke vom goldenen Horn. Roman. Köln 2002.
Abbildung 58: Verlaufsplanung für eine Unterrichtsstunde, Beispiel, aus dem Stundenentwurf von Johannes Thiele (vgl. Stundenentwurf 2015).

Der Verlag hat sich um die Einholung der Abbildungsrechte bemüht. Da in einigen Fällen die Inhaber der Rechte nicht zu ermitteln waren, werden rechtmäßige Ansprüche nach Geltendmachung ausgeglichen.

17.3 Sachregister

Adoleszenz 63f., 105, 289
Adoleszenzliteratur 83f.
Anschlusskommunikation 29, 35, 37, 61, 74, 76, 81, 180, 167f., 315
Arbeitstechniken 169f.
Ästhetisches Vergnügen 31, 35, 38–40, 42, 106
Audiovisuelle Medien 23, 122, 132–134, 136, 149, 188, 319
Auditive Medien 73, 133
Aufgaben 12, 23, 48f., 56, 60, 76, 128f., 165f., 172, 174–182, 187, 190, 194, 201–218, 231–236, 239, 275f., 292, 294, 301
Aufgabenformat 202f., 205, 210–213, 223

Balladen 103
Basale Lesekompetenz 37, 51, 61, 72, 268
Begriffswissen 55f., 93f., 109f., 125f., 140f.
Bezugskompetenz 30-34, 42, 60-64, 79–82, 89, 99, 105f., 179f., 197
Bildungsstandards 12, 17, 23, 41, 43–45, 49, 52, 63-65, 93, 96, 107, 124, 150, 153f., 159, 222, 231, 234f., 273, 282, 299
Bildungstheorie 15, 41f.
Bildungsziele 15, 29, 40f., 43, 106, 270, 283f.

Computerspiele 44, 71, 76, 120, 132–136
Curriculum 113, 123, 141, 143, 258f., 288, 302

Darstellungsanalyse 55, 81, 93, 95–99, 213
Deklaratives Wissen 50, 55, 59, 125
Deutung 36f., 42, 50-52, 56-60, 72–75, 78–82, 98f., 114f., 128f., 166–171, 177–180, 187–192, 195f., 204, 208f., 213f., 229–237, 250–254, 267–269
Deutungskompetenz 56–60, 78–83
Drama der offenen/geschlossenen Form 119f., 127
Dramatische Texte 22, 55, 86-88, 93, 103, 121–133, 257, 264–266
Dramencurriculum 123

Einfache Formen der Epik 87f.
Einstimmung 181, 188f., 193
Emotionale Beteiligung 38, 42, 100, 135, 181, 189, 271
Empathie 35f., 38, 42, 52, 74, 80f., 90, 135, 180
Empirische Untersuchungen 13f., 24f., 30, 70, 72, 79, 176f., 216, 229f. 279
Epische Texte 22, 55, 85–100, 103, 105, 111, 119, 122, 126, 143, 178, 216, 223, 237, 239, 257, 266
Epoche, Epochenbegriffe 21, 39, 56, 59, 88, 122, 135, 139, 147–162, 198-200, 235, 244, 253, 257–261, 265–267, 272
Erkennen von Textelementen 36f., 42, 50, 53–56, 78–82, 93–97, 125–127, 140–143, 171–176, 178, 193f., 204, 206–209, 211–214, 223–229
Erzähler 53, 87, 95–97, 103, 142, 144, 178, 205, 218, 233, 251f.
Erzählerkommentar 38, 55, 57, 81, 90, 95, 97, 99, 194, 213, 217, 224
Erzählungen 30, 44, 87f., 90–92, 94–96, 103, 106, 123, 136–138, 140, 142, 175–178, 192–194, 205–207, 212, 217, 228, 232, 236, 238, 251

Fabel 98f., 123, 239, 243, 254, 256f.
Fächerübergreifender Unterricht 132, 141, 150
Fantastische Literatur 69, 72, 79f., 90
Figurenanalyse 55, 93, 95, 97f., 126, 213, 230, 246
Figurenmerkmal 128, 130, 251
Fiktionalität 87
Filmanalyse 140–145
Filmauswahl 139
Filmdidaktik 137–139
Filmgeschichte 132
Fremdverstehen 35f., 62, 180, 271
Funktionen von Literatur 29–35

Ganzschrift 124, 129, 153, 160, 187, 191, 193, 187, 221, 224, 226f., 242, 249-252, 254, 259, 274, 277
Gattung 21, 39f., 48, 56, 59, 80f., 86–90, 92, 112f., 118f., 122f., 138, 174, 176, 187, 199, 229, 232, 238, 250, 253, 254–257, 261
Gedicht 11f., 71, 87, 102–113, 123, 128, 148, 157, 162, 172f., 175, 178, 223, 232, 236f., 260, 286–296
Gegenstände des Unterrichts 16, 70–75, 90-93, 107–109, 122–125, 139, 149–153, 249–254
Gegenwartsliteratur 153, 242, 261, 264
Gelenktes Unterrichtsgespräch 166–170, 208–210
Geschichte der Literaturdidaktik 17–23
Geschlossenes Aufgabenformat 210–215, 222f.
Gesprächskompetenz 44
Gestaltendes Schreiben 177–182, 235-237
Grundschulalter 71f., 79f.

Handlungs- und produktionsorientierte Verfahren 99, 115, 117, 121, 127–130, 144, 177–183, 195–197, 235–237

Handlungsanalyse 53–56, 93–95, 125f., 174–176, 205–207, 229–232, 251
Hermeneutik 56
Heterogenität 275–278
Historische Kontextualisierung 42f., 59, 81f., 153–157, 198f.
Hochliteratur 88, 272
Hörmedien 133f.
Hypothesenbildung 190–192, 230f.

Identitätsbildung 22, 35f.
Identitätsorientierte Didaktik 21
Ideologiekritische Didaktik 21
Imagination 35f., 38, 180
Individualisierter Unterricht 272–275
Inhaltsangabe 229, 239, 249, 300, 302
Inklusion 272–275
Institutionelle Rahmenbedingungen 15–17, 171, 248
Interaktive Erzählungen 44, 132, 138
Interdisziplinarität 14
Interkultureller Literaturunterricht 264, 269–271, 278
Interpretation 36f., 42–44, 49–52, 56–60, 78–82, 89f., 107, 121, 166–171, 178f., 190–192, 195f., 205–209, 213–214, 229–235
Interpretationsaufsatz 11f., 54, 81f., 166, 177, 179, 213, 220–222, 228–235
Interpretationskompetenz 42–44, 49f., 56–60, 229–236

Jugendliteratur 17, 31, 88, 90, 92f., 100, 271f. 279f.

Kanon 21, 59, 107, 124, 139, 148–150, 152–154, 158, 264, 272, 279
Kategorien für die Textanalyse 53–56, 79–82, 93–97, 109–113, 125–127, 140–143, 173–177, 193–195, 230
Kinder- und Jugendfilme 139
Kinder- und Jugendliteratur 17, 31, 88, 90, 92, 100, 271f.
Kognitionspsychologisch fundiertes Modell 267–269
Kognitive Wende 22
Kommunikationsfähigkeit 21f.
Kommunikationssituation 71, 111–113
Kommunikative Wende 21
Komödie 119, 139
Kompetenz 23, 42–44, 49–52, 55f., 58–60, 63f., 78–82, 229–235
Kompetenzbereiche 43f.
Kompetenzerwerb 48, 78–81, 212, 244
Kompetenzmodell 42–44, 49–52
Komplikation 53, 55, 59, 70, 93–98, 126–128, 176, 192, 190, 196, 205f., 216, 227, 238f., 245f., 251
Können 42–44, 56, 59, 63
Kontexte/Kontextualisierung 39–42, 59, 82, 104, 109, 149f., 154–156, 161, 170, 186, 190, 198f., 199, 206–208, 245–248, 250f., 253, 261, 266–268, 271f., 285–288, 291f.
Konzeptuelle Vorgaben 208, 214
Kreatives Schreiben 237–239
Kunstformen der Epik 87f.
Kurzgeschichte 87, 89, 237, 239, 245f., 254, 256f.
Kurzprosa 85f., 93f., 254–256

Lebenshilfe-Didaktik 20
Lebenswelt 19, 60, 74, 83, 107, 122, 129, 151, 153, 288
Lehrerpersönlichkeit 11–13, 24f., 151
Lehrgang 113, 144
Lehrplan 12, 17, 21, 35, 44, 49, 80, 82, 140, 160, 243, 254, 257, 275, 281, 283
Lehrwerke 52, 81, 92f., 108f., 140, 159, 187, 225, 230, 244
Leistungsbewertung 55, 58, 210–214, 226, 229, 233, 236f.
Leitfragen 186, 189, 191f., 194, 292
Lektüre 70–75, 90–93, 107–109, 122–125, 139, 149–153, 249–254
Lenkung 167–170, 173–175, 190f., 194, 205–210, 212–214, 225, 232
Lern-/Leistungssituationen 12, 108, 173, 191, 202–205, 213f., 220, 222, 225, 236f., 254
Lernen 13, 35, 45, 58, 71, 114f., 158, 164f., 187, 198, 248, 250, 254–256, 270–273, 275f., 278
Lernpsychologie 14, 49
Lernvoraussetzungen 15f., 68, 90, 246, 249, 282f., 285–287, 292
Lesealtertheorie
Lesebuch 18
Leseförderung 35f., 76
Lesefreude 35–39, 42, 50, 93, 247
Lesekompetenz 23, 36, 48, 51f., 65, 72, 177, 268, 270
Lesekompetenzmodelle 23, 51, 65
Lesemodi 29, 73–75
Lesemotivation 35-39, 42, 50, 73, 76, 83, 90, 92f., 99, 135, 166, 180f., 246, 271
Lesesozialisation 29, 68–79
Literarische Bildung 41f., 121, 134, 158
Literarische Erörterung 234f.
Literarische Sozialisation 67–78
Literarisches (Unterrichts-)Gespräch 99, 115, 144, 166–171, 196, 208–210

Literarisches Lernen 35, 71, 78–82
Literaturgeschichte 151–162, 242, 257–259
Literaturgeschichtliches Überblickswissen 157–161
Literaturtheorie 167, 190
Literaturverfilmung 23, 146, 243
Literaturwissenschaft 14, 37, 50f., 58, 62, 103, 267, 269
Lyrische Texte 12, 22, 48, 55, 86-88, 102–116, 178, 231, 237, 248, 287

Märchen 70, 87f., 92, 98, 123, 182, 195, 199, 239, 254–257
Mediendidaktik 133f.
Mediensozialisation 70
Medienverbund 70, 134, 146
Metakognitives Wissen 50, 56, 60, 64
Methoden 15–17, 44, 50, 63, 77, 97–99, 107, 114–118, 122, 129, 164–183, 193, 195, 197, 203–206, 215, 236, 245, 248, 254, 259, 277, 284, 292
Migrationsliteratur 271
Multiple-Choice-Aufgaben 202f., 210f., 214
Musikvideos 145

Nacherzählung 166, 220f., 223–227
Narrationsspezifische Verfahren 135, 140–143, 145
Niveaustufen 23, 51f., 79, 267, 273

Offenes Aufgabenformat 203, 210–213, 234
Operatoren 174, 204, 206, 247, 292

Parabel 87, 89, 92, 239, 254
Perspektivierung 50, 61, 81, 90, 94–98, 135f., 140, 142f., 176, 204–206, 208, 217, 224–228, 245, 251, 253, 257
Phasenmodelle 167f., 178, 186–199
PISA-Lesekompetenzmodell 51f., 65, 267–270
Poetische Form 112
Poststrukturalismus 56f.
Produktionsorientierung 115, 145, 177–184, 195, 235–237
Prozedurales Wissen 50, 56, 59, 63
Pubertät 70, 73–77, 91

Reflexion über Sprache
Rezeptionsästhetik 137
Rezeptionsorientierte Didaktik 22
Rhetorik 127
Roman 30, 72, 74, 87, 89, 92, 129, 150, 153, 242–248, 250–252, 259, 264

Sach- und Gebrauchstexte 29f., 34, 36, 52, 235, 259, 264–267
Sachstrukturierte Didaktik 20, 22
Sage 87f., 92, 243
Schreibformate 219–239
Schreibkompetenz 11, 44, 214, 221–223, 239, 270
Schwierigkeitsgrad von Aufgaben 202–204, 215–217
Schwierigkeitsgrad von Texten 52, 79, 92, 171, 203, 216, 250
Selbstorganisiertes Lernen 275–278
Sequenzen 108, 187, 198, 243f., 257, 261, 265f., 269, 283–285
Sozialformen 16, 144, 164–166, 174, 248, 277, 284, 292, 296
Spiel 17, 44, 57, 71, 76, 106, 120–123, 132f.
Spielfilm 44, 55, 123, 132–139, 144, 198, 223, 229
Strategieorientierte Texterschließung 74, 80f., 97, 112f., 115, 166f., 175–177, 192, 230-232, 268f.
Strukturalismus 172
Subjektivität 25, 60, 104f., 107, 193, 258, 290, 293
Szenisches Spiel 118–120, 123, 126, 129

Teilkompetenzen des Textverstehens 51f., 68, 79–81, 134, 180, 212, 216, 267, 271
Textanalyse 18, 50, 52, 55–57, 80f., 93, 95–98, 102, 109, 111–114, 125, 164–166, 171–175, 177, 187, 196, 202, 206, 223, 230, 233, 278, 287
Textauswahl 90–92, 107f., 122f., 152, 256
Textdarbietung 189
Texterschließung 25, 35f., 39, 50, 52, 56, 81, 92, 107, 113, 118, 135, 162, 167f., 173, 175, 181, 186-195, 203, 212-215, 220, 239, 244–247, 252f., 257, 287
Textnahes Lesen 98, 172f.
Textverstehen 35–38, 42, 50, S. 53–64
Textverstehenskompetenz 39, 43, 47f., 50, 82, 89, 97, 136, 271
Textwiedergabe 79, 171, 190, 221, 223–226
Theaterpädagogik 129
Theaterspiel 118, 121f.
Thema 52, 73, 90f., 109f., 112, 114, 132, 149, 191f., 228, 231, 234, 243, 246–251, 261, 265, 282–288
Tragödie 119, 122, 125
Transferkonzept 138
Trivialliteratur 21, 149

Unterhaltungsliteratur 31, 74, 92f.
Unterrichtseinheit 241–261
Unterrichtsentwurf 282–298

Unterrichtsgespräch 44, 59, 64, 99, 115, 128, 164–171, 191–193, 195–197, 206, 210, 248, 254, 277f.

Vergleichskompetenz/-konzept 135, 145
Verstehenskompetenz 39f., 48, 71f., 78, 82, 97, 102, 105, 121, 132, 134–136, 138f., 153, 156, 167, 271
Volitionale Bereitschaft 49f.
Vorlesen/Vortragen 70f., 188
Vorschulalter 71, 73
Vorstellungsbildung 38, 42, 52, 100, 115, 129, 135, 166, 180f., 189, 271
Vorwissen 149, 190

Werbeclip 138f, 145
Wirklichkeitsbezug 25, 35, 37f., 48, 52, 60, 62–64, 80, 89f., 92, 99, 106, 110, 128, 148, 173, 179, 186f., 197, 206, 215f., 230, 236, 246–248, 253, 267, 271, 286, 288
Wissen über Literatur 35, 38–40, 42–44, 50, 56, 59, 92, 166, 271
Wissensdimensionen 50
Wissenserwerb 198, 244, 248f., 255, 259

Ziele des Literaturunterrichts 15, 35–43, 48f., 89f., 97, 102, 164

17.4 Glossar

Aufgabenformate Die Unterscheidung von Aufgaben im geschlossenen, halboffenen und offenen Format bezieht sich auf den geforderten Textumfang der Antwort (vgl. Multiple Choice-Aufgaben ohne Textproduktion vs. Aufgaben, die zu längeren Textproduktionen auffordern). Grundsätzlich sind alle Formate für Aufgaben zu allen Textverstehensleistungen geeignet; allerdings sind Aufgaben im geschlossenen Format stets lenkend, weil sie Vorgaben für die Beantwortung enthalten. → KAPITEL 11.3

Aufgabentheorie Die Aufgabentheorie befasst sich mit der Analyse, Bewertung und Konstruktion von Aufgaben. Aufgabenspezifische Aspekte im Rahmen dieser Reflexion sind die Aspekte Aufgabenformat und Lenkungsgrad von Aufgabenstellungen. Weitere zentrale Aspekte sind die Aspekte Methode, (Teil-)Leistung des Textverstehens und Schwierigkeitsgrad von Aufgaben. → KAPITEL 11

Deutung Die Textdeutung erfolgt auf der Basis des Erkennens zentraler Strukturen des Textes. Sie leistet eine Bedeutungszuweisung an einen Text, der die Wiedergabe des Wortsinns überschreitet. Der Leser greift dazu auf Sprach- und Weltwissen zurück und nutzt, indem er über die Informationen des Textes hinausgeht, Freiräume zu einer (auch) subjektiven Bedeutungsbildung. → KAPITEL 3.3

Handlungs- und produktionsorientierte Verfahren Produktionsorientierte Verfahren umfassen die Produktion von Paralleltexten zu literarischen Originalen sowie schriftliche Veränderungen literarischer Texte (durch ihr Umschreiben oder ihre Ergänzung). Handlungsorientierte Verfahren sind nichtschriftliche ganzheitliche Handlungen im Umgang mit Literatur wie die szenische Aufführung. Die handlungs- und produktionsorientierten Verfahren dienen zumeist der Textdeutung. → KAPITEL 10.4

Interkultureller Literaturunterricht Die beiden zentralen Ziele des interkulturellen Literaturunterrichts, der auf die Wandlung unserer Gesellschaft zu einer polykulturellen Gesellschaft reagiert, sind: Erstens: die Lesekompetenz / -motivation von Schülern mit Migrationshintergrund soll besonders gefördert werden; zweitens: alle Schüler sollen Kompetenzen entwickeln, um anhand der Lektüre literarischer Texte (darunter Migrationsliteratur) ihre eigenen, kulturell geprägten Selbst- und Weltbilder als relative zu erkennen und evtl. zu verändern. → KAPITEL 15.3

Kompetenzerwerb / Wissensdimensionen Der Erwerb von Kompetenzen im Bereich des Textverstehens umfasst deklaratives, prozedurales, strategisches und metakognitives Wissen. Das deklarative Wissen (z. B. Wissen über Kategorien der Textanalyse) wird während eines Lernprozesses zu prozeduralem Wissen / Können. → KAPITEL 3.1

Lernbereichsintegration Im lernbereichsintegrativen Literaturunterricht sollen Kompetenzen des Lernbereichs „Umgang mit literarischen Texten“ in produktiver Wechselwirkung mit Kompetenzen anderer Lernbereiche des Deutschunterrichts (Schreiben, Sprechen und Zuhören, Sprache und Sprachgebrauch untersuchen) erworben werden – z. B. durch die Produktion von Schrifttexten (Interpretationsaufsatz), Unterrichtsgespräche und die Reflexion über sprachliche Phänomene literarischer Texte. → KAPITEL 12

Lesekompetenzmodelle Dienen der Bestimmung von Lesekompetenz; entsprechende Modelle unterscheiden (Teil-)Leistungen des Textverstehens (z. B. Informationen ermitteln, lokale Kohärenz herstellen, Texte deuten), Wissensdimensionen (deklaratives Wissen etc.) und Niveaustufen. Die vorliegenden Modelle berücksichtigen die spezifischen Leistungen des Verstehens literarischer Texte zumeist nicht oder nicht in ausreichender Weise (z. B. das PISA-Lesekompetenzmodell). → KAPITEL 3

Lesemotivation Bezeichnet im Kontext der literaturdidaktischen Diskussion eine Zielkategorie: Die Förderung von Lesemotivation gehört zu den unbestrittenen Zielen des Literaturunterrichts. Die Lesemotivation steht in einer engen Wechselwirkung mit der Kompetenz des Textverstehens und wird bisweilen auch als Teil dieser Kompetenz betrachtet. → KAPITEL 2.3, 4

Lesesozialisation / literarische Sozialisation Unter Lesesozialisation bzw. literarischer Sozialisation wird die Herausbildung der Persönlichkeit in Wechselwirkung mit der Schrift- bzw. literarischen Kultur verstanden. Forschungen zur literarischen Sozialisation beantworten auf empirischer Basis die Fragen, welche Menschen(-gruppen) in welchem Lebensalter welche literarischen Texte in welcher Weise nutzen und welche Faktoren für dieses (Lese-)Verhalten maßgeblich sind. → KAPITEL 4

Lesestrategien Sind Vorschläge für Arbeitsschritte zur Lösung der Aufgabenstellung „Texterschließung“, die auf größere Textgruppen angewandt werden können. Sie sind im Rahmen von strategieorientierten Anleitungen systematisch aufeinander bezogen und sollen die selbstständige Texterschließung fördern. Strategieorientierte Anleitungen für die Erschließung literarischer Texte sollen die Besonderheiten der Gattungen berücksichtigen und zielen vor allem auf die Anwendung von Analysekategorien. → **KAPITEL 10.3**

Literaturdidaktik Wissenschaft vom Lehren und Lernen der Literatur; die Literaturdidaktik entwickelt theoriegestützte Konzeptionen für die Gestaltung von Lehr- und Lernprozessen im Literaturunterricht, führt empirische Untersuchungen vor allem zur Erhebung von Lernständen und zur Erprobung der entwickelten Konzeptionen durch, reflektiert die eigene Disziplin und beteiligt sich an der Diskussion über die Bedeutung des Literaturunterrichts in unserer Gesellschaft. → **KAPITEL 1**

Literaturkanon Der Begriff Literaturkanon wird zumeist im Sinne eines ‚materialen‘ Kanons gebraucht und bezeichnet dann eine Zusammenstellung von Texten, die als besonders gelungen und erinnerungswürdig gelten. Auf die Festschreibung eines solchen Kanons für die Schule wird heute verzichtet; de facto bleibt ‚der Kanon‘ jedoch für die Schule von Bedeutung, denn die Listen der z.B. für die Abiturprüfung relevanten Text sind relativ kurz und weisen Kontinuitäten auf. → **KAPITEL 9.2**

Mediendidaktik Deutsch Die Mediendidaktik Deutsch leistet die didaktische Reflexion von Medien als Lernmittel und als Lerngegenstände im medienintegrativen Deutschunterricht. Für den Literaturunterricht wird insbesondere diskutiert, mit welcher Begründung und unter welchen Zielen der Unterricht um auditive Medienproduktionen (Hörbücher etc.), interaktive Medienproduktionen (narrative Computerspiele) und vor allem audiovisuelle Medienproduktionen (bes. Spielfilme) zu ergänzen ist. → **KAPITEL 8**

Methoden Methoden im Literaturunterricht dienen der Gestaltung von Lernprozessen. Methoden unterscheiden sich von Sozialformen und Arbeitstechniken, indem sie den Schülern Wege eröffnen, um Teilleistungen des Textverstehens zu erbringen. Als die drei Hauptmethoden des Literaturunterrichts können das Unterrichtsgespräch, die Textanalyse und die handlungs- und produktionsorientierten Verfahren gelten. → **KAPITEL 10**

Phasenmodelle Für den Literaturunterricht gibt es – teilweise in Anlehnung an Modelle der Allgemeinen Didaktik – unterschiedliche Modelle zur Strukturierung von Lernprozessen im Bereich des Textverstehens, die sich jedoch in ihren Grundzügen ähneln: An eine Einstiegsphase (Textrezeption, Hypothesenbildung) schließt eine Phase der Texterschließung an; abschließend folgt eine Phase der Anwendung / Vertiefung (z. B. Wirklichkeitsbezug, Einbeziehung von Kontexten). → **KAPITEL 13**

Produktionsorientierte Verfahren → Handlungs- und produktionsorientierte Verfahren.

Strukturerkennung Bezeichnet das Erkennen von Textelementen und ihren Zusammenhängen und ist eine grundlegende Teilleistung des Textverstehens. Indem ein Leser Elemente auf den Ebenen des Inhalts (z. B. Figureneigenschaften) und der Form (z.B. Perspektivierung) erkennt, schafft er die Grundlage für seine Deutung eines literarischen Textes. Die Strukturerkennung im Unterricht kann vor allem durch die Textanalyse unterstützt werden. → **KAPITEL 3.2**

Textanalyse Die Textanalyse bezeichnet die Textuntersuchung mithilfe von systematisch aufeinander bezogenen Kategorien und ermöglicht das Erkennen von Textelementen bzw. -strukturen (etwa Figureneigenschaften). Die Textanalyse ist in hohem Maße lernbar; sie soll im Unterricht reflektiert und so selbstständig wie möglich erfolgen und dient als Grundlage einer auch subjektiven Deutung. → **KAPITEL 10.3**

Textverstehen Der Begriff wird in literaturdidaktischen Kontexten zumeist in einem weiten Sinne gebraucht, der die Deutung literarischer Texte und die der Deutung zugrunde liegende Strukturerkennung umfasst. Häufig schließt er in der literaturdidaktischen Diskussion außerdem den Wirklichkeitsbezug ein. Das Textverstehen spielt eine zentrale Rolle in der Diskussion um Ziele des Literaturunterrichts. → **KAPITEL 2.2, 3**

Unterrichtsgespräch Das Unterrichtsgespräch ist eine Sozialform des Literaturunterrichts und zugleich eine Methode, weil es die Verstehensleistung der Deutung in hohem Maße fördern kann. Unterschieden wird zwischen dem gelenkten Unterrichtsgespräch, das (so zurückhaltend wie möglich) etwa durch den Hinweis auf Textstellen lenkt, und dem freien/literarischen Unterrichtsgespräch, das (weitgehend) auf eine Lenkung durch den Lehrer verzichtet. → KAPITEL 10.2

Wirklichkeitsbezug Der Bezug eines literarischen Textes auf die Lebenswirklichkeit kann als Teil der Deutung, aber auch (so in grundlegenden literaturdidaktischen Konzeptionen) als eigene Teilleistung des Verstehens gelten. Der Wirklichkeitsbezug wird geleistet, indem ein Leser die ihm von einem Text nahegelegten und in der Deutung entfalteten (neuen) Sichtweisen von Wirklichkeit mit seinen bisherigen Schemata der Wahrnehmung abgleicht und auf die Wirklichkeit anwendet. → KAPITEL 3.4

Wissen über Literatur Bezeichnet im Kontext der literaturdidaktischen Diskussion eine Zielkategorie; erörtert wird die Frage, welche Art von Wissen über Literatur und ihre Kontexte in welchem Maße im Unterricht erworben werden soll. Zentrale Typen dieses Wissens sind: Gattungswissen, literaturgeschichtliches Wissen, Wissen über Autoren und Werke. → KAPITEL 2.3, 6–9

Ziele des Literaturunterrichts Sind Gegenstand literaturdidaktischer Erörterung und werden schließlich auch administrativ (in Bildungsstandards und Lehrplänen) als Vorgaben für den Literaturunterricht bestimmt. Im Zentrum didaktischer Erörterungen stehen die Ziele Textverstehen, Lesemotivation/-freude und Wissen über Literatur (z.B. Gattungswissen und literaturgeschichtliches Wissen). → KAPITEL 2